MYTHE, CONTE ET ENFANCE

Les écritures d'Orphée et de Cendrillon

© L'Harmattan, 2010
5-7, rue de l'Ecole polytechnique ; 75005 Paris

http://www.librairieharmattan.com
diffusion.harmattan@wanadoo.fr
harmattan1@wanadoo.fr

ISBN : 978-2-296-12604-6
EAN : 9782296126046

Nicole BELMONT

MYTHE, CONTE ET ENFANCE

Les écritures d'Orphée et de Cendrillon

L'Harmattan

Du même auteur

Ouvrages

Arnold van Gennep, créateur de l'ethnographie française. Paris, Payot

Les Signes de la naissance. Brionne, Gérard Monfort éditeur

Mythes et croyances dans l'ancienne France. Paris, Flammarion

Paroles païennes. Mythe et folklore. Des frères Grimm à P Saintyves. Paris, Imago

Poétique du conte. Essai sur le conte de tradition orale. Paris, Gallimard

Comment on fait peur aux enfants. Paris, Mercure de France

Editions critiques

Aux sources de l'ethnologie française. L'Académie celtique. Paris, Ed. du CTHS

Emmanuel Cosquin, *Contes de Lorraine*, Arles, Philippe Picquier

PRESENTATION

Regard de l'écoute

Ce livre témoigne d'une quête de plus de vingt ans à travers les contes de tradition orale. Ces oubliés du savoir populaire européen, en partie recueillis lorsqu'ils étaient encore vivaces, survivent maintenant plus dans les travaux de rares chercheurs que dans leur pratique d'origine. Travaux confinés comme un isolat de plus en plus réduit, en marge d'une anthropologie sociale qui s'est volontairement coupée, tout au moins pour les recherches menées en Europe, des interrogations de ses débuts. Le folklore, dont les fondements théoriques et méthodologiques étaient fragiles, s'appliquait cependant à des phénomènes encore observables. La discipline a perdu tout crédit scientifique, mais, ce faisant, on jetait le bébé avec l'eau du bain, car aucune réflexion critique n'a accompagné ce déni d'existence porté sur des matériaux cependant bien réels. Cet impensé de l'ethnologie française a, en particulier, contribué à la folklorisation de ces matériaux et au rejet total, aussi étonnant que consternant, des contes vers l'enfance. L'opinion générale, y compris celle de la plupart des anthropologues, affirme unanimement . « les contes, c'est pour les enfants ».

Itinéraires

Quêtes, reprises, pérégrinations de hasard parfois, la recherche ne se constitue pas en ligne droite. C'est dans l'après-coup qu'on essaie, tant bien que mal, de lui donner une cohérence, en dépit des voies de traverse suivies lorsque l'occasion s'en présente. On trouvera des redites, qui, à l'époque, étaient des reprises à partir de résultats qui semblaient acquis. Le hasard n'y donc est pas alors toujours la règle. C'est récemment que m'est apparue la manière dont s'ouvrent ces voies de traverse dans l'étude des contes, en faisant appel au concept d'anamorphose.

Il concerne à l'origine le phénomène de l'optique[1], mais il a été parfois utilisé en critique littéraire[2]. Je me suis risquée à l'appliquer à l'étude des contes. L'important alors, c'est d'abord, dans un cas, la présence devant le tableau d'un regard qui enregistre les formes, dans l'autre cas, la présence d'une parole frappant l'oreille de l'auditeur : écho visuel ou écho sonore, dont le glissement latéral génère une forme nouvelle dans la vision ou la mémoire. Mémoire du conteur, qui saisit une potentialité du récit et la développe, regard du chercheur qui reconstruit – tente de reconstruire – la configuration narrative explicite et implicite, celle-ci révélée par les variantes : individuelles, dont la vie risque d'être brève, ou acceptées par la communauté, se constituant, celles-là, en versions régionales, voire en écotypes, ou encore faisant évoluer la tradition. La notion d'anamorphose permet, me semble-t-il, de saisir le *regard de l'écoute* – si l'on veut bien me passer cette expression ; Paul Claudel disait bien : « l'œil écoute » –, qui glisse latéralement pour découvrir ce qui est latent dans le récit et l'amener au grand jour sous la forme d'images, de figurations et de mises en scène nouvelles. À cet égard, *Cendrillon* a constitué un terrain fertile, grâce à la fréquence et à la complexité de ses versions et de ses sous-types. On trouvera de nombreux articles consacrés à ce conte véritablement paradigmatique de ce genre de récits.

Interprétations

Mes premières approches des contes de tradition orale procédaient d'une interrogation antérieure, concernant précisément les matériaux folkloriques. Ces croyances, ces rituels, ces narrations, apparemment aussi irrationnels que naïfs, ne pouvaient manquer de posséder des significations puisqu'ils continuaient d'être pratiqués et transmis. Significations soigneusement cachées sous peine de perdre leur efficacité symbolique. Qu'est-ce que pouvait représenter l'image d'une jeune fille orpheline de mère, maltraitée par sa marâtre et couverte des cendres du foyer ? Pourquoi sa sœur d'infortune, Peau d'Âne, se cache-t-elle sous une peau animale ou dans un habit de bois ? Pourquoi le héros de *La Fille du diable* accepte-t-il de se rendre dans l'au-delà pour racheter sa propre personne et en ramener une épouse qu'il oubliera une fois revenu en « terre

---

[1] On renvoie à l'essai célèbre de Baltrusaïtis sur le tableau « Les Ambassadeurs » de Holbein, où l'on voit une forme blanche et floue aux pieds des deux personnages lorsqu'on regarde le tableau de face, forme qui se révèle tête de mort dans un regard latéral.
[2] P. Zumthor, *Le Masque et la plume*, Paris, Seuil, 1978.

chrétienne » ? Toutes ces images et ces mises en scènes intriguent à cause de leur étrangeté. Comme les rêves, elles sont aussi simples qu'énigmatiques. Depuis Freud, on sait que les rêves, apparemment absurdes, ont du sens, mais un sens crypté, qu'il faut découvrir, entre contenu manifeste et contenu latent. L'interprétation des contes, si elle utilise d'autres moyens que ceux de la psychanalyse, se fonde également sur la traduction de ces images et de leur mise en récit[3]. Un type de littérature très éloignée donc des productions littéraires écrites, sauf de la poésie, et qu'on peut être tenté, comme pour celle-ci, de renoncer à commenter. Devant une belle version, on éprouve parfois le désir de ne pas chercher à comprendre, de laisser aller le récit au-delà de la discursivité. Gaston Bachelard disait : « L'image poétique a touché les profondeurs avant d'émouvoir la surface »[4]. Les contes sont donc capables de susciter deux effets opposés : le désir de les déchiffrer et le désir de s'abandonner à leur efficacité symbolique. C'est ce dernier désir qui est à l'origine de ces œuvres, où le sens s'entrelace à la trame du récit. Là encore, les procédés du conte retrouvent ceux de la poésie, ce que René Char dit si simplement à propos du poète : « Un poète doit laisser des traces de son passage, non des preuves. Seules les traces font rêver »[5].

Conte et mythe

Le XIXe siècle, hanté par la question des rapports entre les mythes et les contes, l'avait résolue en affirmant que les seconds étaient le produit de la dégénérescence des premiers. Une mythologie tombant en désuétude ne disparaîtrait pas pour autant de la mémoire ni de l'usage, elle s'émietterait en récits profanes et divertissants. Nombre d'auteurs ont produit force commentaires pour démontrer cette idée tenace : le dernier et le plus plausible étant sans doute Vladimir Propp dans le second de ses ouvrages connus en France, *Les Racines historiques du conte merveilleux* qui date de 1946[6].

Il existe cependant une affinité indéniable entre les deux sortes de récits, plus complexe qu'on ne pouvait l'imaginer à cette époque et que l'analyse structurale permet de mieux comprendre, en particulier grâce à la notion de transformation. Avec elle, la question historique d'antériorité d'un récit sur l'autre devient secondaire, d'autant plus que l'occurrence de la littérature orale dans l'écrit qui permet son attestation à ce moment, est largement aléatoire. Il s'agit donc de repérer les modifications subies par l'un et l'autre récit, dont le

---

[3] N. Belmont, *Poétique du conte. Essai sur le conte de tradition orale*, Paris, Gallimard, 1999 (Le Langage des contes).
[4] *Poétique de l'espace*, Paris, PUF, 1970, p. 7.
[5] *En trente-trois morceaux et autres poèmes*, Paris, Gallimard, 1995, Poésie / Gallimard.
[6] Paris, Gallimard, 1983.

retournement est sans doute le mode le plus spectaculaire[7]. C'est ainsi qu'il a été possible de découvrir tout un jeu complexe d'inversions entre la légende d'Orphée et Eurydice et un conte-type très largement répandu, « La Fille du diable ». Ou de comparer les figures de Hestia, la divinité grecque attachée au foyer domestique, et de Cendrillon, la jeune fille couverte de ses cendres, dont le destin sera différent.

Une parenté d'ordre plus général unit les deux genres. Ils utilisent l'un et l'autre le même type de langage, le langage figuré qui est « un mode fondamental de la pensée », où « métaphore et analogie jouissent d'une existence de plein droit »[8]. Si leurs contenus, leurs destinations et leur réception ne sont pas identiques, ils parlent cependant le même type de langue : comme la poésie et comme les rêves.

Les contes, c'est pour les enfants

La question des liens entre le conte et l'enfance semble simple dans notre culture : c'est un genre tout naturellement destiné aux enfants. Il n'en était pas de même dans les sociétés traditionnelles, où ils étaient racontés aux veillées, dont étaient exclus les plus jeunes membres de la communauté. Les contes merveilleux, en particulier, étaient réservés aux adultes. Au milieu du XXe siècle, à un moment où la pratique du conte traditionnel disparaissait un peu partout en France, un informateur d'Ariane de Félice, très bon conteur, lui disait : « Ne les racontez pas à des enfants [...] ils ne sont pas vieux assez pour les comprendre. » Il n'avait pas tort, puisque les éditeurs contemporains de contes pour enfants ne font que s'inspirer des récits traditionnels, à tout le moins les réécrivent, et ce faisant, les édulcorent, si même ils ne les trahissent pas.

Une des façons de mieux évaluer le problème a été d'étudier les quelques contes destinés aux enfants dans le répertoire traditionnel, lesquels se sont révélés être particulièrement violents : comme peuvent l'être les pulsions infantiles impossibles à traduire en paroles, auxquelles ces récits fournissent une imagerie abondante. Une autre manière a consisté à nous interroger sur le moment historique de ce renvoi vers l'enfance, auquel les frères Grimm ont largement contribué, plus que Perrault. Celui-ci, en effet, est pris dans l'engouement mondain pour les contes de fées, à la fin du XVIIe siècle. Et même si l'auteur des *Contes ou Histoires du temps passé* les destine

---

[7] La notion en a été théorisée par Jean-Paul Valabrega (Le Problème anthropologique du phantasme, *in Le désir et la perversion*, Paris, Seuil, 1981 161-206).
[8] Claude Lévi-Strauss, Pensée mythique et pensée scientifique, *Cahiers de l'Herne. Lévi-Strauss*, Paris, 2004 42.

explicitement aux enfants, le double jeu est apparent, laissant entrevoir la mise à distance ironique.

Les frères Grimm, plus d'un siècle plus tard, sont d'abord animés d'un projet scientifique : retrouver dans les contes les restes de l'ancienne poésie germanique. Il fallait tout d'abord les recueillir, mais au début du XIXe siècle, ils ne disposaient d'aucune méthode d'inspiration ethnologique. La collecte se fera, à ses débuts, auprès des amis des deux frères et de leur jeune sœur, qui appartenaient tous à la même bourgeoisie cultivée qu'eux-mêmes. Leur savoir narratif provenait de leur enfance, du temps où leurs nourrices ou les domestiques s'occupant d'eux leur racontaient ces histoires, qu'ils tenaient, eux, de sources directement populaires. Le filtre de la mémoire infantile, sans doute également les éventuelles distorsions apportées par ces conteurs et conteuses pour les adapter à cet auditoire particulier, a, en partie, « enfantinisé » ces récits[9]. Le titre du recueil révèle et entérine ce gauchissement – cette anamorphose ? – : *Kinder- und Hausmärchen*, littéralement « Contes de l'enfant et de la maison ». Jacob Grimm n'ignore pas la destination adulte des récits d'origine, mais il leur attribue une « qualité d'enfance » primordiale. Il semble bien d'ailleurs que, encore de nos jours, les adultes sensibles aux contes entretiennent un rapport particulier à leur enfance : parfois perçue comme idyllique, « vert paradis », mais pas nécessairement. Il s'agit essentiellement d'un savoir affectif diffus concernant l'importance de cette époque de la vie, dont ces récits, d'une certaine manière, témoigneraient[10]

De l'oral à l'écrit

D'autre part, le passage à l'écriture a modifié la nature des contes, les a véritablement altérés, faisant ressortir la forme littérale si simple, la narration naïve, que la voix et l'écoute oblitéraient au profit des images mentales directement suggérées. Autre problème fondamental dans l'étude des contes, et sans doute aussi peu décidable que leurs relations à l'enfance, qui s'est imposé au fur et à mesure du travail d'analyse. L'étrangeté de cette littérature par rapport à la littérature écrite tient à ses modes autres d'élaboration, où les traces mémorielles remplacent les traces gravées.

Les collecteurs français du dernier tiers du XIXe siècle et du début du XXe, qui entreprennent, tardivement en France, de recueillir la littérature orale et, d'une manière générale, toutes les manifestations de la culture populaire,

---

[9] Au XIXe siècle, les témoignages ne manquent pas de ce jaillissement fortuit de la mémoire d'enfance à l'âge adulte.
[10] A l'inverse, les personnes persuadées que « les contes, c'est pour les enfants », seraient-elles coupées de leurs racines infantiles mises à bonne distance, sinon même dans la dénégation de leur enfance et de son importance ?

expérimentent fortement la difficulté de transcrire la parole du conteur ou de la conteuse, de passer donc de l'oral à l'écrit. Mais aucun d'entre eux ne considère que cette difficulté provient d'une différence de nature entre ces deux modes d'expression, et ne peut envisager l'idée que l'écrit ne serait pas parfaitement à même de transcrire la parole. Quelques folkloristes vont jusqu'à incriminer les conteurs eux-mêmes, dénonçant souvent ce qu'ils considèrent comme défauts de mémoire, alors que le genre est d'essence lacunaire. Mais si la mémoire humaine est imparfaite, elle est fertile. C'est grâce à cette déficience que les récits ont sans cesse évolué, dans le temps et dans l'espace.

Les premiers collecteurs cherchaient à obtenir des *textes*, c'est-à-dire des productions que le passage à l'écrit fige définitivement, sans se préoccuper du flux incessant de la parole des conteurs. Nous aussi, avons besoin des textes des contes pour les étudier, mais en sachant désormais que chacun d'eux n'est qu'un instantané du récit, modifié, peut-être dès le lendemain, lors d'une performance du même conteur, et différent – même et autre – ailleurs.

Il n'existe qu'un moyen pour pallier ce caractère fondamental des contes, c'est d'en réunir, pour chacun, le plus grand nombre possible d'occurrences, afin d'en retracer le champ des possibles narratifs. Comme le dit C. Lévi-Strauss du mythe, un conte c'est l'ensemble de ses versions. On s'aperçoit alors que toutes racontent la même histoire : chacune à sa manière, chacune apportant une trace un peu différente, qui permet d'ouvrir des significations inaperçues jusque-là, regard latéral de l'anamorphose.

L'ensemble de ces textes provient de la rédaction des séminaires que j'ai tenus durant de longues années à l'Ecole des Hautes Etudes en sciences sociales. Ce qui explique en partie les reprises et les redites, dont l'oralité a besoin. Ces textes doivent donc leur existence à l'écoute active et bienveillante des auditeurs : un processus qui s'apparente en partie à la transmission des contes, même si l'écriture s'est interposée ensuite. J'aimerais qu'ils se considèrent comme les dédicataires de ce recueil.

Nicole Belmont

INTRODUCTION

La Recherche du Sens
en Ethnologie de l'Europe et en Folklore

Les folkloristes du XIXe siècle supposaient, implicitement ou explicitement, que les matériaux qu'ils recueillaient n'étaient pas susceptibles d'interprétation. Vestiges en effet d'un état bien antérieur de société, de culture, de religion, ils étaient censés avoir perdu leur sens en se maintenant[1]. Les décennies passant, l'ethnologie non européenne s'affinait toujours plus dans ses méthodes et ses résultats alors que le folklore perdait presque toute crédibilité scientifique, bien que les collectes se poursuivissent. Cependant, l'œuvre de Van Gennep échappe à cette dichotomie parce qu'elle est une œuvre de médiation et une œuvre de transition. Il a fallu longtemps pour qu'elle fût comprise ainsi.

La collecte des matériaux qu'on qualifiera de folkloriques n'étant pas close, à supposer qu'elle le soit jamais, des chercheurs formés par l'ethnologie classique, mais aussi par l'histoire, commencèrent à s'émouvoir de cette permanence et à se poser la question de leur signification. Un grand nombre de travaux de valeur ont ainsi vu le jour depuis une dizaine ou une quinzaine d'années. Je voudrais montrer que ces travaux ne tendent pas à extraire directement le sens de ces matériaux, ni à faire, par conséquent, un travail d'interprétation, mais qu'ils visent plutôt à reconstruire leur cohérence.

---

[1] N. Belmont, « Le folklore refoulé ou les séductions de l'archaïsme », *L'Homme*, 97-98, XXVI-1-2 (1986) : 259-268 et *Paroles païennes*. Paris, Imago, 1986.

Contrairement aux folkloristes du XIXe siècle, les ethnologues actuels de l'Europe et de la France sont persuadés qu'aucun élément de la culture et de la société ne peut perdurer s'il est dépourvu de sens et de fonction. Mais il semble qu'ils cherchent plutôt à retrouver une cohérence qui fait apparemment défaut à la culture dite « populaire », alors que, dans l'étude des sociétés non européennes, elle est postulée au départ et retrouvée ou reconnue pour l'essentiel au terme du travail.

C'est à un double titre que cette cohérence semble manquer. Les croyances, rituels, pratiques et récits appartenant à la culture populaire européenne et dont la collecte a été faite au XIXe siècle autant que de nos jours, manifestent une disparité profonde vis-à-vis des phénomènes sociaux qui leur sont contemporains, qu'il s'agisse du système socio-économique, technique, scientifique ou artistique. Ils semblent d'une autre nature, comme en décalage, sinon même en rupture. En second lieu, cette absence de cohérence est manifeste dans les matériaux eux-mêmes, qui sont épars, dispersés, lacunaires. La publication de leur collecte ne leur donne aucune logique, même lorsqu'une origine géographique commune permettrait de l'espérer. J'ai parlé ailleurs de « folklore en miettes ».

Les chercheurs contemporains, formés aux méthodes de l'ethnologie non européenne, s'efforcent donc de trouver la cohérence que leurs matériaux ne présentent pas, mais qui ne peut manquer d'exister à un certain niveau. J'aimerais, pour essayer de me faire mieux comprendre, prendre l'exemple d'un travail, dont l'auteur m'excusera, je l'espère, si je déclare l'avoir choisi pour son excellence et son caractère tout à fait démonstratif. Il s'agit d'un article de Giordana Charuty, intitulé « Le Fil de la parole », et qui a paru dans *Ethnologie française*, en 1985[2]. Son propos initial est de rassembler «les pratiques qui gouvernent l'accès à la parole »[3]. L'auteur remarque immédiatement que ces pratiques n'ont pas fait l'objet d'une étude systématique et ajoute : « Eparpillées dans les récits des ethnographes sous de multiples rubriques - naissance, rituel du baptême, petite enfance, Saints guérisseurs, médecine populaire -leur importance et leur complexité s'en sont trouvées masquées »[4]. On retrouve donc d'emblée le caractère « éclaté » du folklore et de l'ethnographie européenne.

La première pratique relevée par G. Charuty consistait à couper le filet (ou frein) de la langue du nouveau-né, pour délier celle-ci, la rendre apte à se mouvoir dans la bouche pour bien articuler. Ensuite, lors du baptême, il fallait sonner les cloches – il est parfois spécifié que la charge en incombe aux parrain et marraine – pour que l'enfant ait une bonne voix et qu'il ne soit ni sourd, ni muet, ni débile. Pour G. Charuty, les cloches sont dans un rapport à la fois

---
[2] G. Charuty, « Le Fil de la parole », *Ethnologie française*, XV-2, 1985 : 123-152.
[3] *Idem* : 123.
[4] *Ibidem* : 143.

métaphorique et métonymique avec le corps humain. Elles le représentent en entier : en effet, les différentes parties de la cloche sont nommées comme celles du corps humain (tête, cerveau, front, oreilles, bouche, gorge, dos, langue, etc.). Et d'autre part, la cloche équivaut à une des parties du corps, la bouche. On nomme les cloches, on les baptise, elles ont chacune leur voix, reconnaissable.

D'autres pratiques ont pour intention, une fois la voix donnée, d'instaurer la parole. Certaines sont négatives. Ainsi ne faut-il pas laisser un enfant se regarder dans un miroir avant qu'il ne sache parler, ou encore en embrasser un autre. L'enfant (ou l'un des deux) serait muet ou bègue. D'autres pratiques, positives celles-là, font intervenir de nouveau la parenté spirituelle, c'est-à-dire les parrain et marraine. Ce sont eux qui doivent généralement offrir les objets qui sanctionnent le sevrage de l'enfant: gobelet pour boire, écuelle, assiette pour les aliments solides. Dans certaines régions, il est dit explicitement que c'est pour délier la langue et éviter que l'enfant soit muet.

La crainte du mutisme, ou plus simplement du bégaiement, dissimule un danger encore plus grave: celui de la folie, de l'« innocence », mais aussi de l'épilepsie, de la possession par les esprits et même de la lycanthropie. Il y a une étiologie commune, dit G. Charuty, entre les désordres du langage et les désordres de l'esprit. Les métaphores empruntées aux cloches « n'ont pas seulement valeur descriptive ou classificatrice. Elles constituent à leur manière un discours étiologique sur la folie, qui pourrait se traduire ainsi: devenir fou c'est s'identifier à l'instrument au lieu d'accomplir le passage que celui-ci a pour but d'assurer, c'est s'arrêter à l'une des multiples formes de l'objet sonore au lieu de parcourir, à travers elles, les étapes qui rythment l'accès à la parole humaine »[5].

C'est ne pas rendre justice à ce travail que de le résumer aussi rapidement. Sa force de conviction provient en effet non seulement de sa richesse documentaire, mais aussi et surtout de la mise en place et de la combinaison de tous ces faits éparpillés et disséminés. La meilleure image pour rendre compte de cette approche est celle du puzzle, mais d'un puzzle dont il faudrait en premier lieu sortir les pièces d'un amas de plusieurs jeux démantelés et les identifier comme appartenant à celui-ci. À cette différence près que les mêmes pièces peuvent éventuellement entrer dans plusieurs jeux.

Ce type de recherche, dont il serait aisé de trouver d'autres exemples, ne se préoccupe pas en premier lieu d'une quête du sens. Elle se livre à des constructions à partir de morceaux épars. On sait que le terme de «construction» ou «reconstruction» a été employé par Freud pour faire comprendre le travail du

---

[5] *Ibidem*, p. 143.

psychanalyste[6]. Il compare celui-ci à l'archéologue: « ... de même que l'archéologue, d'après des pans de murs restés debout, reconstruit les parois de l'édifice, d'après les cavités du sol détermine le nombre et la place des colonnes et d'après des vestiges retrouvés dans les débris reconstitue les décorations et les peintures qui ont jadis orné les murs, de même l'analyste tire ses conclusions des bribes de souvenirs, des associations et des déclarations actives de l'analysé. Tous les deux gardent sans conteste le droit de reconstruire en complétant et en assemblant les restes conservés »[7].

Les matériaux disponibles sont, comme dans le folklore et l'ethnographie, dispersés et lacunaires. Il faut donc assembler et combler les vides en établissant des relations. Ce qui nous autorise à le faire tient à la même raison que celle qui est avancée par Freud. Contrairement à la réalité archéologique, « l'essentiel est ici entièrement conservé, même ce qui paraît complètement oublié subsiste encore de quelque façon et en quelque lieu, mais enseveli, inaccessible à l'individu »[8]. Dans le cas des croyances et des rituels, il ne s'agit pas à proprement parler d'oubli, mais d'une impossibilité nécessaire de l'émergence des relations significatives · faute de quoi disparaîtrait l'efficacité symbolique.

Freud remarque cependant qu'il est rarement question de « constructions » dans les travaux des psychanalystes, qui parlent plus volontiers d' « interprétations ». Le dernier point que j'aborderai posera le problème de savoir si nous pouvons également faire la différence entre construction et interprétation. En reprenant le travail de G. Charuty j'aimerais proposer des essais d'interprétation.

En premier lieu la pratique qui consiste à couper le filet de la langue, à la naissance ou plus tard en cas de bégaiement ou de mutisme, fait partie des rites de séparation. La langue de l'enfant pourra acquérir la liberté de se mouvoir, de même que le corps de l'enfant, émergeant de celui de sa mère, devient autonome lorsque le cordon ombilical est coupé. Il n'y a pas seulement ici un redoublement symbolique. Il y a aussi l'idée que l'autonomie du corps de l'enfant est nécessaire, mais non suffisante : il doit devenir un être capable de parler, c'est-à-dire d'accéder au symbolique. En fait toutes les croyances et les pratiques rassemblées ont cette intention inconsciente. Les cloches carillonnées au baptême représentent, métaphoriquement et métonymiquement, le corps de l'enfant, nous dit justement G. Charuty. Elles fournissent surtout, à mon avis, l'image des organes de la sonorisation, de la cavité buccale essentiellement : d'où leur caractère ambigu. La sonorisation est en effet nécessaire, mais une fois de plus n'est pas suffisante pour acquérir le langage. L'arrêt ou la

---

[6] S. Freud, « Constructions dans l'analyse », in *Résultats, idées, problèmes II, 1921-1938*. Paris, PUF, 1985 269-281 (l'article date de 1937).
[7] *Idem* 271
[8] *Ibidem* 272.

régression à cette étape entraîne la débilité de l'enfant, réduit à l'« inanité sonore ».

La bouche n'est pas seulement l'organe de la sonorisation, c'est aussi, d'abord et surtout peut-être, l'organe de l'incorporation des aliments. À cet égard l'étape du sevrage constitue de nouveau une séparation et une rupture avec la mère. Mais c'est aussi, du point de vue alimentaire, le passage d'une nourriture continue, le lait, à une nourriture discontinue, qu'il faut absorber bouchée par bouchée. Au moment du sevrage, les parents spirituels ont un devoir: offrir à l'enfant un gobelet et une écuelle ou une assiette. Celles-ci permettent de prendre la nourriture de manière « discrète » – au sens où les linguistes utilisent ce terme – et à l'aide d'objets médiateurs, fourchette et cuillère. Le gobelet est là pour dire que les liquides ne doivent plus être absorbés de manière continue, comme au sein ou au biberon. La bouche est alors alternativement pleine et vide. Ce vide introduit symboliquement par le sevrage mène de la même façon l'enfant au langage. La bouche vide est en effet apte à la sonorisation. En outre et en dépit de l'injonction parentale : «ne parle pas la bouche pleine», cette alternance de vide et de plein devient comme un modèle et une métaphore de l'alternance de la parole et du langage fait d'unités discrètes[9].

On arrêtera ici cet exercice qui n'apprendra rien de plus à l'auteur de l'article. Il suffisait de montrer la différence entre le travail de construction ou de reconstruction et celui de l'interprétation. Dans le premier cas c'est un ensemble que l'on s'efforce de bâtir en établissant des relations entre les faits: on fait donc de cet ensemble un système, dont le sens se dégagerait de lui-même. Le travail d'interprétation tend à faire apparaître le sens des faits qui restent isolés. L'ethnologie contemporaine recourt plus largement à la première méthode. Il faut y voir sans doute l'influence du structuralisme qui prend en compte les relations plus que les termes ou, mieux, qui perçoit « les relations comme des termes, et les termes eux-mêmes comme des relations »[10]. On fera l'hypothèse que l'ethnologie européenne réclame la mise en œuvre conjuguée des deux méthodes, en raison du fait que les matériaux auxquels elle a affaire sont plus déguisés et plus lacunaires que ceux qui concernent l'ethnologie non européenne.

---

[9] Cf. Françoise Dolto « Cette castration (le sevrage), lorsqu'elle est judicieusement donnée, aboutit au désir et à la possibilité de parler, et donc à la découverte de nouveaux moyens de communication, dans des plaisirs différents, avec des objets dont l'incorporation n'est pas ou plus possible. Tous ces objets sont des supports de transfert du sein lactifère ou du lait aspiré (tétée au sein ou à la tétine du biberon) pour un plaisir encore plus grand, avec la mère, le père, les familiers » (*L'image inconsciente du corps*. Paris, Seuil, 1984 : 99).
[10] C. Lévi-Strauss, *Le Regard éloigné*. Paris, Plon, 1983 12.

I

LES CONTES DEMENAGENT

De l'oral à l'écrit, et retour

CHAPITRE 1

La Tradition orale du conte, la transcription et les contes littéraires

Productions sans auteur, transmises par la seule mémoire, sujettes à fluctuations presque aussi nombreuses que leurs occurrences de transmission, les contes de tradition orale nous déconcertent, et dérangent notre représentation de l'œuvre littéraire. Celle-ci, immuable parce que fixée dans et par l'écriture, est unique. À grand-peine des spécialistes peuvent tenter d'en retrouver des états antérieurs dans les brouillons et manuscrits de l'auteur – s'ils existent – et reconstruire à la manière des archéologues les étapes d'une gestation. Mais ce qui fait foi, c'est l'œuvre aboutie, arrêtée par l'écriture, et bientôt par l'imprimé[1].

Rien de tel pour la tradition orale. On ne connaît pas la date de création d'un conte : à peine soupçonne-t-on des traits anciens, voire archaïques et des réalisations plus récentes. On repère également certains motifs dans des récits passés dans l'écrit, alors datables. Mais, comme le disait Paul Delarue, « un conte est un ensemble organique complexe qui peut combiner des éléments de provenance et d'âge divers dont aucun n'éclaire à lui seul la naissance toujours obscure du conte » (1959 : 257).

Si le conte n'a pas d'auteur connu, faut-il penser, comme le faisaient les frères Grimm, qu'il « se compose de lui-même » ? La formule a sa part de vérité à condition de considérer cette composition comme une élaboration à travers d'innombrables transmissions, chaque conteur ou conteuse ajoutant (ou

---

[1] Ce texte a été présenté lors du colloque organisé par la Bibliothèque nationale de France « Contes de fées d'hier à aujourd'hui » (10-11 mai 2001).

retranchant) quelques bribes ou parcelles, dont la pérennité sera validée – ou non – par les transmissions ultérieures. Processus très lent, traversant le temps et l'espace, cette élaboration est le fait des narrateurs, mais parfois à leur insu – ils pensent transmettre le récit tel qu'ils l'ont entendu et mémorisé –, et fait véritablement du conte un organisme vivant, à l'opposé du texte écrit. De celui-ci, je ne dirais pas, comme le fit Roland Barthes, qu'il est figé, comme mort : ne parle-t-il pas de « toilette du mort » pour décrire ce moment où nous retouchons nos paroles en vue de leur publication (1981 : 9). J'opposerai plutôt le caractère définitif et clos sur lui-même du texte écrit au caractère ouvert, expansif et imparfait du texte oral. Caractère déconcertant pour qui a toujours pratiqué la plénitude et la saturation du texte écrit. D'où la compulsion des collecteurs à fabriquer des versions de contes plus satisfaisantes en fusionnant plusieurs récits pour n'en faire qu'un, suffisamment riche, celui-ci, pour prendre place dans un recueil digne de ce nom, possédant la complétude et la dignité de l'écriture et de l'imprimé.

C'est qu'en effet la transcription d'un récit oral tel qu'il a été conté laisse d'abord apparaître une teneur simple, ingénue, naïve, ce qui lui donne alors sa destination « naturelle » en la personne des enfants, utilisateurs prétendument doués des mêmes caractères, simplicité, naïveté, absence de profondeur, à qui sont désormais assignés les contes. Carine Picaud a relevé l'expression de « simplicité *enfantine* de ces récits », utilisée par Perrault, dans la Dédicace du manuscrit de 1695 (2001 . 97). Je date cependant le plein effet de cette assignation, non pas tant des *Histoires ou contes du temps passé*, que du recueil des frères Grimm.

La gestation de ce recueil laisse apparaître une autre raison à cette confusion entre conte et enfance. Jacob et Wilhelm Grimm commencent très tôt à collecter des récits populaires qu'ils considèrent comme les vestiges de l'antique poésie germanique. Un premier volume paraît en 1812, un second en 1815. Une deuxième édition profondément remaniée et remodelée est publiée en 1819. Dès lors Wilhelm aura la charge des rééditions successives, adaptant la forme narrative au public désigné par le titre du recueil.

La majorité des récits publiés dans le premier volume de la première édition (1812) provient du cercle étroit de leurs amis les plus proches à Cassel. Autour de leur jeune sœur Lotte, ce cercle se constitua en *Märchengesellschaft* (Société des contes). Ces jeunes gens et jeunes filles – le plus âgé Jacob n'avait que vingt-sept ans à cette date – ne se livrent pas à des collectes dans la campagne environnante. Ils font appel pour l'essentiel à leurs souvenirs d'enfance, c'est-à-dire aux récits que les nourrices et les servantes leur racontaient lorsqu'ils étaient enfants et qu'elles tenaient, elles, de sources populaires. Le travail d'anamnèse hors de l'oubli infantile constitua pour eux une expérience affective très intense, isolant le recueil des deux frères du reste de leur œuvre.

Un exemple permet de comprendre comment cette source particulière – la mémoire de l'enfance – a infléchi les récits eux-mêmes et leur vision. Il s'agit d'un récit communiqué à Wilhelm par Marianne von Haxthausen, inclus dans le recueil d'abord sous le n° 55, puis 141 dans la distribution définitive, intitulé « Le petit agneau et le petit poisson », et qui est manifestement une version du conte-type 450. Mais le souvenir provenant de l'enfance modifie le récit dans le sens d'une enfantinisation.

Un petit frère et une petite sœur s'aimaient d'un amour tendre, d'autant plus qu'ils avaient perdu leur mère et que leur marâtre les détestait. Un jour qu'ils jouaient avec d'autres enfants, ils chantèrent une « ronde »[2] : « Enéqué, Bénéqué, allons danser / T'auras aussi mon oiselet / Du foin il ira me chercher / A la vache le donnerai / La vache me fera du lait / Le lait, c'est pour le boulanger, / Les beignets sont pour mon minet / Qui me prendre une souris, / Le bon minet, joli, joli, / La souris dans la cheminée / Je le prendrai pour le fumer, / Et puis je la découperai. » La joie des enfants attise la haine de la marâtre qui, étant un peu sorcière, change le garçon en poisson et la fille en petit agneau. Un peu plus tard, elle ordonne au cuisinier de tuer et préparer l'agneau. L'animal annonce la triste nouvelle à son frère à l'aide d'une formulette rythmée; il répond de même. Et le cuisinier, intrigué, épargne l'animal et le confie à l'ancienne nourrice de la petite fille. Une fée désensorcelle le frère et la sœur, installés par la nourrice dans une petite maison, au fond d'une grande forêt « où ils vécurent solitaires, mais satisfaits et heureux » (Grimm, 1986 : 282-284).

Le souvenir d'enfance introduit d'abord dans le récit un élément qui ne lui appartient pas, la comptine, différente de la formulette rythmée qui suit et qui, elle, fait bien partie du conte. L'épilogue, quant à lui, évoque ce que dit Claude Lévi-Strauss, à propos des structures de la parenté, de la « douceur, éternellement déniée à l'homme social, d'un monde où l'on pourrait vivre *entre soi* » (1967 : 570), d'un monde où l'on pourrait garder sa sœur auprès de soi sans la donner à un homme étranger, d'un monde d'enfance où les seuls liens qui comptent seraient consanguins et où les « autres » n'existeraient pas. Ce récit méconnaît la règle du conte merveilleux : ses héros ne s'engagent pas dans la voie de l'itinéraire initiatique, mais s'enferment au contraire dans la clôture des liens consanguins.

Cette première source du recueil des Grimm a pesé lourdement sur le destin européen des contes. Mais si l'œuvre princeps permet de faire apparaître le mécanisme de retournement vers l'enfance, d'autres témoignages de ce même mouvement existent. Ainsi en France, ce lecteur qui écrit en 1830 au journal *Le Globe* pour dire sa surprise de retrouver dans le *Faust* de Gœthe la petite chanson qu'une domestique de sa mère chantait en racontant le récit que

---

[2] On y reconnaît plutôt une comptine.

l'on connaît sous le titre international « Ma mère m'a tué, mon père m'a mangé »³ :

> Ma marâtre / Pique pâte / M'a fait bouillir / Et rebouillir / Mon père le laboureur / M'a mangé / Et rongé / Ma jeune sœur / La Lisette / M'a pleuré / Et soupiré / Sous un arbre / M'a enterré / Riou, tsiou tsiou / Je suis encore en vie⁴.

Cette « vieille domestique fort complaisante [...] avait bien dans sa mémoire autant de récits qu'en contiennent les *Mille et une Nuits*; elle aurait lutté contre Shéhérazade ». L'auteur de la lettre s'étonne naïvement que cette même chanson soit connue, « presque mot à mot et dans la même mesure », à la fois dans le Tarn et à Weimar et déplore que la France ne possède pas, comme l'Allemagne et l'Italie « une littérature populaire écrite ». En France, en effet, à cette époque, seules les mémoires individuelles réactivées par une rencontre de hasard permettent aux contes entendus dans l'enfance de resurgir, mais sans que le choc affectif puisse se transformer en projet de collecte. Une fois de plus ce sont les femmes du peuple, servantes et domestiques, qui établissent le passage entre les contes et les enfants des familles bourgeoises. Mais bien sûr ces souvenirs ne sont pas une photographie fidèle des événements de l'enfance. Ceux-ci ont été réélaborés en fonction des pensées et des désirs de chaque individu. Il existe de nombreux témoignages laissés par des écrivains de cette mémoire infantile du conte, comme celui, célèbre, de Pouchkine.

Ce n'est que dans le dernier quart du XIXe siècle qu'en France, ces rencontres affectives aboutissent en collectes systématiques et en publications. Mais il y faut la dynamique supplémentaire qu'apporte aux folkloristes la théorie fondamentale de l'école anthropologique anglaise. Et curieusement cette théorie postule que les contes sont des vestiges d'un état culturel disparu. C'est dire qu'elle projette dans l'histoire des sociétés et des cultures le mécanisme de la mémoire erratique de l'enfance.

Le travail de modelage des contes à l'intérieur du processus de la transmission orale n'est ni anarchique, ni arbitraire. Non qu'il n'existât de passages d'un conte à l'autre, ni d'emprunts d'épisodes à la suite d'oublis ou dans l'intention d'enrichir un récit. Ce dernier procédé, François-Marie Luzel,

---

³ Marguerite emprisonnée pour avoir noyé son enfant chante la formulette qui revient à plusieurs reprises dans le conte. Gœthe connaissait le récit par sa mère. L'auteur de la lettre au *Globe* remarque que « Pique pâte » est « intraduisible, il n'a aucun sens ». Il suppose que le terme remplace celui que Gœthe met dans la bouche de Marguerite – « ma mère, la catin » –, mot qu' « un paysan bien élevé et honnête, et surtout une femme, ne prononcerait jamais dans la montagne de Lacanne ».

⁴ Le rédacteur de la lettre qui signe C.S. précise que « ce petit poème [...] était connu [...] en patois, dans la commune de Montredon, près de Castres, département du Tarn ». Il donne en premier la version en langue d'oc *Ma maraistro, – Piquo pastro – M'a boulit – Et perboulit – Moun paire – Lou lauraire – M'a mantsat – E 'ronsegat – Ma suroto – La Lisoto – M'a plourat – E souspirat – Tsous un albre – M'a entarrat – Riou, tsiou, tsiou ! – ençaro sièu vièu !*

l'un des premiers collecteurs bretons un peu soucieux d'authenticité, le stigmatise fortement.

> [...] nos conteurs populaires, le plus souvent, ont deux manières la première, sobre, brève et allant droit au but. C'est la meilleure, surtout pour les collecteurs de contes et autres traditions orales. Dans leur seconde manière, au contraire, ils donnent l'essor à leur imagination, à la folle du logis, comme disait Montaigne, se livrent à de nombreuses digressions, mettent en scène des personnes connues, quelquefois leurs auditeurs mêmes, et prennent pour débiter leurs histoires et leurs fables le double du temps que demanderait une narration simple et suivie. C'est là la méthode la plus goûtée généralement par les auditeurs de nos veillées champêtres (Luzel, 1876-78 140).

Les conteurs eux-mêmes étaient bien conscients qu'il existait diverses manières de raconter une même histoire. Un vannier de Mayun confiait à Ariane de Félice :

> Il y en a qui mettent des paroles pour allonger la situation, ils arrivent au même terme : c'est le même conte mais il ne sera pas dit pareil. Quelquefois on disait c'est pas ça. Tu t'es trompé. Mais, pour en finir c'était toujours le même conte (Félice, 1950 458).

C'est le même conte, et cependant « ça se renouvelait les uns par les autres » (*Idem*). Les conteurs discernent clairement les deux règles qui gouvernent la vie du conte, la stabilité et le changement, et les deux facultés entre lesquelles ils doivent trouver une balance, la mémoire et l'invention – bien qu'ils fussent sans doute plus conscients et plus soucieux d'un bon exercice de leur mémoire que de leurs capacités d'apporter des transformations au conte appris auparavant. Les modifications formelles ou relevant de l'esthétique oratoire étaient maîtrisées par les bons conteurs en fonction de leur auditoire, témoignant d'un art de conter confirmé. Les modifications structurelles, susceptibles de modifier le sens profond, relevaient plutôt du jeu complexe de la mémoire et de l'oubli, hors de toute intention consciente. Elles font évoluer le récit, bien que le peu de recul historique dont nous disposons – puisque des collectes systématiques n'ont été entreprises qu'au XIXe siècle – ne permette pas d'en juger vraiment. En revanche les évolutions dans l'espace sont aisément discernables, puisqu'elles produisent les *versions*, à la fois semblables et différentes, qui dessinent un espace potentiel de variation pour chaque conte : espace potentiel à la fois narratif et sémantique. Mémoire et invention définissent la tradition, qu'un chercheur suédois Karl von Sydow considérait comme un processus vivant, prônant l'étude de sa *biologie*, c'est-à-dire des processus de formation du conte, de ses variations, de son déclin et de sa renaissance, ainsi que des interactions entre le conte et les systèmes sociaux dont il provient (1948). Il faut donc bien le considérer comme un organisme autonome vivant à travers les individus et les générations, qui en sont les porteurs.

Les collecteurs du XIXe siècle avaient, on l'a dit, des difficultés à mesurer les caractères spécifiques de cette littérature orale, tout en l'appréciant assez pour la recueillir. C'est ainsi que Jean-François Bladé, dans le dernier quart du XIXe siècle en Gascogne, essaie de retrouver la clôture du texte écrit dans la tradition orale, en éliminant tout d'abord de sa collecte les narrateurs « peu soucieux du style, et préoccupés surtout des idées et des faits [...] toujours longs, diffus, et tout à fait incapables de recommencer dans les mêmes termes » (Bladé, 1886 : XXI). Il recherche les conteurs, certes rares, attachés à des « narrations plus brèves et plus sobres » :

> Ceux qui possèdent ces traditions marchent au but par la voie la plus brève. Si on les prie de recommencer, chacun d'eux le fait constamment dans les mêmes termes, et quand on leur fait traiter séparément le même thème, on ne relève, dans les faits, qu'un petit nombre de variantes, et on constate, dans le style, de nombreuses similitudes (Bladé, 1886 XXI).

Conteurs modèles, qui éliminent l'oralité foisonnante et immaîtrisable, pour livrer un *texte*, prêt pour l'écriture, dont il a un des caractères fondamentaux, la réitérabilité[5].

La simplicité du conte oral *transcrit* n'est en fait qu'une apparence, qui ne trompe pas longtemps. On pressent vite, à condition qu'on y soit sensible, que le conte dit plus qu'il ne dit. Son langage est double. Sous le récit simple, ingénu, naïf, se cachent des significations qui cherchent à se faire jour. En termes clairs le conte a un contenu manifeste et un contenu latent. Comme le rêve, dont il possède aussi les mécanismes d'élaboration : figuration, condensation, déplacement, élaboration secondaire.

Les deux premiers mécanismes, figuration, condensation, sont largement utilisés par le conte, dont la narration est faite presque entièrement d'images fortes et de mises en scène destinées à dissimuler et à dire tout à la fois les pensées qu'il véhicule (Belmont, 1999, chapitre 3). Ce langage figuratif peut ainsi exprimer de nombreuses idées sans les expliciter. On prendra un exemple bien connu, celui de Cendrillon. Assise au coin de l'âtre, couverte de cendres, nous dit le récit, elle fait connaître une fille arrivée à l'âge du mariage, attachée encore à son père métaphorisé sous l'image du foyer paternel, qu'elle tentera de quitter à trois reprises pour rencontrer son futur époux, de la façon qu'on sait. Mais, cendreuse, elle est aussi une évocation de sa mère qui est morte et à qui elle s'identifie de cette manière. Elle aura réussi son parcours initiatique

---

[5] C'est également la qualité que reconnaissent les frères Grimm à l'une de leurs rares informatrices d'origine populaire, Dorothée Viehmann · « ... elle raconte d'une façon réfléchie, sûre et extrêmement vivante, en prenant elle-même plaisir à l'histoire, d'abord d'une façon courante, puis, si on le désire, en répétant lentement, si bien qu'avec quelque entraînement on peut écrire sous sa dictée. Plus d'un passage a été de cette façon textuellement conservé et on ne pourra pas ne pas en remarquer le ton de vérité... » (cité par E. Tonnelat, 1912 201).

lorsqu'elle aura acquis son identité en faisant coïncider ses deux apparences, souillon et éblouissante jeune fille.

Le décryptage des images du conte de tradition orale est un exercice incessant, dans la mesure où les écarts des versions l'une par rapport à l'autre induisent des écarts de sens et où chacun y projette ses propres pensées, conscientes et inconscientes. C'est dire que ces récits, sous leur simplicité trompeuse, recèlent des potentialités nombreuses : en d'autres termes, figuration et condensation sont les deux faces d'un même mécanisme d'élaboration. C'est pourquoi Walter Benjamin peut dire du conte qu'il est « doué d'amplitude » : « la narration [...] ne se livre ni [...] ne s'épuise jamais entièrement. Elle conserve ses forces concentrées, et longtemps après sa naissance, elle reste capable d'éclosion » (1991 : 212). C'est non seulement à travers le temps que le conte préserve son intensité expressive, mais aussi dans l'instant du contage. Il est formé, on l'a dit, de figurations successives, qui s'organisent en mises en scène et proposent des images mentales aux auditeurs. Ceux-ci les reçoivent et les élaborent au plus profond d'eux. Ces images, comme les images poétiques, ont un pouvoir de *communicabilité*, disait Gaston Bachelard, qui ajoutait « l'image a touché les profondeurs avant d'émouvoir la surface » (1970 : 7). La séduction qu'exerce le conte tient pour beaucoup, je crois, au fait qu'il offre du sens, sans que l'on ait à passer par le raisonnement.

En dépit de quelques jugements sévères des collecteurs du XIXe siècle à l'encontre des conteurs jugés trop prolixes, le conte oral manifeste une grande économie de moyens expressifs. Il suit le héros ou l'héroïne tout au long de son itinéraire, ponctué celui-ci par les mises en scène dont on parlait. Mais il ignore largement les liens autres que ceux de la logique du récit. Laquelle exige, par exemple, que l'interdit soit formulé avant d'être transgressé. Les personnages n'explicitent pas leurs motivations. Une seule motivation, pourrait-on dire, est énoncée : celle qui, au début du récit, constate l'état de manque ou le méfait, obligeant le protagoniste principal à s'émouvoir et à se mouvoir. Mais il s'agit souvent de la manifestation d'une force étrangère à lui, et non de motivations psychologiques personnelles. Durant ses aventures, ses sentiments trouveront peu d'expression, hors la mention ponctuelle de sa tristesse ou de sa joie. L'affectivité est absente. Peu de descriptions et des descriptions pauvres : la forêt est sombre et profonde, la princesse est éblouissante, le jardin est le plus beau qu'on ait jamais vu. À ces égards, le conte serait à l'opposé du roman. Et si quelque conteur prolixe insérait dans son récit des descriptions ou des allusions étrangères au conte, elles n'étaient pas transmises par la suite, considérées comme des embellissements stylistiques personnels.

La raison de cette économie expressive tient en partie aux contraintes de la mémorisation. Les contes merveilleux, souvent très longs, ne pouvaient être mémorisés mot à mot. Etait mis en mémoire le schéma narratif, coïncidant avec les déplacements, le parcours, du héros ou de l'héroïne, et ponctué par les images vigoureuses propres à chaque conte-type. Les « embellissements » relevaient de l'invention, de l'improvisation lors de la performance, ainsi que du style personnel du conteur ou de la conteuse. En revanche, le conte de fées littéraire échappe à cette exigence de la mémorisation, puisqu'il s'inscrit dans l'écriture et la lecture. Toutes les digressions autour du fil de l'histoire y sont possibles, licites et même recommandées.

C'est qu'en effet, au-delà de cette évidente contrainte de la mémoire, on se heurte à des types d'élaboration différents. Econome de moyens expressifs, le conte – comme le rêve, comme le mot d'esprit – dit plus qu'il ne dit. Le conte de fées littéraire passe par le travail d'élaboration d'un individu qui compose et fait passer dans l'écriture des matériaux souvent préexistants, ceux de la tradition orale, mais expurgés des grossièretés, des trivialités, des puérilités qui, prétendument, l'entachent. S'impose aux auteur(e)s la nécessité d'embellir ces matériaux cependant fascinants. Mais ce qui les rend fascinants, c'est cette vertu intrinsèque de dire plus qu'ils ne disent, c'est leur double langage, manifeste et latent. Lequel ne peut se reproduire de façon délibérée, sinon dans le jeu poétique.

Suivant mon hypothèse, l'écriture des contes de fées tente de pallier l'impossibilité de restituer le contenu latent de la tradition orale par le moyen d'une surabondance langagière. L'exubérance du langage et de la narration est manifeste dans les intrigues complexes, le nombre important de personnages et d'objets, les descriptions intarissables, les accumulations de richesses, les machineries féeriques, les effusions sentimentales. En un mot les procédés de l'hyperbole et du baroque[6] Il s'agit de saturer le récit qui, transcrit de l'oralité, apparaît si pauvre et si simple. Tous les procédés pourraient être répertoriés, depuis le style échevelé de Basile jusqu'à la réécriture, plus modeste apparemment, des frères Grimm, soucieux de ne pas publier des textes *lacunaires* à leurs yeux, enrichissant les versions les unes par les autres et introduisant des descriptions, des commentaires et un style faussement rustique.

Paradoxalement donc, le conte écrit ou réécrit, le conte littéraire, se donnerait pour tâche de pallier une absence, de saturer les lacunes du texte oral. La poésie n'est cependant pas absente de ces chatoiements de la surface du texte : c'est une poésie soumise à l'esthétique baroque, une esthétique d'accumulation, qui répond peut-être à une angoisse fondamentale, celle du vide et du lacunaire. Un pas de plus et j'avouerais que j'y sens, bien dissimulé, du désespoir.

Pour conclure, j'évoquerai rapidement la question des retours des contes littéraires dans la tradition orale, car cette réversion peut nous dire quelque chose des différences entre les deux formes. Un exemple nous est fourni par la belle édition qu'a donnée Marie-Louise Tenèze du répertoire de cette conteuse de la fin du XIXe siècle, originaire de l'Ardèche et recueilli par Victor Smith (Tenèze et Delarue, 2000). M.L. Tenèze a séparé, dans le répertoire de Nannette

---

[6] « La meilleure marque de l'émerveillement c'est l'exagération » (Bachelard, 1970 107).

Lévesque, les contes merveilleux – de tradition orale – de ces contes de fées visiblement venus de l'imprimé, mais indirectement puisque Nannette ne savait ni lire ni écrire. Elle donne six récits entre 1875 et 1876 : « Peau d'Ane » et « Le chat botté » de Perrault, « L'oiseau bleu » et « la Belle aux cheveux d'or » de Mme d'Aulnoy, « la Belle et la Bête » de Mme Leprince de Beaumont, en deux versions. C'est l'un de ces derniers récits qui sera évoqué : « La fille et l'âne » ou « Conte de l'âne ». M. L. Tenèze note la grande simplification qu'apporte Nannette aux intrigues et aux personnages, puisqu'en effet la seule mémoire ne peut conserver une telle complexité. On ne retiendra que la réélaboration concernant l'époux-animal. La tâche de la jeune fille est d'apporter, durant un an et un jour, son repas à l'âne, tous les jours, à six heures du matin. Un jour, à peu de temps de l'échéance, elle oublie de le faire. Cet oubli est sanctionné par un risque de mort pour l'âne, qu'elle réussit cependant à ranimer. Et le délai étant expiré, il se métamorphose en « joli monsieur ». Qui fournit une explication à sa forme animale :

> C'est une loi qui l'a prononcé. C'est une loi qui m'a mis comme un âne et m'a empêché de parler d'un an et un jour. Quand mon temps est expiré, je puis parler Je veux me marier avec toi, je te ferai ta fortune (Tenèze et Delarue, 2000 323).

L'explication, que certains jugeront maladroite, émane cependant bien de l'univers mental de Nannette, persuadée que des lois régissent le monde, en particulier celles de la Providence. M.L. Tenèze insiste sur le fait que « l'intégration même de la nouveauté – cf. les « contes de fées » — s'est faite chez elle sans remise en cause des fondements, de sa vie et de son œuvre » (*Ibidem* :503). La « philosophie » de Nannette, sous-jacente aux contes qu'elle possède en sa mémoire, a intégré l'existence de lois, valables autant pour la conduite générale de la vie que pour les contes. Tout n'y est pas permis. Nous sommes à l'opposé des contes littéraires qui tentent d'expérimenter les limites extrêmes de la liberté.

Bibliographie

Bachelard, Gaston
1970   *La poétique de l'espace*, Paris, PUF.
Barthes, Roland
1981   *Le Grain de la voix*. Paris, Ed. du Seuil.
Belmont, Nicole
1999   *Poétique du conte. Essai sur le conte de tradition orale*, Paris, Gallimard.

Benjamin, Walter
1991   Le Narrateur. Réflexions à propos de l'œuvre de Nicolas Leskov, [1936]. *Ecrits français*. Paris, Gallimard : 195-229 (Bibliothèque des idées).

Bladé, Jean-François
1886   *Contes populaires de la Gascogne*. Paris, Maisonneuve, 3 vol.

Delarue, Paul
1959   Le conte de « Brigitte, la maman qui m'a pas fait, mais m'a nourri », *Fabula*, vol. 2 : 254-264.

Félice, Ariane de
1950   Contes traditionnels des vanniers de Mayun (Loire-Inférieure). *Nouvelle revue des traditions populaires*, 5 : 442-466.

Grimm, Jacob et Wilhelm
1986   *Les Contes*, trad. française d'Armel Guerne, Paris, Flammarion, 2 vol.

Lévi-Strauss, Claude
1967   *Les Structures élémentaires de la parenté*, Paris, Mouton.

Luzel, François-Marie
1876-78 Formules initiales et finales des conteurs en Basse-Bretagne, *Revue celtique*, t. III : 336-341.

Picaud, Carine
2001   Les contes en prose de Perrault, *Il était une fois... les contes de fées*, Paris, Seuil/Bibliothèque nationale de France : 96-97.

Sydow, Carl Wilehlm von
1948   *Selected Papers On Folklore*, Copenhagen, Rosenkilde und Bagger.

Tenèze, Marie-Louise et Delarue, Georges
2000   *Nannette Lévesque, conteuse et chanteuse du pays des sources de la Loire*, Paris, Gallimard (Le Langage des contes).

Tonnelat, Ernest
1912   *Les frères Grimm. Leur œuvre de jeunesse*, Paris, Colin.

CHAPITRE 2

Du Catalogue à l' « histoire cachée ».
À propos de la typologie Aarne-Thompson

Depuis de nombreuses années, il est de bon ton de décrier la classification internationale de Antti Aarne révisée par Stith Thompson (1973). Déjà en 1965, Bengt Holbek déclarait qu'elle fait souvent violence au matériel narratif, contraint de se plier à ce nouveau lit de Procuste. Travaillant à l'époque sur les versions danoises du T 300, il constatait qu'une partie considérable du corpus n'était pas conforme à sa description dans la typologie. Celle-ci présuppose – ajoutait-il – une *Urform* originale et suffisamment stable, ou tout au moins une *Normalform*, dont les récits particuliers seraient des variantes, mais aussi des témoins, des pièces à conviction. Il pose ainsi la question cruciale de la nature du conte-type : modèle, archétype, standard, étalon auquel on mesure et juge les versions collectées. Même si personne ne pense de nos jours que le conte-type représente la forme d'origine du conte ou sa forme narrativement et esthétiquement parfaite. Mais sans doute a-t-on tendance, qu'on le veuille ou non, à évaluer, à jauger toute variante par rapport au conte-type tel qu'il est défini par la séquence des épisodes énoncée dans la typologie internationale, et à considérer comme des irrégularités les écarts d'une version particulière. On sait combien les tout premiers collecteurs, parmi eux les frères Grimm, aimaient à fusionner deux ou parfois trois versions pour fabriquer un récit *complet*, que, à les croire, la mémoire des conteurs était incapable ou n'était plus capable de retenir. C'est un procédé de lettrés, habitués de l'écriture, laquelle fournit un discours plein, saturé, clos sur lui-même, et par conséquent incapables de concevoir un texte perpétuellement remis en jeu, ouvert, expansif. D'où les notions de version *altérée* ou de version *contaminée*. Ce vocabulaire imprime une marque péjorative sur de tels récits. Mais une version n'est bien sûr ni *altérée* ni *contaminée* sans qu'il existe des raisons à cela, même si nous sommes parfois dans l'incapacité de les saisir. Les versions dites altérées ou contaminées ouvrent souvent des voies d'accès au sens (Belmont, 2001). Les contacts entre récits ne se font en effet pas au hasard – hasards des mémoires défaillantes chez les conteurs, comme aimaient à le souligner les anciens folkloristes –, mais signalent des affinités, superficielles ou profondes, entre les récits, où la mémoire n'est pas erratique. Marie-Louise Tenèze rappelle l'intérêt de Paul Delarue pour cette notion de contamination, dont il disait qu'elle avait eu un rôle capital dans la vie du conte et qui joue « à des paliers différents, soit par motif de jonction, soit par analogie thématique » (Tenèze, 1957 : 297-298).

B. Holbek, dans cette même communication, supposait, non pas des défaillances de la mémoire chez les conteurs, mais au contraire un exercice actif, trop actif, de celle-ci, en particulier chez les bons conteurs possédant de nombreux récits dans leur répertoire et capables alors de les combiner et de les fusionner au gré de l'inspiration du moment. L'opinion des collecteurs du XIXe siècle est curieusement analogue. Luzel stigmatise « la manière dont certains conteurs, croyant augmenter l'intérêt de leurs récits, les altèrent et les mélangent, à plaisir. Plus un conte est long et rempli de merveilles et d'épreuves, plus il a de succès, ordinairement, auprès de l'auditoire des veillées d'hiver » (1887, II : 418).

Tous les conteurs ne confirment pas cet usage libre, voire anarchique, du matériel narratif. C'est ainsi que Jean-Louis Rolland, le conteur breton étudié par Donatien Laurent, était bien conscient de l'existence de contes particuliers, pouvant s'incarner dans différentes versions, selon les terroirs et les individus eux-mêmes. «Il est difficile de les garder comme il faut dans la tête parce que beaucoup se ressemblent et qu'on tombe facilement de l'un dans l'autre. On y trouve les mêmes tours et les mêmes détours et pour finir ils s'enroulent en pelote et l'on n'arrive plus à les démêler. Or, c'est ça qu'il faut éviter parce que *chacun suit sa propre route*[1], même s'ils aboutissent tous au même point : le mariage du héros et de la fille du roi ». Le souci exprimé par le conteur concerne manifestement l'individualité des récits qu'il faut sauvegarder, même si certains épisodes se ressemblent et même si le terme en est identique (Laurent, 1981)[2].

B. Holbek ajoutait qu'il faudra, tôt ou tard, se libérer de la typologie « d'inspiration philologique d'Aarne » et s'atteler à la tâche de reclasser le

---

[1] C'est nous qui soulignons.
[2] Il s'agit ici des contes merveilleux, pour lesquels la typologie internationale fonctionne mieux, sans doute parce que ce sont des récits plus individualisés et plus stables que les contes facétieux en particulier. Voir à ce propos l'article de Josiane Bru dans ce numéro [*Cahiers de littérature orale*, 2001, 50 : 75-94].

matériel tout entier, en regroupant les contes qui ont des thèmes apparentés, alors qu'Aarne s'était contenté d'une classification grossière suivant les sortes de magie ou de sorcellerie rencontrées par le héros. « Ce ne serait pas la première fois dans l'histoire des sciences », concluait-il, « qu'une typologie ait été abandonnée et remplacée par un autre édifice fondé sur des prémisses différentes ».

La typologie, un outil empirique

« L'existence des contes-types, écrivait M. L. Tenèze, ne saurait, pour tout interlocuteur de bonne foi, faire de doute » (1979 : 231), rappelant qu'avant même la genèse de la typologie (1910), les collecteurs du XIXe siècle en étaient déjà bien conscients : pensons par exemple au travail auquel se livre Emmanuel Cosquin dans ses *Contes de Lorraine*, rassemblant et comparant dans ses commentaires les variantes de chacun des récits recueillis par lui. Si le terme de *conte-type* n'est pas utilisé, et pour cause, la notion est déjà présente. Réalité empirique donc, que Antti Aarne a appréhendée « de façon solidement empirique », dit encore M.L. Tenèze, ajoutant que le qualificatif est un éloge sous sa plume. Et elle cite la question pleine d'espoir de l'éditorialiste du second numéro des *Cahiers de littérature orale* (1977 : 11) : « Échapperons-nous enfin à l'empirisme ethnocentré de AT ? ». Elle affirme qu'il lui importe « en réponse de faire toucher combien est rassurant le fait que Antti Aarne ait commencé, très empiriquement, à répertorier, et ceci à même les collections les plus vastes de l'époque »[3] (Tenèze, 1979 : 231).

Stith Thompson, en 1938, remarquait que, en dépit de sa nature hétérogène, la classification de Aarne avait servi étonnamment bien les besoins de catalogage. En effet, dans les quelques catalogues nationaux ou régionaux existants, la mise en ordre et la numérotation se révélaient « raisonnablement satisfaisants ». M.L. Tenèze rappelait les limites géographiques d'application de la typologie, affirmées à diverses reprises par S. Thompson : de l'Irlande à l'Inde[4]. Celui-ci préconise, dans ce même article, un autre outil pour les littératures populaires du monde entier, le *Motif-Index*. Il propose d'ailleurs des définitions pour le conte-type et le motif. Le premier « est un conte traditionnel [...] qui a une existence indépendante. Il peut être raconté comme un récit complet et sa signification ne dépend pas d'un autre conte. » (1938 : 105). Il peut comprendre un seul motif comme beaucoup de contes d'animaux, de contes facétieux et d'anecdotes, ou plusieurs motifs comme les *Märchen*. Le motif,

---

[3] Les archives finlandaises comprenaient à l'époque environ trente mille récits.
[4] S. Thompson déclare aussi « Strictement cet ouvrage aurait pu s'intituler "Les types de contes populaires de l'Europe, de l'Asie occidentale et des pays colonisés par ces peuples" » (1973 : 7). Ce qui constitue un énoncé politiquement incorrect !

quant à lui, c'est le plus petit élément narratif qui a le pouvoir de persister dans la tradition. Les contes – et ici Thompson pense précisément aux contes merveilleux –, parce qu'ils comprennent une grande variété d'acteurs, d'incidents et de matériaux contextuels, sont très difficiles à classer, sinon par le jeu de normes arbitraires et dépourvues de cohérence. « Il est remarquable, ajoute-t-il, que le catalogue [*listing*] des types complexes de Aarne, en dépit de toutes ces difficultés inhérentes, ait rendu de si grands services dans la pratique ».

Cet étonnement, voire cet émerveillement de Thompson, peut nous paraître naïf, mais il pose le problème avec un grand réalisme : « et pourtant ça marche », pourrait-on dire. On retrouve le même étonnement, mêlé ici d'un certain mépris à l'égard du pauvre « folkloriste », dans les propos de Claude Brémond introduisant un article d'Éleazar Mélétinski : « La critique par V. Propp des notions de "motif" et de "conte-type" semblait condamner les classifications et index qui reposent sur ces notions à céder la place à d'autres, qui seraient parties des unités structurales du conte [...] Aarne et Stith Thompson fournissent plus que jamais le cadre de référence obligé à tout travail sur le conte populaire. Contradiction ? Le folkloriste, souvent peu curieux de longs détours théoriques, ne se le demande guère. [...] Comment l'en blâmer ? Il travaille avec l'outil qu'il connaît et qui a l'avantage d'exister. L'autre serait peut-être meilleur, mais il reste à l'inventer. Pour combien de temps encore ? Voici l'amorce d'une réponse. » (Mélétinski, 1977 : 15).

De l'arbitraire à la nécessité

Un autre point de l'article de Thompson mérite d'être souligné, qui concerne la révision de la typologie de Aarne. La classification actuelle est une liste à usage pratique, pour ceux qui cataloguent les contes. C'est pourquoi la numérotation maintenant admise ne peut être perturbée, *même si elle n'est pas entièrement logique*. Elle doit être augmentée afin de l'adapter à l'aire asiatico-européenne. Elle doit aussi inclure la majorité des contes traditionnels connus, même d'origine littéraire[5]. Des listes spéciales sont souhaitables pour d'autres aires, comme l'Afrique ou l'Amérique. Faut-il voir, concernant ce dernier point, une contradiction par rapport à ce qu'il semblait dire plus haut : la typologie pour l'aire indo-européenne, l'index des motifs pour le reste du monde ?

À propos de la question type/motif, M.L. Tenèze rappelle, dans ce même article, la notion d'*isolation* proposée par Max Lüthi. Il déclare dans un ouvrage

---

[5] On sait que les chercheurs de l'*Enzyklopädie des Märchens* ont entrepris, sous la direction de Hans-Jörg Uther, la troisième révision de la typologie internationale, tenant compte, en particulier, des nouveaux types, des formes non régulières, ainsi que des versions écrites anciennes, médiévales par exemple (Uther, 2000 : 11-12).

de 1947 : « Les éléments du conte sont absolument isolés ; ils se détachent facilement de toute liaison existante et se libèrent ainsi pour une autre ; mais cette liaison ne sera elle aussi qu'une combinaison ; celle-ci sera à nouveau aussi aisément défaite qu'elle fut constituée » (traduction de M.L. Tenèze). Jan De Vries en tirait les conséquences pour ce qui est de la recherche et de la reconstitution de l'archétype : dans ce flux continu, il est totalement vain de chercher à reconnaître ce qui appartient à la forme d'origine et ce qui fut le résultat de la combinatoire du récit au cours de son évolution, puisqu'en effet « ces motifs sont librement échangeables et qu'aucun n'a de priorité par rapport aux autres » (cité par Tenèze, 1979 : 233). L'objection que je ferais à cette position porte sur le terme *librement*. La permutation, ou plus exactement la substitution des motifs, que chacun a pu constater en étudiant diverses versions d'un conte-type, n'est pas soumise au jeu d'un quelconque arbitraire[6]. Ces substitutions s'opèrent suivant le sens profond, selon une signification qui n'est pas toujours immédiatement lisible, si bien qu'elles peuvent présenter alors une apparence de gratuité, voire d'incohérence. Lorsque cette permutation de motifs semble par trop « irrégulière », alors elle court le risque de n'être pas transmise ultérieurement, de n'être pas entérinée par la tradition. On prendra deux exemples, l'un concernant une substitution de motifs, apparemment arbitraire, mais sanctionnée par la tradition, l'autre apparemment et réellement arbitraire[7], et n'ayant pas laissé de trace dans la tradition.

Dans *Jean de l'Ours* (T 301B), le motif qui explique le plus fréquemment la force physique extraordinaire du héros concerne sa naissance : il est né d'un ours et d'une femme enlevée par l'animal. De son père il a la puissance et le pelage. Quelques versions fournissent une autre explication à cette caractéristique du héros : il a été allaité pendant très longtemps par sa mère.

Une femme avait un fils qu'elle avait allaité pendant sept ans. Au bout des sept ans le fils alla se promener dans un bois de sapins et secoua un jeune arbre. – Je ne suis pas assez fort, dit-il, pour le déplanter. Il retourna dire à sa mère : – Allaitez-moi encore pendant sept ans ; j'aurai quatorze ans et je pourrai tirer l'arbre de terre. Au bout de ce temps, il alla dans le bois et dès qu'il eut mis la main sur l'arbre, il le déplanta (« Le Garçon au bâton de fer », basse Bretagne, Frison, 1912 : 31).

L'allaitement prolongé se substitue donc au motif de la procréation du héros par un ours. Cette substitution est-elle en l'occurrence le résultat de l' « isolation » des parties constituantes du conte, pour reprendre l'expression de Max Lüthi, de leur libre jeu ? Je ne le pense pas, car les deux motifs ne sont pas

---

[6] La même critique est à adresser à la notion proposée par C. Brémond de « meccano » du conte.
[7] Arbitraire d'un point de vue collectif, mais non, on peut le supposer, du point de vue individuel.

dans un rapport d'arbitraire. La force physique de Jean de l'Ours est une force animale, qui provient du fait qu'il a été engendré par un ours. L'allaitement prolongé du héros a la même conséquence, c'est-à-dire qu'il l'animalise. La fonction nourricière des femmes est ressentie comme une fonction animale – une version allemande de Transylvanie citée par E. Cosquin raconte que le héros est allaité par sa mère d'abord pendant sept ans, puis, après qu'un charme jeté sur elle l'a métamorphosée en vache, pendant sept ans encore. L'allaitement prolongé qui animalise la mère risque également, selon les croyances, de rendre l'enfant idiot. Cet enfant du conte, qu'il ait été engendré par un ours ou allaité trop longtemps, ne mesure pas sa force, il est brutal, ne comprend rien et doit subir un processus de socialisation. On voit donc que les deux motifs ne sont pas dans un rapport d'arbitraire l'un par rapport à l'autre, mais qu'ils peuvent échanger leur place dans le conte-type, car ils préservent la même signification, tout en étant formellement très différents l'un de l'autre.

Le second exemple concerne un récit publié par P. Sébillot dans un recueil de 1881, le premier volume de sa collection « Les Littératures populaires de toutes les nations ». Il est inclus dans une section intitulée « Contes d'enfants » : « Aventures d'enfants, parfois mélangées de merveilleux [...] que les mères et les nourrices racontent le plus volontiers aux petits garçons et aux petites filles, en raison de leur forme simple et de leur trame peu compliquée [...] ils sont aussi pour la plupart très courts » (1881 . 219). Celui-ci a pour titre « La Robe de beurre ». C'est à mon avis une version du T 720 (« Ma mère m'a tué, mon père m'a mangé »), bien que ce dernier n'ait pas été inclus dans le catalogue des contes français. P. Sébillot fait le rapprochement avec deux autres versions du T 720 collectées par lui, «Les souliers rouges », pour ce qui concerne le motif de l'enfant tué par ses parents. Cette version, très divergente par rapport à la norme du conte-type[8], est donnée in extenso. En regard on a tenté d'appeler, non sans mal, les motifs correspondants des versions « non altérées » :

Il était une fois une petite fille qui avait une robe de beurre. Un jour qu'elle se promenait avec son frère, à peu près du même âge qu'elle, ils virent venir une pâtissière qui portait un panier de petit pâtés si bien faits, si jolis et si dorés, que rien qu'à les voir on avait envie de les manger.	Un frère et une sœur « à peu près du même âge ».
	La mère les envoie chercher du bois, car elle va cuire le pain, promettant au premier revenu une pâtisserie faite avec les chutes de la pâte (époigne).
Elle dit à la petite fille – Si tu veux me céder ta robe de beurre, je te	

---

[8] Souvent très stable quant à la séquence des épisodes et des motifs (Belgrader, 1980).

donnerai en échange cent petits pâtés.
– J'y consens, répondit l'enfant, qui
oublia que ses parents lui avaient
recommandé de bien conserver sa
robe.

Son petit frère la pria de lui faire
cadeau de la moitié des petits pâtés.

– Non, dit-elle, pas la moitié, mais
si tu en veux vingt-cinq, les voici ; tu
peux les prendre.

Le petit garçon se hâta de rentrer à
la maison. Il raconta à ses parents que
sa sœur avait vendu sa robe de beurre,
et ils en furent très-irrités. – Va, lui dit
sa mère, et demande un sou de clous et
un sou de mailles pour clouer ta sœur qui
a désobéi.

Il alla à toutes les portes, mais partout
on lui dit qu'on ne vendait ni clous ni
mailles. Il revint les mains vides, et sa
mère lui dit – Je parie, mon pauvre
Jean le Diot, que tu leur as dit que
c'était pour clouer ta sœur ? – Ne
m'aviez-vous pas dit que c'était pour
cela ? – Eh bien ! Puisque tu as été si sot,
c'est toi que je vais mettre à bouillir à la
place de ta sœur.

Elle fit entrer de force le petit
garçon dans une grande marmite sous
laquelle était allumé un feu très-vif, et
tout en bouillant, le petit gars disait

– Jamais, ma mère, je vous dis.
– Jamais n'irez en paradis.

Peu après, la mère mourut, mais elle
revint sur la terre pour chercher la
robe de beurre que sa fille avait vendue.
Elle se présenta à la pâtissière qui, en
voyant cette morte apparaître, mourut
de peur.

Comme elle déteste le garçon,
revenu le premier, elle l'assomme
avec le couvercle de la maie, puis le
cuisine dans une grande marmite.

Elle envoie la petite fille porter
ce repas au père qui travaille aux
champs.

Une « belle dame » l'avertit de
rassembler les os que son père
jettera.

De ces os naît un petit moineau
qui s'envole et chante un couplet où
il raconte son histoire : « Ma mère
m'a tué, mon père m'a mangé, etc. »

il donne des cadeaux à sa sœur et à son père, écrase sa mère sous une meule.
Il retrouve la forme humaine.

(Conté par Constance Delahaye, d'Ercé, âgée de treize ans)   (Version syncrétique)

Cette « Robe de beurre » est peut-être une version du T 720, mais alors une version passée par le filtre des phantasmes de la jeune conteuse, à commencer par le décentrement qu'elle opère dans la première partie du récit vers le personnage de la sœur. C'est elle qui est avide des petits pâtés si alléchants de la pâtissière. Celle-ci se trouve partager le même affect de convoitise, mais pour la robe de la petite fille. On peut y voir la transformation du désir féminin, depuis le stade oral de la petite fille jusqu'au désir de parure de la femme. Cette énigmatique « robe de beurre » serait comme une formation de compromis entre le désir oral vorace et le désir de séduction de la fille en train de devenir pubère[9] Maladroitement le récit revient ensuite vers le héros familier du conte-type, le frère dont il raconte le passage initiatique de l'état de jeune garçon à celui d'adolescent (Belmont, 1993). Il est tué et cuisiné par sa mère pour cause de naïveté (il a dévoilé que les clous et les mailles étaient destinés à « clouer » sa sœur). Et le récit s'achève par la mort de la mère qui, cependant, n'a pas abandonné son attirance pour la « robe de beurre » destinée à sa fille. La maladresse de la construction narrative, que l'on imagine comme le produit d'un bricolage entre la mémoire du conte certainement entendu sous sa forme traditionnelle et les affects très forts suscités par cette écoute, n'exclut pas, favorise peut-être, la production d'images aussi fortes que troublantes, manifestation du génie poétique du conte.

Il n'en reste pas moins que cette version présente des écarts beaucoup trop importants par rapport au conte-type pour être transmise ultérieurement et entrer dans la chaîne traditionnelle.

Le conte, espace narratif

On pourrait dire alors qu'un conte-type se définit par les oscillations admissibles d'un scénario particulier, d'une certaine séquence d'épisodes et de motifs, qu'il est donc plutôt un *espace narratif* qu'un récit particulier servant de

---

[9] Voir l'étude de Muriel Djéribi sur Cendrillon, où elle analyse le passage « De la nourriture aux parures », qui n'apparaît dans notre récit que dans cette image étrange (Djéribi, 1989).

modèle de référence. Dans ce cas on est obligé d'admettre l'existence d'un ajustement, d'une auto-correction intériorisée par les conteurs et les auditeurs, qui ferait exclure de la transmission les versions dont les écarts sont trop importants, comme la version de la jeune Constance Delahaye. C'est à un mécanisme de ce genre que Reidar Th. Christiansen pensait, reprenant la règle dite d'« auto-régulation » de Walter Anderson, en déclarant que « les contes populaires semblent [...] avoir une tendance curieuse à retourner au type. [...] Ils se corrigent eux-mêmes, en suivant le modèle reçu » (Christiansen, 1959 : 25).

Il ne faut pas non plus méconnaître le fait que le corpus sur lequel nous travaillons le plus souvent, c'est-à-dire la grande collecte des folkloristes de la fin du XIXe siècle n'est pas un corpus *critique*. Nous y trouvons, pêle-mêle, sans que, le plus souvent, les collecteurs nous en avertissent, des récits provenant à la fois de vrais conteurs possédant un répertoire étendu, et de conteurs "d'occasion", qui devenaient conteurs pour le folkloriste parce que, ayant entendu des contes, ils étaient capables de s'en souvenir, sans pour autant être capables de se produire devant un auditoire traditionnel, si même ils en avaient eu le goût. On a donc affaire à un corpus composite, qui ne donne pas une idée suffisante de la réalité du contage traditionnel. Et qui ignore en particulier le rôle des bons conteurs, conscients de l'individualité des schémas narratifs, dans ce que l'on pourrait appeler la remise en conformité de ceux-ci. Si, donc, on peut être convaincu de l'existence des contes-types, on comprend encore assez mal comment ils se transmettent en tant que tels.

Nous venons d'utiliser l'expression d'« espace narratif » pour définir le conte-type. Vivian Labrie fait appel plus concrètement encore à l'espace parcouru par le héros, à son itinéraire. Travaillant avec des conteurs encore actifs au Canada français, il lui est apparu très clairement que la mémorisation et la remémoration du conte s'appuyaient sur le parcours du héros. Les réponses des conteurs « ont régulièrement convergé vers un support topographique de la mémorisation, soit la visualisation d'une suite de lieux qui forment le parcours d'un héros de son point de départ à son point d'arrivée. Une suite de *stops* et de *go*, d'arrêts et de déplacements dans un univers imaginaire » (Labrie, 1994 : 64). Un des conteurs avec qui elle travaillait, déclarait :

> Le voyage est plus important dans une histoire que les mots. T'écoutes bien soigneusement pis tu suis le voyage du conte, si tu veux l'apprendre. Si tu suis pas le voyage, où ce que tu vas y aller? [...] Il a traversé un pont. Si tu vois pas le pont dans ton imagination là, quoi ce que tu vas voir ? Tu peux pas voir sans route (Labrie, 1978 444).

Elle pose donc la question : « Le type correspondrait-il à un parcours motivé particulier mémorisé dans une suite de lieux ? » (Labrie, 1989 : 9).

L'image ne serait-elle pas l'unité mnémonique essentielle du récit, alors que l'itinéraire serait l'agent de cohésion qui en assurerait la logique spatio-temporelle?

[...] Le conte n'est ni la somme des différentes images, ni l'itinéraire seul, mais les deux combinés. De même la notion de conte-type implique à la fois une organisation logique de l'histoire et un ensemble d'images qui lui est propre (1978 : 469).

Et elle rappelle que c'est ainsi que fonctionnait l'art de la mémoire de l'Antiquité, combinant une série de lieux imaginaires et un parcours, également imaginaire, de ces lieux, pour en « cueillir » les images qui y avaient été déposées auparavant. Le conte merveilleux, pour s'en tenir à celui-ci, serait peut-être le résultat de ce que la mémoire humaine est capable de retenir sans le secours de l'écriture et le résultat de la façon dont elle le retient. L'itinéraire du héros qui donne l'armature narrative et les images fortes qui enrichissent cette trame peuvent alors être envisagés comme les deux éléments fondamentaux du conte : d'une part le type, d'autre part le motif. Le conte-type ne serait pas seulement une réalité empirique à laquelle n'importe qui travaillant sur ce genre de récit ne peut manquer d'être confronté. Il serait aussi une réalité émanant des processus cognitifs propres à la tradition orale, hors l'écriture qui perturbe profondément le jeu. D'où la question que pose V. Labrie : « Ne pourrait-on pas, dans cette voie, en arriver à une définition mnémonique de la notion de type comme étant le patron structural du récit le plus susceptible d'être retenu lors d'une narration ? » (1978 : 386).

On voit donc que la notion de conte-type, reconnue intuitivement par Antti Aarne, est fondée, serait fondée, si l'on veut rester prudent, sur les caractéristiques de la mémoire humaine hors l'écriture. Ce qui permet de comprendre pourquoi les contes écrits, même lorsque leurs auteurs s'efforcent de suivre le modèle d'origine, se révèlent tellement peu plausibles par rapport au genre. Ne serait-ce que parce qu'ils deviennent paradoxalement bavards, beaucoup plus diserts que les contes de tradition orale caractérisés par une grande économie expressive. Le support cognitif de chaque conte-type serait ainsi le parcours particulier du héros, jalonné d'images, de mises en scène, de figurations, elles aussi caractéristiques. Chaque ensemble particulier formé par un itinéraire d'une part et par certaines images fortes d'autre part, constituerait un type. Mais le répertoire n'étant pas infini, on s'aperçoit que certains itinéraires peuvent se ressembler — c'est ce que disait le conteur étudié par D. Laurent, parlant des mêmes « tours et détours ». On remarque en outre que certaines figurations peuvent passer d'un itinéraire à un autre. Ces figurations, mises en scène ou images — les motifs en un mot —plus labiles et instables que les cheminements, se retrouvent, pour certains tout au moins, dans plusieurs d'entre eux. Ils s'y retrouvent reconnaissables formellement, mais le fait qu'ils appartiennent à tel ou tel parcours modifie leur signification de façon plus ou moins profonde. C'est qu'en effet il paraît maintenant nécessaire de poser la question du sens.

Le conte, espace sémantique

Le conte-type peut donc être considéré comme un *espace narratif*. Il faut compléter cette proposition en ajoutant qu'il est également un *espace sémantique*. Le parcours du héros n'est pas seulement une organisation formelle et figurative, il est aussi une organisation signifiante. Si l'on admet que le parcours de tous les contes est un parcours initiatique[10], chaque conte-type non seulement a sa façon d'envisager l'initiation – à commencer bien sûr par la différence qu'introduit la personne du héros, masculin ou féminin –, mais, en outre, explore la plupart des conjonctures possibles, des cas de figure, de la constitution de l'identité, de ses accidents, de ses avatars et aventures. Il n'existe pas de conte *synonyme*. Il existe sans doute des contes proches quant aux problèmes qu'ils posent, mais aucun n'est jamais le doublet d'un autre. C'est ainsi que face au conte-type 720, « Ma mère m'a tué, mon père m'a mangé »[11], qui raconte l'acquisition de son identité sexuée par un jeune garçon à travers sa cuisson par sa mère et son ingestion par son père, on peut se demander si le T 700, « Pouçot avalé par la vache », ne se présente pas, à travers une affabulation différente, comme un récit sémantiquement redondant, en particulier à cause de cette problématique insistante d'oralité, d'avalement, d'ingestion. Mais si la problématique fondamentale est bien la même, son traitement est différent. Pour dire les choses rapidement, Pouçot se présente avec une allure beaucoup plus archaïque du point de vue psychique, car le héros est avalé par des animaux, alors que celui du T 720, grâce au passage culinaire et au rejet des os par le père, subit une métamorphose en oiseau capable de raconter ou de chanter son histoire. Il n'y a donc pas de doublets dans l'ensemble des contes-types, ni du point de vue narratif puisque chacun suit un cheminement singulier[12], ni du point de vue sémantique puisque chacun est investi d'une signification qui lui est propre, signification oscillatoire, si l'on peut dire, autour d'un axe central – chaque version étant en effet susceptible d'infléchir la problématique générale attachée au conte-type.

Le conte-type 708, *The Wonder-Child* (« L'enfant monstrueux/ prodigieux »), présente un infléchissement de ce genre, sensible dans les versions européennes d'une part et canadiennes francophones de l'autre.

---

[10] On renvoie le lecteur aux travaux de Geneviève Calame-Griaule sur le conte, notamment à son ouvrage *Contes tendres, contes cruels du Sahel nigérien* (2002 . 40-43).

[11] Dont on a vu une version irrégulière, altérée selon les normes des spécialistes, « La robe de beurre ».

[12] Même si parfois leurs chemins se croisent, comme le remarque Jean-Louis Rolland, qui considérait chaque conte comme une sorte de voyage, où le conteur suit le héros dans l'espace et le temps, un circuit où « il faut être attentif à ne pas prendre la mauvaise route, et ne pas aller trop vite de peur de rater quelque virage » (Laurent, 1981 : 113).

I. Sur le conseil d'une sorcière, la marâtre fait manger à l'héroïne un aliment qui la rend enceinte. La jeune fille est exposée sur l'eau dans un tonneau. Elle met au monde un chat (chien, enfant contrefait), qu'elle élève après avoir abordé sur une terre lointaine.

II. Le « fils » se rend à un château chercher des vivres pour sa mère. Il délivre le prince d'un danger et lui extorque la promesse d'épouser sa mère. Le prince est heureux quand il la voit, humaine et belle. Mariage.

III. Le « fils » demande au prince de lui couper la tête ou de lui ouvrir le corps. Il devient un beau garçon qui explique l'innocence de sa mère. La marâtre est punie[13].

Les versions européennes de ce récit centrent leurs pensées sur le « couple » mère/fils, en insistant sur la conception magique orale et la naissance monstrueuse, l'isolement de la mère consécutif à son exil, et la mise en œuvre des réparations par le fils animal qui inverse les rôles respectifs mère/enfant. Nouveau-né, il nourrit sa mère, lui procure abri et vêtements, et pour finir un mari, la réintégrant du même coup dans le réseau des relations sociales et familiales et s'intégrant lui-même dans l'humanité grâce à cette mutilation/castration.

Un premier niveau d'analyse évoque la détresse où se retrouvaient les filles-mères dans la société traditionnelle, qui perdaient toute possibilité d'intégration sociale, privées donc d'identité, exilées souvent loin de leur lieu d'origine. Ce conte serait comme une élaboration narrative des phantasmes de ces femmes, faisant de leur « bâtard » un champion capable de les réhabiliter[14].

Certaines versions canadiennes conservent cette réflexion autour des rapports mère/fils, mais beaucoup d'entre elles infléchissent leurs pensées vers les rapports père/fils, et la nécessité pour un fils de se faire reconnaître du père (où l'on peut voir un même processus d'inversion, puisque c'est le père qui a à reconnaître son enfant). Les moyens narratifs de cet infléchissement sont minimes ; ce sont des glissements quasi imperceptibles, qui ne remettent pas en cause l'appartenance de ces versions au type. La variation la plus importante consiste à raconter longuement un voyage entrepris par le prince et le garçon-animal, celui-ci sauvant son compagnon de dangers mortels, puis exigeant en récompense le mariage avec la mère. En dépit de ce que l'on peut considérer

---

[13] Le catalogue des contes français (Delarue et Tenèze, 1997) dénombre cinq versions françaises, dont quatre bretonnes.
[14] La notion de bâtardise transparaît dans les figurations de l'enfant . « de trente-sept couleurs », « tout barré » ou « bigarré », ou encore décrit comme animal au pelage roux, écureuil, renard. Michel Pastoureau montre que la *diversitas*, la bigarrure, les rayures, est marquée négativement, devenant au Moyen Âge le stigmate des individus marginaux (1991).

comme un véritable chantage, le prince et le garçon-animal nouent des liens d'affection, alors que la mère disparaît du récit durant ce long épisode. Un autre glissement consiste à introduire, préalablement au motif de la conception orale de l'enfant monstrueux, un lien déjà établi entre l'héroïne et le prince qui la courtise.

Il y avait un roi qui avait trois filles. Un prince venait voir, une fois l'an car il résidait très loin, la plus jeune. Lors d'une de ces rencontres, ils décident de demander au roi la permission de se marier. Le roi consent, mais les deux sœurs aînées jalouses de leur cadette demandent à une sorcière de préparer des « poudres » pour la rendre enceinte d'un chien. Le roi l'expose dans une barrique, qui aborde au royaume du prince. Le chien noue des liens avec celui-ci, l'oblige à épouser sa mère, en laquelle il reconnaît sa fiancée. Le garçon-animal exige du prince qu'il lui coupe la tête et se métamorphose alors en « beau prince », qui se considère dès lors comme le fils de l'époux de sa mère (« Conte du chien », Archives de folklore de l'université Laval, collection Bouthillier-Labrie).

Une autre version, « Le chien blanc », abandonne le motif de la conception orale, puisque le prince et la fille du roi « se fréquentent » ; mais le roi ne donne pas son consentement au mariage. Or la jeune fille est enceinte (de manière naturelle et non magique). Elle est bannie par son père qui souhaite qu'elle accouche d'un chien. Le garçon-chien noue des relations avec le prince, l'oblige à consentir au mariage avec sa mère. « Quand il a vu qu'c'était la fille sa fiancée qu'il avait parlé avant qu'il était pour se marier avec [il était heureux]. » (« Le chien blanc », Archives de folklore de l'université Laval, collection Dominique Gauthier).

Un dernier état de la narration – non pas au sens chronologique, puisque ces versions sont à peu près contemporaines, ayant été recueillies entre 1952 et 1976, mais par rapport à cette oscillation sémantique du conte-type dont on parlait – fait de l'enfant-animal le fils légitime d'un roi et d'une reine.

Un roi et une reine n'avaient pas d'enfant en dépit de leur désir. La stérilité du couple se résout soudainement, mais la reine accouche d'un « Poilu », poilu « comme une bête ». Le roi, furieux, enferme la mère et le fils dans un souterrain, dont bientôt l'enfant monstrueux, qui parle très tôt et grandit très vite, veut sortir pour affronter son père. Il s'impose au château en y ramenant également la reine. Après un certain temps le roi doit partir en guerre. À trois reprises le Poilu est vainqueur des ennemis. « Son père l'aime assez [...] Le v'là qui s'met à l'aimer. » S'étant fait craindre, puis aimer et enfin reconnaître de son père, il lui demande de le couper en morceaux. Il sort de cette mutilation un beau prince, qui doit convaincre son père qu'il est bien leur fils. Il a donc acquis son identité en forçant son père à le reconnaître, déjà sous sa forme animale, puis sous la forme idéalisée d'un beau prince[15]

Avec cette version, il semble qu'on arrive à l'une des extrémités de l'oscillation possible du conte-type en question, avant qu'il n'entre en contact avec d'autres. Elle frôle « Jean de l'Ours » (T 301B), en raison de l'aspect physique du héros, de sa force presque incontrôlable et de l'enfermement du couple mère/fils dans un souterrain fermé par une énorme pierre. On se trouve aux frontières du conte-type 708, l'enfant monstrueux étant un enfant légitime et non le produit d'une conception magique orale. La question posée par la configuration du récit s'est déplacée. Elle ne concerne plus la légitimation du lien biologique entre mère et fils, ni la nécessité de trouver un mari pour la mère et d'en faire un père adoptif. Elle s'attache à la reconnaissance du fils par son père, monstrueux tant que celui-ci le rejette. En d'autres termes, elle parle de la nécessité de transformer le lien biologique de l'engendrement – figuré par l'aspect animal de l'enfant « tout poilu » — en lien social de paternité – le « beau prince » censé pouvoir succéder à son père le roi. Mais le paradoxe tient au fait que c'est à l'enfant de se faire reconnaître de son père biologique, voire « adopter » par lui. La paternité serait-elle un lien plus proche du mécanisme social de l'adoption que de la génération biologique ? Ce pourrait être une des pensées latentes de ces versions particulières, suffisamment nombreuses cependant pour n'être pas le produit de la phantasmatique d'un conteur.

La prise en considération de l'espace sémantique du conte-type, des significations propres à chacun, significations qui ne sont jamais univoques, mais qui oscillent autour d'une même pensée, en y apportant, version après version, des variations imperceptibles, des approches diversifiées, des fluctuations, voire des mutations, permettrait de donner à cet instrument de travail, aussi précieux qu' « empirique », une définition moins formelle. Ou pour reprendre la proposition de V. Labrie, d'y voir « des théories sur l'humain sous forme de parcours typés dans un univers second, métaphorique, fonction de l'univers premier, élaborés et constamment recentrés dans leur variation par le jeu semi-automatique de la transmission orale » (1994 : 67).

Tenant compte de la « théorie » que représente chaque conte-type, comme le dit V. Labrie, ou des « pensées » qu'il véhicule, il serait alors possible de constituer des regroupements : non plus un conte-type et ses variantes oscillatoires, les versions, mais des cycles de contes apparentés quant à leur problématique. Paul Delarue proposait déjà la constitution de tels cycles. Ainsi celui qu'il appelait la Prédiction réalisée, qui inclurait les T517, 675 (« Les trois langages ») et T 725 (« Le rêve »). La proximité de certains de ces récits est déjà

---

[15] « Le petit Poilu », Archives de folklore de l'Université Laval, collection Luc Lacourcière. Je remercie vivement Vivian Labrie de m'avoir communiqué ces versions canadiennes du T 708.

prise en compte par la typologie : ainsi les T 327A (« Hänsel et Gretel »), B (« Le petit Poucet ») et C (« L'enfant dans le sac ») et le T 328 (« Le garçon qui vole les trésors de l'ogre »), tous ces contes abordant, chacun de façon un peu différente, les expériences de maturation précoce des jeunes enfants. On pense aussi au cycle de Cendrillon-Peau d'Ane (T 510A et B et T 511). La contiguïté sémantique n'a pas été retenue dans d'autres cas. Ainsi pourrait-on constituer un cycle autour du thème de la quête du conjoint disparu, où entreraient les T 400 (« L'homme à la recherche de son épouse disparue »), T 401 (« La princesse enchantée délivrée après trois nuits d'épreuves ») et T 425 (« La recherche de l'époux disparu »), en y joignant le T 313 (« La fille du diable »). Ce dernier récit se constitue en effet comme une inversion de la légende d'Orphée parti, on le sait, chercher son épouse Eurydice aux enfers (Belmont, 1999 : 199-208). À noter que ces rapprochements permettraient de mesurer l'importance assignée à ce thème dans la pensée des contes, puisqu'il rassemblerait des milliers de versions européennes. La fréquence de cet ensemble de récits témoigne de sa portée eschatologique : nous sommes au plus près du mythique, sinon du mythe.

Catalogue et vera storia

On reviendra, pour conclure, au remarquable article de M.L. Tenèze déjà cité (1979). Remarquable par la conviction de son auteur dont la position juste et rigoureuse se fonde sur une longue familiarité, à la fois pratique et théorique, du conte-type[16]. Elle déclare ·

> S'il est reconnu théoriquement que le conteur dispose d'une grammaire et d'un lexique, et si nous nous heurtons cependant dans la pratique si fréquemment aux contes-types, leur intérêt n'en apparaît-il pas d'autant plus grand ? Il est notamment évident, pour qui veut bien y réfléchir, que pour une étude socio-historique du conte, ce sont eux les éléments signifiants (Tenèze, 1979 : 233-234).

Le conte-type est une entité double. En tant qu'espace narratif, il décrit un parcours, qui est à la fois celui du héros ou de l'héroïne du récit, et celui du conteur qui suit mentalement le même itinéraire. En tant qu'espace sémantique, il décrit, à l'aide de mises en scènes imagées, divers cas de figure du devenir humain entre enfance et âge adulte. Pour chacun de ces cas de figure, de ces expériences inévitables, l'imaginaire conteur décrit des parcours spatiaux symboliques : les contes-types. Si le procédé figuratif utilise le parcours spatial,

---

[16] Il est sans doute inutile de rappeler que M.L. Tenèze est l'auteur de l'exemplaire catalogue des contes français, ayant repris la tâche après la mort de P. Delarue.

c'est parce qu'il symbolise au mieux celui du temps, à commencer par la durée de la vie humaine.

La notion de conte-type ne serait pas l'artefact dénoncé par les détracteurs de la typologie internationale, mais la description sublimée des questions touchant à la longue maturation du petit humain[17]. Mise en ordre imparfaite d'une réalité empirique, elle devient outil heuristique au moment du travail d'ajustement permanent entre les récits tels qu'ils sont recueillis et la norme qu'elle propose. Paradoxalement, c'est sa critique continue qui en fait un outil de travail incomparable.

« Dans tout catalogue, il y a pourtant toujours une histoire cachée ». Cette phrase extraite du texte écrit par Italo Calvino pour l'action musicale de Luciano Berio, *La Vera storia*, vient en écho à notre approche inhabituelle de la typologie internationale Aarne et Thompson. On y lira, personnellement, une sorte de philosophie consubstantielle au conte, et donc à sa mise en catalogue : la *vera storia*, la véritable histoire, est toujours approchée et toujours introuvable.

Bibliographie

Aarne Antti and Thompson Stith
1973   *The types of the folktale* (second revision), Helsinki (FFC, 184).
Belgrader, Michael
1980   *Das Märchen von den Machandelboom (KHM 47). Der Märchentypus AT 720*, Frankfurt a. M., Bern, Verlag Peter D. Lang.
Belmont, Nicole
1993   « Conte et enfance », *Cahiers de littérature orale*, 33 : 75-98.
1999   *Poétique du conte. Essai sur le conte de tradition orale*. Paris, Gallimard.
2001   « Lacunes, altérations, lapsus dans le récit oral », *Topique*, 75 : 171-182.

---

[17] Le problème se pose alors de comprendre pourquoi la typologie convient essentiellement à un certain nombre de récits de l'Europe et des « extensions » de celle-ci. La réponse serait à chercher du côté des modalités religieuses, historiques et sociales qui furent celles des pays du continent européen. En notant cependant la facilité avec laquelle ces contes sont souvent intégrés par d'autres cultures.

Calame-Griaule, Geneviève
2002   *Contes tendres, contes cruels du sahel nigérien*, Paris, Gallimard (Le langage des contes).
Christiansen, Reidar Th.
1959   *Studies in Irish and Scandinavian Folktales*. Copenhagen, Rosenkilde and Bagger.
Cosquin, Emmanuel
1886   *Contes de Lorraine comparés avec les contes des autres provinces de France et des pays étrangers*, Paris, Vieweg, 2 vol.
Delarue, Paul et Tenèze, Marie-Louise
1997   *Le conte populaire français*, Paris, Maisonneuve et Larose.
Djéribi, Muriel
1989   « De la nourriture aux parures », *Cahiers de littérature orale*, 25 : 55-69.
Frison, Jean
1912   « Contes et légendes de Basse-Bretagne », *Revue des traditions populaires*, 27 : 31-39.
Holbek, Bengt
1965   « On the Classification of Folktales », *IV International Congress for Folk-narrative Research in Athens* (1964). Athens : 158-161.
Labrie, Vivian
1978   *La tradition du conte populaire au Canada français. Circonstances de la circulation et fonctionnement de la mémoire*, Thèse de doctorat présentée à l'Université Paris V.
1989   « Typologie... et topologie ? », *9e Congrès de la Société internationale de recherche en folklore narratif (ISFNR)*, Budapest, 1-17.
1994   « Topologie, contes et écologie humaine et sociale : des convergences épistémologiques », *Canadian Folklore Canadien*, 16/2 : 59-87.
Laurent, Donatien
1981   « The mnemonic process of a Breton storyteller », *ARV, Scandinavian Yearbook of Folklore*, 37 · 111-115.
Lüthi, Max
1947   *Das Europäische Volksmärchen. Form und Wesen*, Bern
Luzel, François-Marie
1887   *Contes populaires de la Basse Bretagne*, Paris, Maisonneuve.
Meletinski, Eleazar
1977   « Principes sémantiques d'un nouvel index des motifs et des sujets », *Cahiers de littérature orale*, 2 : 15-24.
Pastoureau, Michel
1991   *L'étoffe du diable une histoire des rayures et des tissus rayés*, Paris, Seuil.
Sébillot, Paul
1881   *Littérature orale de la Haute-Bretagne*. Paris : Maisonneuve.

Tenèze, Marie-Louise
1957 « Une contribution fondamentale à l'étude du folklore français : Le conte populaire français », *Arts et Traditions populaires*, juillet-décembre : 289-306.
1979 « Du conte-type et du genre », *Fabula*, 20, 1-3 : 231-238.
Thompson, Stith
1938 « Purpose and importance of an Index of Types and Motifs ». *Folk-Liv*, II: 103-108.
Uther, Hans-Jörg
2000 « Classifying folktales. The third revision of the Aarne-Thompson tale type index (FFC 184), *FF Network*, 20 : 11-13.

CHAPITRE 3

L'Ecriture des contes

Par *écriture des contes*, on n'entend ni leur passage dans une littérature écrite où ils subissent des réaménagements souvent importants et, en tout cas, des réaménagements régis par la volonté d'un individu, d'un écrivain donc du même fait – le meilleur exemple en est sans doute Ch. Perrault et son recueil –, ni non plus la transcription proprement dite soit directement à partir de l'écoute, soit avec la médiation de l'enregistrement, bien qu'il n'y ait sans doute pas de transcription innocente. Celle-ci aboutit en tout cas à un texte écrit. L'étude d'un récit, son analyse, ne peut évidemment se faire que lorsqu'on l'a transformé en texte. La question que je me pose est la suivante : qu'en est-il de ce texte par rapport au conte raconté ?

On constate de toute évidence un grand nombre de pertes : la présence physique du conteur, sa voix, ses gestes, la présence des auditeurs et les réactions et interactions entre conteur et auditoire. Ainsi un conteur ne racontait pas de la même façon selon son public. Si la voix et la présence sont perdues irrémédiablement, les gestes ont été parfois notés par des collecteurs consciencieux. Ariane de Félice, dans ses *Contes de Haute Bretagne* tente de noter les changements d'intonation et la gestuelle. Ainsi, pour *L'Oiseau qui chante, la pomme qui danse et la bouteille de générosité* (T 707), elle indique dans le cours du texte, entre parenthèses, que la conteuse « donne des coups dans l'air avec son bras » lorsqu'elle raconte que le héros abat avec son sabre les têtes du serpent. Elle remarque aussi qu'aux passages dramatiques, « il [*sic*] parle sur une note plus basse et plus sombre. Il baisse parfois la voix comme s'il faisait une confidence ». En note, au début du conte, elle déclare : « Aux moments pathétiques, le conteur croyait bon de m'avertir, d'un ton pénétré : *C'est là que ça devient terrible, ma fille!* ».

En dépit des bonnes intentions dont témoigne le collecteur pour ajouter au texte un peu de la réalité du contage, on n'en retrouve pas grand chose, sinon de l'anecdotique, alors que le texte lui-même devient hybride. La façon dont la conteuse apostrophe A. de Félice – « c'est là que ça devient terrible, ma fille » – montre que, même si le contage se faisait en situation traditionnelle, le récit était bien destiné à l'ethnologue. Peu de collectes ont en effet été réalisées dans les conditions « naturelles » du contage. En premier lieu parce que c'est principalement l'urgence qui a poussé à entreprendre ces collectes. En second lieu, parce que la présence du collecteur, venu d'un autre milieu social, ne pouvait que modifier ces conditions « naturelles ». Des jugements de valeur, souvent subtils, imprégnaient le dispositif, ou bien péjoratifs – on en a un exemple en effet dans la note d'A. de Felice : « le conteur *croyait bon* de m'avertir » –, ou bienveillants, trop bienveillants. Et les exemples ne manquent pas de collectes sans doute altérées par une relation privilégiée entre conteur ou conteuse et collecteur, relation privilégiée supposant ou imposant un tête-à-tête entre eux. C'est ainsi que M.L. Tenèze remarque à propos de la collecte de Victor Smith auprès de Nannette Lévesque : « Ces récits ont été notés, semble-t-il, dans un quasi-tête-à-tête, et sur leur contexte normal d'énonciation nous n'apprenons rien ». Un exemple extrême de cette relation privilégiée entre conteuse et collecteur est celui de Stéphanie Guillaume, une conteuse morbihannaise née en 1860 et Yves Le Diberder, qui s'attacha à recueillir d'elle entre 1913 et 1916 un grand nombre de récits légendaires (Oiry, 1990). Ces récits mettent en scène des figures légendaires connues dans le folklore de la Basse-Bretagne, mais les narrations sont inventées pour la plus grande part par la conteuse, sur l'injonction expresse du collecteur. « [...] la conteuse invente parce qu'elle en a le goût, mais surtout parce qu'elle a devant elle un folkloriste qui exige d'elle du nouveau (« rien qu'a déjà Frison![1] », lui enjoint-il), et la rétribue pour cela ». Ces récits, vraisemblablement populaires, c'est-à-dire de vraisemblance populaire, dans la mesure en particulier où la conteuse y mêle un grand nombre d'éléments, de thèmes et de motifs traditionnels, se seraient-ils transmis si l'époque l'avait permis (c'est-à-dire s'il ne s'agissait pas du moment historique où la tradition disparaît), seraient-ils entrés dans le mouvement de la transmission ? M. Oiry pose la question : « En d'autres temps, [Stéphanie Guillaume] aurait-elle pu folkloriser ? L'apport personnel ne se serait-il pas opposé à leur prise en charge par la communauté ? » (Oiry, 1990, : 128). Il est bien sûr impossible de répondre à cette question.

---

[1] Joseph Frison (1888-1967), initié au breton par J. Loth, entreprend des collectes dans la région de Port-Louis (Morbihan). Il publie souvent dans la *Revue des traditions populaires*. Ses transcriptions sont assez littéraires (Oiry, 1990).

F.M. Luzel, qui est sans doute le premier à faire en France des collectes scrupuleuses, livre cependant dans ses publications des textes infléchis, ne serait-ce parce que, ayant été recueillis en breton, ils sont traduits par lui dans un français nécessairement correct. En breton, il les note « sous la dictée des conteurs » au crayon, repassés ensuite à l'encre « en comblant les petites lacunes de forme et les abréviations inévitables » (Luzel, 1887 : VIII-IX). Dans l'Avant-propos des *Légendes chrétiennes*, il précise qu'il reproduisait les chants littéralement et « aussi exactement qu'il m'était possible pour les contes ». Mais il ajoute : « Plus tard, je faisais une troisième transcription bretonne en complétant et rectifiant ce que les premières avaient d'inachevé et de défectueux sur certains points. Enfin, venait la traduction ». Et un peu plus loin : « J'ai senti parfois le nécessité de modifier légèrement la forme et de remettre, comme on dit, sur leurs pieds quelques phrases et quelques raisonnements boiteux et visiblement altérés par les conteurs » (p. V). Les frères Grimm, remarque-t-il, l'ont fait avec moins de discrétion encore.

Les conditions de l'enquête sont voulues traditionnelles par Luzel : veillées, en particulier au manoir de Keranborn, « véritables veillées » pour reprendre son expression, « avec un nombreux auditoire ». Mais souvent il fait venir « les conteurs et chanteurs émérites » qui lui avaient été signalés, en leur demandant de « débiter leurs contes ou de chanter leurs chansons en breton, et comme ils en avaient l'habitude, au foyer des veillées d'hiver ». Il est difficile de croire que ces conteurs et chanteurs émérites aient pu conter ou chanter comme ils en avaient l'habitude, dans ce tête-à-tête avec quelqu'un notant leurs paroles « sous la dictée » – leur parole alors soumise à l'écriture et à son rythme et emprisonnée par elle.

A plusieurs reprises, Luzel juge assez sévèrement les conteurs bretons qui « sont d'ordinaire assez prolixes et aiment souvent à se donner carrière /.../ croyant augmenter l'intérêt de leurs récits en y introduisant des épisodes et des agents empruntés à d'autres contes ». La comparaison de deux versions d'un même conte-type, le 531 *La Belle aux cheveux d'or*, notées par Luzel de la bouche d'une même conteuse, Marguerite Philippe, qu'il considère comme sa « conteuse ordinaire » (*sic*) et pour laquelle il a de grandes obligations, est à cet égard instructive. À moins d'un an d'intervalle (décembre 1868 et novembre 1869), elle conte le même type de récit avec des titres différents (*La Princesse de Tronkolaine* et *La Princesse du Palais enchanté*) de manière assez différente, quoique le schéma narratif soit le même. J'avais fait l'hypothèse, invérifiable, sinon peut-être en consultant les cahiers de Luzel, que le premier récit était issu de cette confrontation solitaire conteuse/collecteur, alors que le second avait été raconté lors d'une veillée « véritable ». On y sent en effet la stimulation que donne un auditoire attentif : cette deuxième version est d'un tiers plus longue, enrichie de descriptions, de dialogues et surtout d'épisodes empruntés à d'autres contes types. Même dans ce cas la maîtrise de Marguerite Philippe dans l'art de conter lui permet d'emprunter à des contes types (461 et

471) dont les cheminements sont semblables sous certains aspects. Mais, de manière paradoxale, si la deuxième version témoigne en effet d'une grande maîtrise dans l'art de conter, la première me semble plus belle dans la simplicité et l'économie de ses moyens d'expression. Mais notre esthétique des contes n'est certainement pas la même que celle des auditeurs traditionnels. Luzel stigmatisait – on l'a dit – ces conteurs trop prolixes qui empruntaient à d'autres récits pour enrichir et allonger leurs histoires. Peut-être partageons-nous, peu ou prou, la même esthétique.

A propos d'une version du T 316, *La Sirène et l'Epervier*, il note les emprunts de la conteuse – Barbe Tassel – à d'autres contes. Mais, déclare-t-il, « je le reproduis fidèlement tel que je l'ai recueilli, pour donner une idée de la manière dont certains conteurs, croyant augmenter l'intérêt de leurs récits, les altèrent et les mélangent à plaisir. Plus un conte est long et rempli de merveilles et d'épreuves, plus il a de succès, ordinairement, auprès de l'auditoire des veillées d'hiver » (1887, II : 418). Dans une note au cours du texte, il parle même des « conteurs populaires, les mauvais conteurs » qui « abusent souvent de ce moyen de soutenir l'attention de leur auditoire » (*ibid.* : 413).

Une autre question est de savoir si les conteurs avaient le sentiment de raconter différemment un même conte ou s'ils pensaient en raconter un autre. C'est notre manie classificatoire, déjà présente dans les préoccupations des collecteurs de la fin du XIXe siècle, bien que la typologie internationale n'existât pas encore, qui voit dans ces deux récits les versions d'un même récit. Rappelons ce que déclarait un conteur d'A. de Félice . « Il y en a qui mettent des paroles pour allonger la situation, ils arrivent au même terme : c'est le même conte, mais il ne sera pas dit pareil. Quelquefois on disait : c'est pas ça. Tu t'es trompé. Mais, pour en finir, c'était toujours le même conte » (Félice, 1950 : 458). Si les conteurs allongeaient leurs récits, c'était évidemment pour plaire à leurs auditeurs, sensibles au grand nombre d'aventures périlleuses vécues parle héros. A. de Félice rapporte le goût des auditeurs pour *La Bête à sept têtes*. Un de ses conteurs déclare : « Vous comprenez, c'est le coup de l'attaque de la bête qui les intéressait » (*Ibidem*).

Les textes de contes issus du grand mouvement de collecte de la fin du XIXe siècle sont souvent considérablement plus courts que ceux qui furent obtenus grâce aux techniques modernes d'enregistrement et dans une tradition encore vivante. Ces deux conditions se trouvent rarement réunies simultanément. On peut citer, pour un répertoire en langue française, l'exemple des collectes faites au Canada dans les trente ou quarante dernières années, juste avant la disparition de la tradition vivante. Les transcriptions exactes montrent à l'évidence tout ce que Luzel réprouvait chez les conteurs bretons : prolixité, descriptions, ajouts éventuels d'épisodes empruntés à d'autres contes types, enchaînement de contes types en partie ou entièrement, répétition d'un épisode, d'abord annoncé par un personnage puis raconté « en temps réel », sans compter les hésitations, les reprises de phrases inachevées et les dialogues ponctués de « i-dit » tous les trois ou quatre mots. Ces documents de très grande valeur ne sont en fait pas utilisés par les chercheurs dans leur totalité : une grande partie est laissée de côté comme relevant de la fonction phatique du discours, comme du bruit en quelque sorte, nécessaire à l'oralité, mais non au texte écrit.

Outre toutes ces pertes subies par le conte oral lors de son passage à l'écriture, on remarque aussi et surtout un changement de nature, dû à deux raisons principales. En premier lieu, les retours en arrière sont toujours possibles et faciles dans le texte écrit : la lecture n'est pas nécessairement unilinéaire, on peut toujours revenir à la ligne précédente ou à la page précédente. Pour les auditeurs, le texte oral ne permet ces retours en arrière que par le seul jeu de la mémoire, laquelle n'obéit pas toujours à la volonté. En second lieu, le découpage de ce qu'on entend n'est pas le découpage de ce qu'on voit à la lecture. Celle-ci découpe le texte en mots organisés en phrases. L'écoute donne d'emblée des images, des figurations, des mises en scènes, en sautant, si l'on peut dire, par-dessus l'assemblage des mots entre eux. Il en était de même lors de l'apprentissage des contes ou, plus simplement, de cette mise en mémoire non délibérée des auditeurs. Vivian Labrie décrit très clairement le processus : « Lorsqu'un auditeur apprend un conte, il absorbe de la manière la plus détaillée possible le déroulement particulier de l'aventure d'un ensemble de personnages. Son savoir ne se situe donc pas au niveau des mots, mais au niveau de l'aventure. Par conséquent, à chaque fois qu'il racontera le conte de nouveau, il n'agira pas vraiment en tant que récitant, mais en tant que "metteur en mots" d'une aventure mémorisée. Encore une fois, il faut dégager la verbalisation du conteur de sa connaissance réelle du récit : chaque narration constitue un état, conditionné par les circonstances, de la connaissance qu'il peut en avoir » (1979 24).

Il semble que, dans tous les cas de collectes faites en tête-à-tête, la verbalisation du conteur, sa « mise en mots » du conte mémorisé par lui, ne pouvaient être que minimales, avec évidemment tous les degrés possibles. En dépit des critiques qu'on peut faire à ce type de collectes, leur valeur est certaine, car elles nous ont livré des textes qui conservent, en dépit ou peut-être à cause d'une mise en mots relativement pauvre, l'essentiel du conte mémorisé. Il existe un cas extrême dans ce type de textes : lorsque le collecteur laissait au conteur le soin de transcrire lui-même son répertoire. On en a quelques exemples, à commencer par celui de la collecte Millien dans le Nivernais et celui d'Antonin Perbosc à Comberouger.

Achille Millien, ayant commencé ses collectes dans son village natal, Beaumont-la-Ferrière, se tourne ensuite vers la région des Amognes, d'où venaient ses parents. Il y a là des cousins, quatre frères et sœur, qui avaient entendu de la bouche de leur mère de nombreux récits. Ils savent lire et écrire : ils écriront donc eux-mêmes ces récits sur des cahiers d'écolier, chacun choisissant ceux pour lesquels il se sent en affinité. Ces textes, comme on peut le constater sur d'autres exemples de ce genre, ne comportent ni point, ni virgule, ni retour à la ligne. « Parfois le transcripteur lui-même perd le fil de l'histoire, intervertit des passages ou se laisse aller à des maladresses qui n'auraient certainement pas eu lieu dans le récit oral », dit G. Delarue qui ajoute : « Il nous a fallu rétablir la ponctuation et, malgré notre volonté de "coller" au texte, il nous est arrivé de refaire quelques phrases, de remettre au style direct ce qui avait été écrit en style indirect, bref nous avons cherché à retrouver la fluidité et la souplesse du langage parlé » (1978 : 21).

Il est certain que cette « remise sur pied » est nécessaire en vue d'une publication, mais qu'elle laisse échapper – en partie – la textualisation de la remémoration. Les quatre frères et sœur Briffault ne sont pas conteurs eux-mêmes. Ce qu'ils connaissent de contes et de récits, ils le tiennent de leur mère, de leur enfance donc. On a dit, dans un article récent, le lien tenace et profond entre le conte et l'enfance, qu'on voit à l'œuvre ici, non plus dans un milieu bourgeois et cultivé comme celui des Grimm au début du XIXe siècle, mais dans un milieu paysan traditionnel, dans le dernier quart de ce même siècle (Belmont, 1993). L'absence de ponctuation et de paragraphes dans cette écriture du conte remémoré traduit précisément le fait qu'il s'agit presque entièrement d'une remémoration brute. Soit, en effet, que ces transcripteurs n'étaient pas des conteurs actifs, soit que le truchement, l'écrit, ne leur permettait pas la verbalisation riche de la transmission orale. Sans doute, pour les deux raisons à la fois.

On peut parler en d'autres termes de cette verbalisation, de cette « mise en mots » par le conteur du récit qu'il a mémorisé auparavant. Serait en jeu à ce moment le mécanisme de l'élaboration secondaire, c'est-à-dire de la transformation d'un ensemble de figurations en une narration, soumise à une logique d'un autre ordre. On connaît peu de choses du processus de la mémorisation des contes. Pour V. Labrie, elle s'appuierait sur la représentation de l'itinéraire du héros, de ses trajets et de ses étapes, sur un schéma unilinéaire donc, même s'il y a retour à des points déjà rencontrés (1978). D'autres témoignages évoquent plutôt la présence dans la mémoire d'images et de figures très fortes, permettant de rassembler ensuite autour d'elles le récit lui-même. Sans doute les deux mécanismes ne sont pas exclusifs l'un de l'autre. Les « grands » conteurs, au répertoire nombreux, devaient certainement faire appel au premier de ces mécanismes afin de garder intacte la spécificité narrative de chacun des contes qu'ils avaient en mémoire. Les moins bons conteurs, ou les conteurs « passifs », c'est-à-dire ayant entendu beaucoup de récits mais n'ayant ni le goût, ni la capacité peut-être, ni la possibilité de les raconter à leur tour, mémorisaient sans doute plus volontiers à l'aide de quelques images frappantes, quitte à devoir reconstruire tant bien que mal la narration tout entière à la demande d'un collecteur. Transmis oralement à celui-ci, les récits d'un conteur « d'occasion » sont cependant contraints à une certaine cohérence narrative, que nécessite en effet « la fluidité et la souplesse du langage parlé », comme le dit G. Delarue. Mais transcrits directement par eux, les récits prennent souvent une allure onirique. Voici un exemple emprunté à la collecte d'A. Perbosc. Cet instituteur, nommé, on le sait, dans la petite ville de Comberouger en Tarn et Garonne, « transforme ses élèves en apprentis ethnographes qui vont recueillir auprès de leurs parents et grands-parents des contes, des proverbes, des devinettes », tout cela transcrit encore une fois sur des cahiers d'écoliers. En 1900, il fonde même une société traditionniste, placée sous la responsabilité des enfants eux-mêmes (Perbosc-Cézérac, 1979). *Grain-de-mil, Millassou*, est une version du T 700.

> Un jour, il y avait une femme qui pétrissait. Les poules lui mangeaient toute la pâte. Cette femme alla demander à Notre-Seigneur de lui donner un fils beau comme un grain de maïs.
>
> Le lendemain, il lui donna donc un fils. « Dis, homme, comment l'appellerons-nous ? – Eh! comme tu voudras. – Si tu veux, nous l'appellerons Millassou. – Eh bien, oui. – Millassou. – Plaît-il ? – Viens me garder les poules »
>
> Millassou y alla, et, en gardant les poules, une poule blanche le mangea. Sa mère l'appela, personne ne répondit.
>
> « – Homme, je ne trouve pas Millassou »
>
> Cette poule passa par un pré, un rat fit « cuic », mon conte est fini. (Recueilli par Louis Labourel, à Laguépie, en 1894, ms ATP 48-86, n° 58).

La narration est réduite à l'extrême. Du conte-type on ne retrouve guère que la naissance singulière de Millassou, à partir d'un grain de maïs, et sa disparition, avalé qu'il est par une poule. On a plus affaire à une suite d'images, étranges et fortes, qui fait plutôt penser au récit d'un rêve, dépourvu presque complètement de cohérence narrative, d'élaboration secondaire. Bien qu'écrit, transcrit, ce conte n'est pas un texte au sens canonique du terme. Si on admet, suivant la définition de R. Barthes, que le texte est « une arme contre le temps, l'oubli et contre les rouéries de la parole qui, si facilement, se reprend, s'altère, se renie », la transcription de ce conte conserve toutes les « rouéries de la parole », laissant supposer que ce conteur d'occasion n'aurait peut-être pas redonné la même version si on la lui avait redemandée.

Les versions du T 700 racontent les aventures du héros, plus ou moins nombreuses entre la naissance et la mort, ou le plus souvent jusqu'à l'avènement d'un état de bien-être et de félicité suffisants pour que le récit s'arrête. Ces aventures consistent essentiellement en avalements de Grain-de-Millet (ou Pouçot) par des animaux et en exploitation de cette situation par le héros qui, parlant du fond de l'estomac ou des intestins, effraie animaux et humains. Notons que quelques versions commencent par la fabrication du pain, de la pâte du pain par la mère et des difficultés qu'elle rencontre avec ses poules.

Sans interpréter le conte, on notera simplement sa très forte composante de naissance surnaturelle archaïque, en rapport avec l'avalement, l'engloutissement, non seulement quand le héros est avalé par des animaux, mais dès le début, lorsque sa naissance est souhaitée pour empêcher les poules de dévorer la pâte du pain préparée par la mère. Il s'agit d'un héros capable de surmonter l'épreuve de l'engloutissement.

Cette version « lacunaire », comme l'on dit, est presque complètement dénarrativisée puisqu'elle commence par la naissance du héros et se termine sitôt après par sa mort, induite par sa propre mère qui l'envoie garder les poules. Cette notion de version lacunaire est très importante à notre avis dans l'étude des contes de tradition orale. Elle ne doit pas être restreinte au jugement de valeur qu'on porte sur des versions manifestement incomplètes par rapport à la séquence des épisodes constituant le conte-type. En fait toute version de tradition orale est lacunaire par définition, puisqu'elle est la mise en mots, la verbalisation d'un schéma mémorisé.

V. Labrie le dit très clairement : « Ce message n'est toujours qu'une version d'une essence profondément incorporée dans la mémoire et qui, en elle-même, n'est jamais ni finie, ni définitive, puisqu'elle est constamment construite et détruite à travers les occasions, les événements et les personnes, et que ces multiples passages en surface la laissent toujours un peu différente de ce qu'elle était. Aussi, même à son ultime degré de perfection, avec un conteur exceptionnellement talentueux, un conte ne sera-t-il jamais parfait ». Et il s'ensuit que, « du point de vue du sens, un ensemble de versions sera toujours préférable à une seule version, peu importe la qualité de cette seule version, les différentes versions s'éclairent entre elles » (1979 : 30). En outre, du côté de l'auditeur, ces lacunes du conte ne sont pas dommageables – jusqu'à une certaine limite sans doute. Bien au contraire, elles permettent à l'auditeur de devenir actif : consciemment, ou plus vraisemblablement inconsciemment, il les comble et devient alors peut-être son propre conteur.

En revanche le texte écrit tend, pour sa part, à la perfection, à la plénitude, à une sorte de saturation. On a souvent dit, R. Barthes le premier, que l'écrit était du côté du figé, de l'intangible, de la mort donc : une « lettre morte », la voix en revanche étant du côté de la vie. « Notre parole, nous l'embaumons, telle une momie, pour la faire éternelle » (1981 : 11). On a moins dit, semble-t-il, que l'écrit, proposant un texte, le présente comme un objet plein, saturé, en un sens parfait, et donc fermé. Le conte raconté reste, lui, toujours ouvert : un autre conteur pourrait le compléter ou l'abréger, sans dommages, si la transmission est vivante. Mais les auditeurs se livraient aussi à ce travail, au plus profond de la mémoire et de l'oubli. Même, donc, si ces versions lacunaires nous parviennent sous la forme de textes transcrits par le collecteur ou écrits par le conteur lui-même, elles n'ont pas toutes les caractéristiques de l'écrit. Une seule production écrite peut alors leur être comparée, c'est la poésie qui, bien que l'on en prenne évidemment connaissance par l'écrit, délivre un texte – et le verbe *délivrer* n'est pas ici choisi au hasard –, un texte lui aussi lacunaire, ouvert, expansif.

Cette configuration particulière qu'on appelle transmission orale et dont on ne peut plus avoir d'expérience réelle, où le conteur raconte un récit toujours imparfait et lacunaire et où un auditeur ne mémorise que des lacunes de ces lacunes, mais sans que tout ce processus ne mène au néant, bien au contraire, puisqu'il s'agit d'un processus dynamique et expansif, ce dispositif très particulier ne me semble pouvoir être rapproché que du dispositif de la pratique psychanalytique. Il n'y a guère de travaux qui se sont attachés à comprendre cette nécessité de la parole écoutée, de la parole et de son écoute, excluant totalement du dispositif l'écriture, excepté le livre de Th. Reik, *Ecouter avec la troisième oreille*, sous-titré « L'Expérience intérieure d'un psychanalyste » (1976). Il utilise l'image d'une troisième oreille avec laquelle l'analyste entendrait ce qui n'est pas dit, ce qui est sous-entendu, ce qui se dit tout bas, sans bruit, *pianissimo*.

> Recevoir, retenir, déchiffrer ces à-côtés échappés dans un souffle entre deux phrases ou sans phrases, en vérité, cela ne peut s'enseigner. Mais, jusqu'à un certain point, cela peut se démontrer. On peut démontrer que l'analyste, comme son patient, sait des choses sans savoir qu'il les sait.

Il semble que le conteur disait, et que ses auditeurs entendaient d'une part le texte du conte, les aventures merveilleuses du héros, avec l'« attaque de la Bête », la narration, l'itinéraire, le voyage, la « traverse » comme disent les conteurs canadiens, et d'autre part il disait et ils entendaient quelque chose qu'on pourrait appeler un « sous-texte », présent dans les lacunes et les non dits du texte, entendu par la troisième oreille des auditeurs pour reprendre l'image de Th. Reik.

> Cette troisième oreille a, entre autres particularités, celle de fonctionner d'une double façon. Elle peut saisir ce qui n'a pas été dit, mais seulement ressenti ou pensé. Et on peut aussi la tourner vers l'intérieur. Elle peut entendre des voix venues du fond du moi, habituellement inaudibles, car noyées par le bruit des processus de notre pensée consciente (Reik, 1976 141).

En conclusion, on reviendra sur un adjectif utilisé pour qualifier cette version si lacunaire du T 700 : *onirique*. Mais sans évidemment prétendre que rêve et conte soient assimilables. Ce sont des types de productions tout à fait différents, qui ont cependant un point commun : ils font appel aux mêmes mécanismes d'élaboration, à savoir figuration, condensation, déplacement, élaboration secondaire. Cette dernière étant sans doute plus développée dans le conte puisqu'elle permet d'aboutir à une narration cohérente et bien développée.

Dans un de ses écrits « techniques », Freud déclare, presque à la fin de cet article :

> Dans les travaux « scientifiques » sur le rêve [...], on découvre toujours le souci vraiment superflu d'un strict maintien du texte des rêves, texte qui doit être préservé des transpositions et des additions survenant au cours des heures qui suivent le réveil. Certains psychanalystes eux-mêmes paraissent ne pas utiliser avec une logique assez rigoureuse leurs connaissances des conditions de formation du rêve, quand ils demandent aux analysés de fixer par écrit, dès leur réveil, chacun de leurs rêves. Cette mesure est superflue dans le traitement et, de plus, les patients se servent volontiers de ce conseil pour perturber leur propre sommeil tout en déployant un grand zèle, bien inutile quant à la thérapeutique. Si même dans ce cas le texte du rêve échappe péniblement à l'oubli, on se convainc sans peine que le malade n'en tire aucun profit. Les associations se rapportant au texte onirique font défaut et tout se passe comme si le rêve n'avait pas été conservé (Freud, 1953 : 48-49).

En d'autres termes, le rêve écrit est devenu lettre morte, incapable de conserver ses facultés d'expansion. Il n'est plus productif d'associations. L'écrit l'a figé, l'a sclérosé. Et le célèbre recueil de rêves de Jean-Paul (Richter) n'a d'intérêt que littéraire.

Un des bons conteurs auprès de qui A. de Felice avait enquêté en Vendée, dans un milieu de vanniers, lui avait déclaré : « Les contes, il faut avoir le temps de les rêver ». Elle avait estimé qu'il pensait là « à ce travail de rumination intérieure au cours duquel on repasse dans sa mémoire des contes ou des chansons avant de les soumettre à l'épreuve d'une audition ». C'est sans doute ce que voulait dire ce conteur, mais, disant cela, il en disait un peu plus sans le savoir, ou peut-être en le pressentant. Il faut qu'on laisse au conte et le temps et la liberté de venir des mêmes sources inconscientes que le rêve, le temps et la liberté de mettre en œuvre les mécanismes inconscients propres au rêve et au conte.

Symétrique et inverse de la prescription freudienne de ne pas laisser, encore moins obliger, les patients à noter leurs rêves, on trouve dans son ouvrage, *L'Interprétation des rêves*, le procédé suivant :

> Quand j'analyse les rêves de mes malades, je fais une expérience qui réussit toujours. Le récit d'un rêve me paraît-il difficile à comprendre, je demande qu'on le recommence. Il est rare que le malade emploie les mêmes mots. Or je sais que les passages autrement exprimés sont les points faibles qui pourraient trahir le rêve [...]. L'interprétation peut partir de là (Freud, 1967 . 438).

En d'autres termes, Freud demande au patient de produire une autre version. La « mise en mots » n'est pas la même, ne peut jamais être la même.

On pourrait conclure de ces propos que le conte de tradition orale est complètement dénaturé par l'écriture. C'est à la fois vrai et faux. En effet, il faut faire ici la différence entre pratique et théorie. La pratique du conte relève de l'oralité – c'est l'évidence même. En revanche, une réflexion sur le conte ne peut se faire que par le moyen du texte écrit. À ce moment, le travail consiste à faire émerger péniblement les significations qui passèrent jadis directement lors de l'écoute de la parole du conteur à l'inconscient des auditeurs. Travail difficile, hasardeux, plein d'embûches, de traquenards, d'impasses, et la seule voie pour y parvenir passe par le texte, ou plus exactement les textes écrits, ceux des multiples versions. Mais il faut toujours se souvenir qu'un conte transcrit, écrit, n'est jamais un doublet visuel du conte raconté. L'écriture permet cependant, entre autres, de mettre côte à côte de nombreuses versions d'un même récit, alors qu'un conteur pouvait éventuellement en connaître une, deux ou trois autres, sans parfois même être conscient qu'il s'agissait du même conte, et de confronter ce conte à d'autres, de mettre donc en relation des textes provenant de lieux et d'espaces divers. C'est d'ailleurs ainsi qu'a été créée la notion de conte-type, née de cette confrontation de versions issues de régions et de pays divers, mais qui entraîne un risque, celui de prendre cette entité fabriquée pour un modèle idéal : standard, étalon auquel on mesurerait et jugerait les versions issues de l'oralité. Faut-il choisir entre ce que H. Meschonnic appelle le *rythme* de l'oralité et le *schéma* statique issu de l'écriture (1985 : 104) ? Les contes possèdent une puissance poétique suffisante pour que leur voix ne se perde pas complètement hors de la présence physique du conteur.

Bibliographie

Barthes, Roland
1981 *Le Grain de la voix*. Paris : Editions du Seuil.
Belmont, Nicole
1993 « Conte et Enfance. À propos du conte Ma mère m'a tué, mon père m'a mangé (T720) », *Cahiers de littérature orale*, 33 : 75-97.
Cézérac-Perbosc, Suzanne
1979 *Contes et récits populaires de Gascogne*, I. Paris : Gallimard.
Delarue, Georges
1978 *Contes et récits populaires, Nivernais*. Paris : Gallimard.
Félice, Ariane de
1950 « Contes traditionnels des vanniers de Mayun (Loire-Inférieure) », *Nouvelle Revue des traditions populaires*, 5 : 442-466.
1954 *Contes de Haute-Bretagne*. Paris, Erasme.
Freud, Sigmund
1967 *L'Interprétation des rêves*, Paris : PUF.
1953 « Le Maniement de l'interprétation des rêves en psychanalyse », *La Technique psychanalytique*. Paris : PUF.

Labrie, Vivian
1978 *La Tradition du conte populaire au Canada français circonstances de la circulation et fonctionnement de la mémorisation.* Paris : Université Paris V-René Descartes, thèse dactylographiée.
1979 *Précis de transcription de documents d'archives orales.* Institut québécois de recherche sur la culture.
Luzel, François-Marie
1881 *Légendes chrétiennes de la Basse-Bretagne.* Paris : Maisonneuve
1887 *Contes populaires de Basse-Bretagne.* Paris: Maisonneuve
Meschonnic, Henri
1985 *Les Etats de la poétique.* Paris : PUF.
Oiry, Michel
1990 « La Journée d'une conteuse. Aspects de l'élaboration d'un répertoire », *Tradition et histoire dans la culture populaire.* Grenoble : CARE.
Tenèze, Marie-Louise
1990 « "Si beau l'arbre et si beau le fruit..." Introduction au répertoire narratif de Nannette Lévesque ». *Tradition et histoire dans la culture populaire.* Grenoble : CARE.

CHAPITRE 4

Lo Cunto de li Cunti
et la tradition orale du conte

L'objectif que Giambattista Basile met en œuvre dans *Lo Cunto de li Cunti* ne semble pas, à première vue, très différent de celui de ses prédécesseurs comme Boccace, Marguerite de Navarre ou Straparole. Il s'agit d'utiliser les matériaux des contes populaires pour monter une sorte de *fiction d'oralité*, prétendu « entre-contage » d'une petite élite réunie, mais isolée pour des raisons extérieures difficiles. Un « entre-soi » qui brise le sentiment d'enfermement par le moyen du déploiement de l'imaginaire. Ce récit-cadre est classique, puisqu'on le trouve déjà dans les *Mille et une Nuits*. Mais Basile, s'il conserve bien la convention des récits successivement racontés devant un auditoire attentif, subvertit en fait ce schéma classique en substituant à la situation initiale réaliste – un cercle d'amis réunis qui désirent se divertir en attendant mieux – un véritable conte qui reste inachevé, en attente, en suspens, jusqu'à ce que les dix conteuses aient rempli leur office. Au lieu d'insérer le conte et le contage dans leur usage social, Basile referme le conte sur lui-même. Le contage ne débouche pas sur un projet de mise en écriture, mais sur une évocation de plaisir : « [...] avec ces nouvelles noces prirent fin et la gloire de l'esclave et le jeu des récits, et à nos souhaits, et santé ! car moi je suis venu, un pied devant l'autre, avec une cuillerée de miel » (Basile, 1995 : 460). De cet énoncé qui clôt l'ensemble, nous disions (Belmont, 1999 : 55) :

> L'apparition ultime de l'auteur qui dit « je » et offre du miel, substance séductrice, miel du plaisir sexuel qui attend le prince et l'héroïne, miel métaphorique versé

dans l'oreille des auditeurs de contes, rappelle l'irruption des conteurs traditionnels lorsqu'ils veulent, à l'issue du récit, rompre avec la fiction pour revenir dans l'univers quotidien.[1]

Il faut remarquer aussi l'étrangeté de la situation qui amène au contage : une envie de femme enceinte. Et même une double envie : celle de la poupée d'argile filant de l'or, issue de la noisette de Zoza, et l'envie, suscitée par la poupée, d'entendre des contes. Comme on le sait, une envie de femme enceinte non satisfaite peut provoquer une fausse-couche. L'esclave menace de causer elle-même ce désastre. Le contage a donc pour fonction de mener à son terme une femme enceinte, mais, décevant cette attente, il permettra en fait de rétablir la vérité de l'héroïne, à laquelle se substitua l'«esclave-jambes-de-sauterelle». L'accouchement n'aura pas lieu puisque la punition cruelle de l'esclave sera d'être enterrée vivante jusqu'au cou – avec le fruit qu'elle porte, enterré avant même d'avoir vu le jour. C'est à l'«accouchement» de la vérité qu'on assiste, suivi de la réhabilitation de l'héroïne et de son assomption comme épouse légitime[2].

Il faut dire également un mot de l'aspect des conteuses rassemblées pour la satisfaction de la future mère. On ne peut que remarquer qu'elles sont toutes porteuses d'un défaut physique repoussant, monstrueuses accoucheuses d'enfants de cauchemar, ou plutôt figures bouffonnes que Mikhaïl Bakhtine a si bien repérées. En particulier lorsqu'il reprend cet exemple de la *Commedia dell'arte*, où Arlequin réussit à faire « accou-cher » d'un mot un bègue en lui envoyant un coup de tête dans le ventre.

> Le geste d'Arlequin devient alors parfaitement compréhensible il *aide l'enfantement* et, en toute logique, il est dirigé sur le *ventre* du bègue après cela, le mot naît. Soulignons que c'est justement *un mot* qui naît. L'acte hautement spirituel est rabaissé et détrôné au moyen d'une transposition sur le plan matériel et corporel de l'enfantement (joué de la manière la plus réaliste). Mais grâce à ce détrônement, le mot se rénove et, en quelque sorte, renaît pour la seconde fois (nous nous mouvons sans cesse dans le cercle de la naissance et de l'accouchement) (Bakhtine, 1970: 307).

Si les termes ne se distribuent pas, dans l'Ouverture de *Lo Cunto de li Cunti*, exactement de la même manière, on se trouve cependant dans une visée esthétique identique. Il est inutile de dire combien cette esthétique est éloignée de celle des contes de tradition orale, que l'on tentera maintenant de définir.

---

[1] Et évoquent le fastueux repas de noces dont ils sont souvent exclus pour venir raconter l'histoire.

[2] « La vérité du discours se superpose, ici, à une vitalité plus archaïque: le premier des contes de ce recueil est gros des quarante-neuf autres dont il doit accoucher » (Basile, 1986 : 7, préface de Myriam Tanant).

Le conte de tradition orale

En dépit de quelques jugements sévères des collecteurs du XIXe siècle à l'encontre des conteurs jugés trop prolixes, le conte oral manifeste une grande économie de moyens expressifs. Il suit le héros ou l'héroïne tout au long de son itinéraire, ponctué par des mises en scène et des images remarquables. Mais il ignore largement les liens autres que ceux de la logique du récit. Laquelle exige, par exemple, que l'interdit soit formulé avant d'être transgressé. Les personnages n'explicitent pas leurs motivations. Une seule motivation, pourrait-on dire, est énoncée: celle qui, au début du récit, constate l'état de manque ou le méfait, obligeant le protagoniste principal à s'émouvoir et à se mouvoir. Mais il s'agit souvent de la manifestation d'une force étrangère à lui, et non de motivations psychologiques personnelles. Durant ses aventures, ses sentiments trouveront peu d'expression, hors la mention ponctuelle de sa tristesse ou de sa joie. L'affectivité est absente. Peu de descriptions et des descriptions pauvres: la forêt est sombre et profonde, la princesse est éblouissante, le jardin est le plus beau qu'on ait jamais vu. À ces égards, le conte serait à l'opposé du roman. Et si quelque conteur prolixe insérait dans son récit des descriptions ou des allusions étrangères au conte, elles n'étaient pas transmises par la suite, considérées comme des embellissements stylistiques personnels.

La raison de cette économie expressive tient en partie aux contraintes de la mémorisation. Les contes merveilleux, souvent très longs, ne pouvaient être mémorisés mot à mot. Etait mis en mémoire le schéma narratif, coïncidant avec les déplacements, le parcours du héros ou de l'héroïne, et scandé par les images vigoureuses propres à chaque conte-type. Les «embellissements» relevaient de l'invention, de l'improvisation lors de la performance, ainsi que du style personnel du conteur ou de la conteuse. En revanche, le conte littéraire échappe à cette exigence de la mémorisation, puisqu'il s'inscrit dans l'écriture et la lecture. Toutes les digressions autour du fil de l'histoire y sont possibles, licites et même recommandées.

C'est qu'en effet, au-delà de cette évidente contrainte de la mémoire, on se heurte à des types d'élaboration différentes. Econome de moyens expressifs, le conte – comme le rêve, comme le mot d'esprit – dit plus qu'il ne dit (Belmont, 1999). Le conte littéraire passe par le travail d'élaboration d'un individu qui compose et fait passer dans l'écriture des matériaux souvent préexistants, ceux de la tradition orale, mais, pour ce qui est du conte de fées des XVIIe et XVIIIe siècles, expurgés des grossièretés, des trivialités, des puérilités qui, prétendument, l'entachent. S'impose aux auteur(e)s la nécessité d'embellir ces matériaux cependant fascinants. Mais ce qui les rend fascinants, c'est cette vertu intrinsèque de dire plus qu'ils ne disent, c'est leur double langage, manifeste et latent. Lequel ne peut se reproduire de façon délibérée, sinon dans le jeu poétique.

Suivant notre hypothèse, l'écriture des contes littéraires tente de pallier l'impossibilité de restituer le contenu latent de la tradition orale par le moyen d'une surabondance langagière. L'exubérance du langage et de la narration est manifeste dans les intrigues complexes, le nombre important de personnages et d'objets, les descriptions intarissables, les accumulations de richesses, les machineries féériques, les effusions sentimentales. En un mot les procédés de l'hyperbole et du baroque[3]. Il s'agit de saturer le récit qui, transcrit de l'oralité, apparaît si pauvre et si simple. Tous les procédés pourraient être répertoriés, depuis le style échevelé de Basile jusqu'à la réécriture, plus modeste apparemment, des frères Grimm, soucieux de ne pas publier des textes *lacunaires* à leurs yeux, enrichissant les versions les unes par les autres et introduisant des descriptions, des commentaires et un style faussement rustique.

Paradoxalement donc, le conte écrit ou réécrit, le conte littéraire, se donnerait pour tâche de pallier une absence, de saturer les lacunes du texte oral. La poésie n'est cependant pas absente de ces chatoiements de la surface du texte: c'est une poésie soumise à l'esthétique baroque, une esthétique d'accumulation, qui répond peut-être à une angoisse fondamentale, celle du vide et du lacunaire. Un pas de plus et j'avouerais que j'y sens, bien dissimulé, du désespoir.

L'écriture de Basile, dont nous ne pouvons personnellement juger qu'à travers la remarquable traduction en français de Françoise Decroisette, est une écriture d'accumulation. Les procédés de la description amoncèlent les qualificatifs et les métaphores. Ainsi est peinte l'ogresse, mère de la jeune fille, dans *La colombe* (II.7) :

> [...] une ogresse si laide que la Nature l'avait prise comme modèle de toutes les monstruosités. Ses cheveux étaient un balai de branches sèches qui servait non pas à nettoyer le maison de la suie et des toiles d'araignée, mais à noircir et enfumer les cœurs: son front était une pierre de Gênes pour affûter le couteau de la peur qui dépèce les poitrines , ses yeux étaient des comètes qui annoncent les tremblements des jambes, l'épouvante du cœur, les frissons des humeurs, les coliques de l'âme et les diarrhées des corps. Etc. (Basile, 1995 344).

L'accumulation burlesque joue avec les mots, étourdit le lecteur comme drogué d'un excès langagier, et finit par entraîner le rire. Dans le conte de tradition orale, la caractérisation des personnages laids et redoutables est lapidaire : « une vieille avec des dents longues comme un éléphant » (Massignon, 1981 : 33-34). L'image peut rester en mémoire, car elle est à la fois simple et frappante. Il est évident que la description faite par Basile de la redoutable sorcière de *La colombe* n'est pas mémorisable dans son entier. Le

---

[3] « La meilleure marque de l'émerveillement c'est l'exagération » (Bachelard, 1970 107).

lecteur peut en conserver un trait ou deux, mais pas beaucoup plus, d'autant que ces traits ne sont pas seule-ment descriptifs – « ses cheveux étaient un balai de branches sèches » –, mais qu'ils sont souvent métaphoriques – « ses yeux étaient des comètes qui annoncent les tremblements des jambes », et fréquemment à la fois descriptifs et métaphoriques – « sa bouche était hérissée de crocs comme celle d'un sanglier ». Le conte de tradition orale est soumis à la contrainte du *mémorisable*, qu'ignore la littérature écrite puisque sa mémoire est consubstantielle à son écriture. Il s'ensuit que le conte oral apparaît comme simple, voire rudimentaire: sa simplicité le destine naturellement aux enfants. Et cette pauvreté apparaît tout particulièrement lorsque le récit est transcrit. L'écriture réduit le texte à son contenu manifeste, rend plus difficile l'accès au contenu latent, à laquelle l'écoute en revanche permet d'atteindre sans obstacle. Ecoute active où l'auditeur fabrique ses propres images mentales à l'aide des descriptions brèves et sobres du conte[4].

En ce qui concerne le contenu des récits, si Basile s'inspire manifestement d'une tradition qu'il connaît fort bien, il en use très librement, méconnaissant leur qualité fondamentale d'*organisme*. Je me réfère à ce que Paul Delarue disait à ce propos :

> Un conte est un ensemble organique complexe qui peut combiner des éléments de provenance et d'âge divers dont aucun n'éclaire à lui seul la naissance toujours obscure du conte (Delarue, 1959 257).

Cette expression d'« ensemble organique » signifie que les différents épisodes et motifs d'un récit entretiennent des liens de nécessité interne. C'est d'ailleurs cette caractéristique qui préside à la notion de *conte-type*, fondée objectivement. L'idée de « meccano du conte » proposée par Claude Bremond n'est donc pas pertinente en ce qui concerne la tradition orale. Il ne s'agit pas d'un libre jeu des motifs et des épisodes assemblés au gré et à la fantaisie du conteur. Le mode de survie du conte «de bouche à oreille», déclare Claude Brémond,

> qu'on l'envisage à l'échelle individuelle, dans le répertoire d'un conteur doué, ou dans la mémoire collective qui assure sa propagation géographique et sa transmission d'une génération à l'autre, est le *réemploi*: des éléments thématiques déjà éprouvés entrent en combinaison avec d'autres au sein de configurations nouvelles qui sont mises à l'essai, prêtes à être oubliées si l'accueil n'est pas bon, destinées à être répétées et démarquées en cas de réussite (Brémond, 1979 : 13).

---

[4] Bien que certains conteurs ou conteuses, comme le disait Luzel (1996 . 24), « aimaient à se donner carrière » en improvisant devant un auditoire flatteur quelques développements, descriptions ou clins d'œil, tout en sachant qu'ils brodaient sur un canevas quasiment intangible.

S'il ne s'agit que d'un jeu de meccano qui assemble des pièces éparses disponibles, la question se pose de savoir pourquoi certaines combinaisons plairaient tandis que d'autres déplairaient et tomberaient alors dans l'oubli. À cela Brémond ne donne pas de réponse, alors que Paul Delarue indique une autre voie avec la notion « d'ensemble organique ». Organique et non plus mécanique (le « meccano »). L'assemblage n'est pas fortuit parce que, non seulement le conte est un objet esthétique, mais en outre il est porteur de sens. Selon notre hypothèse, chaque conte-type dessine son propre espace, à la fois narratif et sémantique obligé[5], même si des écarts sont observés à travers l'espace géographique et même si la narration ménage des espaces de liberté[6].

La notion de meccano du conte convient en fait beaucoup mieux aux contes littéraires qu'à ceux de tradition orale. À cet égard on aimerait confronter un des récits de Basile, *La colombe* (II.7), avec la tradition orale de ce récit qui appartient au conte-type 313, intitulé en français « La fille du diable », et particulièrement avec la version recueillie par Victor Smith auprès de la conteuse Nannette Lévesque, *Le conte des sorcières*.[7] Une des raisons de ce choix tient au fait que l'antagoniste du héros est une femme comme dans la version de Basile.

On répertoriera en premier lieu les épisodes du récit de Basile pour les confronter à la norme du conte-type.

I. Une vieille femme misérable a réussi à se procurer des haricots qu'elle met dans une marmite laissé sur la fenêtre. Le fils du roi s'amuse à casser la marmite. La vieille le maudit . qu'il s'éprenne de la fille d'une ogresse, qui lui fera souffrir mille morts.

II. Le fils du roi rencontre une très belle jeune fille dont il tombe follement amoureux et qui répond aussitôt à ses sentiments. Paraît sa mère, une horrible ogresse, qui ensorcelle le jeune homme incapable de s'enfuir. Elle lui donne une première tâche impossible (labourer et ensemencer un champ en une journée). La jeune fille le fait magiquement[8].

---

[5] Cf. Belmont, 2001 : 83-90.

[6] Nous renvoyons à Propp qui déclare que l'« on peut délimiter avec précision les domaines où le conteur populaire n'invente jamais, et ceux où il fait acte de création avec une plus ou moins grande liberté ». Il énumère ces espaces (Propp, 1970 139-141).

[7] La collecte de contes réalisée par Victor Smith entre 1874 et 1876 a été transcrite et publiée par Marie-Louise Tenèze (Tenèze, 2000), tandis que Georges Delarue se chargeait du corpus des chansons.

[8] Se glissent alors une réflexion du prince étrangère à la logique du conte pourquoi ne pas échapper tout de suite à l'ogresse en s'enfuyant, et la réponse du même ordre de la

III. La mère revient et pénètre dans la maison en grimpant le long de la chevelure de sa fille. Elle soupçonne sa fille d'avoir aidé le prince auquel elle impose deux autres tâches respectivement le lendemain et le surlendemain.

IV. Les amoureux s'enfuient par un tunnel. L'ogresse maudit sa fille et le prince en souhaitant que celui-ci oublie sa bien-aimée au premier baiser qu'il recevra.

V. Le prince est embrassé par sa mère heureuse de le retrouver. Il perd la mémoire de ses aventures et consent à se laisser marier. La jeune fille oubliée se travestit en homme et se fait engager aux cuisines du château. Elle fabrique un pâté dans lequel elle enferme une colombe. L'oiseau libéré reproche au prince sa conduite envers celle qui l'a tant aidé. La mémoire lui revient lentement. Il reconnaît ses engagements et déclare qu'il épousera cette jeune fille.

VI. Apparaît alors un «affreux gnome masqué» qui déclare être l'« ombre » de la vieille femme dont le prince a brisé la marmite et qui est morte de faim. C'est lui qui a lancé la malédiction et qui va en lancer une autre: « Puisses-tu trouver sans cesse devant toi les haricots que tu m'as fait perdre, afin que tu te souviennes du dommage que tu m'as causé et que soit vérifié le proverbe qui dit: Qui sème des haricots récolte des cornes ». Mais la jeune fille qui a des pouvoirs de fée affirme qu'elle défera le charme « par les forces de l'oubli ».

Un mot tout d'abord sur cet épisode final, qui ne relève aucunement, à ma connaissance, de la tradition du récit, et qui fait réapparaître la vieille misérable sous forme de gnome, incarnation de son âme ou de son fantôme. Elle n'a toujours pas pardonné, mais sa malédiction obscure est contrecarrée par l'épouse du prince et son maniement des « forces de l'oubli », ici positives, qui effaceraient le remords d'avoir causé la mort d'une pauvresse.

L'étude du récit de Basile montre qu'il emprunte des motifs à d'autres contes : il joue au meccano, il « bricole » au sens que Claude Lévi-Strauss donne à ce terme (Lévi-Strauss, 1962). À commencer par la situation initiale. Dans la tradition orale, le héros est souvent un jeune homme qui a perdu beaucoup d'argent au jeu et finit même par se perdre lui-même. Il doit se livrer à celui qui l'a gagné, personnage masculin le plus souvent dans la tradition française, qui appartient à un autre monde[9]. Mais parfois c'est une femme, comme dans la version de Nannette Lévesque, une sorcière « qui mange le monde ». Ici le héros n'a pas perdu sa fortune, il est lui-même perdu, égaré ; de plus il est comme flottant entre deux mondes, celui de la guerre dont il revient et celui où il va : entre deux mondes, il arrive à la maison des sorcières, une

---

jeune fille : une conjonction astrale l'interdit. Le banal bon sens est incongru au milieu de la logique propre au conte merveilleux.
[9] Voir Belmont, 1985.

mère et ses deux filles. Basile propose un tout autre épisode. Bien connu il appartient au T 408, « L'Amour des trois oranges ». Le prince casse la cruche d'une vieille femme qui le maudit en lui assignant comme objet d'amour une jeune fille presque inaccessible. Remarquons que Basile utilise aussi ce motif dans le récit qui enchâsse tous les autres, mais en assignant ce sort à une jeune fille, Zoza, l'héroïne même du Conte des contes, la princesse qui ne rit jamais.

L'antagoniste masculin obtient, dans les versions traditionnelles, l'obéissance de celui qu'il a vaincu grâce au respect de la parole donnée. Le héros ne s'appartient plus, il va donc se livrer volontairement. Dans les deux occurrences citées où l'antagoniste est féminin, l'adversaire emploie un moyen magique pour le retenir sur place. « Le lendemain matin, le garçon s'est levé, il voulait s'en aller, mais ne pouvait (le charme des sorcières le retenait) ». À comparer avec : « [...] il resta comme une brebis qui voit le loup: il ne pouvait ni se mouvoir ni piper mot, et il fut traîné comme un bidet par le licol jusqu'à la maison de la sorcière » dans le récit de Basile. Entre deux hommes le contrat est respecté quoi qu'il en coûte à la victime. Entre femme et homme, c'est une méthode quasiment hypnotique qui retient la victime auprès de son adversaire.

Basile introduit un autre motif « déplacé », mais de manière beaucoup plus furtive, comme clandestinement. La sorcière menaçante est obligée de pénétrer dans sa maison qui n'a pas d'escaliers, en se hissant le long de la chevelure de sa fille. On reconnaît aussitôt un des motifs qui caractérisent le conte-type 310, *The Maiden in the tower*, « Persinette » en France, à ceci près que, dans le conte traditionnel, cette tour n'a pas de portes. Le motif doit être adapté au contexte narratif, puisque la fille de la sorcière, elle-même fée, n'est nullement prisonnière de sa mère. Motif «déplacé» ou motif « aveugle » pour reprendre la terminologie de Max Lüthi, il n'a pas de fonction narrative dans le cours du récit. On sait que cet auteur utilisait également la notion de « motif tronqué », lequel remplit une certaine fonction narrative mais reste plus ou moins étranger au récit. Tous deux donnent au récit une qualité esthétique que Lüthi attribue en effet pour partie à l'usage de ce type de motifs par le conte traditionnel. Mais pas seulement esthétique, puisque Lüthi pouvait déclarer que :

> Pour le conte populaire, même l'élément qui a perdu sa signification est signifiant, car il est évocateur des systèmes secrets qui ne laissent émerger qu'une trace dans l'espace du conte (Lüth, 1982 62).

S'agit-il avec ce motif de la mère hissée sur la chevelure de sa fille d'un motif dépourvu de signification apparente et cependant signifiant, mais hors contexte narratif, ou bien d'un trait de l'esthétique baroque, esthétique de l'inutile, du superflu, du surabondant, qui enivre le lecteur au même titre que le langage exubérant[10] ?

Les transformations n'affectent pas seulement des ajouts ou des déplacements, mais aussi des oublis ou des abandons de motifs, manques ou lacunes. Ainsi Basile n'utilise pas dans *La colombe*[11] l'épisode dramatique de la « Fuite magique ». Les deux amoureux se sauvent prosaïquement par un tunnel qui mène à la ville. Il conserve en revanche l'épisode final de la fiancée oubliée que les versions de tradition orale omettent parfois. Il m'est apparu que cet épisode est en lien organique avec les autres, dans la mesure où il serait pris dans le jeu des transformations des récits concernant la recherche du conjoint disparu (à commencer par l'histoire d'Orphée et Eurydice)[12]. Preuve, s'il en fallait, que Basile non seulement connaît mais qu'il a assimilé profondément la matière du conte oral.

Ce seul exemple rapidement étudié suffira à montrer le travail de réélaboration qu'opère Basile dans *Le Conte des contes*. Il déplace, il recompose, mais ce faisant il démantèle parfois la cohésion sémantique interne du récit qu'il s'agit d'enrichir de beaux motifs. La visée esthétique est privilégiée au détriment du sens latent, dans une démarche qui est tout à fait analogue à celle de son écriture elle-même. La surabondance langagière pallie la perte de la parole vive, mais réinsuffle une poésie irisée et miroitante.

Bibliographie

Textes

Basile, Giambattista
1986   *Le Conte des contes*, traduit du napolitain par Myriam Tanant. Paris : Editions de l'Alphée.
1995   *Le Conte des contes*, Traduction française de Françoise Decroisette. Strasbourg : Circé.

---

[10] D'autres motifs « furtifs » de *La Colombe* renvoient à des contes différents : ainsi « la fille en garçon » (T 884) et le pâté où l'on enferme un oiseau (« Jean sans peur », T 326).
[11] A remarquer au passage que Basile intitule son récit en référence à la forme adoptée par l'héroïne qui a été oubliée et a perdu son identité, forme sous laquelle elle formule des reproches à son fiancé, qui retrouvera alors la mémoire.
[12] Cf. Belmont, 1985.

Massignon, Geneviève
1981 *Contes traditionnels des teilleurs de lin du Trégor*. Paris : Picard.

Critique

Bachelard, Gaston
1970 *Poétique de l'espace*. Paris : PUF
Bakhtine, Mikhaïl
1970 *L'Œuvre de François Rabelais et la culture populaire au Moyen Âge et sous la Renaissance*. Paris : Gallimard.
Belmont, Nicole
1985 « Orphée dans le miroir du conte merveilleux », *L'Homme*, 93 : 59-82.
1999 *Poétique du conte. Essai sur le conte de tradition orale*. Paris Gallimard («Le Langage des contes»).
2001 « Du catalogue à l'histoire cachée. À propos de la typologie Aarne-Thompson », *Cahiers de littérature orale*, 50 : 75-94.
Brémond, Claude
1979 « Le meccano du conte », *Magazine littéraire*, 150 : 13-16.

Delarue, Paul
1959 « Le conte de «Brigitte, la maman qui m'a pas fait, mais m'a nourri », *Fabula* : 254-64.
Lévi-Strauss, Claude
1962 *La Pensée sauvage*. Paris : Plon.
Lüthi, Max
1982 *The European Folktale. Form and Nature*. Philadelphia : Institute for the Study of Human Issue.
Luzel, François-Marie
1996 *Contes populaires de la Basse-Bretagne* (1887). Rennes : Presses Universitaires de Rennes et Terre de brume.
Propp, Vladimir
1970 *Morphologie du conte*. Paris : Seuil.
Tenèze, Marie-Louise et Delarue, Georges
2000 *Nannette Lévesque conteuse et chanteuse du pays des sources de la Loire*. Paris . Gallimard (Le langage des contes).

CHAPITRE 5

Le Conte :
espace onirique, espace sémantique

« L'approche psychanalytique des contes est chose trop sérieuse pour être laissée entre les mains des psychanalystes », affirmait A. Dundes dans un article publié il y a quelques années, ajoutant : « Je crois que les contes des Grimm et, de manière plus significative, les centaines de versions orales authentiques méritent un meilleur traitement » (Dundes, 1987 : 63). Les deux critiques fondamentales qu'il fait aux interprétations des psychanalystes ne sont pas toujours injustifiées. La première vise l'arbitraire de l'interprétation. Nous y reviendrons. La seconde est d'ordre méthodologique. Les psychanalystes ne travaillent en général que sur une seule version du conte qu'ils étudient, version parfois réécrite de surcroît : celle de Perrault ou celle des Grimm, le plus souvent.

C'est en effet ce que fait Freud dans un article de 1913 intitulé « Matériaux des contes dans les rêves », mais la visée est différente. Il s'agit de l'association faite par une patiente, concernant un personnage d'un de ses rêves, en qui elle reconnaît d'abord son beau-père, ensuite *Rumpelstilzchen*, le lutin qui, dans le conte n° 55 des Grimm, aide l'héroïne dans une tâche impossible – filer de la paille en or –, mais exige, en guise de paiement, qu'elle devine son nom, faute de quoi il lui prendra son enfant. Freud repère l'inversion qui se produit lorsqu'on passe du conte au rêve[1]. Si ce petit homme comiquement agité

---

[1] L'inversion, ou plus généralement, suivant la formulation de J.P. Valabrega, le *retournement* du phantasme au mythe et du mythe au phantasme permet de po-ser correctement les prémisses d'une anthropologie psychanalytique (Valabrega, 1967).

représente le pénis, dans la narration, il vient prendre son premier enfant à l'héroïne, alors que, dans le rêve, il en apporte un à la jeune femme. Prêtant attention à ce que fait le rêveur avec le récit, « à quel endroit il le place », il sera possible d'en tirer des indications « pour l'interprétation de ces contes, qui reste encore à faire » (Freud [1913], 1984 : 217). La clinique viendra prêter main-forte à l'étude des récits populaires[2].

Cette même année 1913, O. Rank et H. Sachs faisaient paraître un ouvrage dont le titre en allemand, traduit au plus près, serait « l'importance (la portée, la valeur) de la psychanalyse pour les sciences de l'esprit » (Rank et Sachs [1913], 1980). Le chapitre II, consacré à l'étude des mythes et des contes, est tout à la fois daté quant à certaines théories contemporaines (dégénérescence du mythe au conte par exemple) et novateur sur beaucoup de points. L'étude psychanalytique des mythes et des contes se doit de découvrir le sens inconscient des phantasmes rendus méconnaissables par les déformations du récit. On pourrait en dire autant de l'interprétation des rêves, à ceci près que le mythe n'est pas une production individuelle comme le rêve, ni une production fixe comme l'oeuvre d'art. « La formation des mythes est un flux continu, jamais achevé, et le mythe est adapté par les générations successives à leurs propres exigences religieuses, culturelles et éthiques » (*Idem* : 52). La dernière adaptation, voire la dernière mutation, du mythe le transforme en conte, « forme "déchue" du mythe, ainsi que le suggère l'étude comparative » (*Ibidem* : 54). Mais c'est le point de vue « psychologique » qui intéresse les auteurs. Le conte est en effet « la dernière forme sous laquelle la production mythique est encore supportable pour l'homme civilisé adulte » (*Ibidem*). Lequel le relègue cependant « dans la chambre d'enfants », « ce lieu étant le seul où il puisse encore être compris correctement » (*Ibidem* : 53).

Outre cette dernière remarque qui permet de poser de façon appropriée le problème des rapports entre conte et enfance, on retiendra une juste appréciation des relations entre mythe et conte. Celui-ci se débarrasse des personnages divinisés ou épiques pour mettre à leur place des humains dans un cadre familial. Il s'agit de mettre en scène des destins individuels et non pas collectifs, voire cosmologiques. Ce faisant « le conte [...] nous laisse entrevoir le point de départ humain de la formation des mythes » en faisant retour à l'origine psychique de ceux-ci. Le mythe livre un matériel dans un état encore grossier, le conte est plus compliqué, mais réduit ce matériel à ses dimensions humaines. Les biais qui permettent l'accès à la signification sont différents, mais complémentaires.

---

[2] Dans le reste de l'article, Freud esquisse l'étude de l'Homme aux loups dans ses rapports avec les deux contes, *Le Petit Chaperon rouge* et *Le Loup et les sept chevreaux*.

O. Rank met à l'épreuve ces principes théoriques à propos d'un conte des Grimm (n° 60, *Les Deux Frères*)³. La complexité du récit est telle que la méthode consistera à interpréter thème par thème, « en décomposant le mythe comme si nous interprétions un rêve de manière à isoler ses éléments et à les traiter chacun pour soi; dans cette entreprise la recherche comparative nous redonne en somme les idées que la collectivité créatrice de mythes a fournies pour alimenter les thèmes particuliers jalonnant la formation de ses mythes » (Rank et Sachs (1913), 1980 : 60). Ainsi sont repérés au fil de la narration les thèmes du sauveur, des deux frères, de l'exclusion, du combat contre le dragon, du sommeil de mort, de la renaissance, etc. Le plus significatif du matériel comparatif lui est fourni par le *Conte des deux frères*, récit égyptien connu par un manuscrit de la XIVe Dynastie, qui n'a en fait de commun avec celui des Grimm que quelques motifs (animaux reconnaissants, signe de vie), mais qui permet de démontrer le rapport hostile entre les deux frères, complètement masqué dans le conte populaire.

Les psychanalystes ignorent le plus souvent que ces contes existent chacun en de multiples versions dans tous les pays d'Europe et que seule une analyse fondée sur le plus grand nombre possible écarte ou diminue le risque d'arbitraire dans l'interprétation. Comme le disait C. Lévi-Strauss du mythe, un conte, c'est l'ensemble de ses versions, qui seront toutes traitées sur un pied d'égalité, sans privilégier celles qui semblent plus complètes, plus authentiques ou plus anciennes, ni déprécier celles qui paraissent lacunaires ou altérées. Paradoxalement, il arrive que ces versions dites « altérées » par les spécialistes favorisent le travail d'interprétation plus que les récits accomplis dont le haut degré d'élaboration secondaire masque les failles par où atteindre le sens latent. On exposera rapidement un exemple de ce type.

Il s'agit du conte-type 310, connu en France sous le titre de *Persillette* ou *Persinette*, du nom de l'héroïne, promise avant même sa naissance à une fée, qui exige l'enfant parce que sa mère enceinte lui a volé du persil, dont elle avait une envie irrépressible. La fée enferme la fille dans une très haute tour, dépourvue de porte, où la marraine accède en grimpant à la chevelure de sa filleule déroulée depuis la fenêtre. Un prince aperçoit la jeune fille, tombe amoureux d'elle, monte par les mêmes moyens. Ils décident de s'enfuir, mais la marraine les aperçoit et maudit sa filleule qui est métamorphosée en animal (souvent une grenouille). On voit aisément par ce rapide résumé qu'il s'agit d'un conflit ou – pour mieux dire – *du* conflit entre mère et fille, où la première refuse à la seconde son identité sexuée, afin de conserver pour elle seule cette image d'elle-même, immobilisant le temps, interdisant la succession des générations [4].

---

[3] Il s'agit du conte-type 303 avec des éléments du 315 et du 567.
[4] F. Héritier, s'appuyant sur une remarque de P. Bidou, développe l'idée que l'inceste est un des moyens d'assouvir le désir d'immortalité, en gardant l'enfant dans son

Notre version « altérée » l'est d'abord en ce sens qu'elle ne respecte pas la loi du conte merveilleux qui exige une conclusion heureuse aux aventures du héros ou de l'héroïne. Ici le récit se termine par la mort de la mère adoptive, suivie de peu par celle de la jeune fille[5]. D'autre part, un élément narratif, apparemment gratuit et d'occurrence unique – à notre connaissance – intervient dans la narration. On ne peut faire de feu dans la tour sans porte, si bien que la marraine et sa filleule mangent de la viande crue. Revenue à la civilisation, la jeune fille ne peut s'habituer au « manger » cuit, et elle meurt. Que vient faire cette viande crue dans le récit ? Le motif ressemble à ces détails, images ou fragments de discours inclus dans le rêve, mais apparemment étrangers à lui, étranges à coup sûr. Ce motif insolite permet de comprendre métaphoriquement la nature des liens mère/fille. Cette figure de mère adoptive, voleuse d'enfants qui donne de la viande crue à manger à sa filleule, met en scène la trop grande *crudité* des liens consanguins entre mère et fille : elles ont même chair et même sexe. Cette crudité amène à la régression animale et à la mort si on n'y introduit pas la distance, l'écart salutaires. On pourrait faire une objection à cette interprétation, concernant le fait que la crudité des liens consanguins est déplacée dans toutes les versions du conte sur des relations entre marraine (mère adoptive) et filleule, relations précisément non consanguines. Cette transposition signifie tout simplement qu'il ne s'agit pas de la mère biologique réelle, mais de la mère phantasmatique.

Il existe donc un bon usage des versions lacunaires ou altérées. Le motif de la viande crue dans cette version de *Persillette* ressemble – disait-on – à un élément onirique étrange, mais, bien souvent, les contes de ce type dans leur totalité font penser à des récits de rêves, lacunaires quant à la continuité narrative et à la logique. Curieusement ils en acquièrent une force expressive d'autant plus saisissante. Pour Freud et ses premiers disciples intéressés par les mythes et les contes, il ne faisait pas de doute que ces productions étaient analogues aux rêves. La proposition de Freud selon laquelle « les mythes sont les rêves séculaires de la jeune humanité » fut reprise, entre autres, par Rank et Sachs dans l'ouvrage déjà cité. « Du point de vue phylogénétique le mythe représente un fragment de la vie psychique infantile disparue, comme le fait le rêve du point de vue individuel » (Rank et Sachs [1913], 1980 : 39). Il est certain qu'une telle proposition ne peut recevoir l'agrément des anthropologues spécialistes de mythologie ou de contes populaires. La spécificité de ces genres, leur caractère collectif, leur mode de transmission en font des objets *culturels* qui n'ont rien à voir avec les rêves, même si certaines tribus australiennes attribuent l'invention des mythes à l'activité onirique. Geza Roheim avait repris l'expression « les Etres éternels du rêve », utilisée par certaines populations

---

giron afin qu'il ne grandisse jamais, qu'il ne soit plus promis à la mort et en prémunisse son parent par conséquent (Héritier, 1994 : 19-20).
[5] Il s'agit d'une version recueillie par H. Pourrat dans le Livradois en 1912 et publiée par B. Bricout (Pourrat, 1989 : 72-76).

d'Australie (Roheim, 1945), et avait promu la théorie indigène en théorie scientifique.

> Il semble que les rêves et les mythes ne sont pas simplement comparables, mais qu'une grande partie de la mythologie dérive en fait des rêves. En d'autres mots, non seulement nous pouvons appliquer la technique classique de l'interprétation des rêves à l'analyse d'un conte, mais en outre il est permis de penser que les contes et les mythes proviennent d'un rêve qu'une personne a rêvé et raconté aux autres, qui l'ont redit à leur tour, et peut-être élaboré conformément à leurs propres rêves (Roheim, 1992 149).

Proposition invérifiable, mais que Roheim conforte souvent en tentant de saisir, pour chacun des mythes ou contes qu'il analyse, l'indice ou le symbole de la chute dans le sommeil présent dans le récit, qu'il nomme « rêve de base »[6].

Plutôt que de spéculer sur l'origine onirique des contes, il nous semble plus pertinent de mettre en évidence que ceux-ci obéissent aux mêmes mécanismes d'élaboration que les rêves : figuration, condensation, déplacement, élaboration secondaire. Les contes ne sont pas des rêves, mais ils sont fabriqués selon les mêmes procédés, à ceci près que l'élaboration secondaire y joue un rôle plus important, puisque c'est elle qui fait des « pensées latentes » du conte un récit pourvu de logique narrative.

Il suffit de lire un conte, mais mieux encore de l'écouter, pour s'apercevoir qu'il se compose d'un certain nombre de figurations, d'images, de mises en scène, qui, souvent frappantes, s'inscrivent dans la mémoire et entraînent avec elles la possibilité de reconstruire un fragment narratif. Pensons, pour prendre un exemple bien connu, à Cendrillon assise dans les cendres du foyer, parce que sa marâtre la relègue à la cuisine. Cette seule image nous fournit les données initiales du récit. C'est dire que le mécanisme de la figuration est inséparable de celui de la condensation. À un double titre : la figure de Cendrillon concentre en elle une grande partie du récit, mais elle est aussi le lieu où se rassemble un faisceau de significations latentes[7]. Quant au mécanisme du déplacement, dont la mise en œuvre est plus difficile à mettre en évidence, on le trouverait sans

---

[6] Voir en particulier son article sur le conte n° 24 des Grimm, *Dame Holle*, où l'héroïne tombe dans un puits – « puits maternel de sommeil ». Lors de l'élaboration du rêve en récit, le sens latent de mauvaise fille a été reporté sur une méchante sœur inventée pour les besoins de la cause (Roheim, 1992 . 181-192).

[7] Cf. notre article « De Hestia à Peau d'Ane le destin de Cendrillon » (Belmont, 1989) figure qui représente la contradiction où se trouvent les jeunes filles obligées de « circuler » de la maison paternelle à la demeure de l'époux (d'où le motif de la « pantoufle » perdue), figure de la mort dont elle porte la marque, identifiée donc à sa mère disparue, figure œdipienne trop attachée au « foyer » du père, motif qui se retourne avec le récit de *Peau d'Ane*, lequel met en scène les désirs contre-œdipiens du père.

doute dans une quasi absence d'affect, même dans les situations les plus dramatiques. Ainsi lorsque la petite fille du conte des Grimm *Les sept Corbeaux* (n° 25) se coupe le petit doigt pour l'utiliser à la place de la clé qu'elle a perdue, rien n'est dit de sa souffrance. Mais il se pourrait aussi que le mécanisme du déplacement soit à l'œuvre dans une organisation du sens latent qui bousculerait ou méconnaîtrait la logique narrative[8]. Celle-ci, en revanche, est puissamment servie par le mécanisme de l'élaboration secondaire qui s'évertue à faire des pensées latentes du conte une narration cohérente, obéissant à la linéarité des événements racontés.

Ainsi pouvons-nous parler en toute rigueur de « travail du conte », reprenant l'expression de Freud concernant le rêve, puisque en effet les mêmes mécanismes d'élaboration y sont à l'œuvre[9]. La question se pose de savoir pourquoi le conte, œuvre « éveillée » dont on suppose qu'elle fut un jour inventée consciemment, obéit cependant aux mêmes processus que l'activité nocturne inconsciente, onirique en un mot. Seules ses modalités de transmission peuvent expliquer les caractères propres du conte populaire. La transmission orale, sans aucune intervention de l'écrit, a constamment modelé et remodelé les récits pour lesquels n'existait aucune règle prescrite. Seule la transmission ultérieure ou la non transmission d'une génération à l'autre sanctionnait les innovations. Ce « flux continu, jamais achevé », pour reprendre l'expression de Rank et Sachs, élabore et réélabore constamment les récits en suivant les seuls mécanismes que permet l'oralité pure, ceux du rêve. L'intervention de l'écriture dénature nécessairement le conte, puisqu'elle substitue le graphisme des mots organisés en phrases à des images mentales. On se souvient comment Freud avait mis en garde les psychanalystes contre la tentation de demander à leurs patients de noter leurs rêves. « Si même dans ce cas le texte du rêve échappe péniblement à l'oubli, on se convainc sans peine que le malade n'en tire aucun profit. Les associations se rapportant au texte onirique font défaut et tout se passe comme si le rêve n'avait pas été conservé » (Freud [1912], 1967 : 48-49). En d'autres termes le rêve écrit est devenu lettre morte, l'écrit l'a figé, l'a sclérosé.

En revanche, dans les cas où un rêve paraissait difficile à interpréter, Freud recommandait d'obtenir une autre version du patient, en lui demandant de recommencer son récit. « Il est rare que le malade emploie les mêmes mots. Or je sais que les passages autrement exprimés sont les points faibles qui pourraient trahir le rêve [...] l'interprétation peut partir de là » (Freud [1900], 1967 : 438). De la même manière, un travail sur le plus grand nombre possible de versions du conte étudié diminue, sans l'éliminer complètement, le risque d'arbitraire dans l'interprétation, ou plus exactement le risque d'une

---

[8] Voir notre article « Conte merveilleux et mythe latent » (Belmont, 1993).
[9] M. Schneider dans un remarquable article sur le temps du conte utilise l'expression sans la rapporter précisément à ces mécanismes d'élaboration (Schneider, 1980).

interprétation suivant la seule phantasmatique individuelle, jusqu'à devenir un fragment d'analyse personnelle[10].

Les variantes donnent une épaisseur de contenu et de sens au conte, car elles sont des réalisations des potentialités du schéma narratif. Il est permis de supposer que ces réalisations participent toutes de la logique interne du récit, tant qu'elles relèvent de l'oralité. Ces potentialités ou virtualités du conte, réalisées dans ses diverses versions, constituent des éléments essentiels pour son interprétation. Elles donnent d'un conte une image en trois dimensions, en supposant que le déroulement du récit soit considéré comme une séquence d'images ou de mises en scène, auxquelles la profondeur serait donnée par les variantes des épisodes et des motifs[11]. Cette profondeur obtenue pour les besoins de l'étude fait apparaître l'*espace sémantique* de tel ou tel conte. L'on s'aperçoit alors que non seulement les versions d'un même conte, mais aussi les contes eux-mêmes « se parlent entre eux ». Ce faisant, ils nous parlent aussi, ils nous disent quelque chose d'eux, mais qui ne relève pas de l'interprétation à proprement parler. Celle-ci s'accompagne parfois d'un effet de clôture, empêchant la poursuite du travail psychique impulsé par l'écoute, la lecture ou l'étude du conte - pour qui y est sensible[12]. Ne serions-nous pas dans le même cas de figure dans une pratique analytique privilégiant plutôt la « construction » (ou reconstruction) que l'interprétation[13] ?

Un des meilleurs conteurs auprès de qui A. de Félice avait enquêté en Vendée, dans un milieu de vanniers, lui avait déclaré : « Les contes, il faut avoir le temps de les rêver ». Par là elle avait compris qu'il pensait « à ce travail de rumination intérieure au cours duquel on repasse dans sa mémoire des contes ou des chansons avant de les soumettre à l'épreuve d'une audition » (Félice, 1954 : 453). C'est sans doute ce que voulait dire ce conteur, mais, disant cela, il en disait un peu plus, en le sachant ou non. Il faut laisser au conte et le temps et la liberté de surgir des mêmes sources inconscientes que le rêve, le temps et la liberté de mettre en œuvre les mécanismes inconscients propres au rêve et au conte.

---

[10] Ainsi l'article de R.R. Eifermann qui souligne l'écart entre les interprétations psychanalytiques générales des contes, comme celles de Fromm ou de Bettelheim, et le travail de mise au jour des significations individuelles faites d'associations, de glissements et d'accents personnels. S'ensuit la présentation de *son* Petit Chaperon rouge (Eifermann, 1987).
[11] On aura reconnu la procédure initiale de l'analyse structurale des mythes (Lévi-Strauss, 1958).
[12] C'est malheureusement le sentiment qu'on éprouve en poursuivant la lecture de l'article d'A. Dundes cité plus haut, où, étudiant le conte-type 706 *La Fille aux mains coupées*, il réduit le récit à une lecture exclusive en termes de complexe oedipien entre père et fille.
[13] CF. l'article de Freud, « Constructions dans l'analyse » (1985 (1937)).

Bibliographie

Belmont, Nicole
1989 « De Hestia à Peau d'Ane : le destin de Cendrillon », *Cahiers de littérature orale*, 25 : 11-32.
1993 « Conte merveilleux et mythe latent », *Ethnologie française*, 23, 1 : 74-81.
Dundes, Alan
1987 « The Psychoanalytic Study of the Grimm's Tales with Special Reference to "The Maiden Without Hands" (AT 706) ». *The Germanic Review*, 62 : 50-65.
Eifermann, R.R.
1987 « Fairy Tales – a Royal Road to the Child Within the Adult », *Scandinavian Psychoanalytic Review*, 10 : 51-77.
Félice, Ariane de
1950 « Contes traditionnels des vanniers de Mayun (Loire-Inférieure) », *Nouvelle Revue des Traditions populaires*, n° 5 : 442-466.
1967 *L'Interprétation des rêves* [1900]. Paris . PUF.
1967 « Le Maniement de l'interprétation des rêves en psychanalyse » [1912], *La Technique psychanalytique*. Paris, PUF.
1984 « Matériaux des contes dans les rêves » [1913]. *Résultats, idées, problèmes I 1890-1920*. Paris, PUF : 215-221.
1985 « Constructions dans l'analyse » [1937], *Résultats, idées, problèmes II, 1921-1938*. Paris, PUF : 269-281.
Héritier Françoise, Cyrulnik Boris, Naouri Aldo
1994 *De l'Inceste*. Paris : Odile Jacob.
Lévi-Strauss, Claude
1958 « La Structure des mythes », *in Anthropologie structurale*. Paris, Plon : 227-255.
Pourrat, Henri
1989 *Contes et récits du Livradois*. Ed. établie par B. Bricout. Paris : Maisonneuve et Larose.
Rank, Otto et Sachs, Hans
1980 *Psychanalyse et sciences humaines* [1913]. Paris : PUF (Bibliothèque de psychanalyse).
Roheim, Géza
1945 *The Eternal Ones of the Dream Psychoanalytic Interpretation of Australian Myth and Ritual*. New York, Int. Universities Press (trad. française : *Héros phalliques et symboles maternels dans la mythologie australienne*. Paris, Gallimard, 1970).

Roheim, Géza (suite)
1992 « Dame Holle · Dream and Folktale (Grimm n° 24) » [1953], *in Fire in the Dragon and Other Psychoanalytic Essays on Folklore*, ed. by A. Dundes. Princeton N.J., Princeton University Press : 181-192.

Schneider, Monique
1980 « Le Temps du conte », in *La Narrativité*. Ed. par D. Tiffeneau. Paris, Editions du CNRS, Centre régional de publication de Paris : 85-123.

Valabrega, Jean-Pierre
1967 « Le Problème anthropologique du phantasme », in *Le Désir et la perversion*. Paris, Le Seuil.

CHAPITRE 6

« Légende populaire et fioritures savantes »
Les archives de Robert Hertz sur saint Besse

L'article de Robert Hertz intitulé « Saint Besse : étude d'un culte alpestre », publié en 1913 dans la *Revue d'histoire des religions* (repris en 1928 dans le volume préparé par Marcel Mauss, *Mélanges de sociologie religieuse et de folklore)*, doit être considéré comme un hapax au milieu de la production de l'école sociologique française, conduite par Emile Durkheim. Travail de terrain, mené en huit semaines entre juillet et août 1912 et complété par une solide documentation, il préfigure les travaux, beaucoup plus tardifs dans le siècle, de l'ethnologie de la France.

Dès 1907, R. Hertz dit à son ami Roussel, dans une lettre datée du 27 avril sa lassitude de l'ethnographie comparée et son « désir d'étudier des faits plus directement saisissables et intelligibles, plus 'explicités' par la conscience même des gens qui les ont vécus ». Cette lassitude se manifeste par son hésitation devant la rédaction d'une thèse (qui portait sur le péché et l'expiation[1]). Elle explique aux yeux de Marcel Mauss la sorte de récréation qu'il se donne. Dans son introduction aux fragments retrouvés de cette thèse inachevée, il déclare : « C'est à ce moment que, pour s'amuser, se distraire, relever son oppression d'une trop grande œuvre, il écrivit et publia son

---

[1] Marcel Mauss en a publié après la guerre l'Introduction et le plan projeté (Hertz, 1922).

charmant *Saint Besse* [...] ». On mesure là l'incompréhension de ses contemporains en général et de l'un des plus notables d'entre eux en particulier. Il est probable que, si Robert Hertz avait survécu à cette guerre de 1914-18 – on sait qu'il fut tué à la tête de sa section lors de l'attaque « inutile et sanglante » de Marchéville le 13 avril 1915 –, l'ethnologie française aurait mieux franchi cette période d'élaboration parfois hésitante d'entre les deux guerres.

C'est en historien des religions que R. Hertz aborde son étude, non sans poser d'emblée des questions véritablement anthropologiques : « Quelle signification les fidèles donnent-ils à leur présence annuelle dans ce lieu, ainsi qu'aux rites qu'ils y accomplissent » et « quelle est la force qui, chaque année, rassemble dans cette solitude, au prix d'une pénible montée et souvent d'un long voyage, tout un peuple d'hommes, de femmes et d'enfants, venus des vallées avoisinantes et même de la plaine piémontaise ?[2] »

On tentera d'aborder la genèse de cette monographie « inattendue » d'un culte alpestre grâce aux archives de Robert Hertz conservées au Laboratoire d'anthropologie sociale[3].

De même que A. Van Gennep, R. Hertz est, dans son époque, un esprit original. Le premier a complètement échappé à l'influence de l'école sociologique française, avec laquelle il entretient des relations difficiles, le second en fait partie dès sa sortie de l'Ecole Normale Supérieure, mais il n'est pas complètement inféodé à elle. Nous avions essayé de montrer combien ils étaient proches l'un de l'autre au moment de la gestation de la notion de rite de passage chez Van Gennep, et chez Hertz lorsqu'il étudie les représentations de la mort (Belmont, 1986). Notion qui fut bien mal reçue par les durkheimiens, alors que les recherches de Hertz en étaient si voisines.

Un terrain de hasard ?

Jusqu'à cette époque, R. Hertz n'a pas fait de terrain ethnologique[4]. Il emprunte sa documentation à la littérature anthropologique de son temps, principalement à l'école anglaise, comme d'ailleurs la majorité des disciples d'E. Durkheim. Pour quelle raison entreprend-il cette observation directe ? On en connaît en tout cas les circonstances. Avec sa femme Alice et son jeune fils Antoine, il passe des vacances dans le Val d'Aoste, à Cogne et ses environs. Il aime beaucoup la montagne, il fait d'ailleurs partie du Club alpin, avec lequel il

---

[2] Les citations sont empruntées à l'édition de l'article dans *Mélanges de sociologie religieuse* (1928) . ici p. 131
[3] Fonds Robert Hertz (FRH 11).
[4] La guerre lui en donnera une autre occasion interrompue par la mort. Il collecte auprès des soldats de sa compagnie des « contes et dictons » (Hertz, 1917 article posthume édité par Paul Sébillot).

participe à des « tournées ». En 1912 la famille passe six semaines dans la région. Il écrit, dans une lettre adressée à sa mère et à ses « frères et sœurs », datée du 25 juillet :

> Nous jouissons toujours beaucoup de ce pays, où il n'y a presque pas d' « étrangers », pas d'autos, pas de casino, pas de poussière, pas de longue-vue – et où il fait délicieusement calme et frais.

A la veille de quitter la région, dans une lettre du 29 août 1912, il raconte plus longuement :

> Nous serons restés à Cogne plus de six semaines et nous en séparons à regret [...] C'est un pays auquel on s'attache extraordinairement, parce qu'il n'est pas que grandiose mais a aussi un charme intime et doux qu'on trouve rarement dans la haute montagne et que la vie locale très intense et restée presque intacte a beaucoup de caractère et de pittoresque. Nous rapportons avec nous un vrai musée statues de la Vierge et des saints [...], bonnets et colliers de perles comme en portent les enfants, etc. [...] En plus de cette moisson d'objets précieux, je rapporte tout un paquet de notes sur la légende et le culte de saint Besse un saint bizarre et falot, qui n'est là que pour justifier le culte rendu à un rocher sacré, situé à 2100 m. d'altitude et vénéré bien avant que le nom du Christ n'ait pénétré dans ces montagnes. J'en tirerai sans doute un petit article qui vous amusera peut-être [...] Vous voyez qu'on ne perd pas son temps quand on vient dans les Alpes grées et qu'on est friand de choses préhistoriques. C'est délicieux de trouver des sauvages qui parlent français, c'est la grande supériorité d'ici sur les Bigoudens qu'ils rappellent à bien des égards.

Cette longue citation apprend bien des choses sur la genèse de l'étude, à commencer par la spontanéité du projet et le goût très vif de Hertz pour les usages, la vie, les objets locaux. Il partage la bonne fortune des habitats paysans, avec les inconvénients des puces et « autres animalcules », chassés avec persévérance par sa femme Alice.

Le « petit article » en projet pourra « amuser » les membres de sa famille · cet écho aux propos ultérieurs de M. Mauss laisse penser que Hertz n'a pas encore mesuré exactement l'intérêt de l'étude. Il s'adresse à ses proches sur le ton de la plaisanterie et considère cette recherche comme une sorte de « sous-produit » de ses vacances. Mais il faut noter cependant qu'il a déjà en tête l'exégèse du culte : survivance d'un culte préhistorique des roches, christianisée autour d'un « saint bizarre et falot ». On tentera maintenant de montrer combien le passage à l'écriture a permis de donner une dimension beaucoup plus anthropologique à son travail.

L'étude d'un culte alpestre

Tous les ans, le 10 août, au fond d'une vallée reculée des Alpes Grées italiennes, une foule dévote et joyeuse s'assemble en pleine montagne, à plus de 2000 mètres d'altitude · c'est la fête de saint Besse, le protecteur de Cogne et du val Soana (p. 132).

Il parle de « spectacle pittoresque et poétique », du « peuple bariolé des pèlerins », de la « grandeur du décor », du « charme singulier de cette solennité ». Mais l'historien des religions doit aller au-delà du pittoresque. La seule observation ne suffit pas ; il faut interroger, « ou plutôt laisser parler à leur aise un grand nombre de simples dévots de saint Besse » : « gens de la vallée, bergers, garde-chasse, guides *en donnant la préférence aux vieillards et aux femmes, qui ont le mieux préservé les traditions locales* »[5]. Les enquêtes auprès des résidents instruits (professeurs, chanoines) et les documents livresques constitueront des sources complémentaires.

Nous avons trouvé dans les archives ce qui semble être un plan provisoire, qu'on trouvera en annexe. La rédaction définitive comprend six parties. On ne résumera bien sûr pas ce travail si connu, mais on notera rapidement ce qui nous paraît le plus original.

1. Le milieu de saint Besse

R. Hertz présente le « pays » et les « gens ». La situation géographique de la chapelle du saint, la haute vallée du Val Soana, au pied du col qui permet de passer dans la vallée de Cogne, dans le Val d'Aoste, semble confirmer ce que Van Gennep disait des cols en montagne, qui rapprochent les habitants. L'opposition s'exerce entre montagnes et plaines. Société apparemment archaïque, elle s'ouvre cependant, ne serait-ce que par les travaux saisonniers des hommes : de nombreux Valsoaniens travaillent à Paris durant l'hiver comme vitriers. La richesse est constituée par le bétail, gros et petit.

2. La dévotion à saint Besse

Les gens du pays n'ont que des idées vagues sur le saint lui-même, mais elles sont beaucoup plus précises sur ses pouvoirs. Il fait des miracles qu'on raconte, on lui demande des grâces, on fait des vœux qui seront exaucés à condition de faire le pèlerinage le 10 août. Il est protecteur des troupeaux. C'est un saint militaire – on verra l'ambiguïté de ce caractère –, il permet paradoxalement de tirer un bon numéro au tirage au sort, d'échapper donc au régiment. Pour tous ces bienfaits, le pèlerinage est essentiel.

---

[5] C'est nous qui soulignons.

> C'est le 10 août que se paient les dettes contractées envers le saint pendant l'année écoulée ; c'est le 10 août que l'on vient faire une provision toute fraîche de grâce pour l'année nouvelle. [...] Le pèlerinage lui-même équivaut à un véritable sacrifice (p. 139-140).

Les habitants des deux vallées montent à la chapelle qui se trouve au pied du col. La messe est célébrée, puis une procession se forme au sortir de la chapelle, on fait le tour complet de la roche (« donner un tour au Mont »). On rapporte des fragments de roche prélevés au-dessus de l'autel, à laquelle on accède par une échelle[6].

> Quand la fête finie l'assemblée se dissout, quand les pèlerins, par petits groupes, regagnent leurs hameaux épars, emportant avec eux quelques fragments de la grande roche, tout imbus de sa vertu, on dirait que saint Besse lui-même descend avec eux vers les lieux habités et que, se dispersant sans se perdre, il va prendre place pour l'année qui vient dans chacune des maisons où il est adoré (p. 145).

3. La communauté de saint Besse

Cinq communes, cinq paroisses, ont « droit » à saint Besse. Elles assurent chacune à leur tour l'organisation du pèlerinage. Cette apparente égalité cache des différences. Les quatre paroisses situées dans le val Soana relèvent d'une autre région politique et religieuse que Cogne, qui se situe au-delà du col en val d'Aoste. Presque étrangers l'un à l'autre, les gens de Cogne sont considérés comme des intrus surtout par ceux de Campiglia.

4. Saint Besse dans la plaine

Les légendes semblent accréditer un culte d'abord montagnard, qui a été revendiqué ensuite par l'autorité religieuse, celle du diocèse d'Ivrée.

> La chapelle du pâturage alpestre, l'église de la grasse campagne [Ozegna], la cathédrale de la ville, ces trois demeures de saint Besse marquent les étapes successives du développement, qui lui a permis de ne pas rester cantonné dans une obscure petite vallée et de venir occuper une place modeste, mais honorable, dans la société régulière des saints (p. 161).

On notera le grand intérêt de ce passage. Hertz reconstruit l'histoire d'un culte religieux populaire en le déchiffrant en quelque sorte dans l'espace où il est inscrit. Il donne en quelque sorte la priorité à l'espace, aux divers espaces, où se déploie le culte, les divers cultes, doit-on dire, pour en reconstruire le cheminement historique.

---

[6] Dans ses notes de terrain, Hertz rapporte « Mme Gérard, mère des 2 guides. S. Besse est puissant pour toutes protections surtout gardien des brebis et des bêtes – on met son image dans les étables – on pigne la roche pour avoir des pierres ou de la poussière. »

5. La légende de saint Besse

« La pratique religieuse est, dans une large mesure, indépendante des raisons qui sont censés la fonder » (p. 161).

La légende officielle fait de saint Besse un soldat de la Légion thébaine massacrée en 286 sur l'ordre de l'empereur Maximien. Besse s'échappe et se réfugie dans les montagnes dont il évangélise les habitants. Mais il est précipité du haut d'une roche par des bergers, car il a refusé de manger d'une brebis qu'ils avaient volée, puis poignardé par des soldats, et enfin enterré dans la roche où fut ensuite édifiée la chapelle. La légende populaire fait de Besse un berger très pieux, faisant paître son troupeau autour de la roche sur laquelle il se tient tout le jour. Ses brebis sont les plus belles de toutes. D'autres bergers jaloux le jettent du haut du Mont. Durant l'hiver des gens de Cogne voient dans la neige une superbe fleur, sous laquelle on trouve le corps intact du saint et on érige une chapelle à cet endroit.

Il y a donc une contradiction entre la figure officielle du saint militaire et la figure populaire du berger, mais celle-ci ne trouble pas les montagnards, qui installent le saint chez eux[7]. Cette légende, « *la leur*, saisit leur être entier et le transporte dans un monde à la fois familier et sublime, où ils se retrouvent eux-mêmes, mais transfigurés et ennoblis. De ces deux traditions, l'une savante et édifiante, l'autre naïve et poétique, la plus ancienne est certainement la seconde » (p. 166).

Mais ce ne sont pas seulement deux versions presque indépendantes l'une de l'autre, puisque, en effet, « l'image locale du saint, après s'être réfléchie dans la conscience des lettrés, revient à son point de départ, corrigée et déformée » (p. 167) : une image en miroir donc. Hertz développe le mécanisme de ces métamorphoses, de manière novatrice, me semble-t-il : non seulement en prenant en compte à la fois la tradition populaire et la tradition religieuse savante, en leur accordant à chacune sa « vérité », mais aussi en reconstituant leurs influences réciproques, et en remettant à leur place les saints de cette légion thébaine : « légion de dieux locaux et d'épithètes personnifiées » (p. 171).

Dans le petit cercle fermé de sa terre natale, saint Besse est un berger, étroitement attaché à la roche abrupte qui domine les hauts pâturages, fondement de la richesse du pays. Entouré de ses brebis grasses et dociles, il réalise pleinement l'idée que le montagnard se fait encore aujourd'hui de la piété et du bonheur terrestre un pâtre plein de foi, qui met toute sa confiance en Dieu et dont les bêtes, par suite, "s'élèvent toutes seules" Mais, quand saint Besse émigre à Ivrée [..] il doit se transformer radicalement, s'il veut continuer à incarner l'idéal de ses adorateurs » (p. 174-175). Il devient un soldat qui combat dans une milice sainte et apôtre. Dans

---

[7] Il est d'ailleurs représenté en militaire sur les images qui se vendent lors du pèlerinage.

sa conclusion, Hertz parle à ce propos de « spontanéité inventive du peuple » et d' « activité réfléchie des rédacteurs » (p. 189)[8]

6. La genèse de saint Besse

Trois questions se posent : 1. Comment expliquer l'organisation spéciale de la communauté groupée autour du sanctuaire et, en particulier, la participation de Cogne à une fête du val Soana ? 2. Pourquoi ce culte a-t-il pour centre une roche abrupte de la montagne, à laquelle est lié le nom de Besse ? 3. D'où vient la croyance en une puissance mystérieuse et tutélaire qui, du sanctuaire rayonne sur toute la région ?

Ce culte chevauche deux diocèses, celui d'Ivrée et celui d'Aoste. Une des paroisses est donc séparée des autres par une épaisse muraille de montagnes et par une barrière morale plus épaisse encore. Les gens de Cogne pensent que leurs ancêtres se sont installés de l'autre côté du col, venant du val Soana. Toutes leurs relations économiques étaient avec le Canavais. Puis les frontières des groupements humains ont tendu à s'aligner sur la limite de partage des eaux. Colonisée partiellement par des gens venus de Savoie, la population de Cogne s'est intégrée toujours plus au val d'Aoste. Un seul lien a subsisté, lien tendu mais non brisé : le lien religieux, qui permet de mesurer la force d'attraction et de cohésion du culte du saint.

Ce culte a pour fondement premier le culte des rochers et la croyance en leur caractère sacré. Hertz tente des recherches sur l'étymologie du nom de Besse, bien que Meillet, à qui il demande ses lumières, le met en garde contre la quête de l'étymologie des noms propres. Dans une lettre du 30 octobre 1912, le linguiste lui écrit : « Si votre théorie ne repose pas sur une étymologie de nom propre, je ne vois pas d'objection. Mais je tenais à vous dire que ce qui est fondé sur des étymologies de noms propres l'est, à mon sens, sur le néant. ».

Le nom de Besse est fréquent comme nom de famille, rare comme prénom, sauf dans la région (mais les hommes qui émigrent changent de prénom, adoptant souvent celui de Laurent, dont la fête est à la même date). Comme nom de lieu, il désigne souvent des sommets.

---

[8] Alexis Bétemps, que je remercie de ces informations, signale les légendes de saint Julien et de saint Evence, recueillies par lui dans la région de Châtillon et de Nus en Suisse, très proches de celle de saint Besse. Il conclut : « Il s'agit de trois saints de la Légion Thébaine, reconvertis en bergers, tous les trois s'installent en altitude dans un endroit isolé près d'un grand ravin, ils se distinguent par leur piété et par le succès dans leur nouvelle profession, ce qui suscite la jalousie des voisins, tous les trois subissent leur violence [...] tous les trois laissent une marque imprimée sur la roche où sera bâtie une chapelle, tous les trois sont l'objet d'une dévotion qui se traduit en une procession à laquelle participent des fidèles de quelques paroisses aussi. »

La désignation de *Mont-bess* « mont ou rocher du mouton » convenait parfaitement à une éminence qui est située en plein pâturage alpestre et que la légende nous représente toujours environnée de moutons [...] Le saint « rocher du mouton » est devenu d'abord un berger de moutons exemplaire, puis un missionnaire, précipité du haut du Mont pour n'avoir pas voulu manger d'une brebis volée – enfin un évêque d'Ivrée (p. 185).

« L'élément le plus profond et le plus essentiel de ce culte, celui qui est resté jusqu'ici immuable à travers les vicissitudes de l'histoire, trouve, lui aussi, sa raison dans quelque condition de l'existence collective, fondamentale et permanente, c'est celle qui a permis à la petite tribu de saint Besse de persister jusqu'à nous et de maintenir son originalité en dépit de la nature contraire, en dépit des forces puissantes qui tendaient à la dissoudre : c'est la foi que ce peuple obscur de montagnards avait en lui-même et dans son idéal, c'est sa volonté de durer et de surmonter les défaillances passagères ou l'hostilité des hommes et des choses.[...] cette roche éternelle est l'emblème et le foyer de leur existence collective » (p. 186-7).

La Montagne comme « conservatoire »

En conclusion, Hertz plaide pour la pratique du terrain : « L'hagiographe, toutes les fois que les circonstances s'y prêteront, fera bien de ne pas négliger ces précieux instruments que sont une paire de bons souliers et un bâton ferré » (p. 188). Deuxième recommandation : ne pas céder « à la tentation de considérer les textes hagiographiques comme l'expression fidèle des croyances populaires sur lesquelles ils se fondent ». Il cite alors à l'appui l'ouvrage de Van Gennep, *La Formation des légendes* (p. 128*sq*).

Il justifie également cette étude d'un culte *alpin* .

La montagne [...] est un merveilleux conservatoire [...] Les Alpes Grées italiennes [...] forment une sorte de réserve, où les bouquetins, disparus du reste des Alpes, se rencontrent par vastes troupeaux et où foisonnent les plantes alpines les plus rares [...] Le sociologue n'est pas ici moins favorisé que le zoologiste ou le botaniste. De même que, dans les Alpes, la roche primitive émerge parfois de l'amas des stratifications plus récentes qui la recouvrent ailleurs, de même on y voit surgir, en quelques îlots, et pour peu de temps encore, la civilisation la plus ancienne de l'Europe. Dans le fond des hautes vallées, des croyances et des gestes rituels se perpétuent depuis plusieurs millénaires, non point à l'état de survivances ou de "superstitions", mais sous la forme d'une véritable religion, qui vit de sa vie propre et qui se produit au grand jour sous un voile chrétien transparent. Le principal intérêt du culte de saint Besse est, sans doute, qu'il nous offre une image fragmentaire et un peu surchargée, mais encore nette et très vivante, de la religion préhistorique (p. 190-191).

Héritage d'un très lointain passé, le culte de saint Besse n'est pas pour autant une survivance archaïque. Vivant, il est non seulement actualisé chaque année le 10 août, mais présent toute l'année dans les croyances et les pratiques des montagnards. Le pèlerinage se charge de la mise à jour, de l'actualisation de l'usage diffus du saint et de ses pouvoirs durant l'année écoulée. Comme le dit si bien R. Hertz, c'est le moment où l'on « paie les dettes » qu'on a contractées à son égard.

On mesure le considérable travail d'élaboration par lequel l'auteur a fait passer sa courte observation de terrain, née d'un intérêt amusé pour une manifestation pittoresque, célébrée bizarrement dans une chapelle d'altitude. Il y insuffle non seulement des interprétations, comme la reconstruction de l'histoire de ce saint « bizarre et falot », qu'il fonde à la fois dans l'espace et dans le temps, mais il les « anthropologise ». Si l'on se reporte à la lettre adressée à sa famille à la fin de son séjour, sa conviction est déjà faite : il s'agit d'un témoignage de la religion préhistorique et de son culte des rochers. Cette idée, il ne la renie nullement : elle reparaît dans sa conclusion. Mais l'étude, entre temps, a été nourrie d'observations directes, vivantes : les gestes et les paroles des pèlerins ont attesté de l'inscription du culte dans leur vie et dans leurs pensées. L'interprétation première s'est enrichie d'une dimension anthropologique.

La Réception

L'accueil fait à l'article lors de sa parution semble malheureusement ignorer complètement cette dimension anthropologique. Les lettres de remerciements et de félicitations présentes dans les archives témoignent le plus souvent de la même incompréhension que celle de M. Mauss. Les lecteurs sont séduits, mais assez déconcertés par l'approche de l'auteur. On citera quelques extraits[9].

En premier lieu Maurice Halbwachs, le sociologue bien connu, à la lettre duquel nous avons emprunté un fragment pour le titre de notre article.

Tours le 13 octobre 1913

Mon cher ami. Merci de m'avoir envoyé ton étude sur saint Besse, berger de moutons ou légionnaire thébéen, qui est une instructive contribution à l'étude du culte des rochers, et des religions préhistoriques. [...] Le problème que tu as pu résoudre, de séparer la légende populaire des fioritures savantes, se pose à propos de toutes ces histoires. Mais tu es tombé sur un cas privilégié. [...] Tu donnes une impression très curieuse de ce pays de montagnes et de ses habitants.

---

[9] Les correspondants ne sont pas toujours identifiables parce que leur nom est difficilement déchiffrable. Ce sont parfois des inconnus, cependant assez proches de Hertz pour qu'il leur envoie un tirage à part de son article.

On sent une sorte de malaise dans cette formulation : « impression curieuse », provenant, à notre avis, de la vision anthropologique que Hertz propose de son terrain. A. Meillet, le célèbre linguiste, consulté à propos de l'étymologie du nom « Besse », est, pour sa part, réservé et ambigu : « Merci, cher Monsieur, de votre aimable envoi que je trouve en rentrant à Paris. Votre article, que j'avais déjà eu le plaisir de lire en épreuves, est très ingénieux, et on y sent la connaissance directe des choses » (3 octobre)[10].

Nombreux sont les correspondants qui, réagissant à la lecture du travail de Hertz à la façon de Mauss, manifestent un intérêt amusé.

Paul Fauconnet, le sociologue qui appartenait aussi au cercle de Durkheim, écrit le 23 octobre 1913 :

> Merci pour votre saint Besse. Je l'ai lu avec beaucoup d'intérêt et de plaisir Car ce n'est pas seulement de bon travail, soigneux, historiquement, géographiquement et sociologiquement riche d'idées et de si jolis détails, c'est encore très amusant et le lecteur retrouve l'impression agréable que vous éprouviez, m'avez-vous écrit, *à travailler sur le vivant*[11] Pour moi qui travaille sur des faits d'une extraordinaire abstraction, une lecture comme celle-là est une halte dans une oasis.

A. Moret, sur un papier à en-tête de la direction du Musée Guimet, écrit (16 novembre 1913) : « Merci de nous avoir fait comprendre, avec tant de science et de poésie, les mystères des montagnes et de leurs habitants. » C. Robert-Mullers écrit le 26 novembre de la même année : « Votre description du culte nous donne la sensation, toujours extraordinaire, d'un étonnant prolongement d'une forme du passé parmi nous. » Henri Gans, dans une lettre non datée, est sensible à d'autres qualités, quasi opposées : « Vous joignez à l'érudition et à l'ingéniosité d'un… Sherlock Holmes, une ironie voltairienne et un scepticisme renanien qui pour être voilés n'en sont pas moins appréciables. »

Maxime David (lettre non datée, « Chartres, samedi ») résume bien les impressions ambiguës ressenties à la lecture de saint Besse : « Vous avez su, selon votre habitude, faire quelque chose de fort et qui va loin à propos d'une question bien délimitée, de sorte que vous délectez à la fois l'érudit et le philosophe. Et puis, c'est vraiment amusant, – et vous n'êtes pas assez austère, n'est-ce pas, pour prendre en mauvaise part ce compliment. » Il ose ensuite une comparaison audacieuse . « J'ai *joui* littérairement, aux pp. 59-60 en particulier[12]. À propos de ce passage, connaissez-vous la *Colline inspirée* de

---

[10] On pourra lire en annexe une lettre de J. Désormeaux à propos de l'étymologie de Besse.

[11] C'est nous qui soulignons.

[12] Il semble que cette pagination corresponde, non à celle de la *Revue d'histoire des religions*, mais à celle des épreuves. Il s'agirait alors des deux dernières pages avant la conclusion (p. 186-188 des *Mélanges*). Le ton de Hertz est en effet assez exalté, « inspiré », sans doute en effet par ce lieu impressionnant.

Barrès ? J'y ai pensé en vous lisant, en vertu d'une association par analogie et par contraste à la fois. Votre conception, bien entendu, me satisfait plus que la sienne (je songe, en ce moment, aux pages du début sur les lieux prédestinés à susciter l'émotion religieuse). Mais peut-être froncez-vous les sourcils en vous voyant rapproché par moi de ce sophiste. »

Il est inutile d'apporter d'autres témoignages. Il semble bien que les amis et collègues de Robert Hertz soient dans l'incapacité d'apprécier son travail à sa juste valeur. Ils y goûtent le pittoresque, l'étrangeté de ces populations à la fois contemporaines et immergées dans l'archaïsme, le charme des montagnes sauvages, ou plus rarement l'ironie suscitée par la distance entre ces quasi sauvages[13] et la modernité. À cette époque donc, le projet d'une ethnologie des populations paysannes de l'Europe n'est pas envisageable. Aucun fondement théorique ne peut soutenir une recherche de ce genre, alors qu'en revanche l'idéologie du temps s'y oppose complètement. Il serait intéressant de confronter la démarche de Van Gennep, qui adopte un autre biais théorique et méthodologique, celui des l'étude des rituels, en s'appuyant sur le schéma des rites de passage qu'il a proposé en 1909. Il se place ainsi dans une position qu'on qualifiera d'ambiguë ou transitionnelle, et dont le titre du *Manuel* rend bien compte puisqu'il annonce à la fois le « folklore » et le « contemporain ».

On mesure une fois de plus ce qu'a perdu l'ethnologie en général et celle de l'Europe particulièrement, avec la disparition de Robert Hertz en 1915, à trente-quatre ans. A supposer qu'il ait continué d'explorer ces voies de recherche, la confusion scientifique de l'entre-deux guerres, entre sociologie, ethnographie, anthropologie et folklore, aurait pu trouver de meilleures et plus rapides solutions.

Bibliographie

Belmont, Nicole
1986 « La Notion de rite de passage », *in* ss. la dir. de Pierre Centlivres et
 Jacques Hainard, *Les Rites de passage aujourd'hui, Actes du Colloque de
 Neuchâtel, 1981*, Lausanne, Editions L'Âge d'Homme : 9-19.
Hertz, Robert
1913 « Saint Besse. Etude d'un culte alpestre », *Revue de l'histoire des
 religions*, LXVII.

---

[13] Hertz lui-même se laisse aller à des préjugés qui font partie de la culture occidentale lorsque, dans la lettre à sa famille, il se réjouit de trouver des « sauvages qui parlent français ».

Hertz, Robert (suite)
1917 « Contes et dictons recueillis sur le front parmi les poilus de la Mayenne et d'ailleurs (Campagne de 1915) », *Revue des traditions populaires*, n° 1-2 et 3-4.
1922 « Le Péché et l'expiation dans les sociétés primitives », *Revue de l'Histoire des religions*, Annales du Musée Guimet, Paris, Leroux, 60 pages (rééd. Paris, Jean-Michel Place,1988 avec une préface de Jean Jamin).
1928 *Mélanges de sociologie religieuse et folklore*. Préface de Alice Hartz. Paris : Alcan.
2002 *Un ethnologue dans les tranchées, août 1914–avril 1915. Lettres de Robert Hertz à sa femme Alice*. Présentées par Alexander Riley et Philippe Besnard. Paris : CNRS Ed.

Parkin, Robert
1996 *The Dark Side of Humanity. The work of Robert Hertz and its legacy*. Amsterdam : Harwood Academy publishers.

Riley, T. Alexander
1999 « The intellectual and political project of R. Hertz through correspondence with Pierre Roussel », *Durkheimian Studies*, vol. 5: 29-38.

Van Gennep, Arnold
1909 *Les Rites de passage*. Paris . Nourry (réédition Paris, Picard, 1981).
1910 *La Formation des légendes*. Paris . Flammarion.

Annexe 1
Plan provisoire de l'étude (non daté)

Saint Besse
Un culte de roche sacrée dans une vallée chrétienne des Alpes, en 1912

Introd[uction]

Le milieu

Situation géographique . reculée.

Caractère archaïque de la population · costumes des femmes – économie presque entièrement pastorale et domestique – la pain cuit av[ec] la farine de la famille une fois pour tte l'année – habitat les gens couchent dans l'étable – mentalité : une année de disfortune – nous avons peur de la fièvre que les gros nuages noirs nous apportent quand ils montent de la vallée –

Ordre suivi du + constant et fixe au + variable et flottant.

I. La pratique du culte

    La roche centre du culte caractère, situation, la chapelle.

    La fête annuelle   le pèlerinage –

                      la procession

                      les offrandes.

                      Ce qu'on rapporte · les pierres de S B.

    Les miracles du saint   L'efficacité du saint et de la roche

                              [?] maladies, etc.

                            + spéciales   fécondité

                                            militaires

                                            brebis ?

II. L'organisation sociale du culte

        les 5 communes participantes

        le droit à la fête

le primat de Campiglia le nom de Besse donné très souvent aux habitants.

Le droit de Cogne – disputes – Solidarité religieuse de Cogne et du Val Soana , traditions relatives au peuplement de la vallée et Cogne par en haut – les traditions sont probablement toutes parentes ou costumes ou langage – marchés de Cogne à Cuigne.

III. Les croyances – justifient la pratique et la structure du culte – leur flottement contraste avec stabilité des éléments précédents.

la légende officielle soldat martyr —

combien la roche y tient peu de place – tendance à spiritualiser, à détacher du substrat local – à couler dans moule banal, édifiant – peut-être attraction d'autres saints piémontais [S. Maurice ??]

la tradition de Cogne pâtres de brebis – jalousie des bergers ou bien

flottement : il est mort là – ou bien son cadavre ne s'est pas décomposé – insistance sur découverte par gens de Cogne

Efforts pour concilier les 2 versions

Interprétation – Hypothèse que S.B. personnalité extrêmement vague et inconsistante n'est là que pour rendre compte du caractère sacré [?] et puissant de la roche elle-même – il a probablement succédé à quelque figure mythologique beaucoup + ancienne que le christianisme [en tout cas nous avons affaire au vieux culte local du Canavais qui a subsisté avec son caractère et son organisation à travers changements religieux et morphologiques – probablement culte surtout pastoral à l'origine – peut-être la date du 10 Août s'explique-t-elle par rapport aux soins des moutons [laine ??]

Annexe 2

Lettre de J. Désormeaux

Annecy, 24 octobre 1912

Monsieur et cher Collègue

Je m'empresse de vous accuser réception de votre lettre, qui m'a très vivement intéressé. Voici les renseignements que je puis vous fournir à propos du terme qui est l'objet de vos recherches. (je me permets auparavant de vous mettre en garde contre les quelques lignes insérées dans le guide que vous citez. L'article que j'avais rédigé pour cette publication, à la prière d'un ami, a été tellement tronqué ou défiguré qu'il est parfois peu compréhensible, je crois. D'ailleurs les épreuves ne m'ont pas été communiquées).

1° *Beccum*, dans nos régions, comme dans la Suisse romande (voyez notamment L. Odin, Gloss. Du Patois de Blonay, v° *bé* 1.), aboutit à *bë*, sm.

2° La forme que vous avez relevée (in *Dic. Sav.*) *bĕstë*, ailleurs *bëtsë*, est bien un subst. masc., mais si elle appartient bien à la famille de *bec*, (*bë*), c'est au titre de dérivé. La finale *ë* (masc.), [notée *et* ailleurs], et qui se confond à peu près complètement avec *ĕ* ou *ë*, fém., [transcrite également *et*, très souvent, notamment dans le *Dict. du Patois d'Albertville*, de Brachet], correspond exactement au suffixe diminutif fr. *et*.

Le savoyard que vous citez n'est autre que le correspondant du fr. *béquet*, donné comme dialectal (ou refait sur *Bec*) par le *Diction. Général*, ancien fr *bechet* (voyez d'ailleurs tout l'article de H.D.T., sub V°).

Ainsi la forme *bĕstë*, masc., ne peut pas, semble-t-il, venir à l'appui de votre thèse.

3° Le pluriel neutre **becca*, qu'il n'est pas aventureux de supposer (voyez le Dictionnaire de Körting, que je ne puis consulter aujourd'hui) donnerait bien, suivant les localités, un sf. *bëstë*, *bëtsë*). Vous avez tout à fait raison de prendre pour exemple le traitement de *vacca*, pour *cc*.

Permettez-moi de vous signaler quelques faits qui vous ont peut-être échappé.

Le *Dict. du Patois Valdôtan*, de l'Abbé Cerlogne (Aoste, 1907), a un article

Becca, sf. Pic. – *de Nouna*, pic de None

Page suivante :

Bèque, sm. Bec. – Fig. Gramo –, mauvaise langue.

Bèque, sf. pl. Montagnes, cimes.

Il est parfaitement admissible que *bëtse* ait abouti à *besse*.

Quant à la différence des genres, l'analogie, le ressouvenir lointain de mots qui sont des doublets sémantiques, peuvent, à mon avis, l'expliquer suffisamment. (Au reste, rien d'étrange à reconnaître que le masc. vienne d'une forme sing., le fém. d'un pluriel (neutre) et que ces formes aient été prises l'une pour l'autre).

J'oubliais de vous rappeler que le fém. *bëca* (Thônes) = pointe de rocher, fr local *bèque*, comme à Genève. Voyez *bèque*, in *Dict. Sav.*

Voilà ce que je puis soumettre actuellement et rapidement à votre examen. Votre thèse est très séduisante. Elle est très vraisemblable, et je ne serais pas étonné qu'elle fût vraie, bien que le sav. *bestë* ne puisse l'appuyer

Veuillez agréer, Monsieur et cher Collègue, l'expression de mes meilleurs sentiments.

J. Désormeaux

II

DES CONTES POUR DES ENFANTS ?

CHAPITRE 7

Désirs d'enfants, destins d'enfants

Un bon jour, c'était un roi. Ce roi-là, il avait pas d'enfant. Il aurait voulu avoir des enfants, pis il en n'avait pas. Toujours, il était bien découragé, il dit à sa femme

– J'aimerais bien ça, avoir un enfant.

– Ben, ce que tu veux, on n'a pas. Le Bon Dieu nous en envoie pas, on n'a pas. En tous les cas, s'il m'envoie un jour, ça ferait une consolation. Mais, on n'a pas.

Toujours, sa femme est pour acheter un enfant.

C'est ainsi que commence un récit canadien, « Le Petit Poilu »[1], qui est classé par la typologie internationale comme T 708, *L'Enfant-monstre*, ou tout aussi bien *L'enfant prodigieux* (*The wonder child*). Lorsque la naissance du héros ou de l'héroïne est rapportée, elle se produit, dans la plupart des contes, après une longue stérilité du couple des parents et, souvent, grâce à l'intervention d'un personnage surnaturel. Ce n'est pas le cas ici, où la résolution de la stérilité semble avoir été provoquée par l'échange langagier entre le roi et la reine, le constat réciproque du manque d'enfant et du désir

---

[1] Collection Luc Lacourcière, Archives de folklore, Université Laval, Québec. Recueilli en 1954 à Saguenay, auprès d'une femme de 78 ans. « Acheter » un enfant se disait en guise de métaphore pour la grossesse et l'accouchement. Aux enfants, on disait aussi qu'ils avaient été « achetés » au grand magasin.

d'enfant. Mais, loin d'être un heureux dénouement, cette naissance constitue le moteur de l'action, qui permet au récit de s'engager.

Le roi dit : – Tu as acheté un poilu. Mais tout poilu comme une bête.

On y voyait rien qu'un petit peu la face, pis il était tout poilu comme une bête.

Cet enfant a-t-il souffert du désir trop intense de ses parents, qui auraient en quelque sorte forcé leur destin de stérilité ? C'est lui qui va en subir la sanction, puisqu'il est quasi animal : monstrueux en ce sens, mais aussi prodigieux, car il grandit très vite, acquiert une force considérable et parle lorsqu'il atteint un an.

Ce motif de la naissance d'un enfant après une longue stérilité de la mère peut se trouver ou non dans certains contes merveilleux[2]. Le récit présente parfois le héros ou l'héroïne déjà là, au moment crucial où va se nouer son destin, ou, parfois, raconte au préalable son origine. C'est ainsi que les versions françaises de la « La Recherche de l'époux disparu » (T 425) donnent rarement la raison de l'apparence animale du héros[3], alors que beaucoup de récits provenant d'autres pays européens en relatent la cause. Mieux encore : à l'intérieur d'un même corpus et dans un même conte-type, on trouve des récits qui utilisent le motif de la longue stérilité, et d'autres qui commencent par un trop plein d'enfants, une famille très nombreuse où les parents ont épuisé toutes les possibilités de trouver parrain et marraine pour le nouveau-né. C'est le cas dans « L'Enfant de Marie » (T 710), dont on parlera.

Garçons promis

Il n'existe, semble-t-il, qu'un seul conte-type où la naissance tardive et miraculeuse du héros doive impérativement faire partie du récit. Il s'agit de « L'Enfant promis à la sirène » (T 316), « L'Ondine de l'étang » dans le recueil des Grimm (n° 181). Ce n'est pas l'un des contes les plus fréquents dans la tradition orale, en dépit de quelques belles versions grecques. Voici le résumé de l'une d'elles[4].

---

[2] Le début des contes ne constitue pas le segment le plus fortement mémorisé. La remémoration commence souvent par les images les plus remarquables de la narration, laquelle est reconstituée ensuite en amont et en aval.

[3] Dans une version recueillie par Charles Joisten dans les Hautes-Alpes, un roi se désole de n'avoir pas d'enfant pour lui succéder. Au diable il dit « Je demande pas grand' chose, mais je voudrais un garçon, même qu'il aurait la tête d'un cochon ! » Le diable le prend évidemment au mot (Joisten, 1955, n° 3).

[4] Version publiée par G. Rigas, traduite par Anna Angelopoulou (1987), que je remercie. On en trouvera une autre dans *Poétique du conte* (1999 157-161), publiée par R. M. Dawkins.

Il était une fois un couple qui n'avait pas d'enfants, il en était malheureux. Le mari était capitaine d'un navire, lequel se trouve un jour immobilisé brusquement en mer Une Gorgone, un être moitié femme moitié poisson, tenait le bateau par l'étrave. Elle s'adresse au capitaine « Je sais que tu veux un enfant. Prends cet os, ta femme le mangera et vous aurez un fils. Mais vous me le rendrez quand il aura quinze ans, à cet endroit même, sur le petit rocher. » Le capitaine dit qu'il est d'accord et sa femme met au monde un garçon très beau qu'ils appellent Yannakis. Quand il a quinze ans, le cœur serré, le père l'emmène sur le rocher et l'y abandonne, sans rien lui expliquer Il marche et rencontre successivement deux fourmis, deux aigles, deux lions, qui se disputent une proie. Il fait le partage de manière satisfaisante pour les animaux qui lui accordent le don de se transformer en chacun d'eux. Au bord de la mer, la Gorgone essaie de l'attirer à elle, il lui échappe en se transformant en lion puis en aigle. Il arrive dans une ville où il apprend l'existence d'une princesse noire qui exige tous les matins un bain de lait chaud. Sous sa forme d'aigle, il lui apporte le lait qui n'a pas le temps de refroidir, puis, en fourmi, se glisse dans sa chambre. Ils tombent amoureux l'un de l'autre, se marient malgré l'opposition du roi, père de la princesse. Celui-ci les relègue dans une petite hutte à l'écart. Mais le héros accomplit, incognito, des exploits durant la guerre que des ennemis ont déclarée au roi. Couvert de sang, il s'approche de la mer pour se laver. La Gorgone, qui le guette depuis longtemps, le saisit et l'avale entièrement. La princesse, qui a tout vu, se fait construire un palais de cristal dans la mer avec l'aide de son père et lui demande trois pommes d'or Elle les montre à la Gorgone qui a envie de les posséder Elle lui en donne une lorsque la Gorgone laisse apparaître la tête de Yannakis hors de sa bouche, la deuxième quand elle le fait sortir jusqu'à la taille, la troisième au moment où il apparaît tout entier. « Et, lorsqu'il fut complètement sorti à la surface de l'eau, les pieds sur la bouche, la princesse crie "Rappelle-toi le passé !" Il se transforma alors en aigle et s'enfuit très vite. La princesse aussi. Elle le retrouva, et c'est ainsi qu'elle le sauva, qu'elle l'enleva à la Gorgone. Ils sont rentrés chez son père et vécurent heureux, mais pas autant que nous ».

Ce récit nous dit clairement qu'un enfant, même aussi longtemps désiré par ses parents, ne leur appartient nullement. Ils devront le « rendre » à l'entité surnaturelle qui a permis sa venue au monde : un être aquatique dans ce conte-type, Dame de la Mer, Thalassa, Nixe de l'étang (version des Grimm), sirène dans la version de la basse Bretagne (F.M. Luzel). La mer est source et origine de toute vie ; maternelle, elle ne songe cependant, si l'on en croit ces récits, qu'à ingérer (ou réingérer ?) celui dont elle a permis la naissance : donneuse de vie et engloutisseuse de sa création, à laquelle elle n'assigne pour destin que la fusion avec elle, lui refusant l'individuation. Mais le garçon comprend le danger de cette réintégration dans le sein maternel, qui serait à la fois inceste et mort. Il se sauve et se garde de tout contact avec cet élément, jusqu'au moment où il s'est qualifié comme héros, en répartissant sagement la nourriture des animaux qui se disputent et en faisant preuve de bravoure à la guerre. Dès lors, il se doit d'affronter l'entité maternelle, ne serait-ce que pour entériner son mariage avec la princesse. Avalé par la Gorgone, ce sera précisément son épouse qui mettra en œuvre son sauvetage, sa libération définitive des liens maternels, en suscitant la convoitise de l'être aquatique pour les pommes d'or[5]. On peut y voir le glissement d'objet que doit opérer le garçon, entre l'attachement œdipien à sa mère et l'amour partagé avec une épouse. Mais dans d'autres versions, c'est lui-même qui réussit à se libérer de l'emprise maternelle, demandant à la Dame de la Mer de le porter au-dessus des eaux : il se veut alors aigle et s'échappe à tire-d'aile.

Dans son travail d'élaboration continue à travers la transmission, le conte utilise volontiers l'inversion. Que se passe-t-il lorsque le donateur de l'enfant est un homme, et non plus un être féminin ? Une autre version grecque recueillie en 1983, dans le Magne[6], décrit un affrontement d'un autre type, assumé plus directement.

Un pope et sa femme n'avaient pas d'enfant en dépit de leurs nombreuses prières et pénitences. Un jour la *papadhia* va consulter une sorcière, mais rencontre en route un homme qui, d'emblée, lui donne une pomme en lui disant de la manger elle aura un enfant dans neuf mois, mais quand il aura quinze ans, il faudra le lui rendre. Elle met en effet au monde un très beau garçon. Grandissant il est intelligent et réussit bien à l'école. La mère ne pense plus à l'engagement qu'elle a pris vis-à-vis de l'homme, « disons le parrain de son fils », commente la conteuse. Il se présente à elle lorsque Yiannakis a quinze ans, lui rappelant sa promesse. Le garçon devra venir le trouver demain « derrière la montagne ». La mère l'y envoie comme s'il s'agissait en effet de rendre visite à son parrain. Le fils s'étonne de cette apparition soudaine d'un parrain, mais n'en dit rien. Il se met en route, marche, marche, jusqu'à rencontrer trois animaux, lion, aigle et fourmi, qui se disputent un cheval mort. Yiannakis fait un partage satisfaisant pour les animaux, qui lui promettent de lui venir en aide si besoin. Il arrive au pied de la montagne, la gravit, redescend de l'autre côté, trouve son parrain, étonné qu'il n'ait pas peur de lui. Il lui explique ce que sa mère a été incapable de lui dire la stérilité, la pomme, la promesse de le rendre. Devant son désespoir, le parrain lui offre la possibilité de se libérer, moyennant l'accomplissement de trois tâches très difficiles[7] : trier un énorme tas de blé, d'orge et d'avoine mélangés ; aller chercher la pomme d'or dans un jardin très bien gardé ; puis la bague d'or et d'émeraude, laquelle se trouve dans un nid au sommet d'un arbre qui touche le ciel, impossible à escalader. Il réussit grâce à l'aide des fourmis, du lion et de l'aigle, successivement. À son retour, il annonce à son parrain qu'il va rentrer chez ses

---

[5] Peigne et rouet d'or dans la version des Grimm. Mais c'est parfois la musique qui attire la sirène hors de l'eau.
[6] Je remercie vivement Margarita Xanthakou, qui l'a recueillie, de me permettre de présenter cette version inédite.
[7] On reconnaît là des éléments du T 313 « La Fille du diable » : la montagne où se trouve l'être démoniaque, les tâches impossibles et cependant accomplies.

parents. « Oui, tu peux partir, mais j'aimerais que tu restes encore un peu pour me tenir compagnie. D'ailleurs, tu m'appartiens. – Oui, mon parrain, mais plus maintenant. La parole se noue mais ne se dénoue pas. Ta parole m'est donnée et tu ne peux la reprendre. » Et Yiannakis rentre chez ses parents pour toujours, la promesse de sa mère ayant été tenue.

Dans ce récit, remarquons-le, pas de mariage pour le héros qui vivra auprès de ses parents le reste de son âge. Il n'a pas conquis de princesse durant ses aventures. Peut-on supposer, dans cette collecte tardive (fin du XXe siècle) un effet de l'adaptation des contes à l'usage des enfants, puisque le contage ne concerne plus la communauté entière ? L'accès au statut matrimonial est encore trop lointain pour eux. L'affrontement du héros avec son engendreur surnaturel[8] a pour fonction d'apurer les problèmes entre père et fils, il a donc bien valeur initiatique. Mis à l'épreuve par le parrain, le garçon s'en tire en accomplissant toutes ces tâches impossibles, non pas grâce à sa bravoure ni à son habileté, bien qu'il n'en manque pas, mais grâce aux liens de reconnaissance noués avec les trois animaux. Il a montré du discernement dans le partage du cheval, mais aussi et surtout cette qualité qui distingue le héros du faux héros dans les contes : la compassion.

La compassion, dit Claude Lévi-Strauss est « un mode originel de communication, antérieur à l'émergence de la vie sociale et du langage articulé, capable d'unir les hommes entre eux et avec toutes les autres formes de vie »[9]. Pour Freud, la compassion naît de l'identification, identification avec des êtres en détresse, qui mène à la constitution de l'identité. Le héros témoigne sa sympathie à des animaux qui ne savent comment résoudre un problème et qui, en retour, lui apporteront une aide précieuse au moment opportun. Ce faisant il acquiert son individualité, qui lui permettra d'affronter le père symbolique, sans se laisser enfermer dans une indistinction mortifère. L'affrontement n'est pas esquivé, il est direct, loyal – la parole a été « donnée » –, alors que le premier héros ne fait pas face à la Gorgone ou à la Dame de la Mer, il lui échappe pendant quelque temps, mais elle l'engloutira à la première occasion venue.

Les dangers que doit affronter un garçon face au père ou à la mère phantasmatiques[10], diffèrent donc, on ne s'en étonnera pas. Du côté du père, faute d'accomplir les tâches impossibles, c'est la mise à mort. On pourrait imaginer qu'inversement, accomplir les tâches, c'est tuer le père : duel qui doit se terminer avec la mort de l'un d'eux et qui renvoie à nombre d'occurrences

---

[8] Désigné donc comme un « parrain », lequel est bien un père, mais spirituel, non biologique.
[9] Lévi-Strauss, 1983 : 315. Voir Belmont, 1999 : 178-180.
[10] Il faudrait se demander quelles sont la nature exacte et les fonctions symboliques de ces êtres qui accordent un enfant à un couple stérile, et peut-être aussi quels en sont les représentants actuels dans notre société médicalisée et technocratique.

mythiques[11]. La mère, le garçon ne peut l'affronter directement. Mis au courant de la promesse faite à l'être surnaturel féminin, il juge que le salut est dans la fuite. Mais, un jour ou l'autre, plus ou moins tard, il faudra bien résoudre le problème. Toujours guetté par la Gorgone, il est inéluctable que le garçon s'approche un jour de l'élément liquide, souvent pour se laver (il est couvert de sang après un combat). Il est alors englouti, sans pouvoir rien faire, sans lutte, sans compétition, sans épreuve de bravoure. Cette mort relève d'un autre type, puisqu'elle est un retour au sein maternel, une régression anténatale. Il en ressortira comme on naît, la tête émergeant en premier, puis une partie du corps, enfin tout entier, capable alors de rompre définitivement les liens avec la mère. Dans certaines versions, l'épouse met en œuvre un stratagème grâce auquel la Dame de la Mer consent à hisser le héros au-dessus des flots, comme une sorte d'accoucheuse dans cette seconde naissance, ce passage définitif à l'âge adulte[12].

Filles promises

Le même préambule introduit la naissance de filles, sans que – semble-t-il – le motif ne soit organiquement indispensable au déroulement narratif. Dans « L'Enfant de Marie » (T 710), on l'a dit, l'enfant est souvent fortement désiré par un couple stérile depuis longtemps, ou bien il est comme surnuméraire, le dernier d'une longue portée, si bien que les parents ne savent à qui s'adresser pour parrainer l'enfant. Une femme, venue de nulle part, accepte d'être marraine à condition de venir chercher l'enfant, une fille, lorsque celle-ci aura quinze ans. La condition est la même si l'être surnaturel féminin gratifie le couple d'une progéniture, comme dans cette version canadienne résumée, intitulée « La Vieille Carabosse »[13].

Il était une fois un roi et sa reine, mariés depuis une quinzaine d'années et ils n'avaient pas d'enfants. Un jour arrive une vieille, « elle avait bien cent cinquante ans, de la mousse sur le visage », qui sait le malheur du couple et lui propose de lui accorder un enfant moyennant deux conditions : la première est de la faire marraine, la seconde de la lui donner à l'âge de quinze ans, après qu'elle ait reçu une bonne éducation « aux écoles ». Le roi promet d'autant plus facilement qu'il est persuadé que la vieille sera morte d'ici là. Il n'aura pas à payer sa dette. C'est une petite fille, belle et intelligente. Mais lorsqu'elle a quinze ans, la vieille apparaît pour l'emmener chez elle, dans un grand et beau château. La marraine s'absente de six heures du matin à six heures du soir. Sa

---

[11] A commencer, bien sûr, par Œdipe.
[12] Où il se présente comme une figure doublement phallique corps érigé, puis métamorphosé en oiseau.
[13] Schmitz, 1972 : 131-138.

filleule a le droit d'aller dans toutes les chambres du château sauf une. Elle finit par y entrer. Il y a dans la chambre un gros serpent qui l'emplit toute. Effrayée, elle referme la porte. La marraine[14] sait qu'elle a transgressé l'interdit, lui en demande l'aveu, que la filleule refuse obstinément. Elle l'abandonne au fond d'une forêt après l'avoir rendu muette[15]. Elle se réfugie au fond d'un arbre creux et les chiens de chasse d'un seigneur lui apportent à manger. Celui-ci finit par la découvrir, la fait sortir de son creux d'arbre, elle est très belle, il l'épouse[16]. Elle met au monde un enfant, la marraine apparaît alors, lui demande d'avouer qu'elle est entrée dans la chambre : nouveau refus. La marraine prend le nouveau-né, l'avale et s'en va. La même chose se produit lors de la naissance d'un second enfant. Quand elle accouche d'un troisième fils, elle réitère son refus. Mais alors la marraine la félicite : « Si tu avais avoué, tu t'aurais traîné en serpent, en couleuvre, pendant cent ans. Et moi, je n'avais plus que deux jours pour ma "délivraison", il aurait fallu que je fasse encore vingt-cinq ans. Tu as bien fait. » Elle va chercher les deux autres enfants, qu'elle avait « renvoyés » ils sont beaux et gros. Le seigneur est très content, la bonne femme reste chez eux, ils vivent heureux.

Les versions christianisées de ce conte-type inversent la morale du récit. L'antagoniste féminin est la Vierge Marie, seulement marraine de la fille mais non donatrice de l'enfant, qui exige l'aveu et finit par l'obtenir à la dernière extrémité (la jeune femme est promise au bûcher car on pense qu'elle dévore ses enfants). La leçon est strictement moralisatrice : « A qui avoue et regrette son péché, il lui est pardonné », comme dit la version des Grimm (« L'Enfant de Marie », n° 3), contresens flagrant de ce qu'entendent signifier les versions non christianisées[17]. Cette fille qui doit son existence à sa vieille marraine, ne peut acquérir son autonomie vis-à-vis d'elle qu'à travers la dénégation de son acte transgressif. « Un contenu de représentation ou de pensée refoulé peut donc se frayer la voie jusqu'à la conscience à la condition de se faire *nier* – dit Freud dans son article de 1925[18]. La négation est une manière de prendre connaissance du refoulé; de fait déjà une suppression du refoulement, mais certes pas une acceptation du refoulé. » Cette dénégation entraîne la séparation d'avec la mère adoptive. La jeune fille a acquis une certaine autonomie, une identité, celle de fille à marier, par l'âge, la beauté et l'écart négatif creusé entre sa mère et elle. Elle peut donc devenir une épouse, mais non une mère, le conflit avec sa marraine n'ayant pas été encore résolu. La succession des générations est

---

[14] Que la jeune fille appelle parfois grand-mère.
[15] Ici le conteur s'embrouille un peu, mais rétablit un plus loin - au lieu que la marraine arrache les yeux de le jeune fille, elle la rend en fait muette.
[16] L'épisode évoque, plus nettement que dans d'autres versions, « La Fille aux mains coupées » (T 706).
[17] Voir Belmont, 1999 : 166-170.
[18] - Freud, 1985 : 135-139

bloquée pendant plusieurs années. C'est une véritable épreuve de mort que la jeune femme doit subir, jusqu'à la menace du bûcher. Prend-elle en charge le secret de la féminité, dans un moment qui serait comme un passage de « témoin », de mère à fille, et que, dans le même temps, celle-ci s'autonomise vis-à-vis de celle-là ? Ces relations complexes, plus complexes, semble-t-il, que pour le garçon, s'expriment dans des représentations de repli, d'intériorisation, d'intimité, de secret, non sans violence cependant[19]. Alors que les garçons partent à l'aventure, affrontent des personnages masculins, combattent, défient la figure paternelle (mais non maternelle, on l'a constaté).

Rendre l'enfant : la dette

Une version canadienne de cette « Enfant de Marie », ici « la Belle Julie », introduit explicitement la notion de dette contractée par les parents à l'égard de la donatrice de l'enfant[20]. Un homme se désole de ne pas avoir d'enfants et il promet, s'il en a un, de prendre pour parrain ou marraine la première personne qu'il rencontrera. Une fée accepte le parrainage. Elle invite sa filleule à trois reprises, lorsqu'elle atteint sept, puis quatorze, puis vingt-et-un ans. C'est la troisième fois qu'elle transgresse l'interdit, au moment où elle est « en âge de se marier ». À l'épilogue du récit, qui se développe comme les autres versions, la marraine lui explique qu'elle était prisonnière de la promesse de son père. C'était à elle de payer la dette contractée par son père désireux d'avoir un enfant. La version gauchit un peu l'axe traditionnel du conte-type, en y introduisant le motif du vœu imprudent, dont seul l'enfant devra assumer les conséquences.

Un autre récit canadien, qui n'est pas un conte merveilleux mais une légende chrétienne, montre clairement la prise en charge par l'enfant de l'énonciation du désir parental qui se révèle imprudente.

Un couple n'avait pas d'enfants. Un jour la femme dit à son mari : « Si tu voulais, on ferait un vœu pour avoir un enfant. » Le mari est d'accord et, au bout d'un an, ils ont un petit garçon. Mais d'une année à l'autre, ils retardaient toujours pour accomplir le vœu. Lorsque l'enfant eut sept ans, ils ont décidé de le rendre à Dieu, car ils étaient trop âgés pour accomplir le vœu[21]. Le père, emportant une hache, emmène l'enfant dans la forêt. Celui-ci prend peur, alors

---

[19] Ainsi dans les scènes d'ingurgitation des nouveau-nés par la marraine, bien qu'elles soient finalement fictives : l'auditeur l'apprend en même temps que l'héroïne.
[20] Schmitz, 1972.
[21] Le récit ne dit pas à quoi le vœu les obligeait : pur engagement auquel on ne peut se dérober.

son père lui explique toute l'histoire. Le garçon déclare qu'il accomplira le vœu à leur place[22].

Il s'agit d'une légende chrétienne, où l'on comprend que c'est Dieu qui a permis la naissance de l'enfant, en échange d'un vœu à accomplir. Incapables de tenir leur engagement, les parents s'apprêtent à le faire mourir, décidant ainsi de le « rendre à Dieu ». Le fils sauvera sa mère de l'Enfer et son père du Purgatoire en portant une ceinture d'épines jusqu'au moment où il est de retour à la maison. Le développement moralisateur n'arrive pas à masquer la gravité de l'enjeu, exposé avec une simplicité saisissante. L'enfant prend en charge la dette de ses parents si désireux d'avoir une progéniture, mais si impuissants à en payer le prix. Cette dette est, pour le garçon, une dette de vie, puisqu'il est venu au monde grâce à ce vœu.

La notion de dette évoque le principe fondamental du fonctionnement des sociétés humaines, explicité par Marcel Mauss, celui du don et du contre don, ou plus exactement de la triple obligation : donner, recevoir et rendre. La force qui contraint à obéir à cette triple obligation, le *hau*[23], signifierait quelque chose comme le « bénéfice sur », le « produit de ». L'enfant est bien le « produit » du couple marié, un deux qui devient trois. Les récits d'enfant désiré et accordé par une entité surnaturelle mettent en scène l'idée que ce « tiers ajouté » est un don qu'il faut rendre, ce n'est pas une propriété acquise définitivement. L'enfant est comme confié aux parents pour qu'ils le nourrissent, le soignent, l'éduquent. La mise au monde biologique n'ouvre pas à des droits de propriété, non plus que le couple n'a de titre inaliénable à avoir un enfant. C'est ce que veulent dire sans doute les contes lorsqu'ils mettent en scène toutes ces figures de parents de substitut, qu'ils soient parrain et marraine ou père et mère adoptifs (voire animaux nourriciers).

L'enfant animal

Il nous faut revenir au Petit Poilu, figure touchante et riche de sens, que nous avons introduite en premier.

> Le roi, furieux de cet héritier déshonorant, fait creuser un souterrain dans lequel il enferme la reine et son fils, si poilu qu'on ne lui voyait pas de chair. Au bout d'un an, l'enfant parle « comme un homme, comme une personne ». Il grandit, il grossit et un beau jour, demande à sa mère pourquoi elle, épouse de roi, et lui, fils de roi, sont enfermés de cette manière et n'habitent pas le château. C'est

---

[22] Sœur Marie-Ursule, 1951 260-263.
[23] C'est ainsi que la nomment les Maoris. C'est en effet à partir d'un texte recueilli auprès d'un sage maori par l'ethnologue Elsdon Best, que Mauss a bâti sa théorie. Sur la dette « inextinguible », « qui ne peut être que *transmise* », voir Valabrega, 1992 221

parce que ton père a honte de toi, lui répond-elle. Le Petit Poilu décide d'aller le trouver, mais il faut bouger l'énorme pierre qui ferme le souterrain. À dix ans il y réussit après plusieurs essais[24] Il va au château, exige de voir le roi pour lui demander des comptes pourquoi l'enferme-t-il lui et sa mère dans ce trou ? Par la menace il obtient que le roi vienne chercher son épouse et la réintègre au château avec lui. Les ennemis du roi lui déclarent la guerre par deux fois, le Petit Poilu veut combattre et, grâce à sa force, il est vainqueur. Son père est touché par l'exploit et « le v'la qui se met à l'aimer ». Le garçon lui demande impérativement, un jour qu'ils sont dans la forêt, de lui couper la tête et les pattes. Le roi y consent très difficilement. Alors que rentré au château, il dîne avec la reine, un beau prince se présente : c'est le Petit Poilu, leur fils, qui a ainsi perdu son apparence animale. Tout le monde s'embrasse, très heureux.

Ce fils, tant désiré, tant attendu, ne suscite à sa naissance que la déception chez son père. Celui-ci le rejette, le désavoue ainsi que la mère, tenue peut-être pour responsable de l'apparence animale de l'enfant[25]. Mais l'enfant n'accepte pas le désaveu paternel. Il est son fils, il veut donc se faire reconnaître par lui. Avec autorité il se présente au château, refuse de réintégrer son « trou » et démontre à son père que le plus animal des deux n'est peut-être pas celui qu'on croit.

– Poilu, va-t-en, retourne dans ton trou. – Bien, dit-il, retourne toi dans ta chambre, tu es plein de poux. – Comment je suis plein de poux ? – Oui, tu es pire que moi. Moi, je suis poilu, mais je suis un poilu net.

Ayant magiquement envahi le roi de poux, le garçon démontre à son père qu'il ne faut pas juger sur l'apparence. Cet enfant disgracieux, entre animalité et humanité, est bien son fils, décidé à se faire reconnaître et se faire aimer de son père. La leçon est double : il faut apprendre à devenir père et il faut réussir à devenir fils. Ni le savoir, ni la compétence de la paternité ne sont innés. Ce sont choses qui s'apprennent, mais ne s'enseignent pas. Le récit force sans doute le trait dans la reconnaissance de paternité, insistant, comme beaucoup de ces contes, sur la nécessité d'aller au-delà de la naissance biologique et de prendre la voie de l' « adoption », c'est-à-dire de la transformation des liens de chair en liens de choix affectif.

Sous leur apparence divertissante et inactuelle, ce sont de « rudes leçons », comme disait Françoise Dolto, dont les contes sont porteurs. À condition qu'on leur prête l'oreille, ils peuvent nous aider à démêler la complexité des liens d'engendrement, source de confusions et de conflits innombrables entre parents et enfants, dont précisément F. Dolto a si bien parlé.

---

[24] L'enfant tient de Jean de l'Ours, par la toison et la force.
[25] Les femmes seraient plus fautives lorsqu'il se produit des ratés de la procréation la mère de l'enfant au vœu est promise à l'enfer, le père au purgatoire.

[L'enfant] croit, l'innocent, que l'adulte, image de lui achevée, va lui donner réponse à toutes les questions qu'il se pose ; mais l'adulte, lui, attend de ses enfants réponse à l'énigme du sens de sa vie, réponse à l'énigme des échecs du Moi par rapport au désir du Je. Et c'est cette maldonne, cette mal-compréhension où chacun attend de l'autre une réponse que personne ne peut lui donner, qui fait le problème des relations parents-enfants. Ils ne peuvent facilement accepter leur impuissance l'enfant, celle de ses parents et les parents, celle de leur enfant (impuissance à leur donner la satisfaction que leur désir imaginaire voudrait trouver dans la réalité).[26]

Les contes, où se manifeste si fort et si fréquemment le désir d'enfant chez des couples stériles, illustrent certaines façons de résoudre les difficultés : mais, le plus souvent, c'est l'enfant lui-même qui entreprend et agit. Il prend en charge la promesse parentale, il fait son affaire des êtres surnaturels phantasmatiques qui l'ont fait venir au monde, il refuse d'être la propriété de ses parents, il acquiert son autonomie et son identité loin d'eux, il se fait reconnaître d'un père qui le désavoue. Le véritable héros, c'est l'enfant qui sait le handicap fondamental d'un désir parental narcissique, et qui le surmonte, devient un adulte libre, prêt à nouer les liens matrimoniaux nécessaires à la succession des générations.

Bibliographie

Angelopoulou, Anna
1987   *La Naissance merveilleuse et le destin du héros dans le conte grec*. Thèse de doctorat de l'EHESS.
Belmont, Nicole
1999   *Poétique du conte. Essai sur le conte de tradition orale*. Paris : Gallimard (Le Langage des contes).
Dawkins, Richard M.
1953   *Modern Greek folktales*. Oxford : Clarendon Press.
Dolto, Françoise
1984   *L'Image inconsciente du corps*. Paris : Seuil.
Freud, Sigmund
1985   « La négation » (1925), *Résultats, idées, problèmes II*, Paris, PUF : 135-139.

---

[26] F. Dolto, 1984 : 371.

Joisten, Charles
1955   *Contes folkloriques des Hautes-Alpes (haute vallée du Queyras)*. Paris : Erasme.
Lévi-Strauss, Claude
1983   « De Chrétien de Troyes à Richard Wagner », *Le Regard éloigné*. Paris : Plon : 301-324.
Marie-Ursule, Sœur
1951   *Civilisation traditionnelle des Lavalois*. Québec, Archives de folklore, n° 5-6.
Schmitz, Nancy
1972   *La Mensongère*. Québec · Presses de l'Université Laval.
Valabrega, Jean-Paul
1992   *Phantasme, mythe, corps et sens*. Paris : Payot.

Chapitre 8

Pouçot
Conception orale, naissance anale.
Une lecture psychanalytique du conte-type 700

Il est généralement admis que les contes de tradition orale, et tout particulièrement les contes merveilleux, étaient destinés à la communauté des adultes, jeunes et vieux, alors que d'autres types de récits – contes d'animaux, contes ou chants énumératifs, etc. – étaient racontés aux enfants (Pelen, 1993). Cependant un certain nombre de contes merveilleux visait une audience enfantine. P. Sébillot parle de contes « qui ont trait à des aventures d'enfants, parfois mélangées de merveilleux [...] que les mères et les nourrices racontent le plus volontiers aux petits garçons et aux petites filles, en raison de leur forme simple et de leur trame peu compliquée » (Sébillot, 1881 : 219). Ch. Joisten, pour sa part, cite parmi ces « contes d'enfants » : *Le Petit Chaperon rouge* (T 333), *Rends-moi ma jambe* (T 366) *Les Enfants abandonnés dans la forêt* (T 327), *Pouçot* (T 700), *Ma mère m'a tué, mon père m'a mangé* (T 720) (cité par Pelen, 1993 : 30-31).

Sans doute ces récits sont-ils courts et leur trame peu compliquée, comme le dit P. Sébillot, mais ils sont également parmi les plus terrifiants des contes merveilleux, marqués en particulier d'une très forte composante orale. Le thème de l'avalement du héros, ou de la menace de l'avalement, joue un rôle primordial dans le déroulement de la narration.

Ayant étudié un de ces contes types, *Ma Mère m'a tué, mon père m'a mangé* (T 720), il nous était apparu que l'ingestion du jeune garçon par son père faisait partie du processus de l'acquisition de son identité sexuée (Belmont, 1993). Cuisiné par sa mère de manière que la chair se détache des os, il est ingéré par son père, tandis que sa sœur collationne soigneusement les restes osseux qui se transformeront en oiseau. Cet oiseau, capable de dire, de chanter, sa propre histoire a désormais acquis son identité de garçon.

Un autre de ces contes merveilleux destinés aux enfants concerne également un jeune héros, mais renchérit sur le nombre des avalements. Il s'agit du T 700, *Tom Thumb*, dont S. Thompson affirme qu'il est un récit européen, bien répandu à travers tout le continent (Thompson, 1977 : 87). P. Delarue le désigne comme *Pouçot* pour ce qui est des versions françaises, afin de le démarquer du *Petit Poucet* de Ch. Perrault qui, on le sait, emprunta le nom du héros du T 700 pour baptiser celui du T 327 B (Delarue). Ch. Joisten confirme que le T 700 « est considéré comme plus spécialement destiné aux enfants, souvent les conteurs le tiennent pour bagatelle et dédaignent le dire » (Joisten, 1956. 69).

S'il est permis de rapprocher les deux contes types sous l'angle de ce thème commun, une différence apparaît immédiatement quand on les confronte. *Pouçot* présente une tonalité encore plus archaïque que le T 720, en particulier parce que le héros est avalé non pas par son père, un humain donc, dans un mouvement qu'on pourrait voir comme une régression des générations, mais par des animaux. Selon notre hypothèse, les deux contes sont bien des récits destinés à l'enfance, dans la mesure où ils mettent en scène les stades du développement de la libido, du stade oral au stade phallique en passant par le stade anal, excluant l'étape ultime, le stade génital. *Pouçot* pose en outre le « deuxième grand problème qui préoccupe l'enfant » pour reprendre les termes de S. Freud[1] : « d'où viennent les enfants /.../ C'est la question la plus brûlante de la jeune humanité ; qui sait interpréter les mythes et les traditions peut la détecter dans l'énigme que la Sphynge pose à Œdipe » (Freud [1908], 1969 : 10). Apparemment le T 720 ne pose pas cette question de l'origine des enfants, puisque toutes les versions présentent d'emblée des parents qui ont des enfants, en général un garçon et une fille. Il n'est pas certain cependant que cette « donne », pour reprendre l'expression de C. Lévi-Strauss, exclut complètement le problème, posé ensuite en un autre code, celui de la cuisine.

A travers les versions françaises du T 700, on tentera de montrer d'une part que le conte pose la question de l'origine des enfants et la pose dans les termes de l'imaginaire enfantin, et d'autre part qu'il met en scène les trois stades de la

---

[1] Le premier étant « les énigmes de la vie sexuelle » (Freud (1908), 1969).

libido – oral, anal, phallique –, pour lesquels il invente des figurations narratives extrêmement ludiques.

Le catalogue des contes français dénombre quatre-vingts versions, dont un grand nombre attribue au héros un nom qui rappelle le pouce : Pouçot, Poucet, Pouzet, Pezé, etc., rappelant *Tom Thumb* ou *Daumesdick*. Dans une zone géographique homogène, il est appelé d'un nom en rapport avec le grain : Grain-de-Millet, Milet, Pépérelet (grain de poivre). Il s'agit du sud-ouest de la France, Gascogne et Languedoc. On trouve également des noms qui rappellent le poing – Plampougni, Pleinpougnet, etc –, dans une zone géographique qui va du Dauphiné à l'Auvergne, en passant par le Lyonnais, parfois interrompue par la présence de la forme « Poucet »[2]. On trouvera en annexe une version de ce conte.

M.L. Tenèze remarque que l'épisode, rare dans le corpus français où Pouçot conduit l'attelage de son père, alors qu'il est installé dans l'oreille du cheval ou du bœuf, semble d'origine germanique[3]. On n'en tiendra pas compte.

La majorité des versions françaises présentent d'emblée le héros « déjà là » et qualifié par sa taille minuscule : « Une femme avait un petit si petit qu'on l'appelait Plampougnou » (Pourrat, 1989 : 62). Une vingtaine raconte cependant sa naissance dans des termes suffisamment homogènes pour qu'il soit permis de tenter une analyse de l'épisode. Pouçot vient au monde alors que ses parents, dépourvus d'enfants jusque-là, malgré leur désir, parfois vieux déjà, font le pain. Plus précisément, c'est la mère qui, préparant la pâte, la pétrissant, est importunée par les poules qui entrent et la lui mangent.

> Un jour, il y avait une femme qui pétrissait. Les poules lui mangeaient toute la pâte. Cette femme alla demander à Notre Seigneur de lui donner un fils beau comme un grain de maïs.
>
> Le lendemain il lui donna donc un fils. « Dis, homme, comment l'appellerons-nous ? – Eh! comme tu voudras. – Si tu veux, nous l'appellerons Millassou. – Eh bien, oui. – Millassou. – Plaît-il ? – Viens me garder les poules ». (version 42)[4]

Plus explicite encore une version du Bourbonnais raconte que la femme fait avec un morceau de pâte un petit bonhomme qu'elle met debout sur la huche en l'appuyant contre le mur. Elle émet le désir d'avoir « un enfant pas

---

[2] Nous empruntons ces informations à M. L. Tenèze (Delarue et Tenèze, 1964 : 614–617).
[3] G. Paris y voyait en revanche un motif important qu'il a exploité pour soutenir une interprétation « astronomique » du conte, se référant à la théorie mythologique de Max Müller la plus petite étoile de la constellation de la Grande Ourse serait Poucet, conducteur du chariot (Paris, 1875).
[4] Les numéros des versions renvoient au Catalogue des contes français (Delarue et Tenèze, 1964).

plus gros que ça ». Peu après elle aperçoit un petit bonhomme « gros comme la main qui trottait dans la maison. – Qui es-tu ? – Hé mère! suis le Gros-de-Poing – Que toi-même a fait ce matin – Avec l'épondèle du pain » (version 31).

L'épondèle, c'est le restant de pâte avec lequel on fait une pâtisserie cuite en même temps. Au début d'un grand nombre de versions françaises du T 720, la mère fait aussi le pain ce jour-là et promet une pâtisserie semblable à celui des enfants qui rapportera le premier un fagot de bois. Le lien entre cette friandise et les enfants n'est certes pas étonnant, puisqu'ils s'en régalaient. Mais ici la métonymie devient métaphore, ce morceau de pâte devenant lui-même un enfant, par des voies qui excluent la sexualité. Voie orale donc, puisque l'enfant est fait avec une matière qui se mange, mais voie qui n'exclut cependant pas l'analité.

> Un homme et une femme commençaient déjà leur quarantaine et n'avaient pas d'enfant [...] – Que nous sommes malheureux! dit un jour la femme à son mari en mettant le levain dans la pâte. Et en disant cela elle laisse échapper un pet, écrase un morceau de pâte entre ses doigts et fait ... un enfant, tout éveillé, mais si petit, si grêle, que son berceau fut un sabot (Joisten, 1971 version 47 1).

Trois gestes sont ici à l'œuvre pour faire naître Gros-de-Pun : mettre le levain dans la pâte, en écraser un morceau entre les doigts, laisser échapper un pet[5]. L'action du levain dans la pâte a servi de comparaison pour expliquer celle de la semence masculine sur le sang féminin : métaphore de la procréation donc. Selon un traité hippocratique intitulé *De la Nature de l'enfant*, l'embryon est comme une pâte dans laquelle on a mis du levain et qui gonfle, se boursoufle, s'enfle et se recouvre d'une pellicule, car il est animé de deux souffles opposés, l'un chaud, l'autre froid, s'engendrant l'un l'autre, à la manière de l'inspiration et de l'expiration. Ces souffles sont nécessaires pour faire gonfler les semences mélangées et échauffées, comme le levain enfle la pâte[6]. Prenant la liberté de franchir les frontières du corpus français, on évoquera une version albanaise citée par G. Paris, où l'on conseille à un vieux et une vieille dépourvus de progéniture de souffler dans une outre pendant vingt jours et vingt nuits, au bout desquels ils trouveront un enfant à l'intérieur.

---

[5] Une version du pays messin est encore plus directe « Une femme, un jour, cuisait son pain lorsque tout à coup elle *peta* un tout petit, tout petit garçon » (version 6).
[6] D'après une croyance venue des premiers siècles de l'Eglise, la Vierge Marie avait été fécondée par le souffle de l'Esprit–Saint pénétrant dans son oreille. Des représentations médiévales de l'Annonciation montrent le trajet du souffle. Pour E. Jones, le souffle n'est que secondairement celui de la respiration. Plus primitive est l'idée du souffle « comme quelque chose qui avale, projette, achemine ou expulse les aliments, se mêlant intimement à eux au cours de la digestion pour former [...] le pneuma interne [...] provenant de la décomposition intestinale » (Jones, 1973).

S'étant conformés à cette recommandation, ils découvrent un enfant gros comme une noisette, qui garde cette taille (Paris, 1875 : 21).

On comprend mieux pourquoi cet enfant vient au monde le jour où sa future mère entreprend de faire le pain. Une version de l'Issoire modifie quelque peu cette métaphore, en y introduisant une goutte de sang maternel comme composante supplémentaire, nécessaire à la création du petit garçon :

> Un jour, la femme faisait son pain et pendant qu'elle était occupée à pétrir la pâte dans la main, les poules ne se gênaient pas pour entrer à la maison. – Si seulement j'avais un petit... pas bien grand, mais qu'il puisse au moins virer les poules. À ce moment elle se blessa au pouce ; une goutte de sang tomba sur la pâte, et qu'est-ce qu'elle vit ? Un joli petit qui riait, assis au fond d'une palisse (corbeille à mettre lever la pâte). Elle fut contente. Elle l'appela Petit Pouce (Lavergne, 1964 : 31).

Dans quelques versions françaises influencées par des récits italiens, la femme auparavant stérile se trouve confrontée à une multitude d'enfants, nés de pois ou de fèves qu'elle faisait cuire dans la marmite : autre figuration métaphorique d'une gestation « mijotée ». Dans le T 720, la mère cuisine également le garçon dans la marmite : on peut y voir une gestation socialisante, prélude à l'incorporation paternelle. Dans l'une de ces versions provenant du Dauphiné, une femme qui a beaucoup d'enfants conseille à une autre, stérile quant à elle, de mettre à cuire des haricots, dont certains une fois cuits sauteront de la marmite et deviendront des enfants. Mais tous sautent à terre et ces trop nombreux enfants réclament à manger, à boire, à dormir, etc. Elle les balaye tous dans la rue ; l'un d'eux, cependant, a sauté dans la serrure et crie pour avoir du pain (Joisten, 1971 : version 47.2). L'excès d'enfants ne vaut guère mieux que leur absence[7].

Peut-on dire de ces naissances qu'elles sont comparables aux théories sexuelles infantiles ? « On mange une certaine chose et cela vous fait avoir un enfant » (Freud [1908], 1969 : 22). Nous sommes, avec ce conte, aux prises avec des mécanismes à la fois plus primitifs et peut-être plus complexes. Plus primitifs dans la mesure où le processus de la conception et de la naissance est dissocié du corps même de la mère, qui n'est pas porteuse de l'enfant[8]. Et plus complexes, puisque c'est le langage de la figuration qui se charge de dire métaphoriquement et la procréation et la venue au monde.

Le troisième geste à l'œuvre dans la version du Dauphiné auparavant citée – laisser échapper un pet après avoir mis le levain dans la pâte et après avoir écrasé un peu de celle-ci entre les doigts – fait intervenir un acte d'expulsion

---

[7] Cf. La version donnée an annexe, *Pequeletou*, provenant de la région de Menton.
[8] Une version recueillie par F. Arnaudin dans la Grande Lande raconte cependant que la femme est enceinte après avoir émis le désir d'avoir un enfant pas plus gros qu'un grain de mil et met au monde un enfant conforme à son vœu (version 40).

anale de la part de la femme, sans que, ici encore, on puisse imaginer, à la manière dont tout cela est dit, qu'ainsi elle mette au monde Gros-de-Pun. Les gestes sont dissociés, leurs conséquences sont comme inhibées, et cependant l'enfant est là, tout à coup présent, comme l'est, après tout, le nouveau-né dont seuls quelques indices laissent prévoir la venue au monde : entre autres, le gonflement du ventre de la femme.

Si la composante anale lors de la naissance de Pouçot se réduit à ce pet échappé à la mère, elle va, au cours de ses aventures, se déployer très largement, associée à la composante orale, avalement ou dévoration. En effet, l'enfant est d'abord englouti par une vache ou un bœuf, parce qu'il s'est caché sous un chou ou dans le foin. Et les intestins de l'animal abattu seront dévorés par un loup affamé. C'est dans cet épisode qu'est exploitée avec verve, voire complaisance, la mise en scène de la naissance anale.

> Depuis qu'il avait ce petit homme dans le ventre, le loup souffrait terriblement de la colique. Au ruisseau il avala tant d'eau qu'il se débonda tout à coup [...] à force de se démener Grain-de-Millet finit par se tirer d'affaires et courut se débarbouiller au ruisseau. Ce n'était pas sans besoin (Version 41).

En revanche, la façon dont Pouçot est extrait de la vache évoque plutôt une naissance par césarienne : l'animal tué, éventré, ses entrailles sont jetées ou mises de côté pour être lavées. Mais l'enfant est enveloppé dans les viscères, comme le fœtus dans les membranes amniotiques : image infantile de la gestation. « Si l'enfant croît dans le corps de la mère puis s'en trouve enlevé, cela ne peut se produire que par un seul chemin, l'orifice intestinal. *L'enfant doit être évacué comme un excrément, une selle* » (Freud (1908), 1969 : 21). Parfois le récit condense l'épisode de la vache et celui du loup, pour faire expulser Pouçot dans une bouse.

> La mère a attendu. Elle a attendu une belle bouse et Milet qui se débattait au milieu. Il en a été quitte pour un bon nettoyage (Fabre et Fabre, 1978 41).

Quelques versions redoublent l'image d'une gestation de Pouçot par un épisode qui se place entre l'avalement par la vache et la dévoration par le loup.

> [...] les tripes furent jetées sur le grand chemin. Une vieille femme passant par là vit ces tripes – Oh! quelles belles tripes! ce serait dommage de les laisser perdre; et ce disant elle les fourra dans sa hotte. Elle n'avait pas fait dix pas qu'elle entendit une voix qui sortait de sa hotte et qui disait : –Toc! Toc! Le diable est dans ta hotte! Toc! Toc! Le diable est dans ta hotte! La vieille jeta là sa hotte et s'enfuit épouvantée (version 6).

Parodie de gestation dans la hotte d'une femme qui a dépassé l'âge de procréer, cet épisode n'a-t-il pour fonction que de fournir une figuration de plus pour exprimer une même idée ?

Il faudrait également faire un sort particulier à l'ensemble des nombreuses versions collectées par Ch. Joisten dans le Dauphiné (Joisten, 1971). On y voit, chez certaines, une inflexion du récit vers une histoire d' « enfant terrible » (Görög et alii, 1980). Plumplum, avalé par l'une des sept vaches de ses parents, leur crie qu'il se trouve dans le ventre d'une autre, que l'on tue et où on ne le trouve pas, et ainsi de suite jusqu'à ce que toutes soient abattues.

> On a tué la Bardella et Plumplum sortit tout merdeux. Alors, il saute vite dans un plat de lait pour se laver. Il saute vite sur une bobine de fil pour s'essuyer Sa maman [...] prit la bobine [...] et la secoua dans le feu. Plumplum tombe dedans. Et il criait – Je me brûle les os! Sa maman lui répondait – Tant mieux, tu m'as fait tuer mes vaches, et maintenant je n'aurai plus de lait! (Joisten, 1971 version 47.4).

Dans d'autres versions de la même région, Pouçot suce le lait alors qu'il est dans le ventre de la vache qui n'en donne plus : une voix, venant du ventre de la vache, intime l'ordre à celle-ci de garder tout le lait pour lui. Ou encore, lorsqu'on trait l'animal, « il est tombé une grosse affaire, quelque grosse chose dans le lait » : la servante est renversée, le lait répandu à terre, « et le petit est vite allé se cacher dans un coin ». Mais les parents sont heureux de le retrouver (Joisten, 1971 : versions 47.21 et 47.26). Qu'apparaisse ici le lait, liquide nourricier du nouveau-né, n'est sans doute pas étonnant, bien que l'occurrence en soit restreinte géographiquement parlant[9].

L'impression générale que donne ce conte, plus forte sans doute encore pour des auditeurs que pour des lecteurs, est celle d'un *perpetuum mobile*, d'une circulation ininterrompue, celle du héros, jusqu'à la conclusion le plus souvent heureuse : son retour définitif chez ses parents. Circulation du héros, mais aussi circulation des notions, « transpositions de pulsions » peut-être même (Freud, [1917] 1969). L'enfant, comme les excréments, c'est quelque chose qui se sépare du corps en passant par l'intestin. Pouçot – on l'a vu – sort du loup, et parfois de la vache, comme un excrément. Les excréments, c'est le premier cadeau que fait le nourrisson à la personne aimée, et c'est seulement ensuite que la notion de cadeau revêt la forme de l'intérêt pour l'argent. Un épisode de *Pouçot*, dont nous n'avons pas encore parlé, introduit dans le récit l'argent, les richesses, que le héros transforme en cadeau. Sorti du loup par les voies que

---

[9] L. Röhrich signale l'extrême gravité de l'acte qui consiste à répandre le lait. « De leur vivant, des bergers, des vachers ou des chevriers ont renversé du lait ou ont laissé du fromage se gâter : devenus esprits errants, ils doivent expier leur méfait en fabriquant lait et fromage sur l'alpage où ils étaient autrefois » (Röhrich, 1982 : 29). Si la fabrication du fromage à partir de lait et de présure constitue bien une métaphore de la procréation (Belmont, 1988), ne faut-il pas voir dans le fait de renverser du lait un acte d'onanisme ?

l'on sait, ou parfois avant d'être avalé par lui, il mystifie des voleurs en train de se répartir leur butin, qui s'enfuient ou même s'entretuent.

> Grain-de-Millet emporte l'argent des voleurs, revient chez ses parents. – Grain-de-Millet qui revient! Son père et sa mère, ils le font rentrer, ils l'embrassent, et ils sont tous riches maintenant (version 51).

Selon une autre modalité, Pouçot est vendu par son père, ou l'engage à le vendre, puis se sauve de chez son propriétaire. Ici l'enfant-excrément est directement équivalent à de l'argent [10].

Il est encore une notion que Freud introduit dans ce jeu de transpositions : le symbole « Petit ». Le « petit », c'est bien sûr l'enfant. Mais c'est aussi le pénis. On comprend ainsi le caractère indispensable du motif de la petite taille du héros, sans quoi le récit ne pourrait fonctionner. Motif toujours présent, même lorsque sa naissance n'est pas racontée, non plus que le désir du couple d'avoir un enfant, « même s'il n'était pas plus gros que le poing ». Dans quelques rares versions françaises, l'enfant grandit jusqu'à devenir un géant ou, comme le raconte un récit du Dauphiné . « A mesure qu'il descendait de la montagne il grandissait. En arrivant on aurait dit un enfant de sept ans. Il grandissait et il se faisait petit à volonté. Il faisait comme il voulait » (Joisten, 1971 : version 47.24).

> Lorsque l'enfant entre en scène, les investigations sexuelles le reconnaissent comme *Lumpf* et l'investissent d'un intérêt érotique anal puissant. Le désir d'enfant reçoit un second renfort provenant de la même source lorsque l'expérience sociale apprend que l'on peut aussi considérer l'enfant comme [. .] un cadeau [...]. Les investigations sexuelles de l'enfant n'ont pu lui faire connaître de cet état de choses que ceci l'enfant prend le même chemin que la colonne d'excréments ; il est de règle que ses investigations ne lui font pas découvrir la fonction du pénis. Mais, pourtant, il est intéressant de constater qu'après tant de détours une correspondance organique réapparaît dans le psychisme en tant qu'une identité inconsciente (Freud, (1917) 1969 112).

On peut s'étonner également que ces « identités inconscientes » soient mises en œuvre dans un récit de tradition orale destiné aux enfants, et que la notion de « transposition » proposée par Freud trouve une équivalence narrative dans la circulation incessante du héros, ses passages à travers des corps d'animaux, ses voyages, ses aventures, depuis sa venue au monde jusqu'à son retour définitif chez ses parents marquant la fin du récit.[11]

---

[10] Dans des versions d'Afrique du Nord, l'enfant est nommé « La Crotte », « Crotte–de–chèvre » ou encore « Hamed la Crotte » (Joisten, 1956 23).

[11] Il faudrait cependant prendre en compte les quelques récits où Pouçot meurt, comme si l'échec des transpositions était aussi à envisager. Ainsi de la « suite et fin » de la version 42 : « Millassou. – Plaît–il? – Viens me garder les poules. Millassou y alla, et,

Il est cependant un motif que rien dans cet article de Freud ne permet apparemment d'élucider. Lorsque Pouçot se trouve dans le corps de la vache ou celui du loup, il prend la parole comme pour faire de l'animal un ventriloque : voix étrange, où l'on ne sait plus qui parle, de l'enfant ou de l'animal.

> Il commença à appeler, à bramer . – Plus de foin! J'en ai beaucoup! Cette voix qui sortait du ventre de la vache effraya tellement la servante qu'elle courut en toute hâte vers le curé /.../ Il dit tout de suite qu'il fallait emmener la bête et la tuer (version 31).

Mais c'est dans le ventre du loup que Pouçot utilise le plus ses facultés langagières, prévenant les bergers que l'animal s'approche des troupeaux.

> Gare, berger, gare! le loup est après tes brebis (version 40)
>
> Prends garde, pastrissou, le loup guette tes moutons (version 37)

Le berger, averti, éloigne ses moutons, si bien que le loup ne pouvant plus attraper aucune proie, affamé, plein d'effroi, se résout à expulser Pouçot, après avoir parfois consulté le renard, « médecin des animaux ». Ou bien encore :

> Le loup, entendant cette voix sortir de lui-même, eut tellement peur que la colique le prit. Avant de s'enfuir, il « fit » le Petit Pouce (Lavergne, 1964 33)

Ce conte, presque entièrement préoccupé par le thème de l'avalement et de la dévoration, n'omet cependant pas d'évoquer leur inverse : l'incapacité d'ingérer aucune nourriture, dans une sorte d'anorexie succédant à la boulimie. Mais cette non ingestion alimentaire laisse place à une autre sorte d'oralité : celle de la parole, du langage. Pouçot maîtrise désormais la parole car il a subi des passages à travers les lieux où circule la nourriture et d'où les excréments sont expulsés. Sa voix sort d'un lieu qui ne parle pas[12], précisément parce qu'on ne peut manger et parler en même temps. Il faut que la bouche soit vide de nourriture pour que la parole puisse s'y articuler. Le sevrage de l'enfant, qui marque la fin d'une nourriture ingérée de façon continue, le lait, inaugure le moment où une nourriture discontinue, prise bouchée par bouchée, permettra l'usage de la parole (Charuty, 1985 ; Belmont, 1989). La présence du motif du lait dans quelques versions du Dauphiné trouve ainsi une pertinence profonde supplémentaire.

---

en gardant les poules, une poule blanche le mangea. Sa mère l'appela, personne ne répondit. "Homme, je ne trouve pas Millassou! " Cette poule passa par un pré, un rat fit "cuic", mon conte est fini ». De même, deux récits d' « enfant terrible » provenant du Dauphiné se terminent par la mort du héros, brûlé dans la cheminée. Ceci pour nous rappeler que le jeu n'est pas sans danger et qu'il n'est pas possible de demeurer au stade oral.

[12] Sinon lorsqu'il est vide quand on a faim, on a « l'estomac qui crie ».

Cette voix plonge dans l'effroi le loup qui se sent investi par une puissance étrange au plus intime de lui-même. Ici encore, un rapprochement s'impose entre le T 720 et le T 700. Le garçon devenu oiseau chante sa propre histoire. Son chant paraît étrange, mais beau, à ses auditeurs curieux et charmés. Ayant surmonté l'épreuve de son ingestion par le père, il a acquis la parole, il est devenu sujet. Du stade oral au sens psychanalytique du terme, il est passé à la maîtrise de l'oralité, c'est-à-dire de la pratique du langage.

Deux mouvements pulsionnels sont à l'œuvre dans ce récit : incorporation et expulsion. Expulsion excrémentielle, mais aussi expulsion « flatulente », expulsion d'un souffle[13]. Le parcours achevé, cette expulsion d'un souffle peut devenir expression orale, acquisition et maîtrise de la parole, jusqu'à en jouer pour duper son adversaire.

On n'a pas suffisamment insisté – mais il suffit de se reporter aux textes eux-mêmes pour s'en apercevoir – sur l'extraordinaire gaieté de ce conte, sa vivacité, son allégresse même, caractères qui sont également celles du héros. Quelques versions le disent, de façon un peu maladroite, puisqu'en effet les autres n'ont pas besoin de l'affirmer pour qu'on saisisse la bonne humeur qui en émane.

Grain-de-Mil ne devint pas plus grand qu'il s'était trouvé en naissant, mais il était si gai et si content d'être au monde que c'était un plaisir de le voir (version 40)

Il se différencie en cela du T 720, dont le ton reste sérieux, voire tragique ou encore mélodramatique dans la version des Grimm, réécrite, il est vrai, par son collecteur, Philipp Otto Runge. En outre, si le récit utilise sans réserves des figurations touchant à l'analité, rien n'y évoque la pulsion sadique. Les notions d'expulsion et de rétention y trouvent – on l'a vu – de multiples mises en scène, mais leur contrepartie sadique – destruction de l'objet, contrôle possessif – n'apparaissent en aucune manière.

Cette remarque nous ramène au problème plus général des stades. Nous disions que ce conte semblait une narrativisation des stades précoces de la libido : oralité, analité, stade phallique. Mais ce dernier n'est suggéré que par des « identités inconscientes » pour reprendre l'expression de Freud : l'équivalence entre « petit » et pénis, alors que c'est l'équivalence « petit » = enfant qui est exposée de la manière la plus insistante. Mais l'identité inconsciente contourne en quelque sorte l'obstacle du non-dit, en suggérant

---

[13] Dans quelques versions du Dauphiné, c'est dans un pet que la vache expulse Pouçot. « Le vieux grand–père qui en sait plus long que les autres envoie chercher à la pharmacie de la poudre de pet. On en donne à boire à la vache dans de l'eau. Tout à coup elle fait un pet qui projette Petit Jean jusqu'à la porte » (Joisten, 47.23). Dans quelques récits, le loup « pète » également le héros pour s'en débarrasser

l'identité enfant = pénis[14]. On avait noté en revanche que dans le conte-type 720 le héros cuisiné par sa mère, avalé par son père, « ramassé » par sa sœur, devenait un oiseau, dont le symbolisme phallique est universellement attesté et dont les liens avec l'initiation traditionnelle des jeunes garçons a été amplement démontré par D. Fabre (Belmont, 1993). En dépit donc des convergences notées entre ces contes types, on s'aperçoit que les deux récits ne sont pas redondants. Ils ont leur leçon propre, leur style particulier, leur figuration caractéristique, une tonalité bien à eux, tout en traitant de thèmes proches. En outre, il serait vain d'y chercher une expression épurée et limpide des stades libidinaux. Les contes de tradition orale, sans doute particulièrement ceux destinés aux enfants, constituent une traduction en des termes figuratifs de l'intrication et des « transpositions » des pulsions infantiles et en proposent des résolutions à la fois imaginaires et symboliques.

Bibliographie

Andrews, James Bruyn
1892 *Contes ligures*. Paris : E. Leroux.
Belmont, Nicole
1988 « L'Enfant et le fromage », *L'Homme*, 105, XXVIII (1) · 13–28.
1989 « La Recherche du sens en ethnologie de l'Europe et en folklore », *Actes du Colloque du Centre d'ethnologie française et du Musée national des arts et traditions populaires*. Louvain, Peeters : 283-287.
1993 « Conte et enfance. À propos du conte *Ma mère m'a tué, mon père m'a mangé* (T 720) », *Cahiers de littérature orale*, n° 33 : 75-98.
Charuty, Giordana
1095 « Le Fil de la parole », *Ethnologie française*, XV (2) : 123-152.
Delarue Paul, Tenèze Marie-Louise
1964 *Le Conte populaire français. Catalogue raisonné des versions de France...*Paris : Erasme, vol. 2.
Fabre, Claudine et Daniel
1978 *Récits et contes populaires du Languedoc, 3.* Paris : Gallimard.

---

[14] La triple équivalence petit = enfant = pénis est au contraire bien repérable dans le désir de la mère d'avoir un enfant « même petit ». « Une analogie organique entre pénis et enfant [...] s'exprime par la possession d'un symbole commun à l'un et à l'autre (le "petit") » (Freud [1917], 1969 . 111).

Freud, Sigmund
1969 « Les Théories sexuelles infantiles » [1908], *La Vie sexuelle*. Paris, PUF : 14-27.
1969 « Sur les transpositions des pulsions plus particulièrement dans l'érotisme anal » [1917]. *La Vie sexuelle*. Paris, PUF.
Görög, Veronika *et alii*.
1980 *Histoires d'enfants terribles (Afrique noire)*. Paris : Maisonneuve et Larose.
Joisten, Charles
1956 *Le Conte de Poucet dans les Hautes-Alpes*. Gap : impr. Ribaud frères.
1971 *Contes du Dauphiné*. Grenoble : Documents d'ethnologie régionale.
Jones, Ernest
1973 *Essais de psychanalyse appliquée*. Paris : Payot, vol. 2.
Lavergne, Paule
1964. *Contes de l'Issoire*. S.l. : Rougerie.
Paris, Gaston
1875 *Le Petit Poucet et la Grande Ourse*. Paris : Franck.
Pelen, Jean-Noël.
1993 « La Littérature orale enfantine en domaine occitan », *Cahiers de littérature orale*, n° 33 : 17-53.
Pourrat, Henri
1989 *Contes et récits du Livradois*. Edition établie par B. Bricout. Paris : Maisonneuve et Larose.
Röhrich, Lutz
1982 « Le Monde surnaturel dans les légendes alpines », *Le Monde alpin et rhodanien*, 1-4 : 25-41.
Sébillot, Paul
1881 *Littérature orale de la Haute-Bretagne*. Paris : Maisonneuve.
Thompson, Stith
1977 *The Folktale*. Berkeley, Los Angeles University of California Press.

PEQUELETOU

Une femme faisait, un jour, cuire des fèves dans un grand chaudron. Une mendiante se présenta à sa porte et lui demanda l'aumône « Je ne puis rien vous donner étant très pauvre moi-même. – Pas autant que moi! » répondit l'autre. « Puisque vous avez quelque chose à cuire, donnez-moi un peu de ce qui est dans le chaudron, car je meurs de faim. – Ce sont des fèves, si je vous en donne une assiettée, ce sera autant de moins pour moi! » Alors la mendiante lui dit « Eh bien, qu'elles deviennent autant d'enfants! » et elle s'en alla. Le feu s'éteignit et il sortit du chaudron autant d'enfants qu'il y avait de fèves, tout petits, qui se réunirent autour de la femme en criant « Mère, mère, nous avons faim! – Mon mari me tuera s'il voit toute cette bande; mais je vais m'en débarrasser », se dit la femme. Elle prit un couteau, les saisit l'un après l'autre, leur coupa la tête d'un coup et les jeta loin. Quelques-uns eurent beau chercher à sa sauver et à se cacher dans des caisses, des trous ou des tiroirs, ou derrière le balai, ils furent pris et eurent la tête tranchée. Lorsque la femme crut qu'il n'en restait plus, elle s'occupa de faire une tourte. Tout en travaillant, elle s'écria : « Si j'en avais gardé un, il m'aiderait maintenant. Je l'enverrais porter le dîner à son père ». Une petite voix se fit entendre qui dit : « Mère ne vous tourmentez pas, il en reste un! – Où es-tu ? Viens! – Non pas », répliqua la petite voix, « j'ai peur Quand vous aurez tout préparé, je viendrai; mais pas avant ». Lorsque la tourte fut prête, la femme en fit deux parts qu'elle mit dans deux paniers avec deux bouteilles de vin; puis elle dit « Viens, maintenant ». Du trou de la serrure elle vit sortir un petit bonhomme gros comme une fève qui dit « Mère, vous m'appellerez Pequeletou et vous serez contente de moi ». Alors, elle lui donna les deux paniers en disant « Celui où il y a la bouteille de vin blanc est pour ton père, l'autre pour toi »; et après s'être fait indiquer le chemin, Pequeletou partit. Après avoir beaucoup marché, il trouva un petit ruisseau. « Comment ferai-je pour passer ? », se dit-il. Alors il vit un pâtre auquel il dit « Beau pâtre, faites-moi passer le torrent, je vous donnerai un verre de bon vin blanc! – Qui parle ?, dit le berger, je ne vois personne ». – « Me comptez-vous pour rien », répliqua la même voix. Il s'avança et crut voir deux paniers qui marchaient tout seuls. « Que celui qui veut passer se fasse voir », cria le berger. Pequeletou monta sur le panier pour se faire voir et le berger le mit de l'autre côté du ruisseau. Avant d'arriver chez son père, la même chose lui arriva deux fois. Près d'arriver il trouva devant lui un tas de pierres. Jamais je ne pourrai passer, se dit Pequeletou, et il se mit à crier « Ohé! mon père, venez me prendre. – Qui m'appelle, dit l'homme, je n'ai pas d'enfants. – Vous en avez un, venez me chercher ». L'homme vint et vit les deux paniers « Où est donc l'enfant ? – Regardez bien et vous me verrez! ». Le père le vit enfin et se fit tout raconter. « Père, dit ensuite l'enfant, allez prendre votre repas, je surveillerai si aucun voleur n'arrive » ; et il alla se mettre dans un petit trou du mur. Quelques instants après, il survint trois brigands « Emportons ces instruments de labour », dit l'un d'eux, mais aussitôt Pequeletou se mit à crier « Père, ô père, il y a des voleurs! ». Ceux-ci regardèrent de gauche à droite et, ne voyant personne, dirent : « Qui peut nous surveiller! ». La voix criait toujours. « Père, ô père, il y a des voleurs! – Attendons, dirent les hommes, et nous verrons ». Bientôt après le père de Pequeletou arriva et ils lui demandèrent qui était leur surveillant. Le père leur répondit en montrant le trou du mur où était son fils. « Cédez-le nous pour quelques jours et vous deviendrez riche ». Pequeletou fut obligé de partir avec eux. Chemin faisant ils lui dirent : « nous allons voler une vache dans l'étable que tu vois là , et, comme tu es tout petit, c'est toi qui fera l'affaire ». Arrivés à l'étable Pequeletou entra par le trou de la serrure et de là, cria « Il y a des bœufs et des vaches, que faut-il prendre ? ». Comme toujours il répétait ces mots le maître de la maison entendit et s'écria : « Aux voleurs! Aux voleurs! ». Les trois hommes s'enfuirent laissant Pequeletou à la merci du propriétaire. Ce dernier ne vit personne mais la voix disait toujours : « Que faut-il que je prenne, un bœuf ou une vache ? ». Comme la voix venait de la serrure le maître avança sa lumière pour y regarder « Vous allez me brûler, dit la même voix, si vous avancez encore la lumière! ». Alors Pequeletou sortit de sa cachette et alla se réfugier dans la mangeoire des vaches et l'une d'elles, le prenant pour une fève, l'avala. Pendant ce temps le propriétaire entra, fit le tour de l'étable et ne trouva personne. Cependant une voix criait toujours « Que fait-il prendre, un bœuf ou une vache ? – Je ne comprends rien à tout ceci, dit le fermier , mais il me semble que la voix vient de l'estomac de cette vache , tuons-la et nous verrons après ». On ne vit rien, mais on entendait toujours la voix qui répétait les mêmes mots. En dépeçant la vache on en laissa un morceau hors de l'étable. Un loup vint à passer qui avala le tout et Pequeletou avec. Pendant que le loup mangeait Pequeletou criait « Sus au loup! Sus au loup! ». Et ce dernier marchait sans jamais s'arrêter croyant que quelqu'un était à sa poursuite. À force de marcher le loup tomba épuisé de fatigue et mourut. Pequeletou sortit alors de sa cachette et s'en alla, courant à toutes jambes auprès de ses parents à qui il raconta ses aventures, leur faisant promettre que jamais plus ils ne l'abandonneraient ni ne le céderaient à personne.

Conté par Madeleine Delicamp

J. B. Andrews. *Contes ligures*. Paris, E. Leroux, 1892, n° 29

CHAPITRE 9

Conte et enfance

A propos du conte *Ma mère m'a tué,*
mon père m'a mangé (T 720)

> Il ne semble pas que l'enfance soit cette délicieuse idylle en laquelle notre souvenir la métamorphose plus tard
>
> Sigmund Freud, *Un Souvenir d'enfance*
> *de Léonard de Vinci*

Les contes de tradition orale que, parfois, on se surprend à qualifier paradoxalement d'« immémoriaux », n'acquièrent l'existence d'objets repérables qu'à partir du moment où ils sont écrits et où, par conséquent, ils deviennent autres. Dès ce moment, ils sont assignés à l'enfance. Deux étapes principales jalonnent le processus : la publication des Contes de Charles Perrault en 1697, celle du recueil des frères Grimm en 1812-1815. Perrault n'était pas le premier à publier des contes. On connaît l'ouvrage de G.F. Straparola, *Piacevoli Notti*, paru à Venise en 1550 et traduit en français dès 1560, et celui de G. Basile, *Cunto de li Cunti* (1634-36). Même s'ils puisent leur matière dans la tradition orale, ces recueils relèvent d'un genre littéraire connu, la nouvelle, dont l'un des premiers témoignages est le *Decameron* de Boccace. Les destinataires n'en sont évidemment pas les enfants. Ils sont destinés, comme en miroir, à la société aristocratique et lettrée qu'ils mettent en scène.

Si le titre du recueil de Ch. Perrault, *Histoires ou contes du temps passé avec des moralités*, n'évoque pas directement l'enfance, en revanche son auteur est convaincu que les contes ont été inventés par nos aïeux pour leurs enfants. Ces récits montrent le vice puni et la vertu récompensée. Leur morale n'est cependant pas si manifeste, puisque Perrault en tire lui-même une, voire deux, à la fin des récits. L'identité des destinateurs et des destinataires des contes ne fait apparemment pas de doute.

> N'est-il pas louable à des pères et à des mères, lorsque leurs enfants ne sont pas encore capables de goûter les vérités solides et dénuées de tous agréments, de les leur faire aimer, et si cela se peut dire de les leur faire avaler, en les enveloppant dans des récits agréables et proportionnés à la faiblesse de leur âge ? (Préface de 1695)[1]

L'ouvrage de Perrault est pris cependant dans le sillage d'une mode littéraire et mondaine, celle des contes de fées, qui naît en France à la fin du XVIIe siècle et dure presque un siècle et dans laquelle les enfants n'ont rien à voir. Il s'agit d'un divertissement de salon, où s'illustrent nombre d'auteurs (Robert, 1982). Perrault crée pour sa part une double fiction, en prétendant que les contes sont pour les enfants et que l'auteur du recueil est son fils, Pierre Darmancour. Z. Shavit démonte très clairement cette double imposture :

> Même si l'élite littéraire savait qui était l'auteur, elle préférait prétendre que l'ouvrage avait été écrit par le fils de Perrault, tout comme elle préférait prétendre que les contes étaient destinés aux enfants. Le jeu qui entoure l'ambiguïté de l'auteur est comparable au jeu autour de l'identité de l'auditoire présumé. Néanmoins, la manipulation du texte et du modèle du conte populaire, et plus particulièrement le ton ironique et satirique, ne laisse aucun doute sur la véritable identité à la fois de l'auditoire et de l'auteur (Shavit, 1989 : 140).

Plus tard seulement, les Contes de Perrault atteindront l'audience prétendument visée par leur auteur. Ils passent d'abord par la littérature de colportage, mais « à partir de 1833, c'est une véritable explosion : avec ou sans illustrations, en grand ou petit format, ils sont publiés chaque année par cinq, six, sept ou dix éditeurs » (Soriano, 1972 : 346). Ce n'est pourtant qu'après 1850 que les éditeurs destinent nommément aux enfants les Contes de Perrault. C'est en effet seulement à cette époque que les enfants sont véritablement constitués en une catégorie distincte de lecteurs.

---

[1] Le vocabulaire que Perrault utilise dans ce passage est surprenant : les vérités solides que les enfants ne sont pas capables de *goûter*, il faut « les leur faire *avaler* » (c'est nous qui soulignons). Est-il permis de supposer que les contes sortis de la transmission orale devraient être absorbés par les enfants, comme l'est la nourriture que leur donnent les parents ? Sur le double sens du terme « oralité » dans ses rapports aux contes de Perrault, cf. l'article de L. Marin, « Peau d'Ane ou l'oralité » (1986 : 39-49).

Le *terminus a quo* de l'assignation des contes à l'enfance ne manque donc pas d'ambiguïté. Celle qui entoure le recueil des Grimm n'est pas de même nature. Leur projet initial était de faire œuvre scientifique, en rassemblant les traditions populaires avant qu'elles ne disparaissent et contribuer à une histoire de l'ancienne poésie germanique dont les contes étaient à leurs yeux les vestiges. Très vite le projet est gauchi, ne serait-ce qu'en raison du titre qu'ils donnent à leur ouvrage : *Kinder- und Hausmärchen*, Contes de l'enfant et du foyer. On sait que Jacob et Wilhelm Grimm publient le premier volume des contes en 1812, le second en 1815. Une nouvelle édition paraît en 1819, profondément remaniée et remodelée quant aux versions et à leur place dans l'ouvrage. Tout se passe comme si leur œuvre leur avait échappé dès sa publication et que Wilhelm, le cadet, avait consenti à ce glissement vers l'enfance (Tatar, 1987). C'est lui qui s'occupe des rééditions parues de leur vivant ; c'est lui qui adapte les contes à ce mouvement apparemment irrésistible. Un des témoignages exemplaires de ce travail d'adaptation est la suppression, à la deuxième édition (1819), d'un récit donné en deux versions, portant le n° 22 dans le premier volume, intitulé « Comment des enfants jouèrent à s'égorger mutuellement » [Annexe 1]. On y raconte que de jeunes enfants, âgés de cinq et six ans, décident de jouer à la tuerie du cochon en répartissant entre eux les différents rôles : le boucher, le cochon, la cuisinière et l'aide-cuisinière pour recueillir le sang. Mais ils ne se contentent pas de mimer la scène, ils passent à l'acte et l'enfant qui joue le cochon est égorgé. Achim von Arnim se fait l'interprète auprès des Grimm de l'indignation véhémente d'une mère, se plaignant qu'on ne puisse mettre ce livre entre les mains des enfants en raison de la présence de ce récit. Chacun des frères se défend avec des arguments différents. Jacob répond que les massacres et les tueries ne peuvent en général être évités ni par précaution, ni par calcul. « Car le mal cherche et découvre des voies auxquelles personne n'aurait jamais pensé. Je crois qu'on peut, en s'en remettant à Dieu, laisser tous les enfants lire d'un bout à l'autre notre livre de contes et leur faire confiance » (Cité par Tatar, 1987 : 180-181). Wilhelm, quant à lui, déclare qu'on lui a raconté cette histoire alors qu'il était enfant et qu'il en avait tiré une leçon concernant la nécessité de la maîtrise de soi. Il faut remarquer que le récit est en lui-même emblématique. En choisissant la pomme de préférence à la pièce d'argent, l'enfant meurtrier prouve qu'il a agi dans l'innocence de l'enfance et dans la logique du jeu et non dans la corruption et le vice. Dans la Préface du second volume de la première édition (1815), Wilhelm, faisant allusion à la polémique suscitée par la présence de ce récit, suggère que les parents fassent eux-mêmes un choix parmi les contes à l'usage des enfants. Mais, ajoute-t-il, « dans l'ensemble ce n'est vraiment pas nécessaire. [...] Tout ce qui est naturel est également sain ». Néanmoins, le récit est éliminé de la seconde édition des Contes (1819). Dans la Préface de celle-ci, il est déclaré que le recueil doit servir la cause de l'histoire de la poésie populaire, et qu'il se présente aussi comme un manuel d'éducation. Les contes renferment une morale naturelle – « une morale émane d'eux, comme de bons fruits se développent à partir de fleurs saines » (Préface de 1812) –, une morale qui ne retranche rien de la vie réelle.

Il est étonnant de constater le nombre de lignes de force contradictoires qui sous-tendent le recueil des Grimm. Les contes populaires ont conservé des idées et des formes du passé, ils sont les vestiges de l'ancienne mythologie germanique et, en même temps, un manuel d'éducation naturelle à l'usage des enfants. Ils ont été recueillis avec respect – « aucun point n'a été ajouté, embelli ou modifié » (Préface de 1819) – et cependant ce sont les Grimm qui, de leur propre aveu, les ont rédigés, « mis en phrases » et qui les ont enrichis, développés en y ajoutant des détails. Néanmoins ils pouvaient déclarer :

> Il existe une différence entre cette sorte d'épanouissement à demi conscient qui ressemble à la tranquille croissance des plantes abreuvées par la source de la vie, et un remodelage délibéré qui réunit arbitrairement des éléments entre eux, ou même les amalgame (Préface de 1819).

Autre paradoxe, relevé par L. Dégh : le recueil des Grimm est le reflet exemplaire de la tradition orale du conte dans ses différents types, tout en étant un ouvrage littéraire à visée esthétique (Dégh, 1985 : 68). Dernier paradoxe, et non des moindres : ces « Contes de l'enfant et du foyer » abondent en violences, voire en atrocités, sur lesquelles les Grimm n'ont exercé aucune censure, alors qu'ils éliminaient tout ce qui concernait « certaines situations et certaines relations » – comprenons tout ce qui évoquait la sexualité. L. Dégh, s'interrogeant sur la pertinence de la présence des contes de Grimm au foyer, relève que ce riche corpus offre bien peu de récits utilisables par les mères au moment où est prononcée la phrase familière : « Raconte-moi une histoire » (Dégh, 1979 : 91).

Ces paradoxes qui ne sont pas propres au recueil des Grimm, ne semblent pas toujours être clairement perçus, même par les meilleurs spécialistes. C'est ainsi que P. Delarue déclare, dans un même article, que « pour des raisons nombreuses et complexes, les contes sont merveilleusement adaptés à la mentalité enfantine » et que, « en réalité, on trouve peu [de contes] qui méritent d'être retenus pour un florilège destiné aux enfants » (Delarue, 1956 : 127 et 130).

Qu'en est-il en fait des contes et de l'enfance ? Des travaux récents sur le recueil princeps – celui des Grimm – fournissent de précieux éléments pour aborder le problème. Il s'agit en particulier de la façon dont les deux frères constituèrent leur corpus. Leur intérêt pour la littérature populaire se cristallise avec la publication en 1805, par C. Brentano et A. von Arnim du *Cor enchanté de l'enfant* (*Des Knaben Wunderhorn*), auquel ils contribuent. Mais le peu de respect que les auteurs portent à ces textes soumis par eux à une réécriture littéraire, amène les Grimm à renoncer à leur collaboration. Ils se mettent alors à collecter les contes, au moins à partir de 1808. La majorité des récits réunis dans le premier volume (1812) provient du cercle relativement étroit de leurs amis les plus proches à Cassel. Ce cercle d'amis qui se constitua autour de leur jeune sœur Lotte[2] comprenait entre autres les filles de l'apothicaire voisin, les Wild, et celles de la famille Hassenpflug[3]. Ces jeunes gens et jeunes filles, réunis en *Märchengesellschaft* (société des contes)[4], firent d'abord appel à leurs souvenirs d'enfance pour fournir des récits aux deux frères. Il existe évidemment de grandes différences entre un récit exhumé de l'oubli de l'enfance et la narration d'un conteur au répertoire vivant. Pour dire les choses en termes imagés, on aurait d'une part un squelette narratif, de l'autre un corps charnu. D'où la nécessité pour les Grimm de développer, de « nourrir » cette charpente décharnée. Il semble qu'ils vécurent tous ensemble une expérience très intense affectivement parlant (Scherf, 1985). Les contes que leur avaient racontés dans leur enfance les nourrices et les servantes et qui étaient enfouis dans un oubli presque complet, revenaient grâce à un travail d'anamnèse, entrepris à l'incitation des aînés du cercle, de ces deux jeunes savants pour qui importaient ces naïfs récits connus des gens du peuple et transmis par eux aux enfants de la classe bourgeoise. Si les contes de tradition orale n'étaient pas destinés aux enfants, ce furent les enfants qui cependant en furent les agents de transmission vers les adultes de la classe bourgeoise et lettrée et qui permirent ainsi leur découverte. Historiquement ils jouèrent un rôle essentiel dans l' « invention » des contes, mais aussi dans son corollaire, la méprise qui les destina à l'enfance. Il fallait néanmoins une autre condition : que l'époque fût attentive à ce type de littérature. C'est le cas particulièrement en Allemagne, où le mouvement préromantique et romantique se sent en affinité avec les productions populaires, en dépit de malentendus profonds, mais non perçus (Certeau, 1980 ; Belmont, 1986).

Les Grimm n'argumentent pas la congruence entre conte et enfance qui pour eux va de soi. Un court passage de la Préface du premier volume (1812), repris dans celle de la réédition de 1819, l'évoque en des termes littéraires qui frôlent le pathos. Et cependant on y trouve une ébauche d'hypothèse qui procède plus de l'intuition que du raisonnement.

> Ces histoires sont baignés de la même pureté qui rend à nos yeux les enfants si merveilleux et si sacrés elles ont les mêmes yeux bleuâtres, sans défaut, brillants [...], aussi grands qu'ils seront plus tard, même si les autres parties du corps sont encore délicates, faibles et maladroites.

---

[2] Rappelons que Jacob, né en 1785, était l'aîné de son frère Wilhelm, né un an après lui, et que la famille comprenait ensuite trois autres frères et en dernier une sœur. Cette configuration de germains – cinq frères et une sœur – rappelle un conte merveilleux, le T 451, *La Petite fille qui cherche ses frères*, dont on trouve trois versions dans le recueil des Grimm. Le père était mort alors que Jacob n'avait que onze ans, laissant la famille dans une situation précaire.
[3] Plus tard Wilhelm épousa Dortchen Wild et Lotte le fils Hassenpflug.
[4] Un cercle comparable se constitua à Bökendorf, à l'instigation d'un ami de Wilhelm et fournit un grand nombre de récits en dialecte westphalien.

Ce passage est à interpréter, selon A. et M.E. David, de la manière suivante : « Ce n'est pas que les contes soient primitivement *pour* les enfants (bien que ceux-ci puissent y prendre du plaisir), mais c'est que les contes sont *comme* les enfants, qu'ils ont vécu *parmi* les enfants et qu'ils ont été préservés comme un bien précieux à l'intérieur de la famille » (David, 1964 : 181). Les Grimm sont à demi conscients du processus d'identification entre conte et enfance dont ils sont – bon gré, mal gré – les principaux responsables. Pour eux, en effet, les contes sont profondément intriqués dans leurs souvenirs d'enfance et le projet scientifique qu'ils tentent de mettre en œuvre ne réussit pas à les transformer en objets d'étude à part entière. On s'explique ainsi pourquoi les contes ne donnèrent pas lieu à une véritable étude, comme ce sera le cas pour les légendes et la mythologie allemandes. Le troisième volume, composé principalement de remarques et de commentaires (*Anmerkungen*), n'est pas un travail de réflexion, mais de documentation – ce qui ne lui enlève pas son intérêt. Dès la seconde édition (1819), les deux volumes de contes sont constitués en corpus désormais clos, que Wilhelm amendera formellement, réédition après réédition. Le destin du recueil est désormais scellé ; celui des contes également.

Les folkloristes et les ethnologues témoignent pour leur part que les contes étaient à l'usage de toute la communauté, à l'exception, peut-être, des enfants, les plus jeunes en tout cas. A. de Félice affirme que les contes merveilleux recueillis par elle auprès des vanniers de Mayun « n'ont jamais été destinés aux enfants, que l'on couchait de bonne heure ». On l'avait même avertie : « Ne les racontez pas à des enfants [...], ils ne sont pas vieux assez pour les comprendre » (Félice, 1950 : 450). Il existait cependant quelques contes merveilleux que l'on disait aux enfants. C'est ainsi que P. Sébillot présente une section d'un de ses recueils, qu'il intitule « Contes d'enfants » :

> Les contes que j'ai compris sous ce titre sont ceux qui ont trait à des aventures d'enfants, parfois mélangées de merveilleux. Ce sont aussi ceux que les mères et les nourrices racontent le plus volontiers aux petits garçons et aux petites filles, en raison de leur forme simple et de leur trame peu compliquée. Ils sont aussi très courts (Sébillot, 1881 219).

Sans doute sont-ils courts et leur trame narrative est-elle simple, mais ils sont aussi parmi les plus terrifiants des contes merveilleux. Dans cette section de l'ouvrage de P. Sébillot, on trouve par exemple deux versions du T 780, un récit composé d'une randonnée à laquelle s'enchaîne une version du T 333, une version du T 720 et un récit qui en est une version altérée (bien que non répertoriée comme telle dans le catalogue Delarue-Ténèze). Certaines attestations du T 720, *Ma Mère m'a tué, mon père m'a mangé*, confirment que ce conte était en effet destiné aux enfants dans la tradition orale. On l'étudiera à travers les versions françaises, dans l'espoir de comprendre un peu mieux les confuses relations du conte et de l'enfance.

La version des Grimm, *Le Genévrier* (n° 47, *Von dem Machandelboom*) est loin d'être un conte parmi d'autres dans leur recueil. Le peintre Philipp Otto Runge l'avait recueilli en dialecte poméranien et envoyé en 1808 à A. von Arnim, accompagné du récit *Le Pêcheur et sa femme* (n° 19). Les deux contes furent transmis ensuite aux Grimm qui les incluent dans leur premier volume, non sans plaisir. C'est qu'en effet, les deux frères, entièrement séduits par l'écriture de Ph. Runge firent de ses deux récits le paradigme de toute transcription de conte. Il est remarquable que les Grimm, comme P. Sébillot à la fin du siècle, ne sont apparemment sensibles qu'aux qualités formelles du récit et en négligent complètement le contenu, qui est loin d'être indifférent.

Le conte-type 720 (*My Mother Slew me, My Father Ate Me*), connu dans un grand nombre de pays d'Europe, présente trois zones de plus forte concentration : la France, les pays de langue germanique et la Finlande et l'Estonie (Belgrader, 1980). Les versions françaises dépassent le nombre de soixante-dix (Delarue et Tenèze, 1964). On sait que le titre international rappelle le couplet qui intervient à plusieurs reprises dans le conte et qui, chanté ou tout au moins dit sur un autre ton, constitue un récit du récit[5]. On trouvera en annexe une version du Poitou, représentative de la moyenne des versions françaises [Annexe 2].

Celles-ci présentent une forte stabilité. Stabilité des personnages: le père, la mère (ou marâtre, pour atténuer l'horreur du crime), leurs deux enfants, garçon et fille. Stabilité dans la façon dont le crime est perpétré : la mère s'arrange pour attirer le garçon et le tue en rabattant le couvercle du pétrin ou du coffre. La sœur n'est la victime que dans de rares versions visiblement altérées. La cuisine à laquelle elle se livre est fréquemment bouillie : le garçon est mis à la marmite. C'est le père seul qui mange cette sinistre nourriture, sans en connaître la composition. La sœur est doublement médiatrice : en portant le repas à son père, en rassemblant les os qui se transforment en oiseau. Celui-ci raconte en chantant toute l'histoire et distribue récompenses et punition. L'épilogue omet souvent le retour du garçon à la forme humaine. Dans les versions altérées par la christianisation, l'enfant s'envole au Paradis, où il fait parfois monter sa sœur.

A cette stabilité des rôles – mère meurtrière et cuisinière, père cannibale, sœur médiatrice – vient s'ajouter une sorte de caractère paradoxalement

---

[5] La première mention d'une version « française » du conte (en réalité de langue d'oc) se trouve dans le journal *Le Globe* (1830, n° 146). Un lecteur signale que la lecture du Faust de Goethe lui a remis en mémoire, grâce à la chanson de Marguerite enfermée dans la prison, le conte qu'on lui racontait dans son enfance. Il en retrouve les grandes lignes, ainsi que la chanson, bien restituée. Le truchement en avait été une servante « Ma mère avait une vieille domestique fort complaisante et qui avait bien dans sa mémoire autant de récits qu'en contiennent les Mille et une Nuits; elle aurait lutté contre Shéhérazade » (Delarue-Tenèze, v. 1).

paisible, puisque ces événements monstrueux se déroulent dans un contexte de vie quotidienne et de tâches familières. La mère a entrepris de faire le pain ; elle envoie les enfants chercher des fagots; puis elle prépare le repas du père parti travailler aux champs. L'horreur surgit, non pas dans des lieux lointains et étranges, peuplés d'êtres inquiétants, mais dans un environnement domestique et familial, au grand jour. On peut supposer que ce contexte narratif familier contribuait éventuellement à l'identification des jeunes auditeurs avec le héros de l'histoire. Les récits destinés aux enfants dans la tradition orale se démarquent à cet égard du reste des contes merveilleux, fréquemment caractérisés par le fait que les héros ou héroïnes quittent l'univers familial pour se rendre dans un autre monde.

On dira d'abord un mot de la façon dont le garçon revient à la vie. Sa résurrection, au moins sous la forme d'un oiseau capable de raconter les événements, passe par les ossements soigneusement rassemblés par sa sœur et traités par elle comme il convient (suivant les ordres, parfois, d'un personnage surnaturel). Il ne s'agit apparemment pas d'une procédure de deuil : les os ne sont pas enterrés, ils sont déposés, souvent près d'un végétal, aubépine dans les versions du centre de la France, d'un arbre dans les versions de langue d'oc. La chair et les os sont différenciés grâce à un double processus : la cuisson d'abord, l'ingestion par le père ensuite, puisqu'il absorbe la chair et rejette les os. Les ossements sont considérés universellement comme le support de l'élément indestructible des êtres. Dans la Bible, la plus terrible malédiction de Dieu contre le peuple idolâtre décrit l'exhumation des ossements des morts, qu'on étale à la surface de la terre pour qu'ils pourrissent (Jérémie, VIII, 1-2). Les os subiraient alors le sort de la chair, qui se décompose et disparaît. Rien ne resterait plus de la personne ainsi maudite. C'est d'ailleurs de cette façon que périt la mauvaise mère, écrasée par une pierre ou, le plus souvent, une meule de moulin que l'oiseau laisse tomber sur elle. Ses os sont alors – peut-on supposer – réduits en poudre[6].

Concernant ce conte, il nous faut répondre à deux questions liées entre elles : quelle est la raison de ce déploiement d'horreurs ? pourquoi ce récit violent était-il destiné aux enfants ? Le cannibalisme, lorsqu'il apparaît dans les contes merveilleux, est le fait de personnages spécialisés en la matière, si l'on peut dire, les ogres et ogresses, les géants, le « bzou », etc., qui ne réussissent pas à passer à l'acte sur la personne du héros : leurs méfaits relèvent du passé ou de la réputation[7]. Rien de tel ici : c'est la mère qui tue l'enfant et le cuisine,

---

[6] La Grèce ne possède que très peu de versions de ce conte, mais on y trouve en revanche de nombreuses chansons rapportant à peu près les mêmes événements – bien qu'elles suppriment le personnage de la sœur. La punition de la « mère meurtrière » est d'être emmenée par son mari au moulin, où elle est moulue (communication orale de M. Xanthacou, que je remercie).

[7] Sur la variété des personnages cannibales dans les contes, cf. Calame-Griaule, 1972.

c'est le père qui le mange. Quelle que soit l'interprétation qu'on puisse proposer du récit, il restera toujours que son langage est celui du meurtre et du cannibalisme intra-familial. C'est pourquoi nous ne pouvons être d'accord avec J. Geninasca qui propose d'écarter « l'espèce de fascination qu'exerce sur l'imagination la figure monstrueuse d'une épouse donnant à consommer un fils à son père », pour ne retenir que « l'isotopie alimentaire », fournissant « les éléments d'un champ figuratif signifiant » (Geninasca, 1972). Il semble difficile de penser avec cet auteur que « tout concourt même à effacer le souvenir de l'interdit de la consommation de chair humaine et particulièrement celle de ses propres enfants » (*Idem* : 229). La question est en effet de savoir s'il n'y a aucun rapport entre le langage du sens manifeste et celui du sens latent.

Il n'en reste pas moins en effet que le registre alimentaire est massivement présent dans le récit avec la cuisine et le cannibalisme, et plus allusivement avec le motif de la nourriture promise à l'enfant qui reviendra le premier avec un fagot (galette, gâteau, « épogne », pomme rouge, etc.). Le garçon manifeste une avidité telle que - raconte-t-on dans certaines versions - il attache sa sœur à un arbre afin d'être le premier de retour à la maison[8]. Comme d'autre part il est souvent dit que, ce jour là, la mère fait le pain, le récit est empreint d'oralité, normale d'abord, excessive ensuite. Cette oralité n'est cependant le fait que des personnages masculins : ni la mère, ni la sœur ne mangent de la nourriture qu'elles cuisinent – la sœur en tant que surveillante de la cuisson dans quelques versions. C'est le père seul qui consomme le garçon cuisiné. Les versions françaises utilisent un moyen narratif simple pour arriver à cette fin, puisque la sœur est chargée de porter le repas au père alors qu'il travaille aux champs. Si les personnages féminins agissent comme médiateurs, ce sont le père et le fils qui sont les véritables protagonistes du conte.

Si les pères qui dévorent leurs enfants ne sont pas inconnus dans les mythes, ils sont aussi présents dans les phantasmes. Il suffit de penser à deux des plus célèbres patients de Freud, le Petit Hans et l'Homme aux Loups, qui ont déplacé sur des animaux leur crainte d'être mangés par le père (Freud, 1954). L'enfant refoule une pulsion hostile au père en la transformant en son contraire : la crainte d'être agressé par le père. « Comme de toute façon, une telle agression prend racine dans la phase sadique de la libido, elle n'a plus guère besoin que de se dégrader un peu encore pour parvenir au stade oral, qui, chez Hans, est seulement indiqué par la crainte d'être mordu, alors que chez le Russe il s'étale avec éclat dans la crainte d'être dévoré » (Freud, 1965 : 24-25). Le phantasme se forme par régression à un stade antérieur de la libido. Dans le conte, l'enfant n'est pas purement et simplement absorbé par le père. Il y a un reste, non négligeable : les os, rejetés par le père, recueillis par la sœur, qui se métamorphosent en oiseau.

---

[8] Ce serait une erreur de voir dans le traitement infligé par la mère qui le convertit en nourriture, le châtiment de sa convoitise.

La résurrection du garçon sous la forme d'un oiseau constitue un trait constant de la narration, bien qu'il existe quelques versions où l'enfant est réduit à une voix qui s'exprime. Dans la plupart des versions françaises, l'oiseau n'est pas autrement spécifié : « petit oiseau », « joli petit oiseau », « oiselet »[9]. Il raconte en chantant les événements qui se sont déroulés. Il n'existe aucune équivoque concernant son identité : il est le garçon, « encore vif », dit une version du Nivernais. Récit du récit – disions-nous –, mais aussi récit hors du récit, la chanson introduit une rupture dans la continuité narrative. Bien conservée par la mémoire, elle aidait à la remémoration du conte[10]. Ce chant attire l'attention, étonne, suscite l'admiration, mais ne semble pas être bien compris : « Que dit cet oiseau ? ». Ou dans une version du Nivernais (version D) : « Je ne sais ce qui se passe sous l'aubépin, dit le père en arrivant, j'y ai entendu un chant que je ne comprends pas ». Ou encore dans une version du Dauphiné : « La sœur trouve un oiseau sur le toit qui chantait, et elle ne comprenait pas très bien ce qu'il chantait. Il devait chanter un peu tristesse ! »[11] On a le sentiment que ce chant est moins un message destiné aux autres personnages qu'une prise de possession de son histoire par l'enfant-oiseau, c'est-à-dire une constitution d'identité.

On connaît les remarquables travaux de D. Fabre sur les relations des jeunes garçons aux oiseaux, dont le développement entre huit et douze ans agit comme un passage initiatique (Fabre, 1985, 1986, 1987, 1988, 1991 ; Jolas, 1986). Le sifflement (interdit aux filles), la fabrication des sifflets, les activités de dénichage des oiseaux, le rapt des oisillons pour les élever et tenter de les faire parler suscitent d'intenses émotions. En effet l'oiseau, un nombreux vocabulaire l'atteste[12], c'est le sexe masculin. « Quêter l'oiseau et parler oiseau, c'est, d'abord, afficher son sexe » (Fabre, 1985 : 156). La signification n'est pas cryptée et l'évocation par les informateurs est explicite. « On ne manque pas de lancer au gamin débraillé : "Ferme ta cage, l'oiseau va s'envoler et le chat va le manger" » (Fabre, 1987 : 75).

> Même si elle est très étirée dans le temps, cette formation de la virilité prend une tonalité initiatique. Par elle les garçons se séparent, accomplissent des gestes difficiles, voire dangereux, qui donnent accès à une connaissance, qui signifient un

---

[9] On trouve cependant un coq dans trois versions, un pigeon dans trois autres (dont la version donnée en annexe).

[10] Dans les rares versions complètes, la chanson pouvait être répétée neuf fois : ainsi celle des Grimm.

[11] Joisten, 1971 : I, 335. Je remercie Alice Joisten de m'avoir communiqué le texte intégral des versions résumées dans l'ouvrage.

[12] Voir Esnault (1925 118-119) . « *bribri*, membre viril (d'enfant)... de *bribri*, Bruant des haies ». Ou : « Le syssémantique étroit de *bribri* et de *zifolo* est *zizi*, m. 1 Bruant de haie [...] , 2. Membre viril [...]. L'idée commune aux synonymes ici en question est Oiseau... *moineau* tient aussi l'emploi... et aussi ses synonymes *guillery* et *mouchoï* ».

nouveau statut. Mais la dimension probatoire de ce rapport aux oiseaux est encore renforcée par sa situation paradoxale : il est, d'une part, obligé et nécessaire – on n'est pas un vrai garçon sans cela – et en même temps contrôlé, limité ou frappé d'interdit de la part des adultes (Fabre, 1986 . 17).

Le conte de l'enfant mangé par son père et ressuscitant sous la forme d'un oiseau qui chante, reçoit dès lors une signification nouvelle, qui l'entraîne dans une voie plus réjouissante. L'incorporation par le père constitue un passage véritablement matériel (Van Gennep, 1969), qui provoque la métamorphose de l'enfant en oiseau, lui-même métaphore du sexe masculin, ou, comme le précisent beaucoup de versions, en oiselet, métaphore du sexe du jeune garçon. D. Fabre rapporte la crainte de rencontrer au nid « le serpent, troisième acteur, toujours présent ou pressenti, de la relation aux oiseaux » (Fabre, 1987 : 70). Dans cette hypothèse, le serpent serait le sexe paternel – autre figure symbolique répandue –, d'autant plus dangereux quand on le rencontre au nid « maternel ». L'activité de dénichage, de « manipulation » des oiseaux est nécessaire et interdite, tout comme l'est l'activité masturbatrice, à quoi font penser les descriptions de D. Fabre[13].

Si le symbolisme est clair, la façon dont la narration la met en œuvre l'est moins. L'incorporation aboutit à une introjection par le garçon de l'identité masculine qui est celle du père. Mais dans cette hypothèse ce serait à lui d'incorporer le père et d'en acquérir son identité masculine. On peut réintroduire ici ce qui était dit de la crainte d'être dévoré par le père, crainte qui peut fonctionner comme un substitut de la peur de la castration : ce n'est pas seulement le sexe qui est enlevé, c'est la personne tout entière qui est engloutie. Le conte élabore des figurations apparemment simples, en réalité très complexes parce que fortement condensées, pour parler des pulsions intriquées présentes au carrefour des stades traversés par le jeune garçon. « L'observation analytique permet de connaître ou de deviner de telles connexions entre organisation phallique, complexe d'Oedipe, menace de castration, formation du surmoi et période de latence » (Freud, 1969 : 120), à quoi il faudrait ajouter donc les pulsions orales, « ou cannibaliques ». L'activité narrative traditionnelle permet également de les connaître ou de les deviner, sous une forme cryptée, mais d'autant plus efficace. Il faut noter aussi que, pour les besoins de la rhétorique du conte, l'enfant se transforme en oiseau, qui se trouve, dans les

---

[13] A propos de Léonard de Vinci, S. Freud pose la question : « Mais pourquoi tant d'hommes rêvent-ils qu'ils volent ? La psychanalyse répond à cette question, en nous montrant que "voler" ou "être un oiseau" n'est que le déguisement d'un autre désir [...], le désir de voler ne signifie rien autre, dans nos rêves, que le désir ardent d'être apte aux actes sexuels. C'est là un souhait infantile très précoce » (Freud, 1910, 1927 : 185). De Léonard de Vinci, Freud dit qu'il resta toute sa vie par divers côtés un enfant par sa sexualité réduite à une homosexualité platonique, par son goût des jeux et des jouets. Il aurait été, comme le dit D. Fabre de Louis XIII, un « éternel oiseleur » (Fabre, 1991).

pratiques initiatiques décrites par D. Fabre, dans un rapport métonymique avec les garçons. Mais la poétique du conte renvoie à une symbolique commune.

En effet, le conte ne faisait sans doute pas que « dire » : il était aussi porteur d'une efficacité symbolique. La violence narrative avait un effet cathartique dans la mesure où elle donnait un statut externe à des pulsions inconscientes intenses désireuses de se faire jour. La mise en récit, la narrativisation, permettait en outre une désintrication de ces pulsions, qui s'exprimaient dès lors en une séquence libératrice, depuis l'oralité et le cannibalisme jusqu'à l'acquisition d'une identité sexuée. On comprend mieux ainsi pourquoi ce conte était destiné aux enfants, sans que la tranche d'âge concernée soit bien définie : le récit conservait son efficacité, qu'il fut programmatique, actuel, voire rétroactif.

On comprend mieux aussi le problème qu'on posait au début de ce travail : est-ce que les contes sont pour les enfants et, dans l'affirmative, en quoi le sont-ils ? La réponse la plus juste, mais restée à l'état intuitif, est celle des Grimm : les contes ne sont pas d'abord *pour* les enfants, ils sont *comme* les enfants. C'est-à-dire qu'ils incluent dans leur trame narrative des matériaux d'origine infantile organisés en figurations complexes. Les mécanismes d'élaboration du conte de tradition orale étant les mêmes que ceux de l'élaboration du rêve – figuration, condensation, déplacement, élaboration secondaire –, il semble en effet logique qu'il puise, comme le rêve, dans des matériaux d'origine infantile. La différence qu'on ferait entre contes traditionnels plutôt destinés aux enfants et les autres contes merveilleux, beaucoup plus nombreux, tiendrait au fait que les premiers excluraient le stade génital, ou plus exactement s'arrêteraient juste avant, alors que les seconds l'incluraient, stoppant la narration au moment de sa « résolution », c'est-à-dire au mariage.

Le lien tenace entre le conte et l'enfance provient donc d'un glissement, d'un déplacement de l'infantile vers l'enfantin, mis en œuvre dès que le conte est perçu, découvert et considéré en soi. Le déplacement permet de neutraliser la violence des affects dont les contes sont porteurs, voire de les refouler partiellement. Il faut éviter de retrouver « l'enfant qui survit, avec ses impulsions », comme le dit Freud à propos du rêve. Mais le refoulement n'est jamais total. Une solution de compromis est trouvée. Les contes, au besoin appauvris et affadis, sont concédés à l'enfance : retour à l'envoyeur, étrange et sans doute logique d'une certaine façon. Le recueil des Grimm est lui aussi une solution de compromis, nécessaire à partir du moment où les contes sortent de l'oralité pour être transcrits, fixés dans l'écriture, voire reformulés, et dont la transmission est alors assurée par un objet médiateur, le livre. Le conte est devenu une *œuvre* qui répond aux critères de la littérature et non plus une nébuleuse de versions déconcertant les spécialistes. Les deux démarches, réduction de l'infantile à l'enfantin et séquestration de l'oral par l'écrit, sont convergentes. Il s'agit dans les deux cas de maîtriser un objet aussi inquiétant que fascinant.

ANNEXE 1

n°22. Comment des enfants jouèrent à s'égorger mutuellement

Dans une cité appelée Franecker située en Frise occidentale, il arriva que de jeunes enfants âgés de cinq et six ans, des garçons et des filles, jouèrent ensemble. Et ils dirent à un garçon qu'il serait le boucher, à un autre garçon qu'il serait le cuisinier, et à un troisième qu'il serait le cochon. Ils décidèrent qu'une des petites filles serait la cuisinière, une autre l'aide cuisinière ; l'aide devait recueillir le sang du cochon dans une petite écuelle de façon à pouvoir en faire des saucisses. Le boucher, comme c'était convenu, alla vers le garçon qui jouait le cochon, le poussa à terre, et lui coupa la gorge avec un petit couteau ; l'aide cuisinière recueillait le sang dans sa petite écuelle. Un conseiller qui passait par hasard vit tout cet horrible spectacle : il se précipita sur le boucher, l'amena à la maison du maire, qui immédiatement réunit tous les conseillers. Ils délibérèrent longtemps sur le problème sans savoir quoi faire, car ils comprenaient que tout cela avait été un jeu d'enfants. L'un d'entre eux, un vieillard sage, finit par proposer que le juge principal place une jolie pomme rouge dans l'une de ses mains et une pièce d'argent dans l'autre, qu'il appelle l'enfant et allonge les mains vers lui : si l'enfant prenait la pomme, il serait déclaré innocent ; s'il prenait la pièce d'argent, il serait exécuté. Ce qui fut fait : l'enfant, tout en riant, attrapa la pomme et ne fut soumis par conséquent à aucune sorte de punition.

ANNEXE 2

Le Pigeon blanc

C'étaient deux petits enfants, un petit et une petite, qui avaient perdu leur mère, et leur père s'était remarié et la femme était très méchante pour eux.

Ils faisaient cuire (le pain) ; et puis elle les a envoyés dans les bois, en disant que le premier rendu avec son fagot aurait une galette. Et puis la petite fille avançait plus vite que le petit garçon à faire son fagot ; il l'a attachée au pied d'un arbre, crainte qu'elle n'ait fini avant lui et qu'elle n'ait la galette. Et lui, quand il a eu fini le sien, a détaché sa petite sœur tout de même, et s'est en allé.

Si tôt qu'il a été rendu, la tante (marâtre) lui a commandé de regarder dans la mée, que sa galette y était ; et elle a fait tomber la couverture de la mée sur la tête du petit, et l'a tué ; et puis, elle l'a mis dans le pot.

Après la petite sœur est arrivée. Et la tante grossière lui a dit de porter la soupe à son père ; et la petite, sans déjeûner, y est partie.

Dans son chemin, elle a rencontré la Sainte-Vierge. Elle lui a dit .

– Où vas-tu, ma petite ?

Elle a dit qu'elle portait la soupe à son père.

Et Elle lui a dit :

– Tu ramasseras tous les petits os que ton père jettera, et tu les mettras sur un petit aubépin, et tu diras : Fleuris, fleuris, mon petit frère.

De ces os il est venu un petit pigeon.

Et le petit pigeon s'est envolé sur la maison du roi.

Quand il a été là, il a dit :

(Chanté) Ma tante m'a tué,/ Mon père m'a mangé,/ Ma petite sœur Marguerite m'a ramassé,/ M'a mis sur un petit aubépin,/ M'a dit : Fleuris, fleuris, mon petit frère!

Ils sont sortis ; ils ont dit : Ah! le joli petit pigeon, la jolie petite chanson qu'il chante! Répète-la donc, petit pigeon!

– Je vous la répèterais, si vous me donnez une bourse de cent écus!

Ils la lui ont donnée et il a répété sa chanson :

(Chanté) Ma tante m'a tué (etc.)

De là, il s'est envolé sur la maison d'un boulanger, et là il a encore dit

(Chanté) Ma tante m'a tué (etc.)

Et puis les gens sont sortis, ils ont dit : Ah! le joli pigeon, la jolie petite chanson qu'il dit! Répète-la donc, petit pigeon!

– Si vous voulez que je vous la dise, vous me donnerez votre fournée de pain!

Ils la lui ont donnée, et il a répété sa chanson.

De là il s'est envolé chez un meunier, et, quand il a été là, il a encore dit sa chanson :

(Chanté) Ma tante m'a tué (etc.)

Ils lui ont dit : Ah! le joli petit pigeon, la jolie petite chanson qu'il dit! Répète-la donc, petit pigeon!

Il a demandé la roue du moulin. Ils la lui ont donnée.

De là il s'est envolé chez eux, sur leur maison. Il a dit encore :

(Chanté) Ma tante m'a tué (etc.)

Et la petite sœur est sortie ; elle a dit : Ah! Ce joli petit oiseau, qui chante une si jolie chanson! Chante-la donc encore!

Il l'a chantée, et il a donné la bourse de cent écus à sa petite sœur.

Et le père, voyant ça, est sorti aussi, et le petit pigeon a chanté sa chanson et lui a donné, à lui, la fournée de pain.

Après, la tante donc, toute rebelle, est sortie aussi disant : Faut bien que j'y aille moi aussi, donc, il me donnera peut-être quelque chose!

Et le pigeon lui a aussi dit sa chanson :

(Chanté) Ma tante m'a tué (etc.)

Alors il lui a jeté sa roue de moulin sur la tête et il l'a tuée!

(Pineau, 1977 : 75-79).

Bibliographie

Belgrader, Michael
1980   *Das Märchen von dem Machandelboom (KHM 47). Der Märchentypus AT 720.* Frankfurt a. M., Bern, Verlag Peter D. Lang (Artes populares, 4).
Belmont, Nicole
1986   *Paroles païennes. Mythe et folklore des frères Grimm à P Saintyves.* Paris, Imago.
Calame-Griaule, Geneviève
1972   « Une Affaire de famille. Réflexions sur quelques thèmes de "cannibalisme" dans les contes africains », *Nouvelle Revue de psychanalyse*, 6 : 171-202 (*Destins du cannibalisme*).
Certeau, Michel de
1980   *La Culture au pluriel.* Paris, Bourgois.
David, A. and M. E.
1964   « A Literary Approach to the Brothers Grimm », *Journal of the Folklore Institute*, 1(3) : 180-196.
Degh, Linda
1979   « Grimm's *Household Tales* ans Its Place in the Household : The Social Relevance of a Controversial Classic », *Western Folklore*, XXXVIII (2) : 83-103.
1985   « What did the Grimm Brothers Give to and Take from the Folk? », *in* J.M. McGlathery, *The Brothers Grimm and Folktale* : 66-90.
Delarue, Paul
1956   « Les Enfants et le conte populaire », *Enfance*, n° spécial.
Delarue, Paul et Tenèze, Marie-Louise
1964   *Le Conte populaire français. Catalogue raisonné des versions de France.* Paris Erasme, vol. 2.
Esnault, G.
1925   *Métaphores occidentales. Essai sur les valeurs imaginaires concrêtes du français.* Paris : P.U.F.
Fabre, Daniel
1985   « Langage des oiseaux, langage des garçons (résumé) », 110e Congrès des sociétés savantes, Anthropologie, ethnologie, Montpellier : 155-158.
1986   « La Voie des oiseaux. Sur quelques récits d'apprentissage », *L'Homme*, 99, XXVI (3) : 7-40.
1987   « L'Interprète et les oiseaux », *Réception et identification du conte depuis le Moyen Age.* Textes réunis par M. Zink et X. Ravier. Université de Toulouse-Le Mirail, Service des Publications : 65-90.
1988   « Le Maître et les oiseleurs ». Préface à A. Perbosc. *Le Langage des bêtes*, éd. J. Bru. Carcassonne, Garae-Hésiode (Classiques de la littérature orale) : 7-51.

Fabre, Daniel (suite)
1991 « Une enfance de roi », *Ethnologie française*, XXI (4) : 392-414.
Félice, Ariane de
1950 « Contes traditionnels des vanniers de Mayun (Loire-Inférieure) », *Nouvelle revue des traditions populaires*, 5, nov.-déc. :442-466.
Freud, Sigmund
1927 *Un Souvenir d'enfance de Léonard de Vinci.* (1910) Trad. M. Bonaparte. Paris : Gallimard.
1954 *Cinq psychanalyses.* Paris, P.U.F.
1969 « La Disparition du complexe d'Œdipe », *La Vie sexuelle.* Paris, P.U.F. · 115-122.
1965 *Inhibition, symptôme et angoisse.* Paris : P.U.F.
Geninasca, J.
1972 « Conte populaire et identité du cannibalisme », *Nouvelle Revue de psychanalyse*, 6 : 215-230 (*Destins du cannibalisme*).
Grimm, Jacob et Wilhelm
1967 *Les Contes.* Trad. A. Guerne. Paris : Flammarion.
Brüder Grimm
1980 *Kinder- und Hausmärchen.* Stuttgart : Philipp Reclam, 3 vol.
Joisten, Charles
1971 *Contes populaires du Dauphiné.* Grenoble, Publications du Musée Dauphinois (Documents d'ethnologie régionale, 1).
Jolas, Tina
1986 « Les Pierres aux oiseaux », *Terrain*, 6 : 19-24.
McGlathery J. M. (ed)
1985 *The Brothers Grimm and Folktale.* Urbana and Chicago : University of Illinois Press.
Marin, Louis
1986 *La Parole mangée et autres essais théologico-politiques.* Paris : Méridiens Klincksieck.
Pineau, Léon
1977 *Le Folk-Lore du Poitou.* Poitiers : Le Bouquiniste.
Robert, Raymonde
1982 *Le Conte de fées littéraire en France de la fin du XVIIe à la fin du XVIIIe siècle.* Nancy, Presses universitaires de Nancy.
Scherf, Wilhelm
1985 « Jacob and Wilhelm Grimm : A Few Small Corrections to a Commonly Held Image », in McGlathery : 178-191.

Sébillot, Paul
1881 *Littérature orale de la Haute-Bretagne*. Paris : Maisonneuve.
Shavit, Zohar
1989 « The Concept of Childhood and Children's Folktales : Test Case : "Little Red Riding Hood" », *Little Red Riding Hood. A Casebook*. Ed. A. Dundes. Madison : The University of Wisconsin Press.
Soriano, Marc
1972 *Le Dossier Charles Perrault*. Paris : Hachette.
Tatar, Maria
1987 *The Hard Facts of the Grimm's Fairy Tales*. Princeton, NJ, Princeton University Press.
Van Gennep, Arnold
1969 *Les Rites de passage* [1909]. Paris, La Haye : Mouton.

Chapitre 10

Les sources d'enfance du conte.
De l'oral à l'écrit

Dès que les contes sortent de la transmission orale pour passer dans l'écriture, ils sont assignés à l'enfance. À un siècle environ de distance, la publication des contes de Perrault et celle des contes des frères Grimm rendent l'événement irréversible, même si les modalités n'en sont pas totalement analogues, on le verra. C'est comme si le passage à l'écriture dévoilait ces récits dans leur seul contenu manifeste. Simples, naïfs, *enfantins* en un mot, ils sont pris *à la lettre*[1].

Dans la tradition orale, en revanche, les contes sont destinés à toute la communauté adulte, jeunes et vieux, peut-être même à l'exception des enfants. Un bon informateur d'A. de Félice enquêtant auprès de vanniers de la Vendée l'avait prévenue : « Ne les racontez pas à des enfants, ils ne sont pas vieux assez pour les comprendre » (Félice, 1950 : 450). D'autres formes leur étaient réservées: formulettes, comptines, chansons énumératives ou récits moins complexes comme les contes d'animaux (Pelen, 1993). Il est probable cependant qu'avançant en âge, les enfants en saisissaient des bribes, puis devenus adolescents, assistaient aux veillées et participaient aux travaux

---

[1] Ce n'est pas que les contes aient constitué une *terra incognita* auparavant. Il existait des recueils aux XVIe et XVIIe siècles – ceux de Straparole et de Basile, pour ne citer que les plus connus. Mais il s'agit d'œuvres littéraires destinées aux adultes lettrés, qui relèvent de la « nouvelle » tout en puisant leur matière dans les contes populaires.

collectifs, occasions de conter. Selon le folkloriste P. Sébillot, présentant un petit corpus réuni par lui, quelques contes étaient cependant destinés aux enfants: ceux « qui ont trait à des aventures d'enfants, parfois mélangés de merveilleux. Ce sont aussi ceux que les mères et les nourrices racontent le plus volontiers aux petits garçons et aux petites filles, en raison de leur forme simple et de leur trame peu compliquée. Ils sont aussi très courts» (Sébillot, 1881 : 219). Presque un siècle plus tard, Ch. Joisten confirme l'existence de ce répertoire traditionnel assez réduit, destiné aux enfants, qui comprenait par exemple: *Le Petit Chaperon rouge, Le Petit Poucet, Pouçot avalé par la vache, La Chèvre et ses chevreaux, Ma mère m'a tué, mon père m'a mangé* (cité par Pelen, 1993 : 30-31). Ce répertoire, laissé entre les mains des femmes, mères et grands-mères, était dédaigné des conteurs renommés. Ces récits offrent en outre une caractéristique assez remarquable: ils sont les plus terrifiants de ce type de contes, centrés le plus souvent sur des thèmes d'oralité, d'avalement, d'engloutissement, de cannibalisme, d'excrétion. Et si l'on tente de les interpréter d'après la théorie des stades de développement de la libido, il est manifeste dans tous les cas que la narration s'arrête, au plus loin, au stade phallique sans atteindre jamais le stade génital (Belmont, 1993 et 1995).

Le discours dont Ch. Perrault entoure les contes qu'il publie est clair. L'identité des destinateurs et des destinataires de ces récits ne fait pas de doute. Il parle des « contes que nos aïeux ont inventés pour leurs Enfants » et dont les « Mères » et « Mère-grands » sont les transmetteurs.

En effet : « N'est-il pas louable à des pères et à des mères, lorsque leurs enfants ne sont pas encore capables de goûter les vérités solides et dénuées de tous agréments, de les leur faire aimer, et si cela se peut dire de les leur faire avaler, en les enveloppant dans des récits agréables et proportionnés à la faiblesse de leur âge ? » (Préface de 1695).

L. Marin a montré le paradoxe de l'écrit et de l'oral sensible dans les commentaires de Perrault lui-même: « écrire le conte dit et répété oralement, c'est lui promettre une *mémoire future* de répétition de narration orale, celle de monument de signes infrangible que l'écrivain élève en écrivant» (Marin, 1986 : 39-40). Remarquons en outre l'expression curieuse : *faire avaler,* grâce au conte, les vérités qui ennuieraient l'enfant si elles étaient présentées toutes nues. L'oralité perdue lors du passage à l'écriture reparaît, inversée peut-être, masquée certainement, sous la forme du gavage des enfants nourris de vérités déguisées sous des apparences aimables. On se trouve dans l'entredeux de la double signification du terme « oralité », dont la frontière commune, remarque L. Marin, se trouve « dans un lieu particulier du corps » : la bouche.

La démarche de Ch. Perrault n'est cependant pas dépourvue d'ambiguïté. La publication en 1697 des *Histoires ou contes du temps passé avec des moralités* ne constitue pas une démarche isolée. Elle fait partie d'une mode littéraire et mondaine, qui naît en France à la fin du XVIIe, dure presque un siècle et n'a rien à voir avec les enfants. Il s'agit d'un divertissement de salon, où s'illustrent nombre d'auteurs dont la plupart aiment à entretenir la fiction, dont personne n'est dupe, selon laquelle ces récits proviendraient de l'enfance. Pour renchérir sur cette fiction, Ch. Perrault essaie de faire croire que le collecteur de ces contes, c'est son propre fils, Pierre Darmancour. Même ses contemporains ne s'y trompent pas (Soriano, 1968). Le passage dans la littérature de colportage n'en fait toujours pas une littérature pour enfants, puisque les ouvrages de cette *Bibliothèque bleue* étaient lus par les adultes, parfois à voix haute au bénéfice des illettrés. Ce n'est qu'au milieu du XIXe siècle que les *Contes* de Perrault atteignent véritablement l'audience des enfants, grâce au développement d'ouvrages à eux destinés.

L'ambiguïté qui entoure la publication du recueil des frères Grimm n'est pas de même nature. Elle tient d'abord au fait que leur projet initial consistait à faire œuvre scientifique en rassemblant les traditions populaires allemandes avant qu'elles ne disparaissent, et à contribuer ainsi à une histoire de l'ancienne poésie populaire germanique dont les contes étaient à leurs yeux des vestiges. Très vite ce projet est gauchi. Le titre qu'ils donnent à leur recueil, *Contes de l'enfant et de la maison (Kinder-und Hausmärchen)* enferme l'œuvre dans l'univers domestique où les mères, mère-grands et nourrices chantent et disent pour les enfants. Ensuite tout se passe comme si l'œuvre leur échappait. Le succès est suffisant pour que la publication des deux volumes en 1812 et 1815 soit suivie d'une seconde édition en 1819, profondément remaniée, épurée à certains égards. Les éditions successives seront préparées par Wilhelm, le cadet des deux frères, soucieux de mettre en œuvre une langue adaptée au genre, langue littéraire puisque écrite, contrefaçon du populaire oral.

Même en l'absence de toute recherche de langue populaire imitée, l'écriture transforme radicalement la structure du conte : les images mentales que la parole transmet et que l'écoute reçoit sous forme de figurations et de mises en scène, sont converties en mots agencés en phrases, *visibles* et non plus auditives. L'œil se substitue à l'oreille. Il s'ensuit, entre autres conséquences, que les figurations et mises en scène issues des images mentales du conteur perdent de leur force au profit du fil narratif, du cheminement de l'histoire racontée. C'est pourquoi les éditeurs de livres de contes pour enfants ont très vite ressenti le besoin *d'illustrer* leurs ouvrages, les illustrations étant destinées, délibérément ou non, à pallier la difficulté plus grande qu'il y avait à se former des images mentales. Mais le remède est pire que le mal. Les illustrations figent la représentation et entravent le travail de l'imaginaire.

L'écriture fait du conte un texte définitif, alors que, raconté oralement, il n'est jamais le même, ne pouvant être mémorisé mot à mot. Le texte du conte oral est perpétuellement ouvert, expansif, *imparfait*. C'est sans doute la raison de l'habitude, voire de la manie, des collecteurs anciens de fabriquer de « belles » versions, en complétant celles qu'ils recueillaient les unes par les autres. Le procédé est courant chez les Grimm. C'est un procédé de lettrés, habitués de l'écriture qui fournit un texte plein, saturé, clos sur lui-même. Ils ne peuvent concevoir un texte sans cesse remis en jeu, ouvert, béant, qui ne sera plus tout à fait le même à la performance suivante et que la transmission modifiera sans cesse. La mouvance du conte de tradition orale ne convient sans doute pas non plus au désir du jeune enfant, soucieux d'une forme et d'un contenu intangibles où se satisfait une pulsion de répétition. La tradition orale connaissait de telles formes fixes, courtes, souvent rythmées, voire chantées, comme les comptines. Le conte, beaucoup plus long – narration d'une heure parfois –, ne pouvant par conséquent être « appris par cœur », donnait lieu à la « mise en phrases » improvisée d'un schéma narratif remémoré dans le même temps. D'où les multiples variantes d'un même conte, alors que la version littéraire est unique. On peut penser en effet que cette version définitivement fixée par l'écriture convient mieux au désir de répétition immuable qui anime l'enfant. Et seule la lecture du conte écrit peut entièrement satisfaire ce désir en éliminant les divagations probables de la mémoire.

Mais il est nécessaire de maintenir la fiction de l'oralité, au moins dans ses représentations imaginaires et figurées. L. Marin a brillamment démontré la double ambiguïté de l'image – le frontispice – qui se trouve en tête de l'édition des *Contes* de Perrault de 1697. Elle représente une servante, nourrice ou gouvernante, en train de filer et de raconter à trois enfants de classe sociale visiblement plus élevée. La scène se passe près d'un foyer où brûle un feu et près duquel se tient un chat. Il s'agit, dit L. Marin, de « la mise en représentation de la narration de ces histoires, celle de leur énonciation » (1990 : 116). Mais, ajouterons-nous, d'une énonciation conforme au double principe selon lequel les contes sont pour les enfants et les agents de leur transmission sont les gens du peuple. Sur la porte, cependant, une sorte de plaque est fixée, sur laquelle sont inscrits les mots : *Contes de ma mère Loye,* introduisant l'écriture dans la représentation d'une scène de contage et annonçant précisément la fin de la transmission orale. Désormais les contes seront lus, mais leur caractère oral sera conservé comme une fiction nécessaire. M.-L. Tenèze a mis en parallèle trois frontispices différents des *Contes de Perrault*. La première est celle de la première édition, dont parle L. Marin; la seconde provient d'une édition des *Contes* du début du XIXe siècle, publiée en format d'album par Firmin Didot. Les enfants sont regroupés tout autour d'une jeune femme bien habillée, qui ne conte plus, mais *lit* une histoire extraite d'un livre qu'elle tient devant les yeux. Enfin la troisième illustration, qui date du second quart du XIXe siècle, est une brochure de colportage qui fait retour à la représentation de la fileuse-conteuse et symbolise aux yeux de M.-L. Tenèze cette sorte de réinsertion de récits, venus de l'imprimé, dans la tradition orale où ils sont de nouveau régis par les lois propres de celle-ci (Tenèze, 1957). Quant à l'édition monumentale des *Contes,* publiée en 1861 par J. Hetzel, illustrée par Gustave Doré[2], cette dernière conserve le frontispice destiné à *mettre en scène* le conte et ses usagers, les enfants. Trois générations apparaissent ici : la grand-mère, la mère et les enfants. C'est de la bouche de la grand-mère que vient le récit, mais elle lit à haute voix un grand livre posé sur les genoux dans lequel on nous invite à voir l'édition même de chez Hetzel, d'autant plus qu'au mur apparaît le bas d'un tableau représentant l'ogre et le petit Poucet, où l'on reconnaît sans mal, et pour cause, le trait de Gustave Doré. Même si une évolution est perceptible, du contage purement oral à la lecture à haute voix, il est curieux de constater que les éditions des *Contes* de Perrault ont besoin d'une mise en scène préalable à la lecture, laissant entendre une transmission orale rémanente, et rémanente parce qu'elle est peut-être immanente.

On tentera de saisir l'altérité du conte oral par rapport au conte écrit en confrontant diverses versions de *Barbe-Bleue.* Le texte de Perrault constitue une telle réussite que – l'occurrence est peut-être unique dans l'histoire des contes – il s'est substitué dans la tradition orale de la France à un récit légèrement différent, présent partout ailleurs en Europe. Réintégré dans la transmission orale à partir de la littérature de colportage, il y a acquis des traits nettement populaires qui, cependant, n'ont pas altéré la trame narrative du conte de Perrault toujours reconnaissable[3]. Trois versions collectées en France échappent à l'emprise du texte de Perrault, dont une seule, basque, correspond entièrement à la tradition internationale. Celle-ci est présente au Canada francophone : il est permis de supposer qu'elle témoigne de la tradition venue de France avant d'être modifiée par l'influence de Perrault. Narrativement parlant, une première différence tient au fait qu'il n'y a pas une seule femme, mais trois sœurs, enlevées ou demandées successivement par un personnage masculin maléfique – ogre, géant, « gros cheval blanc », « monsieur », diable, etc. – ; elles deviennent servantes chez lui et l'on comprend que chacune pourrait devenir son épouse dans l'hypothèse où elle réussirait l'épreuve de la chambre interdite. Les deux premières ayant succombé à la curiosité sont tuées par le maître et leurs corps s'ajoutent à ceux des précédentes victimes. La troisième ouvre également la chambre interdite : la version basque raconte même qu'elle s'y précipite dès le départ du « Monsieur », mais elle met en œuvre une ruse pour

---

[2] C'est l'époque où les Contes de Perrault entrent massivement dans l'imprimé à l'usage des enfants.

[3] Le conte de Perrault et les récits français qu'il a inspirés ont reçu le n° 312 A dans la typologie internationale, alors que le récit connu partout ailleurs en Europe porte le n° 311. P. Delarue a attribué le n° 312 B à une forme christianisée, particulière à la France et très peu représentée (Delarue, 1957 : 182- 199). Le conte n° 46 du recueil des Grimm, *Fichters Vogel* (traduit en français comme *L'Oiseau d'ourdi*), constitue une version bien représentative du conte-type 311

échapper au destin funeste de ses sœurs. Cette structure narrative ternaire est beaucoup plus conforme au schéma des contes, qui racontent d'abord l'échec subi par les frères ou sœurs aînés avant la réussite du plus jeune. Celui-ci se montre plus intelligent, mais parfois aussi plus compatissant, et reçoit l'aide d'un personnage surnaturel ou d'un animal reconnaissant. Dans les versions de ce Barbe-Bleue sans barbe, l'héroïne agit le plus souvent avec intelligence et sang-froid. Ainsi ne laisse-t-elle pas tomber la clé de la chambre interdite dans le sang, ou bien, avant d'y entrer, a-t-elle mis en sûreté l'œuf que lui a confié l'ogre en même temps que les clés. Ou encore elle trouve le moyen de nettoyer cette clé ici toute rouillée : « Prenant la clef, elle s'en va la saucer dans le sang où baignent ses sœurs, et la met à la serrure [...], arrache la clef de la serrure et la retrouve aussi brillante que quand elle l'a reçue »[4]. Elle maîtrise ses actes, si bien qu'elle est capable d'en annuler les conséquences funestes en retournant la chronologie des événements. La femme de Barbe-Bleue reste passive, n'attendant de secours que de ses frères dont l'arrivée est guettée par sa sœur Anne. À peine réussit-elle à gagner du temps en demandant de faire ses prières avant que son époux la mette à mort[5]. Sauvée par l'intervention de ses frères qui tuent celui qui est après tout leur beau-frère, elle rentre au foyer paternel, non sans avoir pris possession des richesses de son défunt époux. Sa qualité de veuve lui permet alors de conférer des statuts sociaux à sa sœur et à ses deux frères.

Des richesses de l'ogre, la jeune sœur des versions populaires s'en emparera également, grâce aux ressources de son intelligence et non par la vertu du statut social que confèrent à la femme le mariage et le veuvage. Auparavant elle aura ressuscité ses sœurs mortes : « Elle ouvrit cette porte, elle a vu toutes les femmes qui avaient le cou coupé, elle a bien reconnu ses deux sœurs [...]. Elle a cherché dans la chambre, elle a reconnu les deux têtes de ses sœurs, elle a pris les têtes, elle les a mises sur leurs épaules, puis elles sont revenues à la vie » (Delarue, 1957 : 184). À l'encontre de ses deux sœurs, l'héroïne a gardé la tête sur les épaules. Mais au-delà de cette métaphore familière, on comprend qu'elle dispose d'une image d'intégrité corporelle, alors que ses sœurs l'avaient perdue[6]. Ou plus exactement, et en supposant que les personnages des sœurs

---

[4] « Jean-Parle », recueilli par Marius Barbeau (1916 · 117-121).

[5] Dans les versions populaires françaises, elle demande à son époux de mettre, avant de mourir, son habit de noces, ou bien il exige qu'elle se déshabille. Le dialogue s'établit à propos de chaque pièce de vêtement mis ou enlevé.

[6] Dans la version des Grimm, l'héroïne voit ses deux sœurs « coupées en morceaux, dans le bac sanglant avec d'autres corps ». Elle chercha « leurs membres épars, les rassembla et les remit comme il convenait : la tête, le tronc, les bras et les jambes, et dès que les corps furent complets [...] la vie revint et les parties se ressoudèrent» (Grimm, 1967 : 260).

aînées vouées à l'échec représentent les tentatives successives de l'héroïne dans la voie initiatique, elle a désormais acquis son identité féminine à travers l'épreuve du démembrement sanglant surmonté.

Que dire de l'héroïne de Perrault à cet égard ? Elle voit le spectacle sanglant du cabinet défendu: les précédentes femmes de Barbe-Bleue égorgées et accrochées au mur. Elle n'est pas capable de les faire revenir à la vie, étant elle-même dans l'impossibilité de sauver la sienne. Comment pourrait-elle le faire ? Le moyen utilisé dans les récits de tradition orale – le remembrement du corps – semble incongru dans le contexte du récit de Perrault. G. Huet parlait de « la forme réaliste du conte [...] où il n'y a d'autre détail surnaturel que la tache de sang ineffaçable sur la petite clef de la chambre défendue » (Huet, 1923 : 103). À peu de choses près, on est dans l'univers du fait divers. Cependant Perrault, tout en banalisant, si l'on peut dire, l'histoire, en a peut-être assimilé la leçon profonde. En témoigne un détail que les versions de tradition orale expriment de façon différente. Dans le manuscrit de 1695, Perrault écrit : « Elle [...] ouvrit en tremblant la porte du cabinet. [...]. D'abord elle ne vit rien, parce que les fenêtres étaient fermées; après quelques moments elle commença à voir que le plancher était tout couvert de sang caillé dans lequel se miraient les corps de plusieurs femmes mortes dressées et attachées le long des murs »[7]. C'est dans un miroir de sang coagulé que l'épouse de Barbe-Bleue voit d'abord les femmes mortes, un miroir dans lequel elle peut sans doute se contempler aussi, prête à les rejoindre. L'image des femmes dans le miroir de sang est aussi l'image de l'héroïne et de son destin de femme, qui ne peut devenir telle que dans et par le sang : sang des règles, sang de la défloration, sang de l'accouchement.

Qu'il soit ici question de l'identité féminine relève de l'évidence. Mais le conte a d'autres moyens encore pour le faire comprendre. Ainsi quand il insiste sur l'image de la *chambre*. Dans la version de Perrault comme dans les versions populaires françaises, l'héroïne parcourt le château en visitant toutes les chambres l'une après l'autre. « Il y avait dans ce château un grand nombre de chambres, et toutes renfermaient des trésors et des richesses de toute sorte. La jeune femme éprouvait un grand plaisir à passer de chambre en chambre et à regarder et à admirer toutes les belles choses qu'on y voyait »[8] (Luzel, 1887 : 345). Si la chambre symbolise la femme (*Frauenzimmer*), « on comprend

---

[7] Dans l'édition imprimée de 1697, l'auteur supprime le terme *dressées* et ajoute entre parenthèses « C'était toutes les femmes que la Barbe bleue avait épousées et qu'il avait égorgées l'une après l'autre » comme s'il pouvait y avoir incertitude sur l'identité des cadavres.

[8] Perrault met l'accent sur la richesse des meubles et des tapisseries, ainsi que sur le nombre et la beauté des miroirs « où l'on se voyait depuis les pieds jusqu'à la tête » : vision narcissique précédant la vision macabre.

aisément dès lors l'intérêt qu'il y a à savoir si la chambre est ouverte ou fermée », déclare Freud dans *L'Interprétation des rêves* (1967 : 304). Il ajoute : « Le rêve de fuite à travers des chambres est un rêve de maison close ou de harem. Il peut aussi être employé, ainsi que l'a montré H. Sachs par de beaux exemples, pour symboliser le mariage (contraste) ». Le parcours qu'effectue l'héroïne à travers les chambres du château représente le mariage, mais aboutit au cabinet interdit dont le sol reflète les femmes ensanglantées.

En dépit de cette mise en scène terrifiante, Perrault réduit la transgression de l'interdit à un acte de curiosité : « La curiosité, malgré tous ses attraits [...], coûte souvent bien des regrets », dit-il dans la Moralité. Et il ajoute : « C'est, n'en déplaise au sexe, un plaisir bien léger ; [...] Dès qu'on le prend, il cesse d'être, [...] Et toujours il coûte trop cher ». Cette curiosité – féminine, il va sans dire – et ce plaisir si léger qui disparaît dès qu'on le prend, renvoient le lecteur à des interdits sociaux et moraux. Ce n'est pas à la femme d'ouvrir la porte interdite – « on comprend aisément dès lors l'intérêt qu'il y a à savoir si la chambre est ouverte ou fermée» –, en dépit de sa curiosité pour le savoir sexuel dont, suivant l'honnête morale conjugale, seul l'homme, le mari, est le maître. Une fois de plus la leçon du récit de Perrault concerne les règles sociales du savoir-vivre entre les sexes.

Il introduit cependant cette belle image du miroir de sang où se reflètent les femmes égorgées, comme si la vigoureuse matière narrative du conte populaire auquel il a sans doute emprunté son récit, ne pouvait jamais s'appauvrir ni s'émousser complètement. Y. Verdier nous révèle que « *voir*, c'est – intransitivement – pour une femme à Minot, avoir ses règles» (Verdier, 1979 : 61). Avec la chambre interdite, le conte de tradition orale et Perrault à sa suite élaborent une mise en scène véritablement onirique, où le contenu manifeste – l'héroïne voit des femmes ensanglantées – cache le sens latent : *voir*, c'est-à-dire avoir ses règles, et plus généralement devenir femme[9]. Le conte oral, pour sa part, poursuit au-delà de cette mise en scène la problématique du regard.

Ayant réussi l'épreuve de la chambre interdite, l'héroïne s'est attiré les bonnes grâces du personnage maléfique qui la retient chez lui et veut en faire son épouse. Elle lui demande de porter chez ses parents des présents dans une besace ou dans un coffre, ou du linge à laver. Elle y cache l'une après l'autre ses deux sœurs, en avertissant l'ogre qu'elle le surveillera de loin. Et en effet, à chaque fois qu'il s'arrête, épuisé par cette charge écrasante, une voix dit : « Je te vois de ma petite fenêtre! Tu te reposes! Allons, marche » (Grimm, 1967 : 261).

---

[9] Une version créole ignore la clé tachée de sang. C'est l'héroïne elle-même dont le visage est éclaboussé par le sang des victimes précédentes de son époux et aucun lavage ne peut en faire partir l'odeur nauséabonde, que Barbe-bleue flaire immédiatement (Schont, 1935 : 50-54).

Ou bien, lorsque elle-même se cache dans la caisse : « La femme voit sur le dos du Diable une ligne d'écriture et elle lit : "Je te vois !" – "Je te vois!" se met-elle à dire toute étonnée et à haute voix. "Je te vois !", entend dire le Diable qui croit avoir entendu la voix de Dieu et il a peur. "Je te vois!" et il s'épouvante davantage. "Je te vois!" et il se met à courir. "Je te vois!" et il se met à galoper; "Je te vois. Je te vois!" [...] et le Diable sans haleine jette la caisse dans la maison des parents ébahis et s'enfuit » (Andrews, 1892 : 45).

Il n'y a même plus ici cette mise en scène de la ruse inventée par l'héroïne faisant croire à l'ogre qu'elle possède un regard omnipotent. La parole qui dit le regard est écrite et la jeune femme n'a qu'à lire à haute voix cette parole venue d'on ne sait où. Perrault assigne à sœur Anne la fonction du regard : « Ne vois-tu rien venir ? » Mais le regard est d'attente, il est anxieusement passif, puisque les deux sœurs n'ont aucune ressource propre face à l'homme qui menace l'une d'elles. Dans les versions de tradition orale, l'héroïne a vu ce qu'elle ne devait pas voir, mais elle a su en acquérir un pouvoir sur son tentateur, son séducteur. Elle a en effet retourné la situation à son profit en interdisant à l'ogre de regarder dans la caisse ou le coffre qu'elle lui fait transporter. Poursuivi par cette voix qu'il prend pour un regard posé sur lui, il n'ose pas transgresser l'interdit en regardant à l'intérieur de ce coffre qui contient le secret de l'héroïne : à savoir ses sœurs, puis elle-même. Il n'aura pas accès, quant à lui, au corps féminin symbolisé par ce coffre, bien qu'il ait été l'instrument de ce passage initiatique de la fille devenant femme. Dans la version des Grimm, elle rentre seule chez elle après s'être déguisée en oiseau étrange (oiseau phallique ?) : elle se plonge dans un tonneau de miel, puis se roule dans un édredon éventré[10].

Elle n'a plus l'air humain et l'ogre qui la rencontre en revenant de chez ses parents ne la reconnaît pas. Mais elle a installé à la fenêtre du grenier une tête de mort parée et couronnée, censée la représenter prête pour les noces et surveillant les allées et venues de son futur époux. « Je te vois dans ma petite fenêtre! ». À l'usage de l'ogre, elle a fait d'elle-même une image de mort, qu'elle lui laisse en partant : image de la femme telle qu'il la souhaite, sans curiosité, sans désir, autant dire morte. Alors qu'elle-même s'est déguisée en oiseau étrange, sous la forme duquel il est incapable de la reconnaître. Le motif du déguisement de la femme en oiseau se retrouve dans des contes facétieux.

---

[10] Dans *Fichters Vogel*, les Grimm résument une version de Hanovre dans laquelle ce sont des nains qui enlèvent successivement trois sœurs. Dans cette version, la troisième sœur sauve les deux premières et s'enfuit, déguisée en oiseau, après s'être plongée dans du sang et roulée dans des plumes. Elle a laissé un mannequin de chiffons habillé de sa robe pour leurrer les nains, qui se lancent cependant à sa poursuite. Elle réussit, au moment où ils la rejoignent, à se glisser dans la maison de ses parents, mais la porte lui coupe les talons.

Elle berne ainsi le diable avec lequel le mari a passé un pacte inconsidéré : serait-ce que le diable ne supporte pas les femmes phalliques ?

On constate combien la leçon du conte de Perrault est négative par rapport à celle des versions de tradition orale, dans lesquelles la jeune héroïne parcourt un chemin initiatique jusqu'à la pleine possession, voire la jouissance, de son identité féminine. Elle a maîtrisé le symbolisme féminin de la chambre et du coffre en le retournant à son profit et en piégeant celui qui voulait l'y piéger. Il est inutile en outre de souligner la beauté et la richesse de l'imaginaire qui se déploie à travers les versions de tradition orale et qui invente des images et des mises en scène de caractère onirique pour faire, non pas *comprendre*, mais *entendre* les sens cachés.

Du caractère oral[11] ou écrit dépendent en effet deux types de destins différents pour le conte : ou bien l'exercice de son efficacité symbolique, ou bien les diverses possibilités d'exégèse et d'interprétation. Non pas qu'il soit impossible d'interpréter un conte de tradition orale : on vient d'en donner un exemple. Mais ce faisant, on le violente et on le dénature. Et on y perd ce qui fait sa force : son efficacité psychique immédiate. Le conte écrit, quant à lui, subit sans dommage toutes les tentatives de décryptage, heureuses ou moins heureuses. Il n'en conserve pas moins l'intégrité de son texte matérialisé par l'imprimé.

La question de l'oral et de l'écrit recoupe d'une certaine manière celle de la destination des contes : sont-ils pour les enfants ou non ? Il semble que cette question ne puisse recevoir de réponse univoque. Déjà les Grimm, en intitulant leur recueil *Contes de l'enfant et de la maison,* introduisent l'ambiguïté. Ils sont racontés dans la maison, où vivent les enfants qui peuvent les écouter. Mais lorsque Jacob Grimm pose véritablement la question de savoir s'ils ont été inventés à l'usage des enfants, il se sent obligé d'apporter une réponse négative (Belmont, 1993 : 78). Et quand Marc Soriano pose la même question à Paul Delarue plus d'un siècle après, la réponse de l'initiateur du Catalogue des contes français est tout aussi embarrassée. D'un côté, « pour des raisons nombreuses et complexes, les contes sont merveilleusement adaptés à la mentalité enfantine » ; de l'autre « en réalité on en trouve peu qui méritent d'être retenus pour un florilège destiné aux enfants » (Delarue, 1956 : 127 et 130).

La raison de cette ambiguïté tient au fait que le contenu latent des contes, comme celui des rêves, provient de l'enfance, mais de l'enfance « après-coup », réélaborée et reconstruite par l'adulte. C'est l'adulte qui imagine, transmet et modifie le conte, puisé aux sources infantiles filtrées par la mémoire. Tant que

---

[11] Et *aural*, comme le dit P. Zumthor reprenant l'expression de W. Ong. Autrement dit le *bouche à oreilles* (Zumthor, 1983 : 33).

cette transmission suit la voie orale, le conte conserve sa fonction qui est de symboliser et de narrativiser le processus initiatique, en particulier celui du passage de l'adolescence à l'âge adulte jamais totalement accompli. Le passage à l'écriture, en objectivant le texte du conte, fait ressurgir le contenu infantile et provoque un mouvement de renvoi vers l'enfance. Un glissement s'opère de l'infantile vers l'enfantin pour éluder la rencontre avec « l'enfant qui survit, avec ses impulsions », comme le dit Freud à propos du rêve. Mais le conte de tradition orale, même figé dans l'écriture, est encore porteur d'une violence pulsionnelle trop forte. La réécriture se chargera de l'appauvrir, de l'affadir, d'émousser sa vigueur, ou, comme on le voit dans des exemples contemporains, de le subvertir par l'humour. Mais, dans ce cas, seul le contenu manifeste subit cette subversion alors que le contenu latent disparaît. Restent des œuvres littéraires divertissantes, jouant d'une intertextualité où l'auteur exige la complicité du lecteur. Autre façon, plus sophistiquée encore que la simple écriture littéraire, de séquestrer la tradition orale.

En outre les premières collectes de contes, celle des Grimm en particulier, ont un rapport très particulier à l'enfance. On sait que la jeune sœur de Jacob et Wilhelm avait fondé une *Société des contes* pour recueillir à leur intention des récits auprès de leurs amis. Le noyau initial de leur recueil provient donc de la remémoration à laquelle se sont livrés tous ces jeunes gens pour retrouver les contes que leur nourrice ou les servantes qui pouvaient en posséder un répertoire d'origine populaire, leur racontaient dans leur enfance. Si les contes n'étaient pas destinés aux enfants, ce furent cependant les enfants qui en assurèrent la transmission vers les adultes de la bourgeoisie, ou, plus exactement, les mémoires adultes de l'enfance. D'où la constitution d'un lien tenace, que le passage à l'écriture a renforcé encore.

Le rapport des contes à l'enfance est complexe, on le voit. S'ils puisent en effet aux matériaux infantiles, ils ne sont pas pour autant à l'origine une littérature à l'usage des enfants. Pour le devenir ils doivent subir une mise en conformité dont le premier acte est leur passage à l'écrit. À partir de ce moment, il sera possible de leur faire subir tous les aménagements qu'on imagine désirables pour une destination enfantine et que la transmission orale ne permet pas. Dans la tradition orale en effet, les modifications qu'un conteur particulier apporte éventuellement à un récit sont entérinées seulement au moment où elles sont transmises par un autre conteur, puis un troisième, etc. Et elles seront transmises à deux conditions essentielles: leur cohérence, ou tout au moins leur non-contradiction, avec le contenu latent, et leur affinité avec les changements de la société[12].

---

[12] Il s'agit le plus souvent dans ce cas de changements mineurs qui n'affectent pas l'économie générale du conte.

L'écrivain, face au corpus des contes populaires, qu'il considère comme un bien commun dans lequel il est loisible de puiser à merci, jouit d'une entière liberté de modification et d'adaptation - ou de falsification et d'altération, selon les points de vue. Sans introduire de jugement de valeur, il faut souligner fortement que l'élaboration de la transmission orale et celle de l'écriture sont fondamentalement différentes. La première est la même que celle des rêves, passant par les mécanismes de la figuration, de la condensation, du déplacement et de l'élaboration secondaire, échappant donc en grande partie au processus de la création littéraire consciente[13] à laquelle obéit la seconde, même si l'écrivain puise, sans le savoir ou le sachant, dans ses phantasmes personnels d'origine infantile. La réécriture de contes d'origine orale mêle donc deux processus hétérogènes: une sorte de création inconsciente[14] et la création littéraire réfléchie, bien que celle-ci tire également de l'inconscient une partie de son inspiration. L'écriture enlève de sa force au conte, même lorsqu'elle ne tend pas à le rendre niais. C'est qu'en effet l'écriture n'est pas lacunaire, contrairement à la transmission orale qui, on le disait, engendre des versions toujours incomplètes, jamais définitives, que l'activité imaginaire et phantasmatique individuelle tend à saturer lors de l'écoute. En ce sens les auditeurs sont actifs, ils deviennent leurs propres conteurs.

Il est possible que le conte soit bien, comme le disait O. Rank, « la dernière forme sous laquelle la production mythique est encore supportable pour l'homme civilisé adulte », encore qu'il le relègue « dans la chambre d'enfants », « ce lieu étant le seul où il puisse encore être compris correctement » (Rank et Sachs, 1980 : 53). Il est en tout cas un objet où se cristallisent l'oral et l'écrit, l'enfant et l'adulte, l'enfant dans l'adulte : comme le disaient les Grimm, non pas *pour* les enfants, mais *comme* les enfants.

---

[13] Les conteurs, malgré une perception forte de leur art, au moins chez les meilleurs d'entre eux, se considéraient comme des transmetteurs et non comme des créateurs.
[14] Jacob Grimm disait de la poésie de nature dont relèvent les contes populaires, qu' « elle se compose d'elle-même » (*es dichtet sich*).

Bibliographie

Andrews, James Bruyn
1892 *Contes ligures. Traditions de la Riviera recueillies entre Menton et Gênes,* Paris, E. Leroux, 1892.
Barbeau, Marius
1916 « Contes populaires canadiens », *Journal of American Folklore,* XXIX : 117-121.
Belmont, Nicole
1993 « Conte et enfance. À propos du conte "Ma mère m'a tué, mon père m'a mangé" (T 720) », *Cahiers de littérature orale,* 33 : 75-97.
1995 « Pouçot. Conception orale, naissance anale. Une lecture psychanalytique du conte-type 700 », *Estudos de Literatura Oral,*1995, 1 : 45-58.
Delarue, Paul
1956 « Les Enfants et le conte populaire », *Enfance,* n° spécial.
1957 *Le Conte populaire français*. Paris, Érasme, 1, l.
Félice, Ariane de
1950 Contes traditionnels des vanniers de Mayun (Loire-Inférieure), *Nouvelle Revue des traditions populaires,* t. II, 5 : 442-466.
Freud, Sigmund
1967 *L'Interprétation des rêves*. Paris : PUF [1900].
Grimm, Jacob und Wilhelm
1967 *Les Contes* (trad. d'A. Gueme). Paris : Flammarion.
Huet, Gédéon
1923 *Les Contes populaires*. Paris : Flammarion.
Luzel, François-Marie
1887 *Contes populaires de Basse-Bretagne*. Paris : Maisonneuve.
Marin, Louis
1986 *La Parole mangée et autres essais théologico-politiques*. Paris : Méridiens Klincksieck.
Marin, Louis (suite)
1990 « Préface-image. Le frontispice des Contes de Perrault », *Europe,* nov.-déc. : 115-122.
Pelen, Jean-Noël
1993 « La littérature orale enfantine en domaine occitan », *Cahiers de littérature orale,* 33 : 17-54.
Rank Otto et Sachs Hans
1980 *Psychanalyse et sciences humaines*. Paris : PUF [1913].
Schont Mme
1935 *Quelques Contes créoles*. Basse-Terre : Gouvernement de la Guadeloupe et des dépendances.

Sébillot, Paul
1881 *Littérature orale de la Haute-Bretagne*. Paris : Maisonneuve.
Soriano, Marc
1968 *Les Contes de Perrault culture savante et traditions populaires*. Paris : Gallimard.
Tenèze, Marie-Louise
1957 « Si Peau d'Âne m'était conté. À propos de trois illustrations des Contes de Perrault », *Arts et traditions populaires*, V, 3/4 : 313-316.
Verdier, Yvonne
1979 *Façons de dire, façons de faire*. Paris : Gallimard.
Zumthor, Paul
1983 *Introduction à la poésie orale*. Paris : Le Seuil.

CHAPITRE 11

« Moitié d'homme » dans les contes de tradition orale.
Lieux, usages et signification d'un motif singulier

Cette contribution s'inscrit à l'intérieur d'un champ, sans doute vaste si l'on considère l'ensemble de ses matériaux, mais fonctionnant de manière autonome, en suivant ses propres mécanismes d'élaboration, qui ne sont pas, par exemple, ceux du mythe, en dépit des similitudes de contenu qu'on puisse y trouver. Il s'agit des contes de tradition orale européens[1].

Le motif de Moitié d'homme se rencontre de façon sporadique dans un contre-type, le 675 de la classification internationale Aarne-Thompson, intitulé « le Garçon paresseux ». Le héros est en effet soit paresseux, ce qui est une façon de dire la latence dans laquelle il se trouve, soit niais, sot, peu capable de travailler : il est souvent chargé par sa mère de garder le troupeau de moutons. Enfin il peut être une Moitié d'homme. Voici un résumé d'une version française bien caractéristique, où le héros est laid, pauvre et sot, mais se tire finalement bien d'affaire.

> Il y avait, une fois, un gars si bête, mais si bête, que tout le monde l'appelait Jean Bête, et ce surnom lui convenait assurément. Sa mère l'envoie chercher des fagots pour faire cuire des galettes. Il s'attarde au bord d'un ruisseau, attrape une anguille qui lui demande de la relâcher : en échange il pourra l'invoquer pour obtenir tout ce qu'il désire. Il accepte et utilise immédiatement le don *Par la volonté de mon anguillette – Que je m'en aille à cheval sur mes bûchettes!* Passant au-dessus de la fille du roi, il murmure *Par la vertu de mon anguillette – Que la fille du roi – Soit grosse de moi!* [dans d'autres versions, la fille du roi s'est moqué ouvertement de lui. Il s'en venge de cette manière] Un an plus tard, alors qu'il est à la ville, il entend proclamer que la fille du roi est accouchée d'un garçon dont elle ne connaît

---

[1] Voir : Belmont, 1999.

pas le père; le roi demande à tous les jeunes gens du royaume de se présenter afin que l'enfant reconnaisse son père. Celui-ci épousera la princesse. Jean Bête se rend au palais, exige d'être reçu bien que les valets tentent de l'en empêcher. L'enfant lui tend la rose qui désigne le père. Le roi, furieux, ordonne que le mariage soit cependant célébré, mais, sitôt après, fait entrer le couple et l'enfant dans un tonneau mis à la mer. Jean Bête demande de la nourriture à son anguillette ; la princesse lui suggère des mets plus raffinés qu'une écuellée de patates. « Une autre fois, la femme de Jean Bête conseilla à celui-ci de demander à être plus fin. Il le fit et devint tout à coup aussi dégourdi qu'il avait été niais ». Il souhaite un palais plus magnifique que celui du roi et en face de celui-ci. Le roi invite les habitants de cette somptueuse demeure. Il reconnaît sa fille et Jean Bête, se fait tout expliquer et se réjouit de l'intelligence et de la richesse de ce gendre (*Revue du traditionnisme français*, 1907 97-101).

Ce récit présente de façon paradigmatique les trois épreuves qui jalonnent le parcours du héros de conte : préliminaire et qualifiante, principale, identificatoire. La troisième épreuve était désignée par A. Greimas comme « glorifiante », mais il semble préférable de mettre l'accent sur l'acquisition de l'identité.

L'épreuve préliminaire concerne les qualités de compassion du héros. Il remet à l'eau le poisson comme dans cette version, ou bien il partage sa maigre nourriture avec un vieux ou une vieille rencontrés en chemin, il aide un ou des personnages à traverser une rivière, ou, comme dans une version bretonne christianisée, il construit un pont[2]. D'autres contes rapportent que le héros, défavorisé à quelque égard, réussit cette épreuve à laquelle ont échoué l'un après l'autre ses frères aînés, qui se sont montrés arrogants, avares ou dédaigneux. La compassion, même lorsqu'elle s'exerce envers les animaux, est humanisante. Après J.-J. Rousseau, C. Lévi-Strauss y voit un « mode originel de communication, antérieur à l'émergence de la vie sociale et du langage articulé, capable d'unir les hommes entre eux et avec toutes les autres formes de vie » (Lévi-Strauss, 1983 : 315). Le héros de contes, décrit souvent comme un niais, un sot, un incapable, se qualifie comme héros, après son départ de la maison, grâce à un acte de sympathie envers un être humain ou un animal. « Au lieu que la communication soit assurée ou rétablie par une opération de l'intellect, elle le sera par identification affective » (*Idem*). Rien d'étonnant alors que ce type de communication en deçà du langage se noue, dans un grand

---

[2] On connaît le caractère sacré du *pontifex* romain, étymologiquement le « faiseur de pont ». Dans les contes, mais aussi dans les croyances et les rituels, l'eau constitue une frontière entre ce monde-ci et l'autre monde. Celui qui construit des ponts maîtrise le passage entre les deux, il est capable d'aller et venir de l'un à l'autre. Dans une autre version, le héros accepte de porter sur ses épaules un vieillard de l'autre côté de la rivière. Bien que dans ce contre-type le héros n'accomplisse aucun voyage vers l'autre monde, celui-ci est cependant évoqué par le passage de la frontière aquatique entre les deux mondes. Le héros est un passeur

nombre de contes, avec des animaux. Nous établissons en effet avec eux des relations où la parole ne joue à peu près qu'une fonction phatique, non signifiante, et cependant efficace. Ils parlent dans les contes, mais les paroles échangées avec le héros – puisqu'en effet celui-ci est le seul personnage qui communique avec eux – sont aussi une façon de dire un mode de communication préverbale, faite de sympathie. Le héros en est seul capable, car il possède l'ingénuité nécessaire. Cependant Freud dit que « la compassion naît seulement de l'identification » (1981). Le héros, lors de cette première épreuve, s'identifie aux personnages déshérités ou aux animaux qu'il rencontre sur sa route. Il peut dès lors partager avec eux de la nourriture, des paroles aimables, donner des informations sur la quête qu'il entreprend, ou encore jouer un rôle d'arbitre quand il est requis par des animaux pour répartir entre eux une charogne. L'identification ouvre la voie à la compassion, à la communication, au partage.

Ayant réussi l'épreuve préliminaire, le héros peut se permettre désormais de rester passif. Dans « le Garçon paresseux », il exerce le pouvoir qui lui a été donné pour satisfaire en premier lieu son penchant pour la paresse (revenir sur le fagot devenu ambulant), son appétit (« du pain blanc, des crêpes et un morceau de lard »), son désir de vengeance envers la princesse qui a ri de lui, mais aussi son désir sexuel puisqu'il lui souhaite un enfant dont il est indubitablement le père. Le mariage marque une étape dans cette toute puissance des idées, puisque, dans certaines versions, lui ou la princesse désire pour lui beauté et intelligence[3]. Il peut véritablement se mesurer à son beau-père qui doit lui accorder la reconnaissance refusée lors du mariage, et le contraint même à admettre sa supériorité en richesse et en pouvoir. Désir quasi mégalomaniaque de dépasser un père symbolique à un double titre : en tant que roi et en tant que père de la princesse. Freud, parlant de la symbolique du rêve, dit que « l'empereur et l'impératrice, le roi et la reine représentent les parents du rêveur ; il est lui-même prince ou princesse » (1967 : 303). Sur ce point, le conte se montre économe de ses moyens d'expression, puisque le beau-père, le père de la princesse, représente symboliquement tout à la fois le père du héros, auquel il se mesure dans la phase œdipienne, et celui qui accorde l'épouse au moment où l'Œdipe est surmonté.

Le pouvoir qui lui a été conféré par un animal reconnaissant, une fée ou encore un personnage surnaturel chrétien, lui permet d'accomplir en effet sans difficulté tous les exploits qui le qualifient comme héros, mais un héros qui n'est pas encore reconnu, sinon, bien malgré elle, de son épouse et, en premier lieu, de son fils.

---

[3] Le héros d'un conte breton nommé Yann Vil (Jean Vilain), tellement il était pauvre et laid, est apostrophé par son épouse, la princesse « Eh bien, puisque tu possèdes ce don, demande donc à devenir Yann Vrao [Jean Joli] [...] Il devint aussitôt beau comme un prince; c'était le plus beau prince qui eût jamais mis le pied sur terre » (Massignon, 1983 . 55).

> Quand l'enfant eût un peu grandi, le roi fit assembler tous les princes de ses Etats, parce qu'un si bel enfant ne pouvait venir que d'un prince. « Le sang attire, disait-il; ou l'enfant reconnaîtra le père, ou le père l'enfant ». Il fit mettre sur deux rangs les princes, les seigneurs, et l'enfant avec son précepteur passa dans les rangs, une pomme d'or à la main pour son père; mais le père ne se trouva pas. Le roi alors fit une assemblée de tous les riches, des bourgeois; le père ne se trouva pas. Le roi fit une dernière assemblée de tous les hommes, paysans, valets, bergers, artisans, manants et vagabonds; il y en eut une armée, alignée sur trois rangs longs comme des chemins. Bernanoueille était le dernier du troisième rang. Quand l'enfant arriva à lui « Tiens, papa, lui dit-il, voilà la pomme ». Et le vieux Bernanoueille se para de cette pomme sans vergogne (Dardy, 1891, t. II 69).

Le fils désigne et reconnaît le père par le geste d'offrande de la pomme d'or : reconnaissance en filiation et non en paternité. Le mariage s'ensuit nécessairement : la princesse est contrainte d'accepter ce déshérité puisque l'enfant l'a désigné comme son procréateur. Le processus, inversé, de l'union matrimoniale et de la conception de l'enfant ne peut être entériné par le groupe social, dont l'autorité est détenue par le roi. Le couple et l'enfant subissent une exclusion, dont les modalités sont celles de l'exposition, par laquelle passe fréquemment le héros enfant mythique.

> Le roi irrité convoqua ses Chambres, et fit condamner père, mère et enfant à périr dans la mer, enfermés dans un boucaut (*Idem*).

La reconnaissance par l'enfant n'a pas entraîné celle du roi. Loin de lui permettre de s'intégrer dans la société, le héros en est exclu avec son épouse et son fils. Le moyen par lequel il parviendra à la légitimation consiste à surpasser le roi en magnificence, en construisant un palais plus grand et plus riche que le sien. Ce qui revient, somme toute, non seulement à s'identifier au père, mais aussi à l'emporter sur lui. Freud, démêlant les diverses phases de l'identification du garçon au père, montre qu'elle passe, lors du complexe d'Œdipe, par une tonalité hostile, un désir d'élimination pour s'emparer de la mère. Lors de la destruction du complexe d'Œdipe et dans son issue « normale », l'identification au père est renforcée et la masculinité du garçon s'en trouve consolidée (1981 : 244-245). Dans ce récit, l'hostilité n'est pas complètement liquidée, puisqu'il faut l'emporter sur le roi en magnificence. Cet excès est nécessaire pour que le roi se trouve contraint d'accorder son identité au héros.

La question qui se pose après cette tentative d'analyse du contre-type dans son ensemble, est de savoir pourquoi certaines versions imaginent le héros comme un personnage assez misérable pour ne posséder, au début du récit, qu'une moitié de son corps.

Les versions françaises présentant un héros de ce genre sont au nombre de quatre. L'une provient du Nivernais, de la collecte Millien de la fin du XIXe siècle, une autre a été recueillie sensiblement à la même époque dans les Landes, les deux dernières ont été notées par Ch. Joisten dans le Queyras respectivement en 1954 et 1960. Le motif est peut-être plus fréquent dans les versions de l'Europe du sud-est, Grèce, Balkans en général. Voici le début des quatre versions françaises, dont trois fournissent une explication de la mutilation du héros.

Version des Landes : « Il y avait une fois un homme pauvre, pauvre; il n'aurait pu être plus misérable ! Un jour il rencontra sur son chemin un homme bien vêtu qui lui dit : — Bonjour, l'homme. – Bonjour. – Eh! tu parais bien triste ! Aurais-tu par hasard quelque chagrin ? demanda l'étranger. – Oh! mon chagrin, c'est d'être pauvre, tenez, dit l'homme. Depuis que je suis au monde je traîne ma misère... – Ecoute, lui dit l'autre, nous pourrions conclure un marché. Si tu veux me donner la moitié de ce que ta femme porte, je te rends riche. L'homme se prit à réfléchir : – Mais que peut porter ma femme ? Rien, tiens ! – Entendu. Et l'étranger s'en alla en laissant au pauvre homme une belle somme d'écus. Quelque temps après, la femme du pauvre homme accouchait. Aussitôt, l'étranger arriva : – Eh bien ? Tu te souviens de l'argent que je te donnai et de ce que tu me promis, l'autre fois ? Eh bien, ta femme portait cet enfant-ci : la moitié de l'enfant m'est promise et due. L'étranger – c'était le diable – coupa cet enfant en deux et emporta sa moitié en laissant l'autre à ses parents. Et cette moitié d'enfant vécut. Quand le garçon grandit, comme il n'était que la moitié d'un homme, on l'appelait Moitié-d'homme. Et comme il n'était pas assez robuste pour travailler, on lui fit garder les moutons (Arnaudin, 1994, n° XXVII)

Les deux versions du Queyras, bien que racontées par des conteurs différents, sont proches l'une de l'autre :

La Moitié d'un. – Il était une fois une veuve qui avait deux garçons. Et ils sont partis faire du bois, couper un arbre. Lorsque l'arbre a été prêt de tomber, le plus petit s'est sauvé du côté que l'arbre est tombé. Et il a été partagé en deux. À son retour, sa mère se faisait beaucoup de mauvais sang parce que son petit ne pouvait plus gagner sa vie. Mais le petit lui dit : – Maman, ne te fais pas du mauvais sang. Je vais aller trouver le roi pour garder ses chèvres. Sa mère lui dit : – Mais mon petit, tu ne peux pas marcher. – Maman, je tâcherai bien moyen.

Même titre. – Il était une fois une famille de bûcherons qui avait un garçon d'une quinzaine d'années. Un jour, son père l'a amené avec lui dans le bois couper des mélèzes. Son père lui a dit : – Echappe-toi de ce côté, l'arbre va tomber. Il s'échappa en sens contraire et, en tombant, l'arbre le coupa en deux dans le sens de la longueur. Une moitié est morte et l'autre est restée vivante. Le père et la mère se faisaient du mauvais sang: – Notre petit ne pourra plus travailler, comment faire ? Le petit leur a dit : – Ne vous en faites pas; je vais aller garder les chèvres du village et je gagnerai ma vie comme ça (Joisten, 1971, n° 43.1 et n° 43.2).

Version nivernaise : Il était une fois un homme et une femme qui étaient très pauvres. Ils avaient trois garçons, mais le troisième n'était qu'une moitié d'homme, c'est-à-dire qu'il n'avait qu'un seul bras, une seule jambe et la moitié de tout.

Dans cette dernière version, aucune raison n'est donnée pour expliquer le corps mutilé du troisième garçon. Celle qui est invoquée dans la version des Landes est récurrente dans de nombreux contes : c'est la promesse inconsidérée faite par le père de donner quelque chose qu'il ignore être son enfant, en échange de la richesse. Mais, d'ordinaire, c'est l'enfant tout entier qui est promis et non la moitié. Les versions les plus récentes, pour leur part, éliminent la prédestination pour introduire l'accident, dont la vraisemblance, dans une région où la forêt était exploitée, rationalise quelque peu le motif.

Une version grecque recueillie à la fin du XIXe siècle justifie par un motif classique dans les contes la mutilation du héros :

> Il était une fois une femme qui n'avait mis au monde aucun enfant et qui en était si affligée qu'un jour elle pria Dieu ainsi « Dieu très cher, donne-moi un enfant, même si ce ne devait être qu'une moitié ». Alors Dieu lui accorda un garçon avec un demi corps, un demi nez, une demi bouche, une main, un pied, et il était si difforme que la mère le gardait toujours à la maison et ne l'envoyait pas travailler. Mais un jour il trouva le temps long et demanda à sa mère : « Mère, je ne peux rester plus longtemps à la maison, donne-moi une hachette et un mulet, j'irais dans la forêt couper du bois ». Mais sa mère répliqua « Comment peux-tu couper du bois, cher enfant, tu n'es qu'une moitié d'homme ». Mais il insista (von Hahn, 1918, n° 8).

Un certain nombre de contes commencent en effet par dire la stérilité d'une femme, prête à mettre au monde n'importe quel enfant, « fut-il pas plus gros qu'un grain de millet » ou, comme dans un récit des Grimm : « Je veux un enfant, même si ce doit être un hérisson » (vœu prononcé par le père). Son épouse met au monde un enfant mi-hérisson, mi-homme : le haut du corps en hérisson, le bas constitué normalement. Ici le partage, qui n'est pas une coupure, est horizontal et non vertical et il renvoie à la division humanité/animalité. Dans le récit grec, il faut noter que la femme, seule nommée, prononce ce vœu et que l'absence du mari peut appeler l'idée d'une incomplétude dans le désir d'enfant, sanctionnée par l'incomplétude du corps de celui-ci.

Un récit maure, dont certains motifs peuvent laisser penser qu'il s'agit d'une version très romancée de notre conte, commence aussi par l'absence de descendance qui frappe un roi possédant cependant sept femmes, toutes stériles jusque là. Un génie donne au roi sept pommes, qu'il devra partager, l'une après l'autre, avec chacune de ses épouses. La septième pomme est à demi pourrie lorsque le roi la coupe en deux. Il partage la moitié restée saine avec sa septième épouse, la plus belle et la plus aimée. Les six premières mettent au monde un beau garçon. La septième accouche d'un « garçon qui n'avait qu'un œil, une jambe, une main... C'est pourquoi on l'appela Neççebnâdem ou Moitié d'homme ». On apprend un peu plus loin que c'est la moitié gauche du corps qu'il possède, alors que les versions européennes ne semblent pas se préoccuper de la question de la latéralité. Le héros acquerra la toute puissance du désir, puis l'intégrité corporelle (Desparmet, 1914 : 27-34). On trouve donc une séquence qui commence par la stérilité et continue par la conception magique orale. Mais un défaut concernant le produit fécondateur réduit à une moitié entraîne, comme par une cause mécanique, l'amoindrissement de l'intégrité physique.

Une version russe citée dans la 3e édition des *Contes* d'Afanassiev (1897)[4] rappelle le version des Landes.

> Un couple avait une fille qui recevait des demandes en mariage, mais le père les refusait. Il dit à sa fille d'attendre l'hiver prochain, car le *vrag*, (c'est-à-dire l'esprit impur) viendra la chercher pour l'épouser. Il vint en effet, épousa la jeune fille qui eut trois enfants. Un jour que sa femme était absente car elle était allée voir ses parents, le père-esprit impur prit un des enfants, le déchira en deux, et garda une moitié pour lui. Le pauvre enfant qui avait gardé un bras et une jambe fut appelé Polovanjek[5]

Le reste du récit se développe bien suivant le schéma du contre-type, avec l'acquisition par Moitié d'homme de la toute-puissance des idées et son souhait que la princesse ait le « gros ventre », puis l'apothéose finale du héros.

Il faut remarquer que le conte ne semble jamais s'embarrasser du problème de la marche chez un être décrit comme ne possédant qu'une moitié de corps. Même si, dans les versions les plus récentes, est posée la question de la difficulté à travailler dans ces conditions, le héros se livre à des activités qui supposent des déplacements. À peine est-il dit que le garçon ne va pas aussi vite que les autres. C'est que cet être, en dépit d'un lourd handicap, possède la station verticale qui l'intègre dans le règne humain. Bien qu'extérieur au cadre des matériaux utilisés jusqu'ici, on ajoutera une information également d'origine russe. Toujours dans Afanassiev[6], on trouve la description d'un être démoniaque habitant une caverne où il a enfermé des Moitiés d'homme, « personnages fabuleux qui n'ont qu'un œil, un bras et une jambe, qui sont obligés de se mettre à deux pour pouvoir se déplacer et qui, alors, courent avec une vitesse étonnante; d'après une croyance russe, ils se reproduisent non par des naissances mais en se forgeant semblables dans du fer [...] on les appelle *opletaï* dans lé région de Tomsk, et *polovaïnik* en Croatie où leur origine est

---

[4] Je remercie Ruth Schatzman de m'en avoir fait la traduction.
[5] *Pol-* dans les langues slaves indique la moitié. *Polovanjek* sert ici de prénom, mais se rapporte à un être surnaturel.
[6] *Représentations poétiques de la nature chez les Slaves* (en russe).

attribuée au diable ». Dans ces légendes et croyances, le problème de la marche de ces êtres fabuleux est posé et résolu.

S. Freud dit que « le moi est avant tout un moi corporel » (1981 : 238). À cet égard, Moité d'homme ne possède qu'une identité tronquée, dont l'incomplétude est due, dans la version des Landes, à la promesse inconsidérée de son père. Son nom en témoigne : « Quand le garçon grandit, comme il n'était que la moitié d'un homme, on l'appelait Moitié-d'Homme » (Arnaudin, 1994 : 454).

Corps amputé, nom qui témoigne de cette amputation, l'identité du héros est loin d'être acquise. La narration raconte la façon dont il va peu à peu parvenir à l'accomplir. Mais ce corps ne retrouvera sa complétude que sur la suggestion de la fille du roi : « Puisque tu as tant de pouvoir, pourquoi ne t'en sers-tu pas pour devenir un homme entier ? ». Et, « par la vertu de son sifflet et de celui qui lui a donné », il devient « bel homme avec bel habit ». Comme si la proximité physique avec la princesse à l'intérieur du tonneau jeté à la mer parachevait l'acquisition de son identité, grâce à la reconnaissance de l'altérité, de l'altérité des sexes en l'occurrence[7]. Dès lors le conte peut se terminer rapidement, puisque la « misère » est finie, avec la reconnaissance par le roi qui l'accepte pour gendre, puis la mort de celui-ci, qui lui permet d'accéder au trône devenu vacant. Pour que le héros trouve son identité, il suffit qu'il acquiert un « moi corps », un « moi-conscient » selon les termes de Freud (1981 . 239).

Ce conte, de structure narrative assez simple, ne comportant aucune grande aventure périlleuse ni de voyage dans d'autres mondes, constitue un bon exemple de l'itinéraire du héros en quête d'identité et des étapes qui ponctuent son trajet. Figure disgraciée de quelque façon, le héros subit donc trois épreuves successives : préliminaire et qualifiante, principale mais souvent accomplie par d'autres, identificatoire et triomphale. La première épreuve se révèle décisive, puisqu'elle permet au héros d'acquérir l'aide de personnages surnaturels, directement ou par l'intermédiaire d'un objet ou d'une formule. Dans un certain nombre de versions françaises, l'objet est souvent une baguette dont l'usage s'accompagne d'un énoncé fixe, le plus simple étant « par la vertu de ma baguette, que telle chose se fasse ». Ou dans un conte grec, où le héros a remis à la mer quatre gros poissons échoués : « par le pouvoir de Dieu et des quatre Poissons ». Muni de ce pouvoir, le héros peut affronter en toute tranquillité les épreuves qui suivent, y compris une condamnation à mort comme dans une des versions françaises. Reste l'acquisition définitive de son identité. Il y faut deux conditions. Le mariage avec la princesse, amené par la désignation de son père par l'enfant, déniaise le héros, qui se souhaite beau, bien habillé, voire intelligent. Mais s'il constitue désormais un époux acceptable, il doit encore être reconnu par le roi. Capable de l'affronter, de se mesurer à lui, de le

---

[7] « Non seulement l'identité contient, mais elle *est l'altérité*, sans paradoxe ou plutôt en incluant le paradoxe de l'inconscient » (Valabrega, 1995 15).

surpasser même, il acquiert cependant son identité grâce à la reconnaissance du roi, qui est à l'origine du sur-moi du héros.

> Si nous considérons [...] la naissance du sur-moi [...], nous reconnaissons qu'il est le résultat de deux facteurs de la plus haute importance, l'un de nature biologique, l'autre de nature historique le long état de détresse et de dépendance infantiles de l'être humain et le fait de son complexe d'Œdipe, dont nous avons montré que le refoulement est lié à l'interruption du développement libidinal par la période de latence, donc à l'instauration diphasée de la vie sexuelle de l'être humain (Freud, 1981 : 247-248).

Peut-on considérer « Le garçon paresseux » comme une mise en scène narrativisée de ces trois facteurs du développement de l'être humain ? L'état de détresse infantile s'énoncerait sous les formes de l'incomplétude physique, de l'aspect misérable et de la laideur du héros au début de la narration. La paresse, la sottise ou l'incapacité à faire quoi que ce soit représenteraient la latence, dont émerge le héros désormais capable de désirer et ensuite d'affronter le père pour l'égaler et même le surpasser.

Le motif de l'incomplétude du corps renvoie tout particulièrement à l'état de détresse du nouveau-né et de l'*infans*, que les autres versions décrivent de façon atténuée, du côté de la latence infantile, et renvoie également au désir dévoyé des parents, père cupide, mère désirant un enfant même monstrueux. Le héros de ces versions trouve – plutôt que retrouve – l'intégrité corporelle aussi simplement qu'il acquiert beauté et intelligence dans les autres récits.

Dans la version landaise c'est la fille du roi qui dit à Moitié d'homme

> « Puisque tu as tant de pouvoir, pourquoi ne t'en sers-tu pas pour devenir un homme comme les autres ? ». Il le peut, dit-il, à condition qu'elle prie le bon Dieu pour lui. Il prononce la formule (« par la vertu de mon sifflet... ») et « il se trouva sur-le-champ changé en bel homme, vêtu d'un habit de seigneur ».

Une des versions du Queyras néglige de raconter l'acquisition du corps entier et l'autre la mentionne in extremis d'une courte phrase : « il s'est refait venir tout entier, tout à fait beau garçon ».

Le récit nivernais, enfin, présente un héros qui maîtrise mieux que les autres sa toute-puissance des idées, jouant à deux reprises de son apparence physiquement intègre pour mettre à l'épreuve son père, testant l'amour que celui-ci a pour son enfant déshérité, et son épouse, mettant à l'épreuve sa fidélité. Rassuré sur ce dernier point il garde définitivement son intégrité corporelle.

Dans son article sur les Moitiés d'homme, Françoise Héritier fait remarquer très justement que ces demi-êtres sont masculins, alors que les moitiés de femme éventuellement rencontrées sont des êtres qui n'appartiennent pas à l'humanité. Les contes de tradition orale semblent confirmer cette remarque, comme le montre aussi le langage populaire concernant les femmes.

Dans la société traditionnelle française, l'enfant *fendu*, c'est la fille. Ainsi disait-on en Languedoc, en guise de présage du sexe de l'enfant à naître : « Ventre pointu, enfant fendu, ventre rond, garçon ». En Poitou, on se moquait du mari, lorsque sa femme avait mis au monde une fille, en disant que les pieds lui avaient ripé (glissé), ce qui avait fait fendre l'enfant en chantier. G. Lascault rappelle que « pour parler du sexe féminin, les métaphores de la scission, de la coupure sont fréquentes · l'abricot fendu, la boutonnière, la brèche, la balafre, la cave, la cheminée que l'homme ramone, la crevasse, la figue fendue, la fissure (Colette), la fente, le sésame toujours ouvert » (1973 : 381). Mais il y voit plutôt la représentation à la fois de la cavité angoissante et de la mutilation. On a dit que le mot sexe, le *sexus* latin, provenait du verbe *secare*, « couper, diviser », le *sexus* étant le partage d'une espèce en mâles et femelles. Le doublet *secus* étant toujours accompagné des adjectifs *virile* ou *muliebre*. L'étymologie renvoie en quelque sorte au mythe platonicien. La représentation que l'on trouve dans les contes et probablement dans les mythes est en un sens plus subtile, puisqu'elle postule que la femme est *naturellement* fendue, qu'il n'y a nul besoin de la couper en deux pour qu'elle acquière son identité sexuée, alors que le garçon doit passer par cette opération pour devenir homme. De quelle façon ? Mon hypothèse est qu'il passerait alors par une image du corps phallique, debout et planté sur une jambe et un pied uniques. Dans cette « réduction à l'unité », il y a bien intensification de la force, comme l'affirmait Walter Deonna, mais d'une force, comme le dit après lui Françoise Héritier, « créatrice ou procréative ».

Bibliographie

Arnaudin, Félix
1994 *Contes populaires de la Grande Lande* Ed. par J. Boisgontier et G. Latry. S. l. : Parc naturel régional des Landes de Gascogne-Confluences.
Belmont, Nicole
1999 *Poétique du conte. Essai sur le conte de tradition orale*. Paris : Gallimard.
Dardy, Léopold
1891 *Anthologie populaire de l'Albret*. Agen, 2 vol.
Desparmet Jean
1914 « Contes maures », *Revue des traditions populaires*, t. XXIX : 27-34.
Freud, Sigmund
1967 *L'Interprétation des rêves* (1900). Paris : PUF.
1981 « Psychologie des foules et analyse du moi » (1921). *Essais de psychanalyse*. Paris : Payot.
1981 « Le Moi et le Ça » (1923). *Essais de psychanalyse*. Paris : Payot.

Hahn, Johann G. von
1918 *Grieschische und Albanesische Märchen*. München, Berlin : Georg Müller, 2 vol.

Héritier, Françoise
1992 « Moitiés d'hommes, pieds déchaussés et sauteurs à cloche-pied », *Terrain*, 18 : 5-15.

Joisten, Charles
1971 *Contes populaires du Dauphiné*. Grenoble : Publications du Musée dauphinois.

Lascault, Gilbert
s.d. *Le Monstre dans l'art occidental*. Paris, Klincksieck.

Lévi-Strauss, Claude
1983 « De Chrétien de Troyes à Richard Wagner », *Le Regard éloigné*. Paris, Plon.

Massignon, Geneviève
1983 *De Bouche à oreilles. Le conte populaire français*. Paris : Berger-Levrault.

Valabrega, Jean-Paul
1995 « Identité, identification, Moi-idéal, Idéal du moi. Les quatre fonctions », *Topique*, 56 : 5-35.

CHAPITRE 12

Les croquemitaines, une mythologie de l'enfance ?

La recherche que j'avais ébauchée en 1974 sur les êtres fantastiques destinés à faire peur aux enfants avait eu en son temps une double source d'inspiration. C'était, d'une part, la remarque de Van Gennep, selon laquelle l'éducation des enfants dans les sociétés traditionnelles se faisait par la crainte et l'ironie (Van Gennep, 1943 : 156-157). L'ironie s'exerce envers le second stade de l'enfance : « Pendant le premier, c'est la crainte qui est le procédé communément employée, non pas tant la peur des coups que celle des êtres surnaturels et fantastiques qui [...] interviennent sur la demande des parents ». Il est difficile en effet d'expliquer à un jeune enfant qu'il est dangereux de s'approcher du puits ou de la rivière. L'interdit ne suffisant pas, ou rendant l'acte encore plus tentant, sont alors invoquées des figures terrifiantes, prêtes à dévorer l'enfant, à l'engloutir, à l'emporter au loin[1].

Ce fut aussi une enquête ouverte en 1903 par Paul Sébillot dans la *Revue des traditions populaires*, qui incita ma réflexion et dont voici l'introduction :

> Les enfants ont en Europe et vraisemblablement chez tous les peuples, une sorte de mythologie particulière; elle se compose d'êtres imaginaires dont les parents leur font une peinture succincte, mais terrifiante, en les menaçant de châtiments que ces entités peuvent leur infliger, s'ils commettent des imprudences ou s'ils désobéissent.

---

[1] Un témoignage plus récent, qui est aussi une étude bien documentée, celle de L. Coudray Vivet-Gros, concernant la région de Macôt en Tarentaise, confirme pour la période d'entre les deux guerres que « la peur fut un *sentiment dominant* » de l'enfance : « Ils étaient toujours en train de nous faire peur... peur de quoi, – peur de tout! » (Coudray Vivet-Gros, 1991 : 42).

Ce folklore spécial a jusqu'ici été assez peu étudié, et souvent ceux qui s'en sont occupés se bornent au nom, et à la notation, parfois assez vague de la forme, de la malfaisance du personnage, et des raisons qui motivent son intervention. Plus rarement encore, ils ont relevé les formules par lesquelles les enfants peuvent s'en débarrasser, ou les gestes qui les mettent en fuite. C'est pour aider à une enquête que j'ai réuni les exemples qui suivent (Sébillot, 1903 489).

Ces exemples, ils les puisent dans des publications folkloriques et dans ses propres collectes. Et il les distribue sous deux catégories : d'une part les « génies anthropomorphes », d'autre part les « êtres sous forme animale ». Les premiers se répartissent en plusieurs classes : les génies bienfaisants – comme la tante Arie qui, en Franche-Comté, caresse les enfants sages et les fait dormir –, ou Saint Nicolas qui distribue des cadeaux. Il y a aussi les « Etres qui font dormir » : le Petit Bonhomme Chopillard en Haute Bretagne, la Bonne Femme au sable, la Grand'mère à poussière en Picardie. Il y a encore « ceux qui viennent par la cheminée » et enlèvent les enfants qui s'endorment au coin du feu durant la veillée (Languedoc). Il y a « ceux qui emportent ou corrigent » – en basse Normandie le Bouenhomme Bênetchu emporte les enfants méchants. « Le Croquemitaine wallon s'appelle Bâbou, et il fait des grimaces aux enfants, dont ils prient St Nicolas de les préserver ». Restent enfin les « génies anthropomorphes des eaux », qui attirent les enfants au fond de l'eau : fée du fond en Bourgogne, Homme au crochet en Hainaut, en Alsace *Hôgemann*, Marie Crochet au pays de Liège, etc.

Les êtres sous forme animale peuvent être également aquatiques, entraînant les enfants sous l'eau : Bête verte en Haute-Bretagne, Bête Havette en Normandie. On invoque aussi le loup ou le loup-garou (*Garamando* à Marseille). En Basse-Bretagne, on fait peur aux enfants d'un animal imaginaire appelé *Barbaou*, en Limousin *Bobaou*, *Bobal*, qui est aussi un animal.

Dès lors la rubrique « Mythologie et Folk-Lore de l'enfance » sera enrichie au fil des numéros de la *Revue des Traditions populaires* par de nombreux auteurs. P. Sébillot lui-même publiant l'article qui suit, en 1905 (vol. 20, § V), sur la « croissance et la fascination ». Ces matériaux ne forment cependant pas un corpus : parcellisés, ils émanent bien de ce que j'appelle le « folklore en miettes ». Mais il faut créditer P. Sébillot d'un discernement véritablement ethnologique quand il pose que l'enfant et l'enfance constituent un objet d'étude. Ainsi, dès le premier numéro de sa revue en 1886, il réunissait des matériaux sur l'« enfance du pêcheur » et proposait un questionnaire sur ce thème. Il rapportait déjà l'existence de deux croquemitaines invoqués par les mères pour empêcher les enfants de s'approcher de l'eau : Gros Jean – ou Nicole – les prendra et les tiendra enfermés dans un tonneau où ils n'auront à manger que du fucus et boire de l'eau salée, et une bête appelée St Nicolas armée de griffes pour déchirer leurs visages (Sébillot, 1886 : 7). Il faut remarquer aussi que Sébillot n'hésite pas à affirmer que ces êtres imaginaires relèvent de la mythologie, puisqu'il parle de « *mythologie* et folklore de l'enfance ». Peut-être ces êtres imaginaires sont des êtres mythiques, mais sans mythes constitués puisqu'ils ne sont pas narrativisés ou à peine.

Ma classification de 1974 reprenait celle de Sébillot, êtres anthropomorphes d'un côté, êtres animaux de l'autre, mais il me semblait nécessaire d'ajouter une troisième catégorie que j'appelais, maladroitement, « êtres verbaux », car ils ne sont pas véritablement décrits, parce que difficilement descriptibles et que leur nom seul suffit à déclencher l'épouvante. Une distinction est auparavant nécessaire : celle qui départage les êtres fantastiques en général dont Ch. Joisten dès 1962 donnait une belle collecte, considérablement enrichie ensuite[2], des « croquemitaines », êtres fantastiques eux aussi mais destinés par les adultes aux enfants. Distinction nécessaire puisque les informateurs semblent la faire, mais qu'il faudrait peut-être remettre en cause à certains égards, ne serait-ce qu'en raison des passerelles observables entre les deux catégories.

Les Etres anthropomorphes

Les exemples que j'ai donnés en 1974 de ces êtres anthropomorphes et animaux ne sont évidemment pas limitatifs. J'évoquais parmi les premiers le « Marchand de sable », « Grand'mère à poudrette » en Picardie, qui endort les enfants et rappelais la forme littéraire beaucoup plus terrifiante que lui a donné Hoffmann dans L'Homme au sable :

...méchant homme qui vient voir les enfants qui ne veulent pas aller au lit; il leur jette des poignées de sable dans les yeux, et ces yeux tombent tout sanglants à terre; alors il les fourre dans son sac et les emporte dans le croissant de lune pour nourrir ses petits. Ils sont là perchés sur leur nid, avec des becs crochus comme ceux des hiboux, et ils picorent les yeux des petits enfants qui n'ont pas été sages.

L'inquiétante étrangeté de l'Homme au sable est rapportée par Freud à « l'infantile complexe de castration » (Freud, 1952).

Je donnai peu ou pas d'exemples d'« Homme au sac », peut-être en raison du caractère répétitif de ses occurrences. L'Homme au sac, souvent désigné comme « homme noir », vient enlever les enfants qui n'obéissent pas : le sac ou la hotte, où ils sont mis et emportés, est – semble-t-il – une image de régression utérine, comportant des inversions, puisque le sac est porté *sur le dos* et que, le plus souvent, il s'agit d'un homme. D'autre part l'Homme au sac emporte les enfants pour les manger, autre image de régression, retour dans le corps du géniteur ou de la génitrice. Remarquons en outre que ce personnage se retrouve dans un conte merveilleux, le 327C, *L'Enfant dans le sac*, qui narrativise les rapports conflictuels répétés trois fois entre un garçon, ou une petite fille, et un ogre, conflit qui trouve une issue favorable pour l'enfant, lequel mène alors le

---

[2] Dont témoigne un gros numéro du *Monde alpin et rhodanien* en 1992, publié grâce aux soins d'A. Joisten et de Ch. Abry, 1995.

jeu. Ce conte a été classé dans la catégorie des « contes à faire peur » (*Schreckmärchen*)[3] ou « contes d'avertissement » (*Warnmärchen*), destinés donc aux enfants. On y trouve parfois un point de rencontre avec les croyances. Ainsi dans un conte de la Rhénanie, l'ogre est « l'homme qui emmène les petits enfants qu'il trouve dans la rue après six heures du soir » (Legros, 1956 : 313). Les versions scandinaves nomment souvent le jeune héros de l'histoire *Smörbuck* ou *Smörball*, « Petite motte de beurre », ce qui indique bien la composante orale (« ou cannibalique », comme le dit Freud) du récit.

Le Père Noël et sa hotte pleine de jouets euphémise sans doute l'Homme au sac, devenu bienveillant, qui *apporte* des cadeaux au lieu d'*emporter* les enfants. Mais on observe que les Pères Noël personnifiés effrayent parfois les jeunes enfants. Dans la *Revue des traditions populaires* de 1910, un auteur, parlant d'une enquête faite par le journal *Le Petit Bleu* de Bruxelles sur les peurs enfantines, signale que St Nicolas est plus craint que désiré, bien qu'il apporte chaque année des cadeaux. Les raisons alléguées sont diverses : « parce qu'il est tout blanc », « parce qu'il a une longue barbe grise », « parce qu'il me regardait d'un air sévère », « parce qu'il a pris une petite fille qui riait, et l'a mise dans son sac »[4].

Faut-il classer parmi les êtres anthropomorphes les épouvantails qui sont des parties détachées du corps humain se comportant de façon autonome ? La *Jambe crue et l'Œil ouvert* a été dénombré par Ch. Joisten parmi les croquemitaines les plus répandus en Ariège. Il rapporte la description qu'on en donne à Saint-Jean-de-Verges : « une jambe avec un œil ouvert et une corne », et elle court plus vite que tout le monde. Il signale que la *Jambe Crue* est très populaire en Languedoc ; Daugé rapporte que la *Came cruse* se nourrit du sang des enfants; D. Fabre et J. Lacroix signalent la *Cambacrusa*, jambe crue qui marche seule dans les rues (Joisten, 1962 : 56-57). On trouve aussi la *Jambe rouge* dans la Drome. L. Gandini cite la description de *Gamba con il braccia*, donnée par un enfant italien : « C'est une jambe toujours pliée avec des bras toujours droits et longs; il prend les enfants par la tête et il les emporte dans les bois » (Gandini, 1975 : 153). A. Lavieri rapporte pour la Sicile la *manu-virdi*, la main verte : « main effrayante, de grandes dimensions et de couleur verte qui attrape les enfants et les enlève » (1996 : 459). Il associe la couleur de cette main au vénéneux.

---

[3] Freud différencie l'angoisse (*Angst*), la peur (*Furcht*) « qui suppose un objet défini dont on a peur » et l'effroi (*Schreck*), « état qui survient quand on tombe dans une situation dangereuse sans y être préparé » (Freud, 1981 50).
[4] L'Homme au sac peut prendre des allures locales. Ainsi à Mâcot en Tarentaise, c'était le « Tignard », le colporteur qui portait sous sa cape la hotte contenant ses marchandises (Coudray Vivet-Gros, 1991 45).

Les êtres zoomorphes

La catégorie des êtres zoomorphes comporte une frange fonctionnelle commune avec les êtres anthropomorphes, ceux qui attirent les enfants dans l'eau. Hôgemann ou Marie Crochet ont forme humaine : ils attrapent les enfants qui s'approchent trop près de l'eau et les entrainent au fond. Mais la Bête Havette en Normandie (de *havet*, outil à crochet utilisé par les ardoisiers), en Franche-Comté le Grappin, animal affreux dont les pattes sont comme des crochets, sont comparables quant à leur mode d'intervention. Là encore on peut y voir une image inversée de la naissance, un retour au milieu aquatique utérin, dont l'idée est générateur d'angoisse, puisque le sein maternel est le seul lieu dans lequel on ne peut retourner, en dépit de la nostalgie qu'on peut en avoir.

Une autre caractéristique des êtres zoomorphes, c'est qu'ils menacent de dévorer l'enfant. Le loup ou le loup-garou, qui est alternativement homme et animal, constituait un croquemitaine extrêmement répandu, invoqué par les parents pour empêcher les enfants de s'éloigner de la maison et de s'aventurer dans des lieux non domestiques comme la forêt. Mais leur fonction de dévoreur est partagée par des êtres anthropomorphes comme les ogres et les géants. Ainsi dans la tradition sarde on trouve le *Zio Orcu* (Oncle ogre) accompagnée de la *Zia Orca* (Tante ogre), « qui enlève les enfants méchants et les dévore après les avoir bien engraissés » (Deledda, cité par A. Lavieri : 460).

On mesure donc toute la difficulté d'établir une typologie de ces croquemitaines. Si la description de ces êtres permet, en dépit de son imprécision, de les classer en anthropomorphes et zoomorphes, on s'aperçoit vite que cette distinction est battue en brèche lorsqu'on introduit le paramètre des *fonctions*, au sens de Vl. Propp, c'est-à-dire de savoir ce que font ces êtres, quel est leur mode de nuisance auprès des enfants. Et si l'on suivait Propp, il faudrait alors négliger leurs apparences diverses pour ne retenir que leur mode d'action.

Une approche ethnologique et ethnolinguistique

L'article récent d'A. Lavieri, ethnolinguiste travaillant sur les épouvantails traditionnels siciliens, propose un « premier classement, une mise en ordre préliminaire », et ceci dans une approche anthropologique et ethno-sémiotique. Pour cet auteur, « une étude sur les épouvantails enfantins, principalement à caractère ethnolinguistique et anthropologique, tentant une typologie, n'a pas encore vu le jour » (1996 : 461, n. 4). Si le matériel d'origine sicilienne proposé en annexe est à la fois riche du point de vue sémantique et précis du point de vue linguistique, il ne semble pas que l'esquisse de typologie soit entièrement convaincante. Typologie qui se doit d'être *ouverte* – on a vu en effet des exemples de glissement de fonction d'un être à l'autre –, elle distingue les épouvantails de nature *anthroponymique*, dont le nom qualifie des personnes ayant réellement existé (*don aduardu ccu lu mustazzu* : Don Edouard avec la moustache), mais qui étaient porteurs de particularités hors norme. Ces êtres sont des créations strictement locales et ne franchissent pas les limites villageoises. Ensuite viennent les épouvantails de nature *circonstancielle*, invoqués dans certains lieux (« le curé va te couper la langue » dit-on à un enfant qui parle à l'église), ou les gendarmes lorsque l'enfant s'est emparé de quelque chose qui ne lui appartient pas. Les épouvantails de *nature fantastique* proviennent de contes, traditions populaires ou du surnaturel : la fée au balai, le Chat-Mammon, le Grec-levant, etc. Les épouvantails de *nature onomatopéique* ou *phonosymbolique* proviennent du cri d'un animal particulier : *lu bbabbau, lu mamaù* (rapportés au chien et au chat).

D'autres critères interviennent dans cette classification : la fonction d'interdiction et les catégories phobiques, que l'auteur détaille plus. On y retrouve les catégories phobiques de l'abandon (l'Homme noir, l'Homme au sac), de l'anomalie par excès ou défaut (le Chauve ou Edouard à la moustache), de l'autorité qui renvoie aux épouvantails de nature circonstancielle, du magique (la Sorcière du noyer, la fée au balai), de la paidiophagie (Chat-Mammon, loup-garou, Mère-dragon), de l'enlèvement (grec-levant, manouches), du surnaturel (le diable, la sorcière).

Il est certain que cette typologie n'est pas satisfaisante, puisqu'une véritable typologie, même ouverte, ne peut cependant pas être allongée indéfiniment. L'auteur, dans une note, précise que sera privilégiée la phobie prédominante. La phobie certes, mais aussi, me semble-t-il, les stades de développement de la libido. Selon mon hypothèse, les êtres anthropomorphes concerneraient un stade où est apparu déjà le Surmoi, post-œdipien – ils sont des représentations parentales terrifiantes –, alors que les êtres zoomorphes seraient en rapport avec le stade oral et sadique, avec la peur d'être avalé, dévoré, englouti.

La Babou

A quel stade appartiendraient ces êtres que j'ai appelés *verbaux*, qu'A. Lavieri range dans la catégorie des épouvantails *onomatopéique* ou *phonosymbolique*, et en tout premier la fameuse *babou*, qui se retrouve sous des appellations proches dans une aire européenne vaste. Voici la description qu'en donne Pitrè (cité par Lavieri) :

> Il n'a pas de forme définie, puisqu'il n'est qu'un épouvantail invoqué par les mères à leurs enfants turbulents, désobéissants, susceptibles, pour les effrayer. Elles-mêmes, pour amuser les enfants, miment le babbau, c'est-à-dire qu'avec un tablier ou tout autre fichu, elles se couvrent le visage en faisant d'une grosse voix Bau ou Babbau !

J. Berlioz nous a fait connaître son usage au XIIIe siècle, avec l'expression « faire barbo », et ses liens avec les *larvae*, larves, qui désignent aussi bien des fantômes malfaisants que des masques. On retrouve le mot dans Rabelais, avec l'expression « faire le babou » (en signe de dérision, Livre IV, ch. VI) et aussi dans les jeux du jeune Gargantua, qui joue « à la babou », c'est-à-dire à « s'entrefaire la moue » (Berlioz, 1982).

Il est certain que ce croquemitaine n'est pas tout à fait comme les autres. Son genre ou son sexe sont incertains : le Babou ou la Babou. Ses descriptions sont rares, sauf lorsqu'il emprunte à d'autres épouvantails. Dans un livre paru en 1975, Lella Gandini présente les résultats d'une enquête menée par elle d'octobre 74 à juin 75 dans des écoles de Naples, Bergame et Milan, auprès d'enfants de 3 à 5 ans. Voici quelques réponses des enfants concernant cette entité :

– Je ne saurais pas imaginer le babau.

– Le babau pour moi, c'était un espace tout noir, indistinct.

Parfois la description se précise :

– Moi, le babau, je l'imagine avec une barbe taillée comme des mains qui prenait les enfants pour les manger, il était tout pelé avec de petits yeux et et de grandes dents rouges.

Description onirique où les mains qui prennent les enfants sont aussi bien les mains réelles de cet être que la barbe taillée en mains.

– Le babau, je l'imagine tout noir, avec aussi les yeux noirs et gros.

– La boba me mange, ils sont comme des nains méchants.

Dans l'article de L. Coudray Vivet-Gros déjà cité, on trouve aussi le babou, appelé *L Barbôte*, « le plus redouté des croquemitaines », « ni homme, ni bête, celui-là, c'est certain », déclare un informateur :

L Barbôte... c'est rien ! C'est juste dit pour faire peur aux enfants... à quoi ça ressemble, à rien ». Un autre associe avec la barbe « peut-être une grande barbe qui lui prend sur toute la figure... et d'abord il n'existait pas ! on voyait pas sa figure ! (p. 46).

Un jeu entre enfants, les plus grands s'amusant à faire peur aux petits, consistait à cacher son visage sous un tissu et à s'approcher d'un enfant en criant : « Hou ! Hou ! L Barbôte ! ». Le jeu est signalé – on l'a dit – par Pitrè, mais entre la mère et l'enfant.

L'hypothèse que je faisais quant à l'origine du ou de la babou renvoyait à un âge précoce de l'enfant, qui de la naissance à huit mois environ voit les visages penchés au-dessus de lui, mais n'est pas encore capable de les différencier[5]. Il reconnaît sa mère par d'autres sens : l'ouïe, l'olfaction. Vers huit mois, il différencie le visage de sa mère de celui d'un étranger et manifeste de l'angoisse quand un inconnu s'approche de lui. À cet âge l'enfant ne parle pas, mais il est au stade dit de lallation. Il est capable de combiner des groupes

---

[5] Voir les travaux de R. Spitz et en particulier *De la naissance à la parole*, (1973).

de sons, consonne et voyelle, qui sont répétés par jeu. Mais il est aussi possible que l'émission de ces sons soit associée à un visage étranger générateur d'angoisse. Plus tard le jeu qui consiste à cacher puis montrer le visage, tend à surmonter l'angoisse produite par l'apparition de visages étrangers, ou, analogue au jeu du *Fort-Da*, à surmonter l'angoisse de la disparition du visage de la mère[6].

Les babous sont décrits parfois comme des visages grimaçants, soit à titre de jeu, soit comme caractéristique intrinsèque. E. Monseur, cité par Sébillot, rapporte que « le croquemitaine wallon s'appelle Bâbou et il fait des grimaces aux enfants, dont ils prient Saint Nicolas de les préserver » (1903 : 490). On peut faire l'hypothèse que l'enfant interprète les mimiques des visages étrangers qui s'approchent de lui comme des grimaces menaçantes. Certaines peurs des enfants italiens interrogés par Lella Gandini, sont des visages effrayants.

> Ces épouvantails me font peur parce qu'ils prennent des visages en dehors de la normale, c'est-à-dire qu'ils ouvrent la bouche pour dire qu'ils veulent me manger.

> C'est quand je vais au lit et que je ferme les yeux pour dormir que je vois des figures qui s'esclaffent au-dessus de moi et disparaissent ensuite en explosant et il en vient d'autres et ensuite elles disparaissent en explosant, et reviennent celles de la première fois, mais maintenant je ne les vois presque plus jamais.

> Ce sont des personnes imaginaires sans tête, elles me saluent en ricanant et disparaissent (image onirique encore où des personnages sans tête peuvent ricaner et saluer).

La vision, si bien décrite, de ces visages grimaçants serait-elle à l'origine des masques, dont l'usage est attesté dans toutes les sociétés ? Les masques sont toujours les représentations des dieux, d'êtres surnaturels, d'ancêtres, de morts. J. Berlioz signale la note d'Etienne de Bourbon : *De larva vel barbo*, « à propos de la larve ou du *Barbo* » et il en souligne toute l'importance. « Le mot *larva* vient de l'Antiquité où il désigne tout à la fois un fantôme malfaisant et un masque. [...] Peut-on alors définir le *barbo* comme un masque et en déduire que l'expression « faire *barbo* » revêt le sens de « faire masque » ? (Berlioz, 1982 : 227-233). Les visions de la petite enfance, dont le souvenir prend une forme quasi onirique, trouveraient une expression dans les descriptions plus ou moins stéréotypées des divers *babous*, et une réactivation dans le jeu terrifiant et fascinant qui consiste à cacher puis faire apparaître le visage.

---

[6] Freud observe le jeu de son petit-fils âgé de dix-huit mois, qui envoie hors de sa vue une bobine attachée à une ficelle, puis la ramène vers lui. Les deux moments du jeu sont ponctués par les mots « parti » (*Fort*) et « voilà » (*Da*). « Le jeu était en rapport [...] avec le renoncement pulsionnel qu'il avait accompli [...] pour permettre le départ de sa mère sans manifester d'opposition. Il se dédommageait pour ainsi dire en mettant lui-même en scène, avec les objets qu'il pouvait saisir, le même "disparition-retour" » (Freud, 1981 : 53).

Un autre enfant italien raconte :

> Je connais des visages hideux. Moi quand je vais dormir et que j'éteins la lumière je commence à avoir peur parce que je crois voir des figures méchantes, ma mère me dit d'avoir peur des vivants et pas des épouvantails que j'imagine.

Cette dernière notation montre que, si les mères ne croient plus au babau et engagent leurs enfants à ne plus y croire, ceux-ci peuvent être encore hantés par son visage grimaçant. Ce qui pourrait conforter l'hypothèse proposée en 1974 concernant le « bon usage » des croquemitaines : ils servent à substituer la peur à l'angoisse. Le bénéfice est appréciable puisqu'il est plus facile d'échapper à un danger extérieur qu'à une menace intérieure, sans nom ni forme.

L'invention des croquemitaines

Le mode de formation des croquemitaines obéirait à la nécessité, voire la compulsion, de projeter des phantasmes persécutants inexprimables autrement. Mais se pose la question de savoir qui donne forme aux croquemitaines ? Les adultes ou les enfants ? Dans le cas du *babou*, et si cette hypothèse est juste, l'origine serait du côté des enfants terrorisés par des visages grimaçants au-dessus d'eux, mais dont ils sont encore incapables de parler, du moins avec un langage articulé, puisqu'ils en sont au stade de la lallation. La cristallisation qui aboutit à un nom et à une description formelle, une prise de corps, même si c'est un corps imaginaire, provient donc des adultes puisant dans une mémoire inconsciente.

Mais si les adultes projettent ces croquemitaines sur les enfants, ce n'est pas seulement pour aider ceux-ci dans leur difficile développement libidinal, c'est aussi pour projeter sur eux la *fonction de croyance*. Les adultes proposent aux enfants des épouvantails issus de leurs phantasmes infantiles, dont on ne se débarrasse jamais complètement, et ils les chargent du devoir d'y croire, exploitant ce qu'il est convenu d'appeler la crédulité enfantine. Et l'invention des croquemitaines satisfait en même temps à un contournement de l'amnésie infantile. Même formalisées, élaborées dans le langage, grâce aux noms et à la description qu'ils reçoivent, les épouvantails ont quelque chose à voir avec les phantasmes infantiles persécutants. Ou plus exactement peut-être, ils sont les représentations de quelque chose de non représentable puisque inconscient.

Pour finir, je voudrais évoquer des recherches qui montrent que, si j'ai apparemment abandonné le thème des croyances aux croquemitaines, celui-ci continue cependant de me hanter. Travaillant sur les contes merveilleux, je me suis intéressée à ceux, assez rares, qui étaient destinés aux enfants. P. Sébillot présente un petit corpus publié par lui dans son volume *Littérature orale de la Haute Bretagne* (1881), parlant de récits « qui ont trait à des aventures d'enfants, parfois mélangés de merveilleux. Ce sont aussi ceux qui les mères et les nourrices racontent le plus volontiers aux petits garçons et petites filles, en raison de leur forme simple et de leur trame peu compliquée. Ils sont aussi très courts » (p. 219). On y trouve rassemblés par Sébillot, une version du 720, *Ma mère m'a tué, mon père m'a mangé* – dont il dit que « c'est un des contes d'enfants les plus connus » – une autre version, altérée, de ce contre-type, deux versions du 780, *La Fleur de pimprenelle*, et un récit formé d'une randonnée suivie du *Petit Chaperon rouge*. Ch. Joisten confirme l'existence de contes pour enfants, citant *Le Petit Chaperon rouge* également, *Le petit Poucet*, *Pouçot avalé par la vache*, *La chèvre et ses chevreaux*, et de nouveau *Ma mère m'a tué, mon père m'a mangé* (Joisten et Joisten, 1996 : 126-127). Il faut y ajouter aussi *L'Enfant dans le sac*, cependant peu représenté dans le corpus français. Ce répertoire, laissé aux femmes, dédaigné des conteurs renommés, offre une caractéristique frappante : ils sont les plus terrifiants des contes merveilleux, centrés le plus souvent sur des thèmes d'oralité, avalement, engloutissement, cannibalisme, ou d'excrétion et de meurtres.

A l'encontre du corpus des croquemitaines, ces récits ne sont pas objets de croyance. Ce sont des fictions, données comme telles, contrairement également aux récits de *peurs* racontés à la veillée auxquels on croit parce que c'est arrivé un jour à quelqu'un. Mais ces fictions véhiculent les mêmes pensées qui sont manifestes avec les croquemitaines : la terreur d'être avalé, d'être englouti dans des sacs comme si l'on retournait dans le sein maternel, la peur d'affronter des créatures hideuses et agressives ou des animaux dévoreurs. Les récits offrent cependant un bénéfice par rapport aux croyances : narratifs, ils développent un itinéraire, ils décrivent le parcours d'un chemin, au bout duquel il y a un succès, une victoire sur les monstres, un progrès accompli. C'est ainsi que l'enfant attrapé trois fois de suite par l'homme au sac, s'échappe deux fois grâce à une ruse et la troisième réussit à le vaincre. On a dit que cet enfant, appelé dans les versions scandinaves, mais aussi dans d'autres pays, « Enfant de beurre » ou « Petite Motte de beurre », est donc un enfant décrit comme comestible, dont les aventures racontent la traversée du stade oral.

Un autre conte merveilleux, celui-ci destiné à toute la communauté, donc essentiellement à des adultes, *Jean sans peur* (T 326)[7] concerne également notre propos. Ce garçon, dont on nous dit qu'il n'a jamais éprouvé de crainte, même dans les situations les plus effrayantes, déclare qu'il ne se mariera pas tant qu'il n'aura pas connu la peur. Une première expérience où il affronte des mannequins censés représenter des revenants, ne suscite chez lui aucune épouvante. Il ignore en fait ce qu'est la mort. Il traite ces personnages (ou, dans la version des Grimm, les pendus qu'il décroche d'une potence) comme s'ils étaient en vie, essayant de communiquer avec eux ou de leur redonner ce qu'ils ont définitivement perdu, la chaleur du vivant. Contrairement aux héros en cours d'initiation, il ne sait pas traiter avec l'au-delà, avec l'autre monde. Ensuite trois nuits d'horreur dans un château hanté où des membres humains

---

[7] *Märchen von einem der auszog das Fürchten zu lernen*, « conte de ce-lui qui s'en alla pour apprendre la peur » c'est le titre de la version des Grimm. Il est bien question de *Furcht*, peur, et non de *Schreck*, effroi.

tombent par la cheminée, où il affronte des démons persécuteurs, ne lui font pas éprouver de frayeur. L'expérience des corps morcelés ne suscite toujours pas d'affect chez lui[8]. Il y gagne cependant une princesse en mariage. Mais ce mariage, il le refuse puisqu'il ne connaît toujours pas la peur. Un stratagème est imaginé, souvent par la princesse elle-même. Elle fait préparer un grand pâté rempli d'oiseaux vivants. Lorsque le garçon ouvre le pâté et que les oiseaux s'en échappent, il est effrayé ou, le plus souvent, il ressent la manifestation physique de la peur : le frisson[9]. La pédagogie de la peur a fait son œuvre. Une des leçons de ce conte, c'est qu'on ne peut accéder à la maturité sans avoir connu la peur, c'est-à-dire sans savoir ce qu'est la mort.

Bibliographie

Belmont, Nicole
1974 « Comment on fait peur aux enfants », *Topique, revue freudienne*, 13 · 101-125.
1993 « Conte et enfance. À propos du conte *Ma mère m'a tué, mon père m'a mangé* (T 720) », *Cahiers de littérature orale*, 33 : 75-98.
Berlioz, Jacques
1982 « Masques et croquemitaines. À propos de l'expression "faire barbo" au Moyen Age ». *Le Monde alpin et rhodanien*, 1-4 : 221-234.
Coudray Vivet-Gros, Lise
1991 « La peur dans le Berceau Tarin chez les enfants du "vieux-temps" à Macôt-La Plagne en Tarentaise (Savoie) », *Etudes franco-provençales*, Paris, CTHS : 41-55.
Freud, Sigmund
1971 « L'inquiétante étrangeté » [1919] *Essais de psychanalyse appliquée*, Paris, Gallimard : 163-211.
1981 « Au-delà du principe de plaisir », *Essais de psychanalyse*. Paris, Payot : 41-115.
Gandini, Lella
1975 *I Babau. Un'inchiesta sugli spauracchi dei bambini*. Milano : Emme Ediziona.
Hoffmann, E. T. A.
1968 *Contes*. Paris : Aubier-Flammarion.

---

[8] Sans doute n'aurait-il pas été effrayé en rencontrant la *Jambe-Crue*.
[9] Dans d'autres versions, la princesse verse dans son lit un plein seau d'eau et de poissons frétillants.

Joisten, Charles
1962 *Les Etres fantastiques dans le folklore de l'Ariège*. Extrait de *Via Domitia*, IX : 15-82.
Joisten, Charles et Alice
1996 *Contes populaires du Dauphiné, tome 3*. Die : Editions A Die et Musée dauphinois (Archives des Alpes).
Joisten Alice et Abry Christian
1992 *Etres fantastiques dans les Alpes*. Recueil d'études et de documents en mémoire de Charles Joisten. Grenoble : *Le Monde alpin et rhodanien*, 1-4.
Lavieri, Antonio
1996 « *La Main verte* et autres épouvantails enfantins. Tentative de typologie », *Ethnologie française*, 3 : 453-463.
Legros, Elisée
1956 « L'enfant dans le sac » et « le Petit Chaperon rouge », *Enquêtes du Musée de la vie wallonne*, VII, 81-84 : 305-328.
Sébillot, Paul
1881 *Littérature orale de la Haute-Bretagne*. Paris, Maisonneuve (Littératures populaires de toutes les nations, 1).
1886 « L'Enfance du pêcheur », *Revue des traditions populaires*, I : 5-12.
1903 « Mythologie et folk-lore de l'enfance », *Revue des traditions populaires*, XVIII : 489-493.
Spitz, René
1973 *De la naissance à la parole*. Paris, P.U.F.
Van Gennep, Arnold
1943 *Manuel de folklore français contemporain*. Paris : Picard, tome premier, vol. 1.

III

Contes Merveilleux

CHAPITRE 13

Orphée dans le miroir du conte merveilleux

Le contre-type portant le numéro 313 dans la classification internationale d'Aarne et Thompson a reçu le titre *La Fille aide le héros dans sa fuite* (*The Girl as Helper in the Hero's Flight*), alors qu'il est connu dans le corpus des contes français comme *La Fille du diable*[1]. Son aire de répartition comprend l'Europe entière, une partie de l'Asie occidentale et orientale, l'Amérique du Nord où les Européens l'importèrent et où certains Indiens l'adoptèrent, des îlots africains où il est également d'origine européenne[2]. Les versions littéraires les plus anciennes sont italiennes : il est attesté en premier lieu dans un poème

---

[1] A. Aarne & S. Thompson, The Types of the Folktale, Helsinki, Academia Scientiarum Fennica, 1973 (FFC n° 184), P. Delarue & M.-L. Tenèze, Le Conte populaire français. Catalogue raisonné des versions de France et des pays de langue française d'outre-mer..., I. Paris Maisonneuve & Larose, 1967 (cité infra Catalogue). Signalons également deux études sur ce contre-type récemment parues, dont la première est d'inspiration formaliste tandis que la seconde procède d'une démarche plus originale Stella Longo Reggiardo, « L'Analyse des versions trouvées en Argentine du contre-type 313 », et Vivian Labrie, « Cartographie et analyse graphique de l'univers physique du conte à odyssée », in Le Conte, pourquoi ? comment ? (*Folktales, why and how?*), Actes des journées d'études en littérature orale. Analyse des contes - Problèmes de méthodes, Paris, 23-26 mars 1982. Paris, Éd. du CNRS, 1984 « Colloques internationaux du CNRS ». Rappelons, avec P. Delarue & M.-L. Tenèze (Catalogue 49), que « chaque contre-type est désigné par le numéro de la classification admise internationalement par tous les folkloristes [..] et dite classification Aarne-Thompson, en abrégé Aa-Th. ». Chaque contre-type est donc pourvu d'un numéro précédé de la lettre T et d'un titre T 313 La Fille aide le héros dans sa fuite pour le contre-type étudié ici.
[2] S. Thompson, *The Folk-tale,* Berkeley, University of California Press, 1977 90.

épique du XVIe siècle, le *Mambriano*, et ensuite dans G. Basile, *Rosella* (III, 9) et *La Palomma* (II, 7, où il ne se retrouve qu'en partie)[3]. Dans ses *Contes de fées*, Madame d'Aulnoy en donne une version très arrangée, *L'Oranger et l'abeille*, qui, selon Paul Delarue, n'aurait eu aucune influence sur la tradition orale française, bien qu'elle ait été diffusée dans la littérature de colportage[4]. Il voit dans ce contre-type un des plus longs, un des mieux composés, un des plus aimés. Et il ajoute : « ... dans aucun autre on ne trouve assemblés tant d'éléments venus du fond des âges: filles-oiseaux, métamorphoses, enchantements, objets et animaux qui parlent, opérations magiques très diverses et d'une étrangeté parfois déconcertante. Mais ces motifs, dont l'extrême ancienneté ne saurait faire de doute, sont bien antérieurs à l'opération créatrice qui les a choisis parmi bien d'autres ou prélevés dans des assemblages déjà réalisés pour en faire une construction cohérente et logique, œuvre d'art véritable dont la solidité est à l'épreuve du temps »[5].

Ces motifs anciens se laissent repérer sans trop de difficultés. On en trouve un certain nombre dans l'histoire de Jason et de Médée, qui relate l'expédition des Argonautes à la recherche de la Toison d'Or. Jason doit accomplir, comme le héros de *La Fille du diable*, des travaux difficiles imposés par un roi magicien et n'y réussit qu'avec l'aide magique de Médée, la fille de celui-ci. Elle s'enfuira avec Jason qui s'est emparé de la Toison d'Or et s'emploiera à retarder son père qui les poursuit. Jason délaissera plus tard Médée, comme le héros du T 313 oublie sa fiancée ou épouse[6].

S. Thompson différencie trois sous-types de ce conte, mais les au-teurs des divers catalogues nationaux n'ont pas tous adopté ce classement qui n'est pas fondé sur des critères cohérents. Les sous-types 313 A et 313 B se distingueraient par des motifs d'introduction différents : le « garçon promis au diable » dans 313 A et *La Guerre des animaux* (T 222) pour 313 B – ce dernier faisant appel à des thèmes très anciens retrouvés notamment dans la légende babylonienne d'Etana[7]. Cette forme particulière du conte – dont le corpus français ne connaît qu'une seule version[8] – pose des problèmes difficiles à résoudre en raison de l'apparente hétérogénéité entre l'épisode introductif et le récit lui-même. Enfin, le sous-type C serait caractérisé par un long épisode dit de « la fiancée oubliée », placé à la suite de la narration. Notre hypothèse

---

[3] G. Basile, *The Pentamerone*. Translated and edited by B. Croce & N.-M. Penzer, London, 1932, 2 vol.
[4] *Catalogue* : 240.
[5] *Idem* : 234.
[6] *Catalogue* . 237, et Grace Knapp, « The Motifs of the Jason and Medea Myth in Modern Tradition (A Study of Märchentypus 313) », *Abstracts of Dissertation* VIII 5-67, Standford University (que nous n'avons pas pu consulter).
[7] *Catalogue* : 235-237.
[8] *Catalogue* : version 28.

implique que cet épisode fait organiquement partie du conte, bien qu'il soit précédé immédiatement de ce qui pouvait apparaître comme une conclusion suffisante à certains conteurs. Parmi les quatre-vingt-huit versions françaises recensées en 1957 par P. Delarue, un tiers environ comporte cet épisode final de la fiancée oubliée. La proportion est à peu près la même si l'on inclut les versions de langue française d' « outre-mer » : Canada, Louisiane, Antilles, etc. Notre corpus sera donc constitué pour l'essentiel par les versions françaises de ce contre-type et, parmi ces versions, par celles qui comportent l'épisode de la fiancée oubliée, puisqu'elles représentent, à notre avis, la forme structurellement complète de la narration. Nous voudrions en effet mettre au jour « l'opération créatrice » – pour reprendre les termes de P. Delarue – qui a permis, en assemblant des motifs narratifs peut-être préexistants, de produire « une construction cohérente et logique ». Autrement dit, tenter de découvrir le schéma mythique selon lequel se sont organisés les divers motifs du conte – dont la plupart sont connus par ailleurs – et d'élucider, si peu que ce soit, ce qui constitue la nature de la spécificité narrative du conte merveilleux. Tous les spécialistes de la littérature populaire ont reconnu cette spécificité – qui n'est pas réductible à celle du conte d'animaux, ni du récit facétieux, ni de la légende, ni du mythe[9]. Et cependant il a toujours paru malaisé de la définir. Les théories du XIXe siècle qui, à partir des frères Grimm, voyaient dans les contes les produits d'une dégénérescence d'anciens mythes ne sont pas plus satisfaisantes que celle de V. Propp, qui a eu le mérite de dégager une organisation formelle, « morphologique », mais dont le défaut est de méconnaître la multiplicité et la diversité des contes merveilleux. « Avant le formalisme, nous ignorions, sans doute, écrit C. Lévi-Strauss dans sa critique de la *Morphologie du conte*, ce que ces contes avaient en commun. Après lui, nous sommes privés de tout moyen de comprendre en quoi ils diffèrent »[10].

Nous voudrions, au moins sur un contre-type, peut-être sur un cycle de contes types, repérer, mettre au jour le travail d'élaboration narrative qui a abouti au récit que nous connaissons sous le titre *La Fille du diable*, ou, plus largement, à l'ensemble des contes types dont le thème général est constitué par la quête de l'épouse ou de l'époux disparus (T 400-401 et T 425). Précisons qu'il s'agit non pas de tenter de retrouver l'origine géographique ou historique de la création du conte, à la manière de l'école finlandaise, mais en revanche de déterminer le schéma narratif mythique qui a servi d'ossature au conte, la manière dont ce schéma a été manipulé, réélaboré, afin de l'adapter à la structure narrative et aux fonctions du conte merveilleux, et de poser la question de la congruence entre ce schéma mythique et les motifs dont il est en quelque

---

[9] M.-L. Tenèze, « Le Conte merveilleux comme genre », *Arts et Traditions populaires*, janv.-sept. 1970, 1-2-3 II-65.
[10] C. Lévi-Strauss, « La Structure et la forme », *Anthropologie structurale deux*, Paris, Plon 1973 : 159.

sorte nourri. Mais il nous faut auparavant présenter un résumé du conte et une synthèse des diverses versions, qu'on empruntera donc au corpus français.

La version dont nous donnons le résumé a été choisie pour la raison qu'elle comporte peu d'écarts par rapport au schéma narratif général du contre-type. Elle s'intitule *La Montagne Verte*[11] et a été recueillie par G. Massignon en Grande Brière :

> Le héros est un jeune homme dont le père tient un magasin d'étoffes. Pendant une absence de celui-ci, le garçon fait la noce, joue aux cartes, si bien qu'il mange toute la fortune paternelle. Il décide de se noyer, mais, arrivé au bord de la rivière, il voit un homme qui marche sur l'eau et retarde l'accomplissement de son geste fatal pour le voir de plus près. L'homme, instruit des raisons de son projet de suicide, lui propose le double de la somme qu'il a dilapidée à condition qu'il vienne le trouver à la Montagne Verte « au bout de jour et an ». Le délai écoulé il se met en route et arrive à la Montagne Verte, chez celui que le conteur appellera désormais le diable et qui imposera au garçon trois tâches successives, à accomplir chacune en une seule journée avec des outils dérisoires. Il s'agit le premier jour d'abattre et de fagoter une forêt entière avec une hache de bois ; le lendemain de vider un étang avec une écuelle ; le surlendemain d'aller chercher trois œufs de tourterelle en haut de la Montagne Verte, abrupte et glissante. Le garçon mène à bien les deux premières tâches grâce à l'aide magique de la plus jeune fille du diable, « la blonde ».
>
> Il en est de même pour la troisième, mais cette fois la jeune fille paie de sa personne : elle doit être coupée en morceaux, bouillie dans une marmite, ses os décollés de la chair et utilisés en guise d'échelle. Le garçon, s'étant saisi des œufs en haut de la montagne, doit alors rassembler les os dans une serviette, les remettre à bouillir dans la marmite pour que la blonde retrouve son intégrité corporelle. Malheureusement, il laisse sur la montagne l'ongle du petit doigt de la main gauche. Le diable, en récompense de l'accomplissement des travaux, lui donne en mariage une de ses filles, qu'il doit désigner les yeux bandés. Il reconnaît sa bien-aimée à ce manque qui marque désormais son corps. En dépit du fait qu'il est devenu son beau-père, le diable n'abandonne pas ses projets meurtriers contre le héros. Celui-ci s'enfuit avec son épouse. Le diable se lance bientôt à leur poursuite, est sur le point de les rattraper. La jeune femme transforme alors magiquement le cheval en cerisier, elle-même en cerise et son époux en jardinier « à la cueillir ». Le diable est leurré, revient chez lui où sa femme lui révèle qu'il s'agissait des fugitifs. Il repart à leur poursuite: le cheval est alors métamorphosé en chien, le garçon en chasseur et la jeune femme en fusil. La troisième fois où le diable est sur le point de les atteindre, ils réussissent à passer par-dessus la « barrière de la Terre Sainte ». La fille du diable bâtit magiquement un château non

---

[11] M.-L. Tenèze souligne qu'en général le titre *La Montagne Verte* est particulier aux pays de langue d'oc, la *Montagne Noire* aux pays de langue d'oïl (P Delarue & M.-L. Tenèze, *Contes de France*. Paris, Ratier, 1980 193).

loin de l'endroit où demeurait le garçon. Elle le met en garde contre le risque d'embrasser quiconque de sa famille ou de ses amis, sous peine qu'il l'oublie. Un jour sa marraine lui saute au cou : « il ne savait plus qu'il était marié ». Il reprend sa vie de jeune célibataire et retrouve d'anciens amis qui lui signalent la présence d'une belle demoiselle vivant dans un château au bord de la ville. Elle accueille aimablement l'un d'eux qui lui dit son désir de passer la nuit avec elle. Mais elle l'oblige, par sa magie, à fermer pendant toute la nuit la croisée ouverte. Même jeu avec le deuxième camarade qui doit vider le pot de chambre toujours plein « sans pouvoir mettre le pied dans le lit ». Le troisième à se présenter devant cette demoiselle apparemment accueillante est son mari. « Elle se dit "Je ne vais pas le prendre comme les autres" Elle l'embrasse . "Qu'est-ce que je t'avais dit ? Tu ne me reconnais plus ? Je t'avais dit de n'embrasser personne..." Le mari dit "Nous voilà heureux" "Faut nous marier en terre sainte", dit la blonde, "alors tu reconnaîtras tes parents et tu me reconnaîtras aussi" »[12].

L'épisode initial de cette version se retrouve dans la moitié environ de notre corpus. Certains récits ajoutent que dans une ultime partie de cartes engagée contre le diable lui-même, le héros, qui n'a plus un sou, propose son corps en guise d'enjeu. Il doit donc aller se livrer à celui qui l'a gagné, là où il habite. Dans une dizaine d'autres versions, la situation initiale peut être considérée comme une perte, littérale ou métaphorique, du héros, de son propre fait ou de celui de ses parents. Dans deux récits, il s'agit d'un prince qui s'égare à la chasse et arrive chez le diable[13]. Dans une version de Gascogne, il est perdu par son père à la demande de sa marâtre qui le déteste[14], ou bien il est promis au diable par son père qui prenait du bois « sur les terres d'un monsieur »[15]. Dans une version bretonne altérée, deux enfants, frère et sœur, abandonnés dans une forêt, sont recueillis par un magicien et une magicienne[16]. Deux versions de la collection Millien mettent en scène un soldat revenant du service et connaissant une sorte de vacance sociale propice à l'errance et au passage involontaire de ce monde-ci à un autre[17]. Un récit basque donne comme motif de départ du héros l'extrême misère où il vit avec sa mère veuve[18] ; un autre, d'origine picarde, raconte la ruine du père, fermier, et la rencontre de son fils, parti vendre le dernier cheval, avec un personnage qui lui propose mille écus contre la

---

[12] G. Massignon, *Contes de l'Ouest. Brière-Vendée-Angoumois*, Paris, Érasme, 1953. 1-14. Le conte a .été recueilli en 1950 auprès d'un vannier de Mayun (Loire-Atlantique)

[13] *Catalogue* : versions 14 et 55.
[14] *Idem* . version 72.
[15] « Le Monsieur aux sept filles » (G. Massignon, *Contes traditionnels des teilleurs de lin*, Paris, Picard, 1981, n° 21).
[16] *Catalogue* . version 31
[17] *Idem* versions 19 et 21.
[18] *Ibidem* : version 86.

promesse de venir à la Montagne Noire[19]. Deux versions empruntent leur épisode initial au T 408 *(L'Amour des trois oranges)*. Un garçon brise la cruche d'eau d'une vieille femme qui lui lance une malédiction : il ne pourra être guéri d'un tremblement irrépressible que par une princesse lointaine, fille d'un magicien redoutable[20]. Enfin une version, apparemment différente quant à l'épisode initial, parle d'un fils de roi « à qui on ne veut rien apprendre ». À l'âge de seize ans, l'ayant constaté une fois de plus, il décide de partir[21].

Dans la majorité des versions, il s'agit donc d'un héros qui se trouve, d'une manière ou d'une autre, dans un état de perte ou de manque existentiel, qu'il ait perdu soit sa propre personne, soit tout ce qu'il possède, ainsi que la fortune de ses parents, perte symbolique de soi-même qui l'amène parfois à l'idée de sa propre destruction par suicide. Le fait, pour les fils de roi, de s'égarer à la chasse paraîtrait dérisoire s'ils ne perdaient leur identité dans l'aventure. Les soldats revenant du service, eux, n'ont pas d'identité ni d'insertion sociale, et flottent, durant ce voyage de retour, entre deux mondes. Les enfants abandonnés ou promis au diable par leurs parents subissent sans doute une perte plus dramatique encore, tandis que les jeunes gens maudits par une femme âgée à qui ils ont manqué gravement de respect en cassant un objet dans lequel on peut voir un symbole sexuel féminin, ne connaîtront plus de paix intérieure avant de trouver la jeune femme qui les guérira. Si, narrativement parlant, nous sommes bien dans le cas du manque qui, avec le méfait, constitue pour Propp le coup d'envoi du conte merveilleux, on constate la richesse inventive de celui-ci, qui explore presque tout le champ sémantique de la perte touchant la personne d'un adolescent, infléchissant déjà le sens potentiel de chaque version. Sans oublier ce fils de roi « à qui on ne veut rien apprendre» et qui nous introduit directement à l'une des problématiques sous-jacentes du conte merveilleux : celle de l'initiation qui nécessite, d'abord et absolument, le départ de la maison paternelle. Il est curieux de constater que Freud fait une remarque semblable, loin du contexte des contes, à propos de voyages, mais aussi et surtout à propos

---

[19] *Ibid.* : version 2.

[20] *Ibid.* versions 29 et 41, cette dernière, altérée, parlant, non d'une princesse mais de sainte Julienne.

[21] *Ibid.* version 5 (recueillie dans la région de Troyes). Dans cette version, il n'y a pas d'oubli lors de l'épisode final le prince tombe dans un état de langueur d'où il ne sortira qu'au retour de la jeune fille réapparaissant grâce au tour de magie qui, lors de leur fuite, leur a permis d'échapper à l'ogre. Notre corpus comprend encore trois récits, dont l'un commence par le conte T 222 (version 28), les deux autres ne possédant pas d'épisode initial : le récit commence alors que le héros est déjà chez le diable *(Le Diable qui avait trois filles*, G. Massignon, *De Bouche à oreilles. Le conte populaire français,* Paris, Berger-Levrault, 1983, n°6, et *Les Souliers de verre* ou *Retourne-toi Jules*, in D. Fabre & J. Lacroix, *La Tradition orale du conte occitan. Les Pyrénées audoises,* I, Paris, PUF, 1974 . 383-388).

d'un trouble de mémoire. En effet après avoir analysé ce « trouble de mémoire sur l'Acropole », il affirme que le désir de voyager ressenti par les adolescents provient de l'insatisfaction qu'ils éprouvent dans leur famille, et il évoque alors les limitations et la pauvreté des conditions de vie dans son enfance. « Quand on voit la mer pour la première fois, qu'on traverse l'océan et qu'on prend personnellement connaissance de villes et de pays qui furent si longtemps des objets lointains, hors de portée du désir, on se sent alors comme un héros qui a accompli des exploits aussi grands qu'improbables[22] ». Tellement improbables en effet qu'on s'empresse, comme le héros de *La Fille du diable,* de les oublier lorsqu'on revient chez soi.

Notre version de référence ne développe pas la séquence du long et difficile voyage, nécessaire pour se rendre chez le diable. Dans la plupart des versions, celui-ci se contente de dire au jeune homme qu'il doit venir chez lui, nommant parfois le lieu – Montagne Verte, Montagne Noire, Forêt Noire, Château des Montagnes d'Or, Château du Tonnerre –, mais sans lui indiquer le chemin pour y parvenir. Le héros marche longtemps, puis s'informe auprès de personnages vivant dans un espace et un temps non humains qui se comptent en milliers de kilomètres et en centaines ou milliers d'années. Les plus remarquables sont trois vieilles, sœurs entre elles et maîtresses des animaux sauvages. Secourables envers le héros, elles convoquent ces animaux qui parcourent l'univers : l'aigle est souvent le seul à connaître ce lieu si lointain. Mais on trouve aussi des géants, des ogres, des ermites, parents entre eux, le plus souvent frères, qui accueillent successivement et favorablement le jeune homme sur présentation d'une lettre d'introduction donnée par le précédent.

De l'un de ces aides, le héros reçoit des conseils concernant la conduite à tenir chez le diable et la façon de s'attirer les faveurs de l'une de ses filles. Dans un certain nombre de versions en effet, le garçon fait connaissance des filles du diable avant même d'arriver à la demeure de celui-ci. La rencontre s'inscrit dans le cadre narratif du motif des filles-cygnes bien connu dans les contes merveilleux. Comme le remarque justement M.-L. Tenèze dans son commentaire de la version intitulée *L'Ogre de la Forêt Noire*[23], l'épisode perd beaucoup de son caractère merveilleux ou mythique dans le corpus français. Au lieu qu'il s'agisse de femmes qui, oiseaux, apparaissent humaines lorsqu'elles enlèvent leur robe de plumes, et qu'en s'emparant de leur plumage le héros peut contraindre à rester sous cette forme, les récits français mettent en scène des filles qui, allant se baigner, ont laissé leurs vêtements au bord de l'eau: le héros

---

[22] S. Freud, « A Disturbance of Memory on the Acropolis. An Open Letter to Romain Rolland on the Occasion of his Seventieth Birthday », *Collected Papers V,* London, The Hogarth Press and the Institute of Psychoanalysis. 1971 · 311 (*G. W* 16 : l'article est de 1936).

[23] P. Delarue & M.-L. Tenèze, *Contes de France, op. cit.* : 193.

s'empare d'une pièce de vêtement de l'une d'elles, ou d'un ruban, ou d'un mouchoir et ne consent à le lui restituer qu'après avoir obtenu sa promesse de l'aider, et même sa foi et son amour. Sans elle en effet, sans son pouvoir magique, il ne pourrait accomplir les tâches imposées, sous peine de mort, par le diable, ni lui échapper lors de leur fuite. Les tâches sont en général au nombre de trois. Nous avons indiqué les plus récurrentes. Mais on trouve aussi l'obligation de fabriquer un pont sur la mer avec des plumes ; de dompter des chevaux sauvages (qui sont le diable, sa femme et ses filles métamorphosés) ; d'ensemencer la forêt défrichée, de récolter le blé, d'en faire de la farine, puis du pain, tout cela en un jour, ou de planter une vigne qui donnera du vin pour le soir ; de nettoyer de ses mains des objets encrassés depuis mille ans, de niveler une montagne, d'aller chercher le soleil au pied d'un chêne ou un anneau tombé dans la mer il y a trois cents ans. Cette dernière tâche exige que la fille du diable subisse le même dépeçage que pour l'ascension de la montagne: les morceaux sont alors jetés dans la mer (ou dans le lac) et non bouillis dans une marmite, puis rapportés à terre par le garçon, dont une négligence sera la cause de la restitution incomplète du corps de la jeune fille, incomplétude qui permettra au garçon de la reconnaître et de la choisir. Car le diable, sans pourtant abandonner ses intentions meurtrières, se montre loyal, il reconnaît que le garçon a rempli son contrat en venant jusque chez lui, en se mettant à son service et en accomplissant les tâches imposées, dont la récompense est tout naturellement l'une de ses filles offerte en mariage, mais désignée par hasard. D'où la mise en scène du choix à l'aveugle, les yeux bandés.

Une des versions du corpus a peut-être conservé l'épisode sous une forme moins rationalisée. Le héros a été promis par son père à un « monsieur » qui vient le chercher lorsqu'il atteint l'âge de onze ans. Il vit avec les filles du monsieur: elles sont au nombre de sept et toutes semblables. La veille de ses vingt ans, le monsieur demande au jeune homme d'exécuter pour lui « trois journées de travail» : trois tâches difficiles dont il vient à bout grâce à l'aide magique de la plus jeune des filles. Le monsieur lui accorde de désigner à son gré celle qu'il épousera. Un signe de reconnaissance – le mouchoir de cou avec le « bec en bas » – lui permet de désigner la plus jeune, au grand étonnement de celui qui va devenir son beau-père : « Pourquoi choisis-tu celle-là, plutôt qu'une autre ? Elles sont toutes les sept pareilles »[24]. Le motif a conservé dans cette version un caractère plus merveilleux – ou plus mythique –, dans la mesure où il ne tente pas de rationaliser l'exposé de la contradiction qui consiste à devoir et à vouloir choisir un objet parmi d'autres semblables. Dans le contexte de ce contre-type, on verra qu'il est possible de donner à cette contradiction une signification sociale, sans pour autant en épuiser le sens.

Le diable a donc été obligé de reconnaître la qualification acquise par le

---

[24] « Le Monsieur aux sept fille » (G. Massignon, *Contes traditionnels*..., *op. cit.* 21).

héros et qui lui donne accès au mariage. Il désire cependant toujours la mort de celui qui est devenu son gendre, et désormais aussi celle de sa fille. Celle-ci décide et organise leur fuite, épisode étudié par A. Aarne dans les deux contes types 313 et 314[25]. La fuite est « magique » par les moyens qui permettent aux héros d'échapper à leurs poursuivants: ils jettent derrière eux des objets qui se transforment en obstacles difficiles à franchir, ou ils se métamorphosent eux-mêmes ainsi que leur cheval. Dans le corpus français, le premier moyen se trouve plus fréquemment dans T 314 et le second dans T 313. L'épisode le plus commun raconte trois métamorphoses successives en êtres et objets qui sont entre eux dans des rapports métonymiques : moulin/ailes de moulin/meunière ; chapelle/autel/prêtre ; étang/canard/cane dans une version recueillie en Bretagne[26] ; meule de cailloux/masse/casseur de pierres ; puits/seau/tireur d'eau ; étang/joncs/cane[27]. La dernière métamorphose fait souvent apparaître une rivière ou un étang qui constituent alors la frontière entre le domaine du diable et ce monde-ci, la « Terre Sainte », où il perd son pouvoir. On sait que, dans de nombreuses mythologies, la limite entre le monde des humains et l'au-delà est marquée par une étendue d'eau, Mais il faut se demander quelle est la nature exacte de cet au-delà dans notre conte. Ce n'est pas le royaume des morts, non plus que l'Enfer chrétien en dépit du nom du maître qui y règne. Si, dans la majorité des versions, c'est nommément le diable qui exige du héros l'accomplissement de tâches difficiles, on rencontre d'autres personnages surnaturels: l'Oiseau-Roi[28], un grand bonhomme rouge que le conteur appellera ensuite « le vieux »[29], un ogre[30], un vieillard[31], un Sarrasin ou Charagine, nom donné en Bretagne à un ogre ou à un sorcier[32], le Grand Fusiquin (physicien) du monde[33], un monsieur[34], le Drac[35], un magicien[36], un Aigle[37]. Dans presque la moitié des versions de notre corpus, ce redoutable personnage surnaturel ne présente aucun trait qui évoque la religion chrétienne ; il en est de même du diable des autres versions, en dépit de son nom. On serait tenté de voir en lui un

---

[25] A. Aarne, *Die magische Flucht. Eine Märchenstudie*. Helsinki, Academia Scientiarum Fennica, 1930 (FFC n° 92).
[26] *L'Oranger* (G. Massignon, *De Bouche à oreilles...*, op. cit., n° 12).
[27] *Catalogue* · version 21.
[28] *L'Oranger* (G. Massignon, *De Bouche à oreilles ...* , op. cit., n° 12).
[29] *La Montagne noire* (G. Massignon, *Contes traditionnels...*, op. cit., n° 3).
[30] *Catalogue* : versions 5 et 21, et *L'Ogre de la Forêt Noire*, in P. Delarue & M.-L. Tenèze, *Contes de France*, op. cit. : 77-88.
[31] *Catalogue* : version 84.
[32] *Idem* : versions 41 et 55.
[33] *Ibidem* : version 57.
[34] *Le Monsieur aux sept filles* (G. Massignon, *Contes traditionnels...*, op. cit., n° 21).
[35] *Catalogue* version 72.
[36] *Idem* versions 23 et 29.
[37] *Ibidem* version 28.

personnage qui agit conformément à l'étymologie grecque du terme qui le désigne: *diabolos* signifie « qui désunit », et par suite « qui inspire la haine ou l'envie », tandis que *diabolon,* c'est la « médisance », la « calomnie ». Le diable a reçu ce nom dans la religion chrétienne car il est un être trompeur, qui sépare de Dieu. Dans T 313 il est un personnage qui sépare un jeune homme de ses parents, séparation on ne peut plus radicale puisqu'il s'agit de passer de ce monde à un autre: il doit littéralement aller au diable.

Dans sa signification d'origine, diabolique s'oppose à symbolique, « qui réunit ». Le héros, par sa fuite et son retour, tente en effet d'abolir la séparation qui a eu lieu entre ses parents et lui. Il n'y réussira que trop bien puisque, insoucieux des avertissements de sa fiancée ou épouse, il oubliera non seulement celle-ci, mais également toutes ses aventures chez le diable. « Alors, on avait beau lui demander où il était passé, il ne savait plus rien ; "Quoi ?" disait-il, "Je n'ai pas bougé d'ici" »[38]. La conjonction trop étroite que réalise un baiser abolit tout souvenir de la séparation et de ses conséquences. Dans près de la moitié des versions, la personne qui embrasse le héros est spécifiée : sa mère, ou une femme – marraine ou tante – qui est un substitut maternel. Dans la plupart des versions, c'est à son insu qu'on l'embrasse, pendant son sommeil ou en lui sautant au cou avant qu'il ait pu se dérober[39]. Le geste « symbolique » ne répare pas l'événement « diabolique » : il l'abolit dans le refoulement et la régression.

Le héros reprend en effet sa vie de jeune célibataire en compagnie de ses amis qui ne tardent pas à s'apercevoir de la présence d'une belle étrangère, fort accueillante de surcroît. L'épisode des « galants bernés » ne varie guère d'une version à l'autre : avant de se mettre au lit avec lui, la jeune femme demande au garçon d'exécuter une tâche domestique simple (tirer un seau d'eau, fermer les volets ou la porte, couvrir le feu, éteindre la lumière, chercher du bois, etc.) et le contraint par sa magie à essayer vainement de l'accomplir durant la nuit entière. Le troisième à se présenter est son mari : selon les versions elle lui impose le même traitement, puis se fait reconnaître de lui, ou lui fait retrouver la mémoire sans se moquer de lui. Le procédé de remémoration qu'elle utilise présente plus de différences selon les versions, quoiqu'il mette toujours en œuvre des paroles et des gestes. Le mode le plus direct consiste en l'énonciation par la jeune femme de sa qualité d'épouse et dans le fait qu'ils se mettent au lit : « Tu ne me

---

[38] *La Montagne noire* (G. Massignon, *Contes traditionnels...*, *op. cit.*, n° 3).
[39] Mentionnons l'amusante version où le jeune homme est embrassé par sa chienne, l'oubli n'est pas total puisqu'il s'agit d'un animal (mais également femelle) « ... et de temps en temps il disait : "je ne sais pas ce que j'ai, il me manque quelque chose" Et tout le temps il cherchait ce qui lui manquait, mais ne le trouvait pas ». Il refuse de se marier comme son père l'y engage, à cause de ce manque qu'il ressent et qui constitue à ses yeux un interdit provisoire au mariage *(Catalogue :* version 66).

reconnais pas ? » – « Non » – « Eh bien, je suis ta femme ». Ils allèrent au lit, je passe sur la suite et mon conte est fini »[40]. Ou encore : « Elle demande à son fou de mari s'il veut coucher avec elle, il y consent, et dès qu'il fut au lit avec sa femme, la mémoire lui revint »[41]. Ou bien elle se contente de l'embrasser, son baiser annulant les effets néfastes de celui donné par la mère ; de lui prendre la main, de le faire se mettre joue contre joue ou pied contre pied (rappelons qu'un des pieds de la jeune femme est mutilé) ; ou bien encore elle lui passe un anneau au doigt (dans le cas où il a oublié son épouse au moment où il a enlevé la bague qu'elle lui a donnée)[42]

Ce type de remémoration concerne environ la moitié des versions. Les autres ont recours à une modalité différente: le jeune homme, revenu dans sa famille et son pays sans plus savoir qu'il les avait quittés, consent à se marier selon les normes sociales: soit avec une « fille du pays », soit avec une princesse d'un pays voisin s'il est fils du roi. Le jour même du mariage, l'épouse délaissée met en scène un scénario plus ou moins élaboré, le plus dramatique consistant peut-être à reproduire symboliquement son propre dépeçage sur un pigeon qui ressuscite ensuite[43] ; et le plus mystérieux à envoyer à son époux, la veille de son mariage, trois marionnettes qui dansent autour de lui : « ...le lendemain, la mémoire lui revint, et il se souvint de la fille du Sarrasin ; il déclara que c'était elle qui était sa fiancée ; il alla la chercher à son château, et il l'épousa »[44]. Dans la plupart de ces versions, elle fait manœuvrer et converser deux animaux représentant leur couple (coq et poule, pigeon et pigeonne), jusqu'à ce que le jeune homme s'identifie symboliquement au mâle (« C'est moi le petit coq ! », s'écrit-il dans une version canadienne[45]).

Ce contre-type peut recevoir, au moins pour les versions de ce corpus, une première interprétation en termes de code social et, plus précisément, d'alliance matrimoniale, s'agissant des conflits ou déséquilibres que celle-ci introduit vis-à-vis de la parenté consanguine. Le héros ramène une épouse qui vient de très loin, du plus loin qu'on puisse imaginer. L'écart exogamique est tel que l'alliance semble impossible lors du retour dans le sein familial. Une autre femme, qui est une mère ou un équivalent maternel, provoque l'oubli de l'épouse grâce à un contact physique avec le héros (baiser). Ayant annulé psychiquement cette alliance trop lointaine, le jeune homme se conduit comme

---

[40] *Catalogue* : version 68.
[41] *Idem* : version 50.
[42] Citons encore le procédé de remémoration unique dans notre corpus, qui consiste pour la jeune femme à mettre une chandelle allumée dans la main de son mari: la mémoire lui revient au fur et à mesure que le suif fond *(Catalogue* version 83).
[43] *Idem* : version 84.
[44] *Ibidem* : version 55.
[45] *Ibid.* : version 89.

un célibataire en quête de bonnes fortunes ou bien accepte un projet de mariage traditionnel arrangé par ses parents. Le conte parle donc de la difficulté extrême du mariage exogamique qui serait incompatible avec le maintien des liens avec la famille consanguine, ceux-ci excluant celui-là. La remémoration qui succède à l'oubli a pour fonction narrative de conduire à la reconnaissance de l'épouse, mais aussi, dans une sorte d'élaboration du rite de passage matrimonial, d'établir une coexistence harmonieuse, un équilibre entre les liens conjugaux nouveaux et les liens familiaux anciens, afin de ne pas être obligé d'aller au diable pour trouver une épouse et d'oublier cette épouse lorsqu'on est embrassé par sa mère. Comme le dit fort bien notre version de référence par la bouche de la fille du diable : « Faut nous marier en Terre Sainte. Alors tu reconnaîtras tes parents et tu me reconnaîtras aussi ».

Il est possible en fin de compte (ou de conte) que le récit exprime de cette manière la difficulté de tout mariage, qu'il soit lointain ou proche. On sait que les mariages, dans les sociétés traditionnelles qui ont élaboré ce type de récits, se concluaient au sein d'un cercle géographique et même familial assez restreint, puisque les historiens ont montré la fréquence des demandes de dispense pour raison de parenté[46]. Dans cette hypothèse, les rapports entre le conte de *La Fille du diable* et la réalité sociale seraient des rapports d'inversion. C. Lévi-Strauss nous a en effet averti qu'il ne fallait pas espérer trouver dans le mythe une description de la réalité sociale, car leurs rapports sont de nature dialectique : « Les spéculations mythiques [...] cherchent, en dernière analyse, non à peindre le réel, mais à justifier la cote mal taillée en quoi il consiste, puisque les positions extrêmes y sont *imaginées* seulement pour les démontrer *intenables* ; cette démarche, propre à la réflexion mythique, implique l'admission (mais dans le langage dissimulé du mythe) que la pratique sociale, ainsi approfondie, est entachée d'une insurmontable contradiction. Contradiction que, tel le héros du mythe, la société tsimshian ne peut comprendre et préfère oublier »[47]. Outre la leçon générale que ces lignes comportent pour tout chercheur s'intéressant à la mythologie, elles présentent ici un intérêt spécifique. Il est en effet très probable que l'épisode du premier mariage d'Asdiwal, héros du mythe tsimshian étudié par C. Lévi-Strauss, ait été emprunté par les Indiens au conte européen. Asdiwal veut épouser Étoile du Soir, la fille du Soleil, qu'il a poursuivie jusqu'au ciel alors qu'elle apparaissait sous la forme d'une ourse blanche[48]. Le Soleil consent au mariage après qu'Asdiwal a accompli un certain nombre de tâches périlleuses dont il triomphe

---

[46] Voir J.-M. Gouesse, « Parenté, famille et mariage en Normandie aux XVIIe et XVIIIe siècles », *Annales ESC*, 1972, 27, 4-5 : 1139-1154.
[47] C. Lévi-Strauss, « La Geste d'Asdiwal », *Anthropologie structurale deux*, Paris, Plon, 1973 : 209.
[48] Dans une version languedocienne, la fille, non du diable, mais du Drac s'appelle Soleillette, pâle reflet – si l'on peut dire – d'Etoile du Soir *(Catalogue* version 72).

avec l'aide magique, non pas d'Étoile du Soir, mais d'objets qui lui avaient été donnés par son père. Une fois marié, Asdiwal s'ennuie de sa mère. Le Soleil consent à laisser partir le couple. Arrivée sur terre, Étoile du Soir avertit son époux de ne pas la tromper ; il la trompe cependant avec une femme de son village, oubliant donc son épouse, non pas réellement, mais métaphoriquement. Elle retourne au ciel.

Le mythe clôt donc cet épisode de manière pessimiste : ce premier mariage d'Asdiwal est un échec, comme le seront ceux qui suivront, et c'est un oubli réel qui provoquera sa mort. Mais le conte merveilleux, qui dans son élaboration formelle diffère du mythe, se doit de finir de manière optimiste. Le mariage contracté par le héros est néanmoins menacé à deux reprises à propos de la résidence du couple: la vie n'est pas possible chez le diable qui se propose de tuer sa fille et son gendre ; la résidence « patrilocale » se révèle autrement difficile, puisque, d'emblée, le héros oublie son épouse et projette de « s'oublier » dans les bras d'une autre femme.

La leçon du récit, quand on le considère en fonction du code social, est ambiguë, d'autant qu'on ne peut se fier à son issue heureuse, celle-ci constituant une des lois de ce genre narratif. Faut-il y voir un avertissement contre les dangers – mais aussi les délices – des mariages lointains ou une affirmation de la nécessité d'établir, au moment du mariage, un équilibre entre ses parents et son épouse, entre la famille consanguine et la femme que le conte décrit comme étrangère à l'extrême, pour mieux dire la difficulté, qui est celle de tout adolescent, à s'arracher au cercle familial pour s'attacher à une femme inconnue ? Peut-être n'est-il pas nécessaire d'en décider. Le conte merveilleux est, d'après nous, fabriqué de telle sorte qu'il laisse une marge d'indécidabilité quant à la signification, et chacun peut choisir le sens qui lui convient à l'intérieur de la problématique proposée par la narration. Ce caractère particulier permet à l'interprétation de s'énoncer en des termes plus psychologisants que ne l'autorise le mythe. Autrement dit : « Les contes sont construits sur des oppositions plus faibles que celles qu'on trouve dans les mythes: non pas cosmologiques, métaphysiques ou naturelles, comme dans ces derniers, mais plus fréquemment locales, sociales ou morales »[49]. Le conte porte souvent, comme dans *La Fille du diable,* sur le moment où prend corps le destin d'un adolescent (ou d'une adolescente) à travers une mutation figurée narrativement par des voyages, des aventures, des exploits, des périls encourus, et en général scellée par le mariage. Sous la signification énoncée en termes de code social – alliance et résidence matrimoniales –, on peut donc en lire une autre livrée dans la même affabulation : « morale », psychologique ou psychique.

---

[49] C. Lévi-Strauss, « La Structure et la forme », *op. cit.* : 154.

On a vu que, dans la majorité des versions, le héros s'est perdu lui-même selon des modalités diverses qui ramènent à un même constat: il ne s'appartient plus, il doit quitter sa famille pour se mettre au service d'un maître qui a tout pouvoir sur lui, qui le possède littéralement et auquel il lui faut racheter son propre corps sous peine d'être mis à mort (dévoré lorsqu'il s'agit d'un ogre). Il est nécessaire en effet, pour passer de l'enfance à l'âge adulte, que le corps, procréé, mis au monde, nourri par les parents ne soit plus simple émanation du désir et du corps de ceux-ci mais acquière autonomie et individualité. Le diable – bon diable en ce sens – donne au héros l'occasion d'y réussir par l'accomplissement des tâches difficiles. Mais ce diable a des filles qui rendent sa personne encore plus étrange bien que le conte n'éprouve pas la nécessité de justifier cette paternité[50]. C'est qu'en effet, la possession de soi-même gagnée sur un personnage redoutable permet les relations sexuelles, ce que le conte traduit narrativement par un affrontement entre un garçon et ce diable pourvu de filles à marier. L'affabulation joue, avec le personnage du diable, sur une double représentation inconsciente : image paternelle redoutable mais qui, provisoirement apaisée par un comportement satisfaisant, autorise les relations sexuelles. Et voilà pourquoi le diable a des filles à marier.

L'apaisement est en effet précaire, puisque le diable devenu beau-père veut tuer son gendre. L'affrontement direct serait trop dangereux, seule la fuite peut sauver les jeunes époux. Le franchissement de la frontière entre la « Terre Sainte » et son au-delà les met à l'abri des périls diaboliques, mais introduit une autre difficulté, qui concerne l'équilibre à établir entre la parenté consanguine et la parenté par alliance. La lecture psychologique du même épisode y voit une régression du héros, incapable d'avouer à sa famille les liens qu'il a noués, au loin, avec une jeune femme. Et ce qu'il ne peut avouer, il l'oublie. Elle devra donc lui rendre la mémoire d'elle-même et des aventures qu'ils ont vécues, et, à cette fin, elle utilise deux principaux moyens de remémoration. Le premier est de séduire trois jeunes gens, dont son mari, auxquels la narration donne en quelque sorte une double représentativité. Par rapport au héros, ils sont en effet des camarades de même classe d'âge qui partagent les divertissements propres à celle-ci : aller au cabaret, chasser, fréquenter les filles. Par rapport à la jeune femme, ils sont autant de doubles du héros dont la narration se sert à des fins sans doute esthétiques (triplication d'un même épisode) et d'insistance. On a vu qu'au moment de se mettre au lit, elle les contraignait par sa magie à répéter toute la nuit le même geste inabouti. On peut y voir une manière de les réduire à l'impuissance sexuelle après les avoir séduits ou s'être apparemment laissée séduire par eux, Les tâches qu'elle exige d'eux sont des plus simples, tâches

---

[50] Quelques rares conteurs ont ressenti le besoin de justifier ce qui peut être considéré comme une trahison de la fille envers son père elle désire quitter sa famille car elle n'en a pas la méchanceté , elle possède déjà toutes les qualités d'une bonne chrétienne.

quotidiennes, faciles, accomplies sans même y penser, et en cela s'opposent aux épreuves extrêmement difficiles demandées par le diable au garçon, qui les surmonte cependant grâce à l'aide magique de la jeune fille. Puisqu'on peut traduire aisément les tâches faciles mais impossibles à remplir en impuissance sexuelle, on traduira les tâches difficiles réalisées sans mal en prouesses sexuelles qualifiant un jeune homme pour le mariage. Le procédé de remémoration mis en jeu par la jeune femme consiste à montrer à son fiancé ou époux l'impuissance où son oubli le plonge et à lui faire savoir, en se faisant reconnaître, qu'il peut recouvrer avec elle et grâce à elle la puissance sexuelle dont elle est la maîtresse (dans tous les sens du terme). La remémoration est souvent fonction d'un contact physique étroit établi entre eux, contact qui va jusqu'au partage du même lit. La narration insiste peu sur le retour de la mémoire : certaines versions ne le mentionnent même pas. La remémoration se confond avec la récupération de la puissance sexuelle et la reconnaissance de la femme qui l'incarne.

Dans cette hypothèse, on peut se demander pourquoi la narration se prolonge dans certaines versions par cet épisode de la fiancée oubliée, dont le sens redoublerait celui des tâches difficiles imposées par le diable, le deuxième épisode étant comme un double négatif du premier, sa contre-épreuve. La raison en est peut-être que si dans le premier épisode le héros a bien triomphé d'une figure paternelle qui se transforme narrativement en beau-père, il n'a pas affronté de figure maternelle. Or la moitié environ des versions prennent soin de noter que le baiser d'oubli est donné par la mère ou une parente de type maternel. Le garçon n'a donc pas complètement abandonné ses phantasmes incestueux qui réapparaissent lorsqu'il retrouve sa mère et qu'elle établit un contact physique avec lui : l'amnésie lui permet alors de faire en quelque sorte disparaître sa jeune épouse, régressant sur des positions libidinales anciennes. Quelques rares versions font écho de ce conflit du côté de la fille en apportant une motivation à l'oubli, auquel la majorité des versions ne donne pas de justification. Lors du franchissement de la frontière entre le domaine du diable et la « Terre Sainte », le père ou la mère de la jeune femme lui lance une malédiction: le premier qui embrassera son mari fera qu'il oubliera son épouse[51]. La jeune femme s'est engagée résolument dans une évolution où elle doit abandonner ses parents pour s'attacher à un époux. Mais au moment même de la rupture définitive (et violente) avec les parents, une malédiction (où nous voyons un retournement sur elle-même de sa propre culpabilité) menace fortement les liens qui l'unissent à son époux.

---

[51] Seules trois versions de notre corpus possèdent ce motif supplémentaire une version canadienne (89), une version de la Guadeloupe (l09), une version des Alpes-Maritimes (84). Dans les deux premières, c'est la mère qui maudit sa fille, dans la troisième c'est son père.

L'autre type de remémoration mise en œuvre par l'épouse oubliée se rencontre dans les versions où le jeune homme va s'unir – ou vient de s'unir – à une autre femme par un mariage qu'on a considéré comme traditionnel. La délaissée fait jouer – devant son mari, la nouvelle épouse et les invités de la noce – leurs aventures chez le diable et évoque les liens qu'ils ont forgés entre eux. La remémoration est alors répétition symbolique. « Ce n'est pas sous forme de souvenir que le fait oublié reparaît mais sous forme d'action »[52]. La fille du diable n'avait pas lu Freud, mais « elle était fine » nous dit une des versions : elle met en scène une répétition des événements passés, se substituant ainsi à l'inconscient du héros. Freud ajoute que plus la résistance est grande, plus la mise en acte se substitue au souvenir dans la cure. Le comportement du héros lorsqu'il ne se contente pas de fréquenter les filles mais va jusqu'à se marier, semble confirmer, en effet, qu'il refoule plus fortement son mariage antérieur.

L'épisode de la fiancée oubliée peut se lire également comme un effet de symétrie narrative par rapport à la première séquence du conte : la séparation littéralement « diabolique » du héros et de sa famille trouvant écho et répétition dans la séparation du héros et de la fille du diable. Mais l'agent de la séparation est dans le premier cas le diable, alors que l'agent de la réunion est dans le second cas sa propre fille (« par la vertu de celui dont je suis la fille » déclare-t-elle dans une version picarde[53]). La nécessité de la remémoration qui s'opère par le moyen d'une répétition inversée et négative dans le premier type, droite et symbolique dans le second, amène le héros à surmonter complètement ses résistances, à se reconnaître tel qu'il est devenu dans un travail d'élaboration où jouent un rôle égal le passage à vide de l'oubli et la reconnaissance de celle qui lui tend en quelque sorte un miroir pour s'y voir lui-même.

Une telle lecture de *La Fille du diable*, peut nous faire comprendre l'intérêt éventuel qu'y prenaient les auditeurs, les échos inconscients qu'éveillait en eux cette sorte de *Bildungsroman*. En revanche, elle ne nous fait pas comprendre comment ce récit particulier a pris corps. L'opération créatrice qui a abouti, selon P. Delarue, à une construction cohérente et logique nous échappe, en dépit du fait qu'on a découvert le sens, ou l'un des sens, de cette construction. Cette opération créatrice, nous pensons qu'elle a consisté dans le retournement du mythe d'Orphée et Eurydice. Un avertissement est immédiatement nécessaire. Nous ne supposons en aucune manière une transformation – qui serait d'ailleurs impossible à dater et à localiser – du mythe d'Orphée en conte merveilleux. Nous faisons simplement l'hypothèse d'un schéma mythique présent dans un certain nombre de cultures qui lui donnent telle ou telle élaboration narrative

---

[52] S. Freud, « Remémoration, répétition et élaboration », *La Technique psychanalytique*, Paris, PUF, 1967 · 108.
[53] *Catalogue* : version 2.

propre à tel état de société et tel moment historique, selon des lois qui en grande partie nous échappent[54].

La Fille du diable raconte l'histoire d'un garçon célibataire qui va dans l'autre monde et ramène « sur terre» une femme qu'il épouse après l'avoir oubliée pendant un certain temps, alors que le mythe d'Orphée raconte l'histoire d'un homme marié qui, à la mort de son épouse, va la chercher dans l'au-delà, échoue à la ramener, et meurt « célibataire ». L'inversion du schéma narratif général s'accompagne d'inversions, mais aussi d'homologies, dans les épisodes et les motifs. Le conte insiste sur la qualité de célibataire du héros, garçon qui vit avec ses parents et qui, lorsqu'il sort de sa famille, se divertit avec des amis de sa classe d'âge, joue aux cartes ou qui, selon une version, se refuse même à jamais quitter ses parents[55]. Orphée est pour sa part marié à Eurydice. Le jeune garçon perd sa propre personne, réellement ou métaphoriquement, alors qu'Orphée perd son épouse, qui meurt mordue par un serpent. Tous deux partent dans l'au-delà. Cet au-delà n'a pas la même définition narrative dans les deux récits. S'il ne fait pas de doute qu'il s'agit, dans le mythe d'Orphée, des Enfers de la mythologie et de la religion grecques anciennes, l'au-delà du conte merveilleux est, on l'a dit, plus difficile à cerner : ni Enfers païens, ni Enfer chrétien bien que domaine du diable, il est cependant un « autre monde ». La raison de cette entreprise lointaine tient dans un cas à la nécessité de se livrer soi-même à qui vous possède désormais, dans l'autre à l'incapacité pour Orphée de vivre sans son épouse. Le héros du conte ne se propose pas d'acquérir une épouse dans cet autre monde. La narration nous fait cependant comprendre que l'acquisition de cette épouse accompagne et sanctionne la récupération de sa propre personne par l'exécution de tâches difficiles. Ainsi dans la version 68 le diable déclare-t-il : « Jeune homme, si tu réussis les trois épreuves que je vais t'imposer, tu épouseras une de mes filles ». Ou bien, les tâches étant accomplies : « Décidément tu es plus malin que moi. Pour te récompenser, je te donnerai une de mes filles en mariage» (version 10), « Je te dois une de mes filles» (version 70), « Demain je vais te marier avec une de mes filles» (version 84), etc.

La majorité des versions laissent entendre que l'acquisition d'une épouse accompagne, ou symbolise, ou signifie la reconquête de sa propre personne par

---

[54] Le schéma narratif du mythe d'Orphée a été repéré dans la mythologie des Indiens de l'Amérique du Nord (A.-H. Gayton, « The Orpheus Myth iu North America », *Journal of American Folklore,* 1935, 48 : 263-293). Le récit n'est pas d'origine européenne: il a été noté par certains des premiers missionnaires catholiques, comme Le Clerq chez les Micmac et Brébeuf chez les Huron, avant même qu'une transmission européenne ait pu avoir lieu. On le trouve également dans d'autres cultures non européennes.
[55] *Catalogue:* version 84. La mère du garçon se désole de voir qu'il ne veut sortir qu'avec elle tant il est timide. Elle lui donne un jour de l'argent pour qu'il aille s'amuser « comme les autres » : « elle voulait le dégourdir ». Il se prend de passion pour le jeu et perd toute la fortune de ses parents.

le héros, Il a donc subi un véritable rite de passage, sanctionné par l'acquisition d'une qualité supplémentaire puisque, de l'état de jeune célibataire, il est passé à celui d'homme marié, mais à travers une épreuve, une marge (une mort ?), à savoir la perte de lui-même. Orphée, lui, subit une perte, celle de son épouse, tellement considérable qu'il la ressent comme une perte de lui-même ; en un sens la quête de son épouse aux Enfers est aussi, comme pour le héros du T 313, une quête, ou une reconquête de soi-même, puisque le travail du deuil ne peut s'accomplir.

Orphée échoue à ramener son épouse alors que le jeune héros de *La Fille du diable* y réussit. La raison de l'échec d'Orphée tient, on le sait, au fait qu'il a transgressé l'interdit de se retourner pour regarder Eurydice avant d'être de retour sur terre : elle est entourée aussitôt d'une nuée épaisse et disparaît « comme une fumée impalpable ». Or, à cette même étape du conte merveilleux, on trouve un détail, rapporté par un grand nombre sinon la totalité des versions, dont la portée narrative semble mineure. Les deux jeunes époux ou fiancés s'enfuient de chez le diable, chevauchant un même cheval ; la jeune femme, sachant que son père va se lancer à leur poursuite, demande sans cesse au héros s'il ne voit rien venir. Alors donc qu'Orphée *ne doit pas* se retourner, le héros du conte *doit* se retourner durant le voyage sur la terre.

« Regarde toujours derrière toi et n'aie pas peur de regarder » [...] Mon Jean regardait toujours derrière lui. Tout d'un coup il dit : « Le V'là qui s'amène ! » [...] La Fille du Diable dit encore · « Regarde bien derrière toi, Jean, parce que quand il va revenir il sera en colère ! » Et mon Jean regarde toujours derrière lui » (version 59).

Le motif apparaît parfois sous forme de formulettes rythmées :

La Belle Eulalie disait sans cesse « Mon ami Jean, mon tendre ami – Ne vois-tu rien venir ? » (version 19).

Ou bien, dans une version recueillie plus récemment dont l'un des titres, *Retourne-toi Jules,* fait précisément allusion à cet épisode :

« Retourne-toi, Jules - Regarde si tu ne vois rien venir », formule répétée quatre fois par la conteuse[56]

Citons encore une version qui n'appartient pas à notre corpus puisqu'elle ne comporte pas l'épisode de l'oubli, mais n'en est pas moins remarquable :

Ils prennent le meilleur cheval de l'écurie, montèrent dessus dos à dos, et les voilà partis, au triple galop. Emmanuel montait à l'envers, la figure vers la croupe du cheval, pour observer la route derrière eux. « Ne vois-tu rien venir ? Regarde bien » – « Non, je ne vois rien encore » – « Ne vois-tu rien venir ? Dis-moi quand

---

[56] *Les Souliers de verre ou Retourne-toi, Jules* (D. Fabre & Lacroix, *La Tradition orale..., op. cit.*, 1 . 383).

tu verras le ciel s'obscurcir ». – « Je vois un nuage noir qui vient sur nous » – « C'est mon père qui accourt ! » (Version 34, *Le Prince blanc*).

Il n'est pas nécessaire de voir dans cette nuée noire l'équivalent de celle qui enveloppe Eurydice pour être frappé par la convergence des deux motifs. Comme si le travail de retournement effectué par le conteur anonyme et peut-être multiple se refusait à laisser échapper un épisode aussi important et significatif que celui-ci. Mais, conservé sous cette forme inversée, il n'a plus qu'une fonction purement narrative : les fugitifs, sachant que le diable va les poursuivre, surveillent la route derrière eux.

Revenu sur terre, Orphée a définitivement perdu son épouse, alors que le héros du T 313 a oublié la sienne : simple perte de mémoire, certes, mais qui efface en lui l'existence de cette femme et des événements grâce auxquels il l'a connue. C'est en célibataires qu'Orphée et le jeune homme vivront dès lors, mais de façon bien différente. Le héros du T 313 ou bien reprend le mode de vie de sa classe d'âge, fréquentant les filles avec ses camarades et considérant la belle étrangère installée depuis peu au pays comme une chance à courir ; ou bien consent à se laisser marier par ses parents, On raconte en revanche qu'Orphée, inconsolable, se retira dans les solitudes glacées de la Thrace, autrement dit qu'il fixa sa demeure dans la partie inhabitable de son propre pays, alors que le héros du conte se trouve dans le lieu qui lui est le plus familier, dans son pays, dans son village ou son château, au milieu de sa famille et de ses amis. Les femmes du pays se jugent méprisées par l'attitude d'Orphée qui les dédaigne parce qu'il conserve en lui la mémoire d'Eurydice: mémoire en quelque sorte excessive qui s'oppose au défaut de mémoire du héros du conte. Au cours d'une orgie nocturne en l'honneur de Dionysos, elles déchirent le corps d'Orphée et en dispersent les morceaux, Sa tête emportée par le flot de l'Hèbre continue à appeler Eurydice[57]. Si les Bacchantes méconnaissent Orphée, la fille du diable se fait pour sa part reconnaître de son époux, qui désormais vivra avec elle. « Il faut nous marier », dit-elle, « et ne plus nous quitter qu'à la mort » (version 70).

---

[57] Ce dépeçage fait écho à celui de *La Fille du diable* lors de l'accomplissement de la troisième tâche
homme dépecé ≠ femme dépecée
par des femmes ≠ par un homme
dispersion des morceaux ≠ rassemblement des morceaux
mort définitive ≠ retour à la vie
sauf la tête qui continue à chanter ≠ sauf un ongle ou un orteil.
Les symétries et les inversions du motif sont assez remarquables, sans trouver cependant leur place dans la logique du tableau d'ensemble.

ORPHEE ET EURIDYCE	LA FILLE DU DIABLE
Homme marié	Jeune homme célibataire
qui a perdu son épouse	qui a perdu sa propre personne
Part dans l'au-delà	part dans l'au-delà
Le Maître des Enfers lui rend son épouse	Le diable lui donne une épouse
Durant le retour ne doit pas se retourner	Durant le retour doit se retourner
Ne réussit pas à ramener son épouse	Est ramené par son épouse
Vit « célibataire »	Vit « célibataire »
fuyant toutes les femmes	cherchant des bonnes fortunes ou se remariant
Parce qu'il conserve la mémoire de son épouse	parce qu'il a oublié son épouse
Dans les solitudes glacées de la Thrace	dans son pays et sa famille
Il est dépecé par les Bachantes	Il retrouve la mémoire et son épouse
Meurt célibataire	Vit désormais marié

Les convergences et les inversions des deux récits sont assez frappantes pour susciter beaucoup de questions. Le hasard n'y est sans doute pour rien, dans la mesure où l'on devrait faire entrer dans cette confrontation un certain nombre d'autres contes types qui parlent aussi d'épouse ou d'époux perdu, puis retrouvé. Il s'agit de T 400, *L'Homme à la recherche de son épouse disparue*, de T 401, *La Princesse enchantée libérée après trois nuits d'épreuves*, et de T 425, *La Recherche de l'époux disparu*. Dans les deux premiers, c'est un jeune homme qui libère une jeune fille d'un enchantement, soit en l'épousant alors qu'elle a été métamorphosée en animal, soit en subissant pour elle des épreuves redoutables, mais qui la perd parce qu'il a commis une indiscrétion à son égard, ou parce qu'en l'attendant il est tombé dans un profond sommeil provoqué par l'oubli ou la négligence d'un interdit[58]. Dans T 425 les rôles sont inversés: c'est en général la jeune femme qui délivre son époux animal, mais le perd à cause d'une indiscrétion. Dans les trois cas l'épouse ou l'époux abandonné devra entreprendre un long et pénible voyage avant de retrouver son conjoint et de s'en faire reconnaître. Dans ces trois contes types le schéma narratif d'Orphée n'est pas inversé: le héros ou l'héroïne perd son conjoint et doit aller le chercher dans un autre monde, à ceci près qu'il n'y a pas de nouvelle perte, que la

---

[58] Rappelons à ce propos les catégories mythiques mises au jour par C. Lévi-Strauss où l'oubli, l'indiscrétion, le malentendu (et peut-être la nostalgie) forment système (C. Lévi-Strauss, « Mythe et oubli », *Le Regard éloigné*, Paris, Plon, 1983 : 253-261).

réunion est définitive et que, dans T 425, les rôles sont échangés puisque c'est une épouse qui part à la recherche de son époux. Nous verrions donc dans ces quatre contes une transposition du schéma mythique d'Orphée dans un genre littéraire spécifique, à savoir le conte merveilleux qui a ses lois propres – l'une d'elles imposant à la narration une fin heureuse. La transposition qui aurait abouti à *La Fille du diable* retourne le schéma narratif d'Orphée, qui reste droit dans les trois autres contes types[59].

Une des questions qui se pose est de savoir si le schéma mythique utilisé, inconsciemment sans doute, pour élaborer ces contes merveilleux a seulement servi d'ossature narrative à laquelle pouvaient s'accrocher d'autres éléments, d'autres motifs constituant une sorte d'habillage historique et culturel lui-même porteur de sens. Au plus profond du texte, il s'agit de la même histoire: en ce sens nous préférons parler de schéma mythique plutôt que de schéma narratif, celui-ci supposant une élaboration plus consciemment maîtrisée. Mais la présence occultée de ce schéma mythique infléchit-elle le sens profond du conte merveilleux ? Dans l'affirmative, les deux récits fonctionneraient l'un par rapport à l'autre comme les deux textes d'un palimpseste[60] : le conte comme récit manifeste et actuel recouvrant le schéma mythique d'Orphée effacé, sinon même inconnu. Il est certain que les auditeurs « traditionnels » de *La Fille du diable* ignoraient la réalisation grecque du schéma narratif. Mais ils n'ignoraient pas le schéma mythique, intemporel lui, d'Orphée et Eurydice (puisqu'il faut bien le désigner par le titre de sa version la plus célèbre). Le cycle des quatre contes-types 313, 400, 401 et 425 en sont des élaborations variées, dont certaines comportent des inversions (inversion de la narration ou inversion dans la narration).

Une audition ou une lecture de *La Fille du diable* venant en surimpression au schéma mythique d'Orphée confère au récit un sens et une dimension supplémentaires, qui sont essentiellement de nature eschatologique. La problématique de la perte, déjà apparente dans le conte, prend alors une dimension tragique. Le héros qui s'est perdu lui-même n'est-il pas comme un mort qui doit aller dans l'au-delà où le Diable l'assigne impérativement ? Le Maître de l'au-delà lui laisse une chance improbable de se racheter. L'issue heureuse de l'épisode tient à la spécificité du conte merveilleux qui reprend ses droits : mais cette réussite est acquise, ne l'oublions pas, grâce au dépeçage de

---

[59] Nous utilisons le terme de retournement en nous référant au travail de J.-P. Valabrega, « Le Problème anthropologique du phantasme », in *Le Désir et la perversion*, Paris, Le Seuil, 1967 163-206.
[60] Sur le palimpseste (et le « bloc magique » de Freud) comme image de la « double inscription » dans le conscient et l'inconscient, nous renvoyons à J.-P Valabrega, *Phantasme, mythe, corps et sens. Une théorie psychanalytique de la connaissance*, Paris, Payot, 1980 156-163.

la fille du diable bouillie dans un chaudron d'immortalité. On retrouve la mort, implicitement présente à un double titre dans l'épisode de la fiancée oubliée : par le biais de l'épouse perdue et par celui de l'oubli. « Être privé de l'objet sexuel est souvent l'équivalent d'être privé de la sexualité, c'est-à-dire de l'organe génital lui-même »[61] : castration, dont le lien avec les phantasmes de mort a été noté abondamment par les psychanalystes. L'oubli est aussi mort symbolique : l'épouse oubliée est comme n'existant pas pour le héros qui abolit du même coup une partie de sa propre vie passée, introduisant donc la mort en lui[62]. Mais l'oubli suscite d'autres échos eschatologiques, grecs encore. A l'oracle de Lébadée, nous dit J-P. Vernant, le consultant était conduit, lors d'une descente figurée aux Enfers, près de deux sources, d'Oubli et de Mémoire, Lethè et Mnèmosunè. « Buvant à la première, il oubliait tout de sa vie humaine et, semblable à un mort, entrait dans le domaine de la Nuit. Par l'eau de la seconde, il devait garder la mémoire de tout ce qu'il avait vu et entendu dans l'autre monde. À son retour il ne se limitait plus à la connaissance du monde présent ; le contact avec l'au-delà lui avait apporté la révélation du passé et de l'avenir »[63]. Ici encore le conte inverse le schéma, puisque le héros oublie son séjour dans l'au-delà après avoir franchi la frontière de la « Terre Sainte »[64].

Une question demeure: pourquoi le conte merveilleux déguise-t-il de cette manière le mythe ? Déguisement qui banalise le récit, réduit l'importance de son enjeu, substitue une conclusion heureuse à une fin dramatique, gomme le tragique dont il ne reste plus que des traces. C'est à un véritable travail de censure que se livre en l'occurrence le conte merveilleux, puisqu'en effet il ne pouvait transmettre une dimension mythique que sous le couvert de la pure fiction et du seul divertissement. L'Église, dont on connaît la lutte acharnée et répétée contre les « superstitions» populaires, aurait difficilement toléré que soient transmis des récits à portée eschatologique comme la traduction que nous proposons de *La Fille du diable*. La fiction ressentie par certains conteurs comme mensonge – « Plus j'vous dirai, plus j'mentirai – Je ne suis pas payé pour vous dire la vérité »[65] – a permis qu'arrivent jusqu'à nous les récits fascinants que sont les contes merveilleux.

---

[61] E. Jones, *Le Cauchemar*, Paris, Payot, 1973 261.
[62] L'épisode correspondant à la fiancée oubliée dans T 401 substitue à l'oubli le sommeil, « frère de la mort ».
[63] J.-P. Vernant, « Aspects mythiques de la mémoire et du temps », *Mythe et pensée chez les Grecs*, I, Paris, Maspero, 1965 . 88.
[64] A. Aarne, dans son étude sur l'épisode de la fuite magique, affirmait sans le démontrer que la perte de mémoire du héros était due au passage du monde des morts au monde des vivants.
[65] A. de Félice, «Contes traditionnels des vanniers de Mayun (Loire-Inférieure) », *Nouvelle Revue des Traditions populaires*, nov.-déc. 1950, 5 452.

Notre hypothèse concernant *La Fille du diable* nous paraît de nature à éclairer, grâce à un travail ultérieur de généralisation, la vieille question des rapports entre mythe et conte populaire. Sans doute ne faut-il pas espérer retrouver derrière chaque conte merveilleux un mythe répertorié comme tel par ailleurs, quel que soit le traitement que le conte lui fait subir pour l'adapter à ses propres normes. En revanche, on devrait pouvoir y retrouver ce qu'on a appelé un schéma mythique, dont la fonction est de donner à la fois l'ossature narrative autour de laquelle se bâtit le récit et la dynamique propre au mythe, dynamique de transformation et de transmission, Il serait possible alors d'élucider les mécanismes de la « fabrication » des contes merveilleux, les significations qu'ils véhiculent et leur nature profonde.

CHAPITRE 14

Conte merveilleux et mythe latent

Dans des textes antérieurs, on a tenté de montrer que certains contes merveilleux incluaient des éléments mythiques cryptés[1]. Dans cet article, après avoir repris brièvement ces exemples, on en ajoutera un autre qui représente un cas de figure différent et on s'interrogera ce faisant sur la nature et le statut du mythe dans les contes merveilleux. A. J. Greimas rappelle la position de G. Dumézil qui, interrogé à propos du mythe et du conte, répondit « avoir essayé toute sa vie de trouver des critères explicites permettant de distinguer ces deux genres et ne pas les avoir trouvés » (Greimas, 1985 : 21).

Depuis le XIXe siècle, les rapports entre mythe et conte sont vus comme pris dans un processus évolutif, où le second constitue une forme issue du premier et le plus souvent altérée. « Le conte est l'enfant du mythe, mais engendré par lui au moment où il meurt ou après sa mort », déclarait en 1931 Albert Wesselski (cité par Faivre, 1978 : 56). Ou bien : « nous avons le sentiment d'avoir le droit, du moins dans quelques cas justifiés, de considérer certains contes lithuaniens comme des mythes dégradés » (Greimas, 1985 : 21).

L'altération prend parfois l'apparence d'un émiettement et d'une dissémination. Au siècle dernier, Wilhelm Grimm donne une expression métaphorique à cette conviction : « Communs à tous les contes sont les vestiges d'une croyance remontant aux temps les plus anciens et qui exprime figurativement sa manière d'interpréter les choses supra-sensibles. Ce mythique (*Dies Mythische*) ressemble aux petits morceaux d'une pierre précieuse éclatée qui seraient éparpillés sur le sol recouvert d'herbe et de fleurs et que seul un regard plus perçant que les autres peut découvrir. Leur signification s'est perdue

---

[1] N. Belmont, 1984, 1985, 1989b, 1991.

depuis longtemps, mais on la ressent encore ; c'est elle qui fait la teneur du conte et qui en même temps satisfait notre attrait naturel pour le merveilleux. Ces petits fragments ne sont jamais le simple jeu de couleurs d'un imaginaire sans contenu. Plus nous remontons dans le temps, plus nous voyons s'étendre le mythique, qui semble même avoir constitué la substance unique de la plus ancienne poésie» (W. Grimm, Préface de l'édition des *Kinder- und Hausmärchen* de 1856 : 421)[2].

Ce texte est intéressant à plus d'un titre, en dépit du fait qu'il s'inscrit dans un système plus idéologique que véritablement scientifique (Belmont, 1986). On remarquera d'abord que W. Grimm n'établit pas une opposition entre mythe et conte en termes de genres différents. Il postule l'existence ancienne d'une poésie de nature, que l'évolution de l'humanité ne permet pas de garder intacte et qui se fragmente en menus morceaux réemployés par les contes, auxquels elle donne leur teneur spécifique. Le mythique (*Das Mythische*) en quoi elle consiste affecte donc à des degrés divers les narrations populaires[3].

Au XXe siècle, une autre famille de pensée tente d'écarter ce qu'elle considère comme des spéculations sans intérêt parce que non susceptibles de recevoir des réponses. S. Thompson déclare ne pas savoir d'où viennent les mythes ni les rapports qu'ils ont avec les contes (Thompson, 1955 : 482). Les définitions qu'on peut donner et du mythe et du conte merveilleux *(Märchen)* restent toujours insatisfaisantes : « Les deux formes ont continuellement circulé de l'un à l'autre et il est possible que la distinction entre les Märchen et les autres types de narrations populaires soit circonscrite à la culture occidentale » (*idem* : 485).

A certains égards, il n'y a pas de différence à faire entre le conte et le mythe : tous les deux se disséminent, tous les deux ont la faculté de s'enrichir, tous les deux sont sujets aux vicissitudes de la mémoire et de l'oubli. Il est en outre inutile de chercher le sens de ces récits : il nous échappera toujours puisque nous ignorons la structure de la pensée qui les a créés, le lieu, l'époque et la culture où ils sont nés. Le conte signifie ce qu'il dit. Sa fonction est de pur divertissement. S. Thompson ne se pose apparemment pas la question de savoir pourquoi ces récits, dont le sens est perdu, ont continué à être transmis de génération à génération. Pour W. Grimm aussi, la signification des contes est perdue, et cependant il en reste quelque chose qu'on ressent, qu'on éprouve *(sie*

---

[2] La traduction, remaniée par nous sur quelques points, est d'A. Faivre (Faivre, 1978 45).

[3] Il est possible que notre interprétation du texte de W Grimm aille au-delà de ce qu'il voulait dire. Lorsqu'en effet lui et son frère tentent de montrer des exemples de cette persistance du mythe dans les contes, il s'agit de motifs narratifs. Ainsi *La Belle au bois dormant* est-elle comme Brunnhild endormie au milieu des flammes, et le héros de *La Bête à sept têtes*, c'est Persée délivrant Andromède.

wird noch empfunden) et qui donne à ces récits leur teneur, leur substance. Et cette substance est mythique, elle est le « mythique » porteur d'un sens caché et pressenti. À cent ans d'intervalle, ce sont deux positions extrêmes qui s'expriment, celle, intuitive et juste, de W. Grimm, celle, prudente du point de vue scientifique mais évacuant l'essentiel, de S. Thompson.

Si G. Dumézil a cherché toute sa vie les critères permettant de distinguer mythe et conte, E.M. Mélétinsky pour sa part a proposé un recensement très complet de leurs différences, mais dans une approche toujours évolutive. Il déclare : « Les principales étapes de la transformation conduisant au conte sont les suivantes – déritualisation ; désacralisation ; affaiblissement de la foi en l'authenticité des "événements" mythiques ; développement de l'invention consciente ; disparition de l'élément concret ethnographique ; substitution d'hommes ordinaires aux héros mythiques, et du temps indéterminé du conte au Grand Temps du mythe ; atténuation ou disparition du sens étiologique ; déplacement de l'attention, qui passe des destins collectifs aux destins individuels, et des destins cosmiques aux destins sociaux – tout ceci ayant pour conséquence l'apparition de sujets nouveaux et de contraintes structurales nouvelles » (Mélétinsky, 1977 : 125-126).

On tombera d'accord avec Mélétinsky quand il ajoute que « la "démythologisation" du temps de l'action, c'est-à-dire la substitution d'un "temps du conte" et d'un lieu indéterminé de l'action au temps de la création du monde et à une localisation stricte dans le cadre d'un modèle cosmique, est tout à fait essentielle » (*Idem* : 127) – en renouvelant cependant nos réserves sur le terme de démythologisation qui ne permet pas de sortir de la problématique évolutive. Le facteur temporel constitue en effet un critère efficace. Le temps du mythe est un temps des origines, un temps où le monde actuel n'est pas encore en place[4]. Précisément le mythe raconte comment il s'est mis en place. Le conte en revanche se déroule dans un temps qui n'est pas celui des origines et qui n'est cependant pas le nôtre. « Il était une fois »[5], par quoi commencent les contes, exprime qu'on se trouve dans un temps autre, qu'on ne ressent cependant pas comme intermédiaire historiquement. « Il était une fois », sous couvert d'inscrire un moment, met en place un lieu, une « scène autre ». Par là on entendra ce que Freud formule en ces termes : « Le grand Fechner, dans sa Psychophysique (2e partie, p. 520) émet, après quelques considérations sur le rêve, l'hypothèse que la scène où le rêve se meut est peut-être bien autre que celle de la vie de représentation éveillée; nulle autre supposition ne permet de

---

[4] « Tout mythe est un mythe d'origine [...] les mythes sont tous, toujours, une réponse à la question de l'origine. par la raison que la question de l'origine ne peut pas avoir d 'autre réponse que mythique » (Valabrega, 1980 263).

[5] « Une fois, il est bon de vous dire, c'était... » au Canada français , « *Es war einmal* », « *Once upon a time* » dans les pays de langues allemande et anglaise.

comprendre les particularités du rêve [...]. L'idée qui nous est ainsi offerte est celle d'un lieu psychique » (Freud, 1900 (1967) : 455). L'indétermination temporelle de l'expression « il était une fois » ouvre un espace psychique intemporel.

C'est dire que le conte merveilleux exclut la finalité étiologique. On connaît cependant des récits de ce type qui se terminent par l'énoncé d'une origine. Mais il faut remarquer que, dans les contes merveilleux européens comme dans les récits purement étiologiques de la même aire culturelle, il s'agit rarement d'une origine absolue (Albert-Llorca, 1991). Ainsi un conte roumain qui est une version du T 451, *La Petite fille qui cherche ses frères*, se termine par l'échec de la jeune sœur : elle n'a pas réussi l'épreuve qui aurait permis le retour à la forme humaine de ses frères métamorphosés en aigles (Gaster, 1915 : 231-235). Si le récit ne se conclut pas sur l'origine des aigles, il explique cependant que ces oiseaux se nourrissent, non de pain, mais de viande crue, voire d'enfants de moins de six ans (le nombre d'années que la sœur devait passer dans un silence complet pour les délivrer). Ces versions de contes merveilleux transgressent donc deux règles – ou conventions – du genre : d'une part leur conclusion est pessimiste[6], d'autre part elles se situent dans un temps d'origine sinon absolue, du moins relative.

Faut-il pour autant considérer ce type de versions comme des mythes ? A. Martinkus, étudiant un corpus de contes lithuaniens, franchit ce pas délibérément (Martinkus, 1989). Il s'agit de versions tout à fait reconnaissables du T 425, mais dont l'épilogue tragique dans la plupart des versions raconte la métamorphose de l'héroïne et de ses enfants en divers arbres ou, pour la première, en coucou (l'oiseau). Cet épilogue « transforme ce qui se présentait comme un conte merveilleux en un récit mythique » (Martinkus, 1989 : 162), alors que les quelques versions dont l'épilogue est « optimiste » sont le résultat de la « dégradation du mythe originel » *(Idem* : 115). Il faut cependant remarquer que la métamorphose n'est pas non plus une transformation étiologique. Le récit ne se conclut pas par l'origine absolue du sapin, du chêne, du frêne, du tremble ou du coucou, mais, dans certaines versions, par l'origine des particularités de ces arbres et du chant de l'oiseau.[7] En dépit de ces objections on sera d'accord pour considérer ce conte lithuanien comme un récit mythique, pour des raisons cependant un peu différentes de celles de l'auteur. Il

---

[6] Pour reprendre la formule de Bettelheim : « Conte de fées contre mythe. Optimisme contre pessimisme » (Bettelheim, 1976 : 51).

[7] Par exemple, à propos du tremble en quoi la mère a transformé sa fille, la version 22, plus développée que d'autres à cet égard, raconte « C'est pour cela que du tremble on ne fait ni cercueil, ni plancher et que son bois est considéré comme n'ayant aucune valeur, qu'il est ce qu'il y a de plus ordinaire: il ne donne qu'une espèce de brouillard [à la place de la fumée] mais ni chaleur ni rien » (Martinkus, 1989 205).

n'est pas douteux que toutes les versions entrent aussi bien dans le schéma des contes merveilleux de Propp que dans la classification d'Aarne et Thompson (T 425). Mais leur contenu narratif est imprégné de mythique. C'est sans doute pourquoi les conteurs se sentaient parfois contraints à l'intérieur de ce genre narratif et se délivraient à l'épilogue de l'une de ses conventions en introduisant la finalité étiologique en guise de dénouement tragique.

Une fois admise cette « imprégnation mythique », la question se pose alors d'en faire apparaître la nature et de déterminer s'il s'agit d'un véritable récit sous-jacent, éventuellement discontinu, qu'il faudrait décrypter et reconstruire. C'est le projet annoncé par A. J. Greimas en ce qui concerne cette même mythologie lithuanienne : « La tâche de la reconstruction de la mythologie lithuanienne consiste d'abord dans la recherche, la reconnaissance et l'interprétation d'éléments mythiques isolés, et dans la tentative de les inscrire dans des structures et des dimensions mythologiques plus vastes » (Greimas, 1985 : 20). Ces éléments mythiques se trouvent dans les contes merveilleux, formes, parfois dégradées, de la conservation des mythes, dans des micro-récits qui, au contraire des contes merveilleux, sont souvent objets de croyance, et dans les descriptions des rituels.

Mais, remarque D. Fabre, « ces mythologies – aujourd'hui, mais hier aussi sans doute – n'existaient qu'interprétées, au sens premier du terme, concrètement mises en jeu dans le monde social » (Fabre, 1990 : 311). Cette « mise en jeu » – usage social des mythes – a probablement toujours existé. On peut la qualifier d'interprétation, mais les significations qu'elle met au jour sont fragmentaires, relatives et orientées par rapport à l'usage qu'on en veut faire. Elle est comme un commentaire mis en acte. En revanche, une interprétation qui cherche à extraire tout le sens ou tous les sens – sans jamais y réussir –, n'est le fait, à quelque époque que ce soit, que du non « utilisateur », alors que l' « utilisateur » ne peut que « ressentir » et non connaître un sens nécessairement caché sous peine de perdre son efficacité symbolique. Le mécanisme est celui qui a été décrit par Freud à propos de la superstition. L'efficacité symbolique des mythes et des contes a pour origine une ignorance consciente et une connaissance inconsciente de leur signification (Freud, 1901 [1947] : 298). C'est peut-être la « reconstruction » ou la « construction »[8] toujours nécessaire du mythe (au moins dans les sociétés traditionnelles européennes) qui oblige à penser celui-ci comme émietté, dégradé, voire ruiné.

On pourrait dire alors que mythe et conte merveilleux se distinguent par un

---

[8] « La nuance n'est pas indifférente: une "reconstruction" supposerait qu'on retrouve, met au jour, exhume quelque chose qui a existé un jour. Le terme de "construction" ne postule rien de ce genre » (Belmont, 1989a . 287, n. 2) et, ajouterons-nous aujourd'hui, relativise sensiblement l'extension de la démarche.

rapport différent entre contenu manifeste et contenu latent. Le contenu manifeste des mythes apparaît comme déjà empreint de signification, en particulier parce que les personnages y portent des noms propres, alors que le contenu manifeste des contes merveilleux se réduit à un récit anodin, voire enfantin. Le conte n'est apparemment fait que d'une narration naïve. Sa teneur mythique bien dissimulée sous le jeu de la figuration est ressentie, voire pressentie, sans se révéler. Si l'on met de côté l'option historique, la position de W. Grimm nous semble donc une base de réflexion digne de considération, dont l'un des mérites serait de ne pas partir des *genres* narratifs, mais d'admettre l'existence d'une substance, d'une *matière* mythique. Certaines caractéristiques de cette matière mythique, flexibilité et ductilité, lui permettraient d'entrer dans des narrations ne relevant pas de la définition du mythe *stricto sensu*.

Nos deux premiers exemples témoignent d'une certaine prudence dans la mesure où on prétendra découvrir sous les contes type 510 A, *Cendrillon*, et 313, *La Fille du diable*, respectivement une figure et un récit mythiques tous deux attestés dans la mythologie grecque ancienne. Mais on exclut l'hypothèse, de toutes manières invérifiable, d'une transmission à travers les siècles. À peine peut-on parler dans ce cas d' « héritage indo-européen », pour reprendre l'expression de G. Dumézil. On préfère s'en tenir provisoirement à l'idée de constantes émanant de conditions sociologiques générales comparables.

Le lien du personnage de Cendrillon avec les cendres et l'âtre du foyer est un trait récurrent du conte, autant que le motif du soulier perdu. Il exprime de façon à la fois métaphorique et métonymique le fait que les filles sont attachées au foyer de leur père, alors qu'elles devront le quitter pour celui de leur époux. Cette difficulté, cette contradiction même, du destin féminin trouvait en Grèce ancienne une expression dans la figure religieuse et mythique de Hestia qui, ayant renoncé aux noces, reçoit de Zeus le droit de s'installer de façon permanente au centre de la maison, c'est-à-dire au foyer (Vernant, 1965). Cendrillon raconte, pour sa part, le trajet que doit accomplir une fille, d'abord attachée au foyer paternel, puis acquérant les moyens de la mobilité, les souliers, et, après avoir perdu l'un d'eux, le retrouvant alors qu'il est entre les mains de son futur époux. C'est dire que les filles sont boiteuses entre la maison de leur père et celle de leur époux. La figure de Cendrillon exprime et signifie, comme celle de Hestia, la contradiction du destin féminin. Cette contradiction trouve sa solution dans la mythologie grecque grâce au personnage complémentaire de Hermès qui manifeste en revanche la mobilité, l'ouverture, le dehors (Vernant, 1965 : 128). Dans le conte traditionnel européen, la résolution de la contradiction est narrativisée.

C'est bien là une des fonctions du mythe ou plus exactement, comme le dit C. Lévi-Strauss, des « spéculations mythiques », qui « cherchent, en dernière analyse, non à peindre le réel, mais à justifier la cote mal taillée en quoi il consiste, puisque les positions extrêmes y sont imaginées seulement pour les démontrer *intenables* ; cette démarche, propre à la réflexion mythique, implique l'admission (mais dans le langage dissimulé du mythe) que la pratique sociale. ainsi approfondie, est entachée d'une insurmontable contradiction » (Lévi-Strauss, 1973b : 209). Il n'est pas indifférent que ces « spéculations mythiques » tournent, dans la Geste d'Asdiwal dont nous extrayons ces lignes, autour des modes de résidence, patrilocale ou matrilocale. Dans Cendrillon aussi, c'est le mode de résidence qui est en jeu. Le conte expose, mais « dans le langage dissimulé du mythe », les contradictions des femmes obligées par les règles sociales à être à la fois immobiles et ambulantes, fixes et mobiles, au moment où leur destin va se nouer[9].

Dans notre second exemple, ce n'est plus une figure mythique que l'on retrouve dans un conte merveilleux, mais un mythe tout entier, quoique de façon inversée. *La Fille du diable* (T. 313) raconte en effet l'histoire d'un garçon célibataire qui va dans l'autre monde et ramène sur terre une femme qu'il épouse après l'avoir oubliée, alors que le mythe d'Orphée et Eurydice relate l'histoire d'un homme marié qui, à la mort de son épouse, va la chercher dans l'autre monde, échoue à la ramener, ne réussit pas à l'oublier et meurt « célibataire ». Le travail de renversement va jusqu'à conserver le motif célèbre de l'interdiction faite à Orphée de se retourner pour voir Eurydice alors qu'il la ramène sur terre, puisque, dans le conte, le héros doit se retourner durant ce même trajet de retour. On avait noté que d'autres contes types – T 400, T 401, T 425 – constituent des variantes de ce même schéma narratif, où l'on remarque soit le rétablissement du récit d'Orphée et Eurydice (T 400, *L'Homme à la recherche de son épouse disparue*), soit une inversion des rôles entre époux et épouse (T 425, *La Quête de l'époux disparu*). Les quatre contes types seraient donc une transposition de ce schéma mythique dans le genre du conte merveilleux. Une telle lecture, qui superpose à ces récits un schéma narratif comme dessiné en filigrane (et vu en miroir dans le cas de *La Fille du diable)* leur confère un sens et une dimension eschatologiques.

En outre, comment ne pas penser, à propos de cette inversion du schéma mythique, à ce que dit C. Lévi-Strauss à la fin de l'article déjà cité sur la Geste d'Asdiwal :

> Nous atteignons ainsi une propriété fondamentale de la pensée mythique, dont on pourrait chercher ailleurs des exemples: quand un schéma mythique passe d'une

---

[9] La boiterie de Cendrillon, après qu'elle a perdu un soulier, exprime figurativement cette double contrainte. Pour C. Lévi-Strauss, « le boitement symbolise un défaut de périodicité saisonnière. parfois désiré, parfois redouté » (Lévi-Strauss, 1968 : 287). Cendrillon est obligée, dans la période de marge qu'elle traverse, de marcher de part et d'autre de la frontière entre sa condition de fille et sa condition de femme (Lebeuf, 1989).

population à une autre, et telles que des différences de langue, d'organisation sociale ou de genre de vie existent qui le rendent malaisément communicable, le mythe commence par s'appauvrir et se brouiller. Mais on peut saisir un passage à la limite où, au lieu de s'abolir définitivement en perdant tous ses contours, le mythe s'inverse et regagne une partie de sa précision.

Les choses se passent ici comme en optique. Une image est exactement aperçue au travers d'une ouverture adéquate. Mais, que celle-ci rétrécisse, l'image devient confuse et difficilement perceptible. Pourtant, quand l'ouverture se réduit à un orifice ponctuel, c'est-à-dire quand la *communication* tend à disparaître, l'image s'inverse et retrouve sa netteté (Lévi-Strauss, 1973b : 223).

S'il s'agit bien d'un mécanisme de ce genre avec la légende d'Orphée et *La Fille du diable,* il est nécessaire de supposer, sinon une transmission véritable, du moins un contact entre les deux récits. Or, un peu plus haut, on écartait délibérément une telle éventualité, penchant plutôt pour une reprise par le conte merveilleux d'un schéma mythique dont on trouve des réalisations dans un grand nombre de cultures, celui du voyage dans l'autre monde pour en ramener un être proche disparu, particulièrement un époux ou une épouse[10]. Dans l'incapacité de saisir le moment historique de l'inversion du schéma mythique, nous retiendrons ce qui en est l'essentiel, cette « propriété fondamentale de la pensée mythique » (Lévi-Strauss, 1973b : 223). On fera seulement l'hypothèse, sans la développer, que cette ouverture réduite à un orifice ponctuel, dont parle C. Lévi-Strauss, pourrait être l'un des modes de communication entre tradition écrite et tradition orale.

Notre troisième exemple sera plus aventureux, dans la mesure où il nous faudra faire appel à la notion de mythe latent pour expliciter la lecture qu'on en fera. Etudiant le conte-type 451, *La Petite fille qui cherche ses frères,* on a proposé tout d'abord une interprétation de l'épisode central du récit, qui se présente sous deux variantes principales en Europe (Belmont, 1991). Dans l'aire germanique et scandinave, la petite fille – devenant jeune fille ce faisant – doit délivrer ses frères qui ont subi une métamorphose animale, en filant, tissant et cousant des chemises pour eux à partir de matériaux naturels « sauvages » (orties, duvet de chardon, « fleurs étoilées », etc.). Les versions françaises introduisent pour leur part un épisode différent qui aboutira à la même métamorphose: la sœur doit donner son petit doigt à sucer à un ogre, en échange du feu, car elle a laissé s'éteindre celui de la maison en dépit des recommandations de ses frères. Nous avons interprété les deux formes de cet épisode comme étant une élaboration du lien naturel, et possiblement incestueux, entre les frères et la sœur en un lien social où l'alliance doit pouvoir

---

[10] On trouve de tels récits par exemple dans la mythologie amérindienne recueillie dans certains cas peu de temps après les premiers contacts avec les Européens sans qu'on puisse par conséquent envisager une transmission du mythe de l'Ancien Monde.

venir compléter la consanguinité. Ces versions françaises mettraient-elles en œuvre une affabulation de même type que celles de certains mythes de la côte nord-ouest du Pacifique étudiés par C. Lévi-Strauss dans la troisième excursion de *La Voie des Masques* (Lévi-Strauss, 1979) ?

Ces récits, dont le schéma narratif est différent, mettent également en scène à la fois des relations difficiles entre frères et sœur (celle-ci se montrant parfois indiscrète) et des combats contre des monstres, établissant ainsi une concordance entre le code cosmique et le code sociologique : les monstres sont exterminés ou neutralisés, l'inceste châtié ou écarté, le mariage des sœurs se réalise à bonne distance. Nous avons fait l'hypothèse pour notre part que, dans les versions françaises du conte, la figure de l'ogre vampirique représentait l'union incestueuse entre frères et sœur, où le sang de la jeune fille devenue nubile coule en circuit interne (Belmont, 1991). Il est troublant de lire, à propos de mythes haida, tlingit et salish, que « la jonction [entre les deux courants de signification, sociologique et cosmique] se produit quand la jeune fille reçoit de ses frères la tête coupée d'un monstre pour fêter sa nubilité » (Lévi-Strauss, 1979 : 222).

Dans les versions françaises en effet les frères mettent fin aux agissements vampiriques de l'ogre contre leur sœur de manière très répétitive : en le décapitant. D'autre part la majorité des versions européennes de ce conte commence par l'exposition d'un problème dont les données sont assez mystérieuses. Il s'agit en effet d'un couple qui a déjà un certain nombre de fils, trois au moins, parfois sept, neuf ou même douze. Une nouvelle grossesse de la mère pose de manière aiguë la question de la naissance d'une fille. Et les réactions à cette éventualité sont étranges : soit que le père décide ou que la mère souhaite sacrifier les garçons pour une fille, soit que les garçons ne puissent envisager l'idée d'avoir une sœur (ou encore qu'ils la désirent, mais qu'un hasard ou une malveillance leur fassent croire qu'un garçon de plus est venu au monde). Le résultat de ces variantes est toujours le même : les garçons s'en vont de la maison paternelle et la petite fille grandit sans savoir qu'elle a des frères. Dès qu'elle l'apprend, elle va les rejoindre au prix d'une quête lointaine et difficile. Cette conjonction différée entre frères et sœur ne résout cependant pas tous les problèmes, puisqu'elle les retrouve sous forme animale ou que l'épisode de l'ogre entraîne leur métamorphose. C'est donc la coexistence de germains de sexe différent qui est problématique.

Selon notre hypothèse[11], ce récit incluerait un mythe caché, un mythe latent, celui de la création de la femme, inscrit dans les dimensions propres du conte merveilleux, dimensions familiales, individuelles et non ontologiques et

---

[11] Je dois cette hypothèse à J.-P. Valabrega, qui l'a proposée lors d'un séminaire d'anthropologie psychanalytique (séminaire commun donné à l'EHESS).

étiologiques. En effet, « les contes sont construits sur des oppositions plus faibles que celles qu'on trouve dans les mythes – non pas cosmologiques, métaphysiques ou naturelles, comme ces derniers, mais plus fréquemment locales, sociales ou morales » (Lévi-Strauss, 1973a : 154). On l'a remarqué souvent, les contes merveilleux concernent les destins individuels ; ils s'inscrivent dans un univers familial, en particulier aux points de départ et d'arrivée du récit, dont on peut dire qu'il raconte l'itinéraire du héros entre sa famille d'origine et celle qu'il fonde – on retrouve par conséquent la problématique de la consanguinité et de l'alliance, entre lesquelles il faut trouver un équilibre. Le récit postulé de l'apparition de la femme est bien situé à l'intérieur d'une famille – avec les contradictions que cela suppose – et, singulièrement, dans la génération des germains. Il ne peut s'agir évidemment de la création absolue de la femme, puisque le récit commence par mettre en scène un couple et leurs fils. On retrouve ce que l'on disait de l'origine *relative* à propos des contes qui se terminent par une étiologie. Il n'est pas inconcevable que la naissance d'une sœur soit ressentie par un garçon comme l'apparition de la femme, puisque c'est dans leur génération qu'il devra se trouver une épouse.

Ce serait donc un mythe latent qui serait crypté à l'intérieur du conte, où on le découvrirait comme la figure cachée dans les traits des dessins destinés aux enfants. Ou plutôt, à la différence de ces dessins, la règle du jeu serait telle qu'on ne pourrait ou ne devrait pas découvrir la figure dissimulée tout en voyant cependant l'ensemble des traits dont elle est faite. Ce mythe latent est dans ce cas à peine narrativisé, au contraire du conte qui, lui, se présente avec un contenu latent et un contenu manifeste, qu'il est possible d'interpréter. Et cette interprétation consiste non seulement à chercher le sens caché du récit, mais aussi à articuler les deux contenus, manifeste et latent l'un à l'autre, à démonter par conséquent le travail de la figuration et de la condensation.

En ce qui concerne le mythe de la création de la femme, supposé se trouver dans le conte *La Petite fille qui cherche ses frères*, le travail d'interprétation n'a pas lieu d'être, semble-t-il. Comme s'il suffisait simplement de découvrir les tracés de la figure dans le tapis. Figure est même trop dire, puisque les traits en sont discontinus. Ainsi l'épisode de la décapitation de l'ogre vampirique, qui a sa place dans la logique narrative, en occupe une autre par rapport à ce mythe latent. Il est nécessaire en effet que quelque chose soit enlevé à l'homme pour que soit créée la femme. Ici le procédé est radical, puisque c'est la tête qui est enlevée, nous conduisant donc à la castration dont la décapitation est l'une des représentations symboliques.

On comprend mieux, dans cette hypothèse, le caractère répétitif de l'épisode qui n'admet pratiquement pas de variante. Cette décapitation-castration est, par rapport au mythe supposé, dissociée de la naissance d'une fille venue au monde après tant de garçons, et dissociée doublement : elle en est séparée à l'intérieur de la narration et elle en est séparée logiquement, car elle devrait intervenir avant la naissance de la sœur ou simultanément. C'est dire que les éléments nous en sont donnés dans le désordre. Les auditeurs sont dans l'obligation d'en rassembler les morceaux épars et de leur donner sens ou non, consciemment ou non, au gré des phantasmes de chacun. On pourrait parler ici de déplacement, dans le sens et l'usage que Freud en fait en tant que mécanisme du travail du rêve. « Le rêve, dit-il, est autrement centré, son contenu est rangé autour d'éléments autres que les pensées du rêve » (Freud [1900] 1967 : 263). Il y aurait en effet dans notre conte un décentrage par rapport au déroulement narratif, c'est-à-dire au contenu manifeste, d'une des figurations latentes. Celle-ci se trouverait morcelée et, d'une certaine manière, dénarrativisée.

On citait au début de ce travail le texte de W. Grimm comparant le mythique des contes aux morceaux d'une pierre précieuse éclatée. Le propre du mythique serait-il de n'être jamais qu'en fragments ? Les contes merveilleux demandent à coup sûr une élaboration inconsciente très importante de la part de l'auditeur, en raison du fait que leur part mythique est à la fois fragmentée et profondément cryptée. « Les contes sont des mythes en miniature, où les mêmes oppositions sont transposées à petite échelle », dit C. Lévi-Strauss qui ajoute : « et c'est cela qui les rend difficiles à étudier » (LéviStrauss, 1973a : 156). Plutôt que de parler de « mythes en miniature », on préférera voir dans les contes des récits où le mythe commence à s'inscrire dans la psyché individuelle, où le mythe peut se retourner en phantasme (Valabrega, 1967). C'est en ce sens qu'il faut comprendre cette notion d'origine « relative ». Ainsi dans le cas de *La Petite fille qui cherche ses frères,* la naissance de cette petite fille n'est pas une origine absolue de la femme, ne serait-ce que parce qu'elle a une mère, elle est cependant pour ses frères l'origine symbolique de l'une des positions des femmes par rapport aux hommes, c'est-à-dire de même génération, celle où se trouvent à la fois les sœurs et les épouses potentielles. Il ne s'agit donc pas tellement d'origine *relative,* mais bien d'origine absolue, donc mythique, éprouvée, revécue par chaque individu à travers un récit. C'est là peut-être ce qui constitue la spécificité du conte merveilleux par rapport au mythe.

S'il est indispensable de distinguer mythe et conte en tant que genres narratifs, en particulier lorsqu'ils coexistent dans une même culture, ne serait-ce que parce que leur usage social est différent, il est également nécessaire de les distinguer par la façon dont le mythique y est présent. L'éclatement du mythique dans les contes merveilleux n'est pas un effet historique de l'usure ou de la mort des mythes, mais un effet structurel qui tient à la nature du mythique lui-même.

Bibliographie

Albert-Llorca, Marlène
1991 *L'Ordre des choses.* Paris : Éd. du CTHS.
Belmont, Nicole
1984 « Mythe et folklore. À propos du conte français T 713 », *Le Conte. Pourquoi ? comment ? Actes des Journées d'études en littérature orale.* Paris : Ed. du CNRS.
1985 « Orphée dans le miroir du conte merveilleux », *L'Homme*, 93, janv.-mars, XXV (1) : 59-82.
1986 *Paroles païennes. Mythe et folklore des frères Grimm à P Saintyves.* Paris : Imago.
1989a « La Recherche du sens en ethnologie de l'Europe et en folklore », *Anthropologie sociale et ethnologie de la France,* Actes du Colloque du Centre d'ethnologie française et du Musée national des arts et traditions populaires. Louvain, Peeters (Bibl. des Cahiers de l'Institut de linguistique de Louvain, 44-1) : 283-287.
1989b « De Hestia à Peau d'Ane : le destin de Cendrillon », *Cahiers de littérature orale,* 25 : 11-31.
1991 « La Tâche de Psyché », *Ethnologie française*, 21 : 386-391.
Bettelheim, Bruno
1976 *Psychanalyse des contes de fées.* Paris : Laffont.
Fabre, Daniel
1990 « La Mythologie dans l'espace », *Tradition et histoire dans la culture populaire. Rencontres autour de J.-M. Guilcher.* Grenoble, Centre alpin et rhodanien d'ethnologie (Documents d'ethnologie régionale, vol. II) . 307-319.
Faivre, Antoine
1978 *Les Contes de Grimm. Mythe et interprétation.* Paris, Circé. Cahiers de recherches sur l'imaginaire, 10-11.
Freud, Sigmund
1900 *L'Interprétation des rêves,* Paris, PUF, 1967.
1901, [1947], *Psychopathologie de la vie quotidienne* Paris : Payot.
Gaster, M.
1915 *Rumanian Bird and Beast Stories*, London. Publications of the Folklore Society, LXXV (rééd. Krauss Reprint,1967).
Greimas Algirdas J.
1985 *Des Dieux et des hommes.* Paris : PUF (Formes sémiotiques).
Lebeuf Arnold
1989 « La Pantoufle de Cendrillon », *Cahiers de littérature orale,* 25 : 165-179.

Lévi-Strauss, Claude
1968 *L'Origine des manières de table*. Paris : Plon.
1973a « La Structure et la forme. Réflexions sur un ouvrage de V. Propp », *Anthropologie structurale deux*. Paris, Plon : 139-173.
1973b « La Geste d' Asdiwal », *Anthropologie structurale deux*. Paris, Plon : 175-234.
1979 *La Voie des masques, édition. Revue, augmentée et rallongée de trois excursions*. Paris : Plon.
Martinkus, Ada
1989 *Eglé, la reine des serpents. Un conte lithuanien*. Paris : Institut d'ethnologie (Mémoires de l'Institut d'ethnologie, XXVIII).
Meletinsky Eleazar M.
1977 « Du Mythe au folklore », *Diogène*, 99 : 117-142.
Thompson, Stith
1955 « Myths and Folktales », *Journal of American Folklore*, 68 : 482-488.
Valabrega, Jean-Paul
1967 « Le Problème anthropologique du phantasme », in *Le Désir et la perversion*, Paris, Le Seuil : 163-206.
1980 *Phantasme, mythe, corps et sens. Une théorie psychanalytique de la connaissance*. Paris : Payot.
Vernant, Jean-Pierre
1965 « Hestia-Hermès. Sur l'expression de l'espace et du mouvement chez les Grecs », *Mythe et pensée chez les Grecs*, I. Paris : Maspero.

Chapitre 15

Transmission et évolution du conte merveilleux
À propos de *Cendrillon* et de *Peau d'Ane*

« L'équivalence dans la différence est le problème cardinal du langage et le principal objet d'étude de la linguistique »[1]. C'est aussi un des problèmes importants devant lequel se trouvent les spécialistes des contes populaires. La typologie internationale d'Aarne et Thompson propose précisément un tableau d'équivalences où faire rentrer la multiplicité et la diversité des récits collectés. Mais la satisfaction et la sécurité qu'apporte la lecture d'un conte-type sous l'affabulation d'une version s'accompagnent du regret d'y perdre ce qui la rend différente, plus riche, mais parfois aussi plus pauvre[2], en un mot unique.

---

[1] R. Jakobson, 1963 : 80.
[2] A propos de la cartographie des faits folkloriques, A. Van Gennep souligne l'intérêt de reporter les traits aussi bien négatifs que positifs : « J'ai amélioré […] cette méthode en ajoutant, dans le domaine du folklore français, à l'élément positif jusqu'ici seul considéré, l'élément négatif qui, à mon sens, du point de vue interprétatif, a une valeur positive aussi mais de l'autre côté du zéro » (Van Gennep, 1934 : 21-25). La zone folklorique se définit autant par les traits qu'on y trouve que par ceux qu'on n'y trouve pas, mais qui sont peut-être présents dans la zone voisine. Il en est de même des versions de contes : chacune se caractérise par l'ensemble de ses motifs et de ses épisodes, ainsi que par l'absence de traits présents dans d'autres versions. Van Gennep parlait aussi de « coutumes latentes » (Van Gennep, *idem* : 31). Peut-on faire l'hypothèse qu'un motif absent d'une version de contre-type est latent ? Et, dans l'affirmative, quel sens faudrait-il donner au terme « latent » ? En prenant un exemple un peu brutal, on peut se demander si dans *Cendrillon* le meurtre de la mère par l'héroïne ou par ses sœurs – épisodes que l'on trouve dans des versions méditerranéennes (Corse, Italie, Grèce) – est un épisode latent dans les versions françaises, où l'on nous dit simplement que la jeune fille a perdu sa mère et que son

C'est la transmission qui est à l'origine des différences entre versions et, par conséquent, de l'évolution des contes dans le temps et dans l'espace. Nous partirons de cette évidence pour tenter de comprendre un peu mieux ce mécanisme à la fois manifeste et mystérieux. Le contre-type *Cendrillon* (T 510A) et *Peau d'Ane* (T 510B) servira d'exemple privilégié, puisqu'on sait, grâce à la monographie de A. B. Rooth[3], que ces deux formes narratives proches sont l'aboutissement d'une évolution où l'on retrouve, en amont, le T 511 *(Unœil, Doublœil, Triplœil)* et plus haut encore, un récit moins développé, né sans doute au Moyen-Orient, dont la forme n'est pas celle du conte merveilleux. Cette évolution reconstruite n'est pas entièrement compatible avec la typologie internationale, si bien que Rooth en propose une autre, déduite de l'évolution et de la diffusion du récit primitif. La forme A correspond au T 511, la forme AB est constituée par la fusion du 511 et de ce que nous considérons comme le 510A (d'où en effet les difficultés rencontrées par les auteurs des catalogues nationaux qui doivent opter pour le T 511 ou pour le T 510A, alors qu'ils ont parfois affaire à des récits intermédiaires). Enfin, les formes B et B1 correspondent respectivement au T 510A et au T 510B, c'est-à-dire aux classiques *Cendrillon* et *Peau d'Ane*.

Dans un travail récent, on a tenté d'analyser la signification de la figure de Cendrillon dans ses rapports avec les cendres. On reprendra l'essentiel de cette analyse[4]. En rapprochant Cendrillon de la divinité grecque Hestia, telle que J.-P. Vernant l'a étudiée[5], on a fait l'hypothèse qu'elles posaient toutes deux un problème qui concerne la logique des sociétés patrilocales à forte composante patrilinéaire.

Hestia est vierge, elle a renoncé pour toujours aux noces. En contrepartie, Zeus lui a accordé de s'installer au centre de la maison. Le mariage contraint en effet les jeunes filles, attachées au foyer paternel, à circuler au moment de leur mariage pour s'intégrer à une autre maison, à un autre foyer.

> Dans le mariage, contrairement à toutes les autres activités sociales, la femme constitue l'élément mobile dont la circulation fait le lien entre groupes familiaux différents, l'homme restant au contraire fixé à son propre foyer domestique [...]. La contradiction se trouve résolue, sur le plan de la représentation religieuse, par

---

père s'est remarié. Faut-il chercher un sens au fait que la situation initiale est, selon les cas, un méfait ou un manque (en utilisant la terminologie de Propp) ? Faut-il traiter ces versions méditerranéennes comme ayant objectivé un motif latent ou potentiel dans les versions françaises (pour ne parler que de celles-ci), ou bien faut-il les considérer comme un sous-type ou comme un écotype justifiable d'une autre interprétation ? Nous posons ces questions sans avoir la prétention d'y répondre immédiatement.
[3] A. B. Rooth, 1951.
[4] N. Belmont, 1989.
[5] J.-P. Vernant, 1965.

l'image d'une divinité qui incarne, dans la nature féminine, les aspects de permanence tout en demeurant étrangère, par son statut virginal, à l'aspect de mobilité[6].

La figure de Cendrillon, littéralement attachée au foyer de son père puisqu'elle est couverte de ses cendres, exprime, de façon à la fois métaphorique et métonymique, la contradiction qui est celle des filles nubiles dans la maison de leur père, maison qu'elles devront quitter « pour s'accomplir en femmes », comme le dit J.-P. Vernant. Dans la Grèce ancienne, la contradiction s'exprime et se résout au niveau religieux avec la figure d'Hestia. Dans la société traditionnelle européenne, cette contradiction, cette difficulté du destin féminin, ne s'énonce pas mais se raconte. Derrière l'image traditionnelle de l'héroïne salie par les cendres – « Toujours gratter les cendres ! Toujours rester dans le coin du feu ! »[7] –, on peut en distinguer une autre, moins ostensible, mais bien présente dans les versions : celle d'une Cendrillon incapable de bouger, fixée à ce foyer, dépourvue de mobilité. Sans doute, comme on le voit dans de nombreuses versions, la marâtre lui interdit de sortir pour aller, comme ses sœurs, à la messe ou au bal. Mais parfois l'interdiction ne lui est pas formulée : c'est elle-même qui s'y refuse.

Ainsi dans la version des Pyrénées recueillie par Maugard[8] :

La marâtre n'était pas méchante à l'endroit de l'aînée, mais l'enfant devenue jeune fille fuyait les fêtes et les sorties. Cantonnée au coin de l'âtre, près de ses chères cendres, elle préparait les repas. Aussi l'appelait-on « Pitcendrou » et, en mauvaise part, « Pitcendras Lharassas », c'est-à-dire « Petit Cendrier, Souillon du foyer ».

Dans la première version citée qui provient du Poitou[9] :

Quand les deux aînées allaient se promener, elles demandaient à la Cendrouse : « Allons, Cendrouse, tu ne veux pas venir avec nous autres te promener ? – Ah non ! Je ne veux pas y aller de fait. – Ah, Cendrouse ! Tu ne seras jamais qu'une cendrouse, va !

Il y a aussi les nombreuses versions, plus nombreuses sans doute, où Cendrillon doit rester à la maison et à la cuisine sur l'ordre de sa marâtre. Dans une version de la Charente[10], la « tante » (marâtre) lui dit : « Tu ne bougeras plus de la maison ». On citera encore *La Cendrillonne*, version recueillie chez la population francophone du Missouri[11] :

Les deux filles, pis la belle-mère, i'maltraitaient Cendrillonne ; i'yi faisaient faire

---

[6] *Idem*. 132.
[7] P. Delarue et M.-L. Tenèze, 1977, version 13   245.
[8] *Idem*, version 29   253.
[9] *Ibidem*, version 13   245.
[10] G. Massignon, 1983   262.
[11] J.-M. Carrière, 1937.

tout l'ouvrage, i'yi donnaient pas d'linge pour aller neune part. Alle avait pas d'souyers, elle était tout l'temps nu-pieds. Ça s'fait que Cendrillonne a pouvait pas aller neune part.

L'immobilisation de l'héroïne est ici exprimée par l'absence de l'objet qui sera le moyen de sa reconnaissance et de son élection : les souliers. Cette variante du motif montre une intelligence profonde du conte. Il s'établit ainsi une relation entre les deux motifs qui « signent » le récit de Cendrillon, le lien avec les cendres d'une part, la pantoufle perdue d'autre part, motifs qui sont traités indépendamment l'un de l'autre dans le déroulement narratif, alors qu'ils sont en corrélation sous le rapport immobilité/mobilité.

Dans la version de Charente, un motif sans doute emprunté à *la Belle et la Bête* de Mme Leprince de Beaumont, témoigne encore différemment de l'existence de cette problématique. La punition de la marâtre et de sa fille (unique ici) est d'être « changées en pierres, une de chaque côté de l'escalier de la maison »[12]. Elles auront à souffrir pour l'éternité de l'immobilisation qu'elles avaient infligée à la Cendroulié.

Nous faisons donc l'hypothèse que l'une des significations de l'héroïne dans ses rapports avec les cendres du foyer est de la désigner comme fille attachée, immobilisée au foyer de son père, posant ainsi le problème de la destinée des femmes qui passent nécessairement de la maison paternelle à celle de l'époux. L'acte essentiel du mariage romain était la *traductio,* c'est-à-dire le fait de mener l'épouse de la maison de son père à celle de son mari. Cette phase du mariage était aussi fortement marquée dans les rituels populaires des sociétés traditionnelles européennes[13]. La figure de Cendrillon fait entendre l'aporie, la contradiction, où se trouvent les filles à qui l'on interdit de quitter la maison et qui doivent le faire pour ne pas finir comme Hestia, en d'autres termes pour ne pas finir « vieilles filles ». Le récit raconte comment sortir de cette aporie ; grâce à l'aide surnaturelle, l'héroïne quitte la maison à trois reprises pour apparaître tellement autre qu'elle n'est pas reconnue par sa marâtre ni par ses sœurs. Elle ne se fera connaître de celles-ci qu'au moment où le prince l'identifiera comme la femme qu'il désire épouser. La transition qui doit se faire de l'état de fille à celui d'épouse, ou future épouse, est l'objet même de la narration.

Si tel est le sens – ou l'un des sens – du motif de l'héroïne « cendreuse », il faut s'interroger sur les transformations qu'il subit et sur celles qu'elles induisent lors de l'évolution, ou de la mutation, qui mène à *Peau d'Ane.* Ces transformations se présentent comme des inversions et des retournements. En premier lieu, l'héroïne est décrite d'emblée comme extrêmement belle, alors

---

[12] G. Massignon, *op. cit.* 263. Je remercie M.-L. Ténèze de m'avoir signalé la provenance de ce motif.
[13] N. Belmont, 1978.

que la beauté de Cendrillon est moins attestée. Si on la dit parfois plus belle que ses sœurs ou demi-sœurs, elle est toujours tellement sale qu'elle suscite plus l'horreur que l'admiration. Comme fera horreur Peau d'Ane cachée ensuite sous son déguisement animal. Cendrillon n'est pas, sauf peut-être celle de Perrault, impliquée dans un jeu entre apparence et réalité. Max Lüthi note cet élément en le plaçant à un niveau superficiel de la narration : « [...] la chose insignifiante devient glorieuse ; l'enfant sale est seulement déguisée ; les vêtements d'or et d'argent révèlent finalement la vraie nature de la jeune fille »[14]. Alors que Peau d'Ane est en effet tout entière dans ce jeu, Cendrillon se trouve, pour sa part, dans un processus de métamorphose profonde – d'initiation –, qui lui permettra d' « advenir » et non pas seulement d'apparaître aux yeux des autres telle qu'elle a toujours été.

La deuxième inversion concerne la figure du père, très peu présent dans *Cendrillon* où l'affrontement se fait avec la marâtre et les filles de celle-ci. Le père est présent presque uniquement par le truchement de la métaphore du foyer (paternel). Dans *Peau d'Ane*, sa présence est pour le moins notable puisqu'il veut épouser sa propre fille. La Cendrillon immobilisée au foyer paternel peut suggérer – sans rien en dire – le désir œdipien que la fille porte au père. Dans *Peau d'Ane,* au contraire, le désir contre-œdipien du père s'exprime sans la moindre équivoque, si bien que l'héroïne sera contrainte de fuir définitivement sa demeure, choisissant d'entrée de jeu la mobilité.

La troisième inversion concerne la personne de la mère, tutélaire bien que morte dans *Cendrillon*, alors que dans *Peau d'Ane* elle tente, sur son lit de mort, d'immobiliser pour toujours sa fille au foyer du père en assignant à celui-ci une seconde épouse aussi belle qu'elle-même, donc en substituant à elle-même sa propre fille qui ne serait qu'un reflet, une réduplication. Ce faisant, elle enferme Peau d'Ane dans la clôture de l'inceste, alors que la mère de Cendrillon procure à celle-ci, directement ou par personne ou animal interposé, les parures qui lui permettront de séduire le prince et de sortir de la contradiction des filles. Même si la narration de *Peau d'Ane* conserve un personnage maternel tutélaire – la marraine, une vieille femme rencontrée au hasard ou encore un animal –, elle lui enlève une partie de ses fonctions. C'est en effet le père, leurré, qui fournit les robes merveilleuses avec lesquelles Peau d'Ane séduira son futur époux.

En termes de mouvement, de mobilité, Peau d'Ane est d'abord projetée brutalement vers son père, puis s'enfuit définitivement de chez lui. Cendrillon reste dans la maison paternelle, mais effectue des va-et-vient et se livre à un jeu d'apparitions et de disparitions qui a pour fonction d'élaborer son identité de fille à marier et de future épouse. En remontant dans les formes antérieures établies par A. B. Rooth, on s'aperçoit que dans la forme A (T 511) l'héroïne ne

---

[14] M. Lüthi, 1976 · 61

quitte pas, sinon la maison, du moins l'enclos familial : elle fait paître les animaux, vaches ou moutons. C'est le prince qui, passant près du jardin, a envie des fruits merveilleux de l'arbre poussé sur les restes de l'animal tutélaire, et qui épouse celle qui est seule capable de lui en cueillir. Dans les formes AB et B, l'héroïne est fixée à la maison paternelle, mais obtient le moyen d'en sortir sans être reconnue, à trois reprises. Dans B1, elle quitte délibérément la maison de son père. Ces variantes montrent différents moyens qui s'offrent aux filles à marier pour sortir de la contradiction inhérente à leur condition et des difficultés qui en découlent. Si elles demeurent « cantonnées » au foyer paternel, elles resteront vieilles filles. Si elles le quittent, elles risquent de devenir des *traviata*, des dévoyées. Cendrillon choisit une solution de compromis. Peau d'Ane brave le danger.

A. B. Rooth considère *Peau d'Ane* comme la dernière étape des transformations du cycle de Cendrillon. Avant elle, A. H. Krappe[15] voyait dans Peau d'Ane un reflet de la mentalité du Moyen Age, préoccupé par le problème des degrés prohibés du mariage, se livrant à des extrapolations sur ce thème. Il est en effet certain que le motif initial du désir incestueux du père pour sa fille n'est pas un motif qui appartient à la tradition orale : celle-ci est rarement aussi explicite. Il est possible qu'une rédaction littéraire, en rapport avec les versions écrites de *La Fille aux mains coupées* (ainsi la *Manekine* de Ph. de Beaumanoir[16]) ait interféré avec Cendrillon, en obligeant à des remaniements narratifs, telles les inversions qu'on a repérées, pour maintenir ou rétablir la logique interne du récit. Que cette innovation soit d'origine littéraire ou populaire, il est certain qu'elle fut heureuse. Et cependant il semble qu'elle marque la phase ultime des transformations possibles du récit avant qu'il ne perde sa nature de conte merveilleux. En effet, l'introduction du motif du désir incestueux du père bouleverse la narration qui doit, on l'a vu, être réaménagée. Une partie de ces transformations rend le récit plus superficiel, plus intelligible à l'écoute immédiate. Il ne s'agit plus ici de mythe, mais de phantasme. La première inversion concerne l'organisation du récit qui débute par l'expression d'un phantasme de désir et non par un motif narratif relevant du mythe, ou du mythique, derrière lequel peut s'exprimer un phantasme, mais en termes cryptés.

L'évolution du cycle de *Cendrillon* retracée par A.B. Rooth lui permet d'établir une série de transformations dont la logique est vraisemblable. Cette évolution s'est faite dans la «longue durée ». Elle est d'ordre historique, bien qu'aucune date ne puisse être raisonnablement proposée. L'origine du récit le plus ancien et de son corollaire dont le héros est masculin, origine que Rooth

---

[15] A. H. Krappe, 1930 17.
[16] Ph. de Beaumanoir, 1980.

renvoie à trois ou quatre mille ans, est conjecturale[17]. La dernière transformation, *Peau d'Ane,* surgit sans doute au Moyen Age, sans qu'il soit possible de proposer une datation plus précise. Mais cette évolution se fait aussi dans l'espace : les travaux de l'école diffusionniste, à laquelle appartient A.B. Rooth, permettent de cerner, en Europe, des aires culturelles où se produisent des transformations narratives parfois si importantes qu'on est tenté d'y voir de véritables phénomènes de mutations. Ces transformations ne sont pas seulement narratives ou formelles. Elles affectent aussi la signification des récits, comme on peut le voir en passant de *Cendrillon* à *Peau d'Ane*[18]. D'autre part, il ne faut pas oublier que l'évolution des diverses configurations narratives, désignées par A. B. Rooth comme les formes A, AB, B et B1 du cycle de *Cendrillon*, n'implique pas la disparition d'une forme au profit de la suivante. Dans presque toute l'Europe, elles coexistent, ne cessant donc pas d'exercer leur influence les unes sur les autres : les plus anciennes sur les plus récentes, mais aussi les plus récentes sur les plus anciennes. La genèse n'est pas, en la matière, un phénomène unilinéaire. C'est dire la complexité des phénomènes narratifs dans la longue durée. La simplicité du schéma d'évolution qui nous a permis de résumer le travail de A.B. Rooth est trompeuse.

L'évolution des contes dans la longue durée est pour l'essentiel la résultante d'innombrables actes de transmission de conteur à conteur, de génération à génération. À chacune de ces transmissions, des variations, plus ou moins importantes, s'introduisent. Beaucoup sont éliminées à la transmission suivante. le mécanisme qui règle les rejets et les assimilations de variantes a été décrit et explicité par J.-M. Guilcher[19] :

> L'individu trouve et propose. Le groupe éprouve et sélectionne. Ce faisant, il contrebalance la variation individuelle dont la prolifération compromettrait l'expression collective qui est l'essence même de la tradition. La façon dont l'individu invente et dont le groupe sélectionne les produits de l'invention rend compte [...] de l'espèce de logique qu'on est conduit à reconnaître dans les modifications élémentaires retenues.

En ce qui concerne les contes, cette logique – inconsciente – régule le jeu des transformations acceptables pour un même récit. En prenant l'exemple

---

[17] « On peut estimer que le type C remonte, au bas mot, à 3500 ans environ. Cette date implique que le type A1 – qui lui est antérieur – doit remonter, au Moyen Orient, à 4000 ans environ » (Rooth, 1951 : 147). Quant au type AB (*Unœil, Doublœil, Triplœil* + *Cendrillon*), il remonterait à 2500 ans dans les Balkans. Sa diffusion vers la Scandinavie, qui est le stade final de la migration du conte, aurait eu lieu avant l'an 1000 de notre ère (Rooth, *ibid.* : 233).
[18] N. Belmont, 1989, *op. cit.*
[19] J.-M. Guilcher, 1963 : 568.

d'une version de *Cendrillon* recueillie par A. de Félice en Vendée[20], on fera l'hypothèse que la variante introduite par la conteuse dans la situation initiale n'était pas de celle qui se serait transmise, qui aurait été « sélectionnée » par le groupe, pour reprendre l'expression de J.-M. Guilcher. Il n'est pas possible de donner la preuve formelle de cette affirmation puisque la collecte de cette version a été faite à une époque où la transmission des contes s'arrêtait. On tentera d'apporter une autre sorte de preuve, touchant au sens du récit, à son économie et à ce que l'on pourrait considérer comme son entropie.

Dans cette version intitulée *Cendrouzette*, l'héroïne est persécutée non par sa marâtre, mais par ses propres parents qui, ayant déjà eu deux filles, n'en désirent pas une troisième. Ils décident donc de l'abandonner peu après sa naissance. La mère, l'ayant emmenée dans le bois, l'y laisse. Il a été convenu de prétendre qu'un loup l'a emportée. Mais « la » fée la ramène aux portes du château de ses parents. Frappés par ce qu'ils considèrent comme un signe du destin, une « permission du ciel », ils décident de l'élever. Mais comme la fortune ou le trésor qu'ils attendent de cette fille apparemment prédestinée ne survient pas, ils la mettent à travailler comme une servante, puis comme bergère pour l'éloigner de la maison lorsqu'elle manifeste le désir d'assister aux bals comme ses sœurs. Le motif de l'héroïne envoyée faire paître les bêtes appartient plutôt à la forme AB du conte selon la classification de A. B. Rooth, alors que la suite du récit emprunte quelques traits à *Peau d'Ane*. Ces passages de motifs sont loin d'être rares dans le cycle de *Cendrillon* et le corpus français en offre maints exemples. L'épisode initial qui définit la configuration familiale est en revanche inédit, comme le fut en son temps celui de *Peau d'Ane*. Ils échappent tous les deux à l'espace du conte merveilleux *stricto sensu*. On a dit que le motif du désir incestueux éprouvé par le père de Peau d'Ane pour sa fille relevait de l'expression d'un phantasme (sans décider s'il s'agit du phantasme du père ou de celui de la fille). Avec *Cendrouzette*, on serait plutôt au niveau du fonctionnement réel de la famille. Les parents, « très riches, qui avaient de beaux domaines », ont déjà deux filles qu'ils aiment autant l'une que l'autre. Mais voilà que, « pour comble de martyr » [*sic*], un troisième enfant s'annonce. « Si ol est un gars, o marchera bé. Si c'est une feille, faudra la faire disparaître, que dit le père ». Ce sera une fille.

Cette rapide allusion à l'éventualité de la naissance d'un garçon peut amener à réfléchir à la notable configuration familiale de *Cendrillon*, qui ne comporte aucun fils, aucun frère. Le seul personnage masculin est le père. Cette donnée familiale du conte est comme évidente : il nous semble que la narration l'exige. La problématique qui est à nos yeux celle de *Cendrillon* évoquerait alors, en d'autres termes là aussi, celle du mariage épiclère en Grèce ancienne[21].

---

[20] A. de Félice, 1945.
[21] J.-P. Vernant, *op. cit.* : 144-147.

Le mariage épiclère pallie le défaut de fils au moment de la mort du père : la fille épouse l'homme le plus proche du père dans sa lignée à laquelle elle donnera des enfants. « C'est *faute de mâles* – ces maillons à travers lesquels se tisse la chaîne de la lignée – que la fille acquiert vocation pour procréer un enfant susceptible de perpétuer la race paternelle »[22]. L'œuvre de fiction qu'est *Cendrillon* pose le problème dans l'optique de la fille dépourvue de frère et dont le désir œdipien se renforcerait du désir d'être celle par qui la lignée paternelle continuerait, du désir d'être l'héritière. La conteuse d'A. de Félice attire l'attention sur cette famille où il n'y a pas de fils pour succéder au père. Mais cette donnée doit rester implicite car elle est, comme le motif initial de *Peau d'Ane,* une voie qui mène à l'interprétation du conte. Or, celui-ci ne peut être interprété sans perdre son efficacité sur l'auditoire qui entend seulement l'histoire racontée[23]. Cette version très personnelle de *Cendrillon* est donc – en prenant le terme dans tous les sens qu'il possède – une *interprétation* : performance de type théâtral au moment du « contage », mais aussi objectivation d'un sens particulier à l'intérieur du schéma narratif traditionnel, qui s'infléchit alors vers une acception inattendue.

Pour mieux comprendre le mécanisme de la transmission des contes, mécanisme à la fois familier aux spécialistes et mal connu d'eux, on fera appel à la notion de *traduction*[24] et particulièrement à ce que R. Jakobson appelle la traduction intralinguale[25]. Il distingue en effet trois types de traduction. La traduction interlinguale, ou « traduction proprement dite », « consiste en l'interprétation des signes linguistiques au moyen d'une autre langue ». La traduction intersémiotique, ou « transmutation », « consiste en l'interprétation des signes linguistiques au moyen de systèmes de signes non linguistiques ». De la traduction intralinguale, Jakobson dit qu'elle est une « reformulation » (*rewording)* et qu'elle consiste en l'interprétation des signes linguistiques au moyen d'autres signes de la même langue. C'est bien en effet ce que fait le conteur, qui a mémorisé du récit entendu d'un autre conteur non pas le mot à

---

[22] *Idem* : 147.
[23] On comprendrait mieux ainsi les réticences de certains spécialistes des contes envers l'interprétation. On a en effet le sentiment de porter atteinte à cet objet qu'on ne doit pas comprendre pour qu'il garde son intégrité, son efficacité, sa nature même. Seule est à étudier, de toutes les façons possibles, l'histoire véhiculée, le récit. Max Lüthi, un des meilleurs spécialistes des contes européens, met en garde contre toute interprétation exclusive. « Une interprétation à sens unique d'un conte populaire est arbitraire. Cela ne veut pas dire, cependant, que les chercheurs doivent s'abstenir d'interpréter [...] Les figures impalpables des contes ont la propriété de ne pas demander d'interprétations spécifiques. En fait, elles les interdisent, alors qu'elles permettent (et même exigent) des interprétations diverses » (Lüthi, 1982 94-95).
[24] J.-P. Valabrega, 1987
[25] R. Jakobson, *op. cit.*

mot, mais le schéma narratif général, les principaux épisodes et motifs. En racontant sa version, il fera acte de traduction, de reformulation de ce qu'il a en mémoire et qui lui vient d'un autre. Mais ses propres mots, ses propres formules, substitués à ceux de la version précédente (y compris les versions déjà racontées par lui-même)[26] induisent des significations qui ne sont plus tout à fait les mêmes. En effet, comme le note R. Jakobson, « qui dit synonymie ne dit pas équivalence complète »[27]. Les glissements et les infléchissements de forme et de sens donnent naissance à ce que nous appelons les versions[28].

L'étude des mythes et des contes ne peut se passer d'un travail à partir du plus grand nombre possible de versions. C'est un principe auquel souscrivent tous les spécialistes. On construit de cette manière une image globale, une image de synthèse, un portrait robot du conte. On repère d'autre part les variantes qui sont autant de voies vers l'interprétation. À ce propos on citera Freud pour ce qui concerne l'interprétation des rêves :

> Quand j'analyse les rêves de mes malades, je fais une expérience qui réussit toujours. Le récit d'un rêve me paraît-il difficile à comprendre, je demande qu'on le recommence. Il est rare que le malade emploie les mêmes mots. Or je sais que

---

[26] Nous avons fait l'expérience de confronter deux versions du T 531 (*La Belle aux cheveux d'or*) recueillies par F.-M. Luzel auprès de la même conteuse, Marguerite Philippe, conteuse très douée, une de ses meilleures informatrices. À un an d'intervalle environ (décembre 1868 et novembre 1869), elle raconte deux versions différentes de ce contre-type (« La Princesse de Tronkolaine » et « La Princesse du Palais enchanté »). La seconde est plus longue trente pages contre vingt du recueil de Luzel (Luzel, 1887, I : 66-85 et I . 259-288). À partir d'un même schéma narratif respecté par la conteuse, celle-ci l'amplifie de deux façons. D'une part, elle introduit des développements accessoires par rapport au récit lui-même et à sa conduite. D'autre part, elle emprunte des motifs et des épisodes à d'autres contes, en particulier au T 461 (*Les Trois Poils du diable*) et au T 471 (*Le Voyage dans l'autre monde*), qu'elle insère habilement dans la trame narrative de son récit. Ces motifs sont compatibles avec le T 531 puisqu'il s'agit dans ces trois contes d'un voyage entrepris par le héros dans un autre monde (sinon dans l'autre monde). Bien que ces ajouts témoignent de beaucoup de discernement, d'intelligence et de maîtrise de la matière narrative qui devient alors très complexe, il n'en reste pas moins que la version la plus brève est, à nos yeux, la plus belle à cause de sa simplicité et de son économie d'expression.

[27] R. Jakobson, *op. cit.* . 80.

[28] Dans sa passionnante communication intitulée « A-t-on lu à la veillée paysanne traditionnelle ? », Yvon Guilcher évoque cette notion de traduction à propos de l'hypothèse de N. Davis selon laquelle les livres étaient, plutôt que lus, traduits (du français au dialecte local) et commentés. Yvon Guilcher va plus loin en disant que « c'est la formulation même de la pensée qui nécessite une véritable traduction » et il prend l'exemple de la chanson populaire dont « le contenu a été remodelé, coulé dans une formulation nouvelle », à partir de sources écrites éventuellement (Y Guilcher, 1990).

les passages autrement exprimés sont les points faibles qui pourraient trahir le rêve. [...] L'interprétation peut partir de là[29]

Freud demandait donc à ses patients une autre version de leur rêve. En d'autres termes, il leur demandait d'en faire une traduction intralinguale, d'où pouvait partir le travail de l'interprétation. Ainsi a-t-on pu comprendre ou confirmer un des sens de la figure de Cendrillon immobile au foyer paternel à travers deux variantes racontant l'une que l'héroïne ne possède pas de souliers, et l'autre que ses persécutrices furent changées en pierres flanquées de part et d'autre de la maison.

En considérant la version comme le résultat d'une traduction[30], on ne contredit peut-être pas ce qu'affirmait C. Lévi-Strauss dans un article célèbre qui date de 1958 :

> Qu'on me permette d'ouvrir ici une brève parenthèse pour illustrer, par une remarque, l'originalité qu'offre le mythe par rapport à tous les autres faits linguistiques. On pourrait définir le mythe comme ce mode du discours où la valeur de la formule *traduttore, traditore* tend pratiquement à zéro. À cet égard la place du mythe, sur l'échelle des modes d'expression linguistique, est à l'opposé de la poésie, quoi qu'on ait pu dire pour les rapprocher. La poésie est une forme de langage extrêmement difficile à traduire dans une langue étrangère, et toute traduction entraîne de multiples déformations. Au contraire, la valeur du mythe comme mythe persiste, en dépit de la pire traduction. Quelle que soit notre ignorance de la langue et de la culture de la population où on l'a recueilli, un mythe est perçu comme mythe par tout lecteur, dans le monde entier. La substance du mythe ne se trouve ni dans le style, ni dans le mode de narration, ni dans la syntaxe, mais dans *l'histoire* qui est racontée[31]

De ces propos de Claude Lévi-Strauss illustrant le caractère original et singulier du mythe, on retiendra que ce dernier, auquel nous apparentons les contes et tout particulièrement les contes merveilleux, est éminemment traduisible – dans la même langue ou dans une autre –, donc éminemment transmissible.

La notion de traduction peut nous aider également à mieux comprendre les moyens grâce auxquels le conte dit ce qu'il a à faire savoir. En d'autres termes, à comprendre les rapports entre le contenu manifeste et le contenu latent. Le procédé le plus courant, le plus fréquent, c'est la figuration, c'est-à-dire la

---

[29] S. Freud, 1967 : 438.
[30] La version n'est-elle pas un des actes de la traduction dont l'autre est le thème ? « Version et thème sont à la fois nécessaires, symétriques, inverses et intervertibles » (Valabrega, *op. cit.* : 120). Le spécialiste des contes parcourt sans cesse le chemin qui va d'une version à l'autre, et des versions au contre-type, version fabriquée qui comprenait potentiellement toutes les versions connues et encore ignorées.
[31] C. Lévi-Strauss, 1958 : 232.

traduction en images des « pensées » du conte. Comme le rêve, le conte est régi par un « souci de figurabilité » selon l'expression de Freud.

> Les pensées sont [au cours de la formation du rêve] transformées en images visuelles, donc les représentations verbales sont ramenées aux représentations objectales correspondantes, comme si un souci de *figurabilité* dominait tout le processus.[32]

On prendra un exemple de figuration en l'empruntant, une fois de plus, à *Cendrillon*. Dans de nombreuses versions, appartenant soit au type AB soit au type B d'Anna Birgitta Rooth, l'héroïne doit remplir des tâches imposées le plus souvent par la marâtre, mais parfois aussi par la fée qu'elle rencontre et qui l'aidera à accomplir son merveilleux destin. Alors qu'elle garde les vaches ou les moutons aux champs, Cendrillon doit filer de grandes quantités de laine, de chanvre ou de lin. À la maison, et pour l'obliger à y rester, la marâtre lui ordonne de trier des graines de diverses espèces mélangées, ou des lentilles qu'elle a mêlées à des cendres (version de Grimm, entre autres). Lorsqu'elle rencontre la fée (ou une vieille femme, ou la Sainte Vierge), celle-ci lui demande de la coiffer :

> La fée a mis la tête sur les genoux de Cendrillon. Ce n'étaient que poux, lentes et gales.
>
> – Qu'y trouvez-vous, m'amie ?
>
> – Or et argent, ma marraine, or et argent.
>
> – Or et argent vous aurez, m'amie, or et argent vous aurez[33].

Il y a un dénominateur commun à ces tâches que l'héroïne doit accomplir : ce sont, toutes, des tâches de discrimination. Il lui faut démêler, différencier, séparer, trier. Filer, c'est transformer une masse indifférenciée, homogène du point de vue du matériau mais fragmentable, en un objet discret, identifiable, isolable, spécifique, indécomposable[34]. Trier des graines, c'est séparer les espèces mélangées, les classer (faire des tas homogènes) ou différencier ce qui est comestible – les lentilles – de ce qui ne l'est pas – les cendres, qui sont dans l'au-delà du comestible.

Peigner la chevelure des fées, c'est mettre de l'ordre dans quelque chose qui ressemble à des fibres, les aligner dans le même sens. Dans le cas fréquent où l'héroïne trouve des poux, c'est aussi faire la différence entre les cheveux et

---

[32] S. Freud, *op. cit.* : 173.
[33] A. Millien et P. Delarue, 1953 : 51.
[34] Indécomposable en principe. Lorsque le fil casse ou que le fuseau tombe, lorsqu'il se produit donc une discontinuité dans ce matériau dont la caractéristique essentielle est d'être continu, il s'ensuit des conséquences graves, narrativement parlant (voir les versions de la Grèce : Xanthacou, 1988 et Angelopoulou, 1989).

ce qui n'en est pas, les parasites. Le geste est analogue à celui du cardage de la laine, qui permet d'aligner les fibres et d'en retirer les substances étrangères[35].

Dans tous ces travaux, c'est donc une seule et même opération logique que l'héroïne doit effectuer. Les récits traduisent cette opération par des figures diverses placées sous le même thème, celui des tâches à accomplir. Le travail d'interprétation ne peut se limiter cependant à cette « traduction » des figures du conte. En l'espèce, il faudrait se demander pourquoi l'héroïne doit accomplir des tâches de différenciation. Comme beaucoup de ces récits, *Cendrillon* raconte un itinéraire initiatique, celui que l'adolescente doit parcourir avant de pouvoir accéder au mariage. Le mariage est un entrelacement grâce auquel se fabrique le tissu social. le tissage suppose deux arts, enseignait l'Etranger, l'art d'assembler et l'art de séparer[36]. Si l'on songe aux connotations sexuelles de l'entrelacement, on dira alors que les tâches de séparation accomplies par Cendrillon constituent une initiation à la différenciation sexuelle. Elles lui permettent d'accéder aux parures merveilleuses grâce auxquelles elle séduira le prince. Elle se sait désormais femme, et non plus souillon asexuée couverte de cendres[37].

La notion de traduction présente, selon toute vraisemblance, une valeur heuristique pour l'étude de la littérature orale. Elle permet, entre autres, d'aborder le problème de l'entropie des contes dans le mécanisme de la transmission. Selon les versions, on perçoit en effet déperdition ou enrichissement, dérive, infléchissement et même mutation. On pourrait alors examiner la notion de conte-type en considérant celui-ci comme l'oscillation entre les transformations acceptables et celles qui ne le sont plus. On pourrait aussi tenter de déterminer la nature de la logique - au sens que lui donne J.-M. Guilcher[38] – qui préside au travail d'ajustement entre la tradition et la nouveauté, entre le besoin de préserver le récit et le besoin de création, entre le désir d'appropriation de la matière racontée et le désir de transmission.

---

[35] Un autre objet servant à séparer joue un rôle dans un certain nombre de versions de Cendrillon : le crible. Soit que l'héroïne le laisse tomber et qu'il roule tellement loin qu'il l'amène chez les fées (interpolation du T 480, *La bonne et la mauvaise Fille*), soit que sa marâtre lui ordonne de rapporter de l'eau dans un tamis (Delarue, Tenèze, *op. cit.*, version 26 : 253).
[36] Platon, *Le Politique*, 282b.
[37] Sur la question du filage et du tissage dans *Cendrillon*, nous renvoyons le lecteur au travail d'A. Angelopoulou (*op. cit.*).
[38] *Cf. supra.*

Bibliographie

Angelopoulou, Anna
1989 « Fuseau des cendres », *Cahiers de littérature orale*, 25 : 71-95.
Beaumanoir, Philippe de
1980 *La Manekine. Roman du XIIIe siècle,* préf. de Donatien Laurent. Paris : Stock.
Belmont, Nicole
1978 « La Fonction symbolique du cortège dans les rituels populaires du mariage », *Annales E.S.C.*, 3, mai-juin 1978 : 650-655.
1989 « De Hestia à Peau d'Ane : le destin de Cendrillon », *Cahier de littérature orale*, 25 . 11-31.
Carrière, Jean-Michel
1937 *Tales from the French Folk-Lore of Missouri.* Evanston and Chicago : Northwestern University.
Delarue, Paul et Tenèze, Marie-Louise
1977 *Le Conte populaire français. Catalogue raisonné des versions de France et des pays de langue française d'outremer.* Paris : Maisonneuve et Larose, t. 2.
Félice, Ariane de
1945 *Enquêtes sur les traditions orales du Bas-Poitou.* Ms A.T.P.
Freud, Sigmund
1952 « Complément métapsychologique à la doctrine des rêves », *Métapsychologie*. Paris, Gallimard [1916-1917].
1967 *L'Interprétation des rêves.* Paris : P.U.F. [1900].
Guilcher, Jean-Michel
1963 *La Tradition populaire de danse en Basse-Bretagne.* Paris, La Haye : Mouton.
Guilcher, Yvon
1990 « A-t-on lu à la veillée paysanne ? », *Tradition et Histoire de la culture populaire.* Grenoble, CARE : 143-159.
Jakobson, Roman
1963 « Aspects linguistiques de la traduction », *Essais de linguistique générale.* Paris : Ed. de Minuit.
Krappe, A. H.
1930 *The Science of Folk-Lore.* London : 1930.
Lévi-Stauss, Claude
1958 « La Structure des mythes », in *Anthropologie structurale.* Paris : Plon.

Lüthi, Max
1976 *Once Upon a Time: On the Nature of the Fairy Tales.* Bloomington : Indiana University Press.
1982 *The European Folktale: form. and nature.* Philadelphia : The Institute for the Study of Human Issues.

Luzel, François-Marie
1987 *Contes populaires de la Basse-Bretagne.* Paris : Maisonneuve, 3 vol. (Littératures populaires de toutes les nations, XXIV-XXVI).

Massignon, Geneviève
1983 *De Bouche à oreilles. Le conte populaire français.* Paris : Berger-Levrault, Territoires.

Millien, Achille et Delarue, Paul
1953 *Contes du Nivernais et du Morvan.* Paris : Erasme (Contes merveilleux des provinces de France).

Rooth, Anna Birgitta
1951 *The Cinderella Cycle.* Lund : Gleerup.

Valabrega, Jean-Paul
1987 « Sur le concept de *traduction* et sa nébuleuse. Essai d'une théorie générale », *Topique*, 39 . 107-151.

Van Gennep, Arnold
1934 « Contribution à la méthodologie du folklore », *Lares*, V/1 : 20-34.

Vernant, Jean-Pierre
1965 «Hestia-Hermès. Sur l'expression de l'espace et du mouvement chez les Grecs », *Mythe et pensée chez les Grecs*, I, Paris, Maspero : 124-170.

Xanthacou, Margarita
1988 *Cendrillon et les sœurs cannibales.* Paris, EHESS (Les Cahiers de l'Homme, 28).

Chapitre 16

La tâche de Psyché

« [Vénus] se fait apporter des grains de blé, d'orge, de millet, de pavot, de pois chiche, de lentille et de fève, les mêle à pleines poignées et les confond en un seul tas , puis s'adressant à Psyché . "Laide comme tu l'es, dit-elle, j'imagine qu'une esclave n'a d'autre moyen pour gagner les bonnes grâces de ses amants, que son dévouement à leur service. Eh bien ! Je veux, moi aussi, éprouver à quoi tu es bonne. Démêle-moi l'amas confus des semences que voici ; sépare les grains un à un et les trie avec ordre ; il faut qu'avant ce soir, tu aies expédié cet ouvrage et le soumettes à mon approbation" » (Apulée, *Les Métamorphoses*, Livre VI, X).

Voici donc la tâche de Psyché. On sait également que c'est le titre d'un ouvrage de G. J. Frazer, plus exactement intitulé *L'Avocat du diable ou la tâche de Psyché* (Frazer, 1914). Le livre porte la dédicace suivante : « A tous ceux qui se vouent à la tâche de Psyché, séparer les semences du bien des semences du mal, je dédie ce discours ». Le mal, pour Frazer, c'est la superstition, « responsable de grands méfaits en ce monde ». Mais, dans son ouvrage, il montrera qu'elle est parfois au fondement d'institutions sociales salutaires comme le gouvernement, la propriété privée, le mariage, etc. Il faut cependant convenir que l'interprétation de la tâche de Psyché par Frazer est erronée : la jeune femme ne doit pas séparer les bonnes graines des mauvaises, elle doit séparer les espèces différentes de graines qui, toutes, sont bonnes.

Cette histoire d'Amour et Psyché que l'on trouve dans les *Métamorphoses* d'Apulée au second siècle de notre ère est une version – à peine déguisée d'atours mythologiques – du conte type 425 *La Recherche de l'époux disparu*. On sait également que le triage des grains est un motif connu qui apparaît comme « tâche difficile » dans un certain nombre de contes merveilleux. C'est une tâche masculine dans quelques versions du conte type 313, *La Fille du diable*, et dans de nombreuses versions du conte type 554, *Les Animaux reconnaissants*. Mais c'est dans le conte type 510A, *Cendrillon*, qu'on l'étudiera ici.

Dans la plus récente monographie consacrée au cycle de *Cendrillon*, l'auteur, A. B. Rooth, affirme que ce motif tient une place traditionnelle sans être essentiel par rapport à l'intrigue (Rooth, 1951 : 176-180). Le tri des grains perdrait dans *Cendrillon* son caractère de tâche difficile, puisqu'il a pour fonction d'empêcher la jeune fille d'aller au bal (ou à la messe). Le motif « peut être considéré comme une ornementation – l'obstacle qui, de tout évidence, empêche la jeune fille d'aller à la fête, par opposition au motif moins spectaculaire de l'obligation de garder la maison vide ou de préparer le repas » (*idem* : 179-180).

On tentera de montrer que le tri des grains est plus qu'un « joli » motif dans *Cendrillon*, car il fait partie d'un ensemble de figures métaphoriques dont le sens est convergent.

Les formes du motif sont assez répétitives. Selon une version de l'Albret, la marâtre, pour punir Cendrillon d'avoir demandé à aller à la messe avec les autres, l'oblige à ramasser un sac de mil qu'elle a répandu sur de la litière (Delarue et Tenèze, 1977, version 26). Dans une version du Nivernais, la marâtre ordonne à la jeune fille de faire la cuisine, mais jette dans les lentilles qu'elle doit faire cuire un demi boisseau de cendres le premier dimanche, puis un boisseau et un boisseau et demi les dimanches suivants (Delarue et Tenèze, 1977, version 5). Dans une autre version de même provenance, ce sont des haricots mélangés aux cendres (Delarue et Tenèze, 1977, version 9), et dans une troisième, la tâche de triage, est dissociée de la cuisine à préparer (Delarue et Tenèze, 1977, version 8). Il faut, d'une part, que Cendrillon sépare le sel que la marâtre a mélangé à du sable et d'autre part qu'au retour de celle-ci, la soupe soit trempée « ni trop chaude, ni trop froide, bonne à manger ».

Dans le recueil des Grimm, ce sont aussi des lentilles répandues dans les cendres que Cendrillon doit trier : elle appelle à son aide les pigeons, les tourterelles et tous les oiseaux du ciel. Le motif est assez fréquent en Europe du nord, de l'est et au Proche-Orient. Il s'agit presque toujours de trier des grains de diverses sortes mélangés ou de séparer des grains d'une seule sorte mêlés à des cendres. Celles-ci venant rappeler l'attribut de l'héroïne et introduisant, de surcroît, la distinction entre bon et mauvais, entre consommable et non consommable, entre consommable et consumé.

Mais ce n'est pas la seule tâche que Cendrillon doit accomplir. Alors qu'elle garde les vaches ou les moutons aux champs, elle doit filer de grandes quantités de laine, de chanvre ou de lin. Dans une version provenant de l'Auvergne, classée en T 480 dans le catalogue (Delarue et Tenèze, 1977, version 19), la marâtre dit à l'héroïne d'aller au pré avec « sept vaches à garder, sept veaux à empêcher de téter, sept quenouilles à filer, sept fagots à ramasser ». Dans une version corse, *Cinnarella* (Orsini, 1978 : 77-79), elle doit garder la vache et faire en une journée des chaussettes pour ses sœurs (« parce qu'en ce temps-là il y avait des écheveaux », dit la conteuse). C'est la vache qui fait les chaussettes après qu'elle a mis le fil autour de ses cornes. Le lendemain, la marâtre lui donne à carder la laine pour faire un matelas. La tâche est accomplie par le même moyen.

En outre, l'aide surnaturelle de Cendrillon se présente le plus souvent sous les traits d'une vieille femme, une fée en réalité, qui lui demande de la peigner. Dans une version du Nivernais, on nous raconte : « La fée a mis sa tête sur les genoux de Cendrillon. Ce n'étaient que poux, lentes et gales ». – « Qu'y trouvez-vous, m'amie ? » – « Or et argent, ma marraine, or et argent » – « Or et argent, vous aurez m'amie, or et argent, vous aurez » (Delarue et Tenèze, 1977, version 5).

Dans une version recueillie par Ch. Joisten dans les Hautes-Alpes, la vieille femme demande à l'héroïne « de la coiffer el de la nettoyer, car elle était pleine de poux » (Joisten, 1959 : 24). Bien qu'obligée par sa marâtre de filer et de tricoter, elle consent à le faire : « Trouves-tu, demanda la vieille, quelques poux sur ma vieille tête ? » – « Oh ! oui, répond l'enfant, il y en a de gros, même de ceux qui ont la raie sur le dos comme les ânes ».

Il existe un dénominateur commun à ces tâches que Cendrillon doit accomplir : ce sont, toutes, des tâches de discrimination. Il lui faut démêler, différencier, séparer, trier. Trier des grains, c'est séparer les espèces mélangées, les classer, faire des tas homogènes, ou différencier ceux qui sont comestibles des substances étrangères (lentilles et cendres, sel et sable). Filer, c'est transformer une masse indifférenciée, homogène du point de vue du matériau, mais fragmentable – la laine cardée, la filasse, l'étoupe – en un objet discret, identifiable, isolable, spécifique, indécomposable – le fil. Peigner la chevelure des fées, c'est mettre de l'ordre dans quelque chose qui ressemble à des fibres, les aligner dans le même sens et, très fréquemment, faire la différence entre les cheveux et ce qui n'en est pas, les parasites. Le geste est analogue à celui du cardage de la laine – la laine de matelas à carder dans la version corse – qui permet d'aligner les fibres et d'en retirer les substances étrangères.

Dans tous ces travaux, c'est une seule et même opération logique que l'héroïne doit effectuer. Les récits traduisent cette opération par des figurations diverses placées sous le même thème, celui de la tâche à accomplir. *Cendrillon* raconte l'itinéraire initiatique que l'adolescente doit parcourir avant de pouvoir accéder au mariage. Le mariage est un entrelacement grâce auquel se fabrique le tissu social. Le tissage suppose deux arts, enseignait l'Etranger dans *Le Politique* de Platon: l'art d'assembler et l'art de séparer (282 b). Les tâches de séparation, de discrimination accomplies par Cendrillon constituent une initiation à la différenciation sexuelle. Elles lui permettent d'accéder aux robes merveilleuses grâce auxquelles elle séduira le prince. Elle se sait désormais femme, et non plus souillon asexuée couverte de cendres.

On considérera maintenant un autre conte type, *La Petite fille qui cherche ses frères* (T 451), où l'acquisition de l'identité sexuelle est figurée, mise en scène, de manière différente. Dans le recueil des Grimm on trouve trois versions de ce conte (n° 9 *Les Douze frères*, n° 25 *Les Sept corbeaux* et n° 49 *Les Six frères cygnes*)[1]. Mais on se limitera aux versions françaises qui semblent se présenter de façon assez homogène. On résumera une version collectée par G. Massignon, *La Boule rouge*.

Une dame avait sept petits garçons, « elle était pour avoir une petite fille » et ça ne plaisait pas aux garçons. Ils décident de quitter la maison. Quand la petite fille a grandi, des voisins lui révèlent qu'elle a des frères, partis bien loin parce qu'ils ne voulaient pas de sœur. Elle décide d'aller à leur recherche et sa marraine lui donne une boule rouge qui roulera devant elle pour lui montrer le chemin. Elle arrive à une petite maison le long de la forêt. La boule rouge passe par la chatière, la petite fille aussi, bien que ce soit un peu étroit pour elle. C'est la maison des frères qui finissent par la découvrir quoiqu'elle se cache. Ils sont contents de la voir et lui proposent de rester avec eux. « Si tu veux rester avec nous, c'est toi qui feras notre soupe; tu t'occuperas de nos affaires, nous serons plus heureux ». Il y a cependant un interdit, celui de laisser éteindre le feu, car le seul voisin est un ogre. Un jour, elle le laisse s'éteindre et elle est obligée de demander des allumettes à l'ogre qui lui en fournit, à condition qu'elle lui donne à sucer tous les jours son petit doigt passé par le trou de la chatière. Elle accepte, mais elle s'affaiblit tous les jours un peu plus; ses frères s'inquiètent, elle avoue. Le lendemain quand l'ogre arrive, elle lui fait passer la tête par la chatière et l'un des frères la lui tranche. La tête est enterrée dans le jardin ; il pousse à cet endroit du beau persil, qu'elle met dans la nourriture de ses frères. Ils sont immédiatement transformés en moutons. Elle est bien triste, mais les

---

[1] Ce conte type a fait l'objet de deux études importantes. La première, chronologiquement parlant, est de G. Calame-Griaule qui rapporte des versions recueillies par elle-même au Niger et les étudie dans leur contexte culturel, mais aussi par rapport à des versions du Maghreb et aux versions européennes (Calame-Griaule, 1987, d'abord publié en 1982). La seconde est due à M.-L. Tenèze, qui s'attache plus largement aux relations entre frère(s) et sœur(s) dans les contes, mais privilégie l'étude du T 451 (Tenèze, 1984).

garde et – dit le conte – « elle était devenue grande et bien jolie ». Si jolie qu'un prince, la voyant en passant à la chasse, tombe amoureux d'elle et l'épouse. « Du jour où elle s'est mariée, les petits moutons sont revenus hommes. Ils sont restés à la cour et le sort a été enlevé » (Massignon, 1954, n° 20).

On remarquera tout de suite que la configuration familiale est ici très différente de celle de Cendrillon, où il n'y a que des filles. On a une série de nombreux garçons, sept, neuf, douze parfois, et une absence de fille ressentie diversement selon les versions. La naissance de celle-ci provoquera le départ des garçons, soit qu'ils trouvent insupportable d'avoir une sœur, soit que le père les menace de mort au cas où un garçon supplémentaire viendrait au monde, soit que la mère désire tellement une fille qu'elle est prête à abandonner ses garçons pour elle. C'est pour ces raisons qu'on a souvent interprété le conte en termes de rivalité fraternelle. Il y a, sans doute, plus à dire de ce récit si l'on ne considère pas uniquement la situation initiale, aussi remarquable soit-elle.

Le début de la quête de ses frères par la sœur se situe – les versions le disent souvent – à une époque où elle n'est encore qu'une petite fille. Certaines versions précisent même son âge: elle a sept ans. Les retrouvailles entre les frères et la sœur sont heureuses, même si les garçons avaient manifesté de l'hostilité à son égard lors de sa naissance. En outre, aucune version ne manque de préciser que s'établit alors entre eux une répartition des tâches respectivement masculines et féminines. Faute de femme à la maison, les garçons devaient assumer à tour de rôle les travaux féminins de la cuisine et de la tenue du ménage. Ou bien c'était sur le plus jeune des frères que retombaient ces tâches, qui l'empêchaient d'accéder à la masculinité. Dorénavant ils pourront tous ensemble se livrer à leurs occupations masculines: ils travaillent dans la forêt comme charpentiers ou bûcherons, ou bien ils chassent le gibier.

Quelques récits s'arrêtent là: « ils vécurent heureux tous ensemble ». C'est donc qu'un certain processus s'est accompli: les garçons se sentent garçons et peuvent s'adonner aux tâches masculines et la fille se sent suffisamment fille pour accomplir auprès d'eux les travaux féminins. Le processus s'est réalisé grâce à ce partage et à cette complémentarité. Le traumatisme de la naissance d'une sœur a été surmonté. Ces versions courtes ne tournent pas court, même si elles ne conduisent pas l'héroïne jusqu'au mariage.

Les autres introduisent le motif du personnage maléfique, masculin dans la majorité des cas[2], puis l'épisode de la métamorphose des frères en animaux. On

---

[2] Dans quelques versions, le personnage maléfique est féminin. On en retiendra une, recueillie sur la côte ligure, intitulée *Les Sept frères* (Andrews, 1892, n° 62), car l'épisode se présente de la même façon. La sœur laisse un jour éteindre le feu ; elle va en demander à la voisine qui lui en donne à condition que, tous les matins, elle vienne lui sucer le petit doigt à travers le trou de la serrure. Lorsque les frères s'aperçoivent que

comprend à ce moment que la petite fille est devenue jeune fille, même si le conte ne donne pas toujours le sentiment d'une durée appréciable. Mais, comme le dit la version de référence, immédiatement après avoir parlé de la métamorphose des frères: « Elle est devenue grande et bien jolie ». Mais là encore se dresse un obstacle qui entrave l'évolution normale des frères et de la sœur. Celle-ci voit son sang couler, non pas à la manière du flux menstruel, mais de façon invisible, absorbé directement par l'ogre qui suce son petit doigt. Le sang qui apparaît lors de la puberté des filles marque le temps où elles deviennent fécondes, mais elles ne peuvent l'être que pour une autre famille, une autre lignée que la leur. Leur sang est destiné à d'autres que leurs frères. Le personnage maléfique qui vient absorber secrètement le sang de la jeune fille sans le faire couler à l'extérieur est une figure à deux faces. Ou bien image du mariage incestueux, c'est-à-dire d'un sang qui se déplace en circuit interne : et dans cette hypothèse les frères incestueux seraient figurés, dans un mécanisme projectif, par le personnage de l'ogre avide d'un sang qui ne lui est pas destiné. Ou bien image, du côté des frères, du mariage exogame où le sang qui est le même que le leur, est pris indûment par un homme étranger[3].

L'épisode suivant voit la métamorphose des frères en animaux, animaux domestiques le plus souvent dans les versions françaises: bœufs ou moutons; puis le mariage de l'héroïne. La métamorphose animale met une distance excessive entre les frères et la sœur – distance moins marquée cependant que dans les versions où ils se transforment en oiseaux qui s'envolent à tire-d'aile. Ici encore on a affaire à une image à deux faces: soit que les frères incestueux soient ravalés à un rang animal, soit que la distance nécessaire entre frères et sœur à la puberté de celle-ci fasse l'objet d'une amplification et d'une

---

la jeune fille dépérit, ils menacent la voisine et l'obligent à rendre le sang pris à sa victime, de la même manière, chaque matin, par le petit doigt passé dans le trou de la serrure. Ensuite les frères jugent plus prudent d'aller s'installer ailleurs. La voisine n'est pas tuée. On voit donc que le changement de sexe du personnage maléfique entraîne une modification de la résolution de l'épisode. La voisine, en tant que femme, peut rendre le sang pris à la jeune fille, ce qui n'est pas envisageable dans le cas d'un personnage masculin. La voisine peut être interprétée comme l'image d'une mère qui refuserait la puberté de sa fille en établissant avec elle des rapports « fusionnels » (et même « transfusionnels ») où le sang donné pourrait être repris.

[3] Cette seconde image apparaît manifestement dans les récits et chants funèbres balkaniques racontant le « Voyage du frère mort ». M. Xanthacou montre que l'union hyperexogame entraîne la mort des frères (Xanthacou, 1982 et 1985, Gossiaux, 1987). On pourrait considérer ces récits comme une transformation partielle du T 451 On y trouve le même type de fratrie un grand nombre de frères et leur sœur unique et cadette. C'est celle-ci qui doit s'exiler lors de son mariage. La mort des frères consécutive à ce mariage trop lointain peut être comparée à la mort métaphorique des frères transformés en « oiseaux-âmes ». Le rôle du personnage maléfique est joué ici par le mari qui, dans certaines versions, vampirise (lui ou son propre père) la jeune femme.

dramatisation⁴. Dans la plupart des versions, le mariage de l'héroïne qui n'est pas un vrai mariage et dont la fécondité n'est pas une vraie fécondité – comme le dit G. Calame-Griaule (1987 : 251) – puisque ses enfants lui sont enlevés, constitue la dernière étape de cette double initiation.

Le retour des garçons à la forme humaine établit enfin la bonne distance entre les frères et la sœur. Ou, dans les termes de M.-L. Tenèze, ce retour exprime « la transformation des liens, naturels et immédiats entre frère et sœur, propres à l'enfance, en de nouveaux liens, maintenant médiats en l'étape adulte de leur vie ; des liens qui sont simultanément sociaux et spirituels » (Tenèze, 1984 : 137)⁵. Les frères ne sont plus seulement les consanguins parmi les plus proches de la jeune femme. Ils sont devenus en outre des oncles, des parrains, mais aussi des beaux-frères, c'est-à-dire des alliés. « Quittant sa famille d'origine pour fonder avec son conjoint une nouvelle famille, l'héroïne réalise son destin de femme ouvert sur la survie de l'espèce : elle pose le fil de chaîne. Mais par sa volonté affirmée d'y associer son frère, elle fait plus: elle passe aussi le fil de trame – créant ainsi, et ainsi seulement à cette double condition, du tissu social » (Tenèze, 1984 : 137).

Pour terminer, on reviendra à la tâche de Psyché avec une version créole de Cendrillon (Schont, 1935 : 55-58). La mère (et non marâtre) dit un jour à la Belle, la fille qu'elle déteste : « Voici un paquet d'aiguilles et d'épingles mélangées; il faut les démêler et les ranger pendant que nous serons à la messe ». L'œuvre d'Yvonne Verdier donne la clef du contenu particulier que cette version donne au motif du triage.

L'initiation de la petite fille et de l'adolescente telle qu'Yvonne Verdier la reconstruit est comme le modèle, puisé dans la réalité, du récit de Cendrillon. C'est l'itinéraire même de l'héroïne qui est décrit sous celui de la jeune fille. On envoyait les filles de sept à quatorze ans, depuis Pâques jusqu'à la Toussaint, garder les vaches ou les moutons, en leur donnant toujours un ouvrage de couture, de tricot ou de dentelle à faire. Mais la garde des animaux étant une tâche absorbante – il fallait en particulier les empêcher d'aller paître chez les

---

⁴ Il ne faut pas s'étonner de trouver des sens divergents ou même opposés lorsqu'on décrypte les contes merveilleux. Il arrive qu'on puisse lire des significations différentes à des niveaux respectivement profond et plus superficiel. Avec la figure du personnage maléfique, on a probablement affaire à un même niveau - profond - de sens. Il s'agit alors d'une figure « bifrons ». D'une part, chaque auditeur y faisait sans doute la lecture qui lui convenait. D'autre part, il n'est pas surprenant que des notions aussi sensibles que celles-ci – l'inceste et l'exogamie – appellent immédiatement leur inverse.
⁵ M.-L. Tenèze fait ici allusion à des versions bretonnes où le frère aîné, toujours métamorphosé en mouton, est choisi par sa sœur pour être le parrain de son enfant. C'est lors de la cérémonie du baptême qu'il retrouve sa forme humaine, bientôt suivi par les autres frères.

voisins (pensons « aux sept vaches à garder, aux sept veaux à empêcher de téter, aux sept quenouilles à filer et aux sept fagots à ramasser » de la version d'Auvergne) –, les petites filles n'avançaient guère dans leur travail de couture: ce qui évoque les grandes quantités de laine ou de lin que l'héroïne doit filer dans les formes AB de Cendrillon. À quinze ans, les jeunes filles passaient l'hiver chez la couturière qui les initiait à la « vie de jeune fille », aux étoffes, aux robes, aux parures. Cet apprentissage se faisait souvent sous l'égide de la tante-marraine qui jouait un rôle tutélaire. Et, enfin, c'est à peu près à cet âge qu'on achetait aux jeunes filles leur première paire de chaussures – pour leur Première Communion –, alors qu'elles n'avaient porté jusque-là que des sabots.

Etudiant le conte du Petit Chaperon rouge dans les versions de tradition orale, Yvonne Verdier est intriguée par un motif que Perrault a laissé tomber et qui relève, pour P. Delarue, du « merveilleux puéril », celui des chemins que le loup propose à la petite fille pour se rendre chez sa grand'mère : chemin des épingles ou chemin des aiguilles. Elle montre que, « loin d'être "absurdes", ces détails constituent un langage, un langage couturier de l'épingle et de l'aiguille » (Verdier, 1978 : 25). Les épingles sont du côté de la parure – elles servaient à ajuster de nombreuses pièces de vêtements –, du côté du langage amoureux – les garçons en offraient aux filles pour faire leur cour –, du côté de la magie amoureuse – les épingles étaient jetées dans les fontaines et d'autres étaient enfoncées dans les statues des saints « marieurs » –, du côté de la puberté – elles piquent et font couler le sang. Par contre, l'aiguille, trouée, renvoie à un symbolisme sexuel bien marqué: les couturières sont légères, elles ont « le fil à l'aiguille », Grâce au déchiffrage qu'opère Yvonne, on ne s'étonnera pas de trouver le motif des épingles et des aiguilles mélangées que Cendrillon doit trier sur l'ordre de sa mère. Nous dirons que celle-ci est mieux intentionnée envers sa fille qu'il ne paraît, puisqu'en effet, elle lui donne à différencier ce qui est du côté de la jeune fille et ce qui est du côté de la femme. La mère joue dans cette version du T 510A la même fonction symbolique que la couturière à Minot.

Les quelques exemples présentés ici témoignent de la qualité de l'œuvre et de la pensée d'Yvonne, puisqu'en effet des matériaux, sinon nouveaux, du moins autres que les siens, dévoilent leur cohérence quand on les soumet au même regard décrypteur, qui va sans cesse de la réalité à l'imaginaire et y retourne afin d'éclairer l'un par l'autre. La qualité la plus notable de l'œuvre d'Yvonne tient peut-être à ce don singulier qui lui permettait d'appréhender à la fois la réalité et l'imaginaire qui la sous-tend, et de les élaborer dans leur flux et reflux continus dont le mouvement tisse les destins.

Bibliographie

Andrews, James Bruyn
1892 *Contes ligures. Traditions de la Riviera. Recueillis entre Menton et Gênes*. Collection de contes et de chansons populaires, XVII, Paris : E. Leroux.

Apulée
[1971-76] *Les Métamorphoses*, 3 vol., Paris, Les Belles-Lettres.

Belmont, Nicole
1989 « De Hestia à Peau d'Ane : le destin de Cendrillon », *Cahiers de littérature orale*, 25 : 11-31.

Calame-Griaule, Geneviève
1987 « La Jeune fille qui cherche ses frères », *Des Cauris au marché. Essais sur des contes africains*. Paris, Société des Africanistes : 239-251 [1ère éd. 1982].

Delarue, Paul, Tenèze, Marie-Louise
1977 *Le Conte populaire français*, t. II. Paris : Maisonneuve et Larose

Frazer James George
1914 *L'Avocat du diable ou la tâche de Psyché*. Paris, Librairie orientaliste P. Geuthner.

Gossiaux, Jean-François
1987 « La Sœur albanaise », *Dialogue*, 4e trimestre : 51-58.

Grimm, Jacob et Wilhelm
[1967] *Les Contes*, 2 vol. Paris : Flammarion.

Joisten, Charles
1959 *Versions populaires haut-alpines des contes de Perrault*. Gap : imp. Ribaud frères.

Massignon, Geneviève
1954 *Contes de l'Ouest. Brière, Vendée, Angoûmois*. Paris : Erasme.

Orsini-Marzoppi Marie-France
1978 *Récits et contes populaires de la Corse 1*. Paris : Gallimard.

Rooth, Anna Birgitta
1951 *The Cinderella Cycle*. Lund : Gleerup.

Schont Mme
1935 *Quelques contes créoles*. Basse-Terre : Imprimerie catholique.

Tenèze, Marie-Louise
1984 « La Famille dans les contes populaires : la relation du (des) frères(s) et de la sœur », *Dialogue*, 84 : 124-138.

Verdier, Yvonne
1978 « Grand'mères, si vous saviez... Le Petit Chaperon rouge dans la tradition orale », *Cahiers de littérature orale*, 4 : 17-55.
1979, *Façons de dire, façons de faire*. Paris : Gallimard.

Xanthacou, Margarita
1982 « Mon amour, mon frère. Présentation et esquisse d'analyse d'un corpus de littérature orale maniote », *Cahiers de littérature orale*, 12 : 119-147.
1985 « Le Voyage du frère mort ou le mariage qui tue », *Etudes rurales*, 97-98 : 153-189.

Chapitre 17

De Hestia à Peau d'Âne :
Le destin de Cendrillon

On connaît la parenté narrative de *Cendrillon* et de *Peau d'Âne*, parenté signalée par la typologie internationale d'Aarne et Thompson qui les différencie comme sous-types d'un même conte type : T 510 A et B. On sait également que A. B. Rooth, dans sa monographie sur le cycle de Cendrillon (Rooth, 1951) affine cette typologie après y avoir fait entrer le T 511. L'étude de la diffusion de ces diverses configurations narratives lui permet de mettre en évidence une évolution qui va d'une forme A (T 511) à une forme AB (T511 + T 510 A), et de celle-ci à une forme B (T 510 A), puis à une forme B1 (T510 B). L'apparition d'une de ces formes ne s'accompagne pas de la disparition de la précédente. Dans presque toute l'Europe elles coexistent, ne cessant donc pas d'exercer une influence : des plus anciennes sur les plus récentes, mais aussi des plus récentes sur les plus anciennes.

On essaiera de montrer que l'analyse diffusionniste de Rooth peut être confirmée par une analyse narrative interne (essentiellement pour ce qui concerne *Cendrillon* et de *Peau d'Âne*, c'est-à-dire les formes B et B1 de Rooth).

Le lien essentiel de l'héroïne du premier conte et de sa dénomination avec les cendres, le foyer et l'âtre est si constant, si notoire, si aveuglant même qu'il en décourage presque l'analyse. Aucun autre conte type, peut-être, ne présente de trait aussi récurrent, aussi stable, ni, par conséquent, aussi populaire. On tentera cependant d'éclairer sous ce rapport la figure de Cendrillon en la rapprochant de celle de la divinité grecque Hestia[1]. Il ne s'agit évidemment pas d'assimiler l'une à l'autre, encore moins de supposer qu'une évolution ou une involution historique a travesti la déesse en héroïne de conte. Cette comparaison a pour but de mieux comprendre la figure de Cendrillon dans la mesure où, toutes choses égales par ailleurs, Hestia pose plus clairement un problème d'ordre « sociologique », ressortissant à la logique de la société. Ce problème concerne les « filles de maison », filles à marier, vierges, jeunes filles « en fleur ».

Si la divinité grecque se présente de façon plus intelligible, c'est aussi que J.-P. Vernant a élucidé ses traits dans un article important où l'on puisera matériaux et analyse (Vernant, 1965). Hestia est curieusement associée, dans le panthéon grec, à Hermès. Cette relation ne repose pas sur des liens de consanguinité ni d'alliance, mais sur une affinité de fonction, laquelle concerne l'espace en tant qu'étendue terrestre et habitat de l'humanité sédentaire. Hestia se tient au centre de la maison, de l'espace domestique, elle veille sur le foyer circulaire qui enracine la maison dans la terre. Hermès, en revanche, représente le mouvement, le passage, les contacts avec les éléments étrangers :

> A Hestia, le dedans, le clos, le fixe, le repli du groupe humain sur lui-même, à Hermès le dehors, l'ouverture, la mobilité, le contact avec l'autre que soi (Vernant, 1965 128).

Le couple Hestia-Hermès permet d'établir une représentation archaïque de l'espace, qui exige un point fixe à partir duquel le mouvement sera possible.

Hestia est vierge, elle a renoncé pour toujours aux noces. En contrepartie, Zeus lui a accordé de s'installer au centre de la maison. Le mariage contraint en effet les jeunes filles, attachées au foyer paternel, à circuler au moment de leur mariage pour s'intégrer à une autre maison, à un autre foyer :

> Dans le mariage, contrairement à toutes les autres activités sociales, la femme constitue l'élément mobile, dont la circulation fait le lien entre groupes familiaux différents, l'homme restant au contraire fixé à son propre foyer domestique [...] La contradiction se trouve résolue sur le plan de la représentation religieuse, par l'image d'une divinité qui incarne, dans la nature féminine, les aspects de

---

[1] P. Saintyves avait noté le rapport entre les deux figures, mais pour l'écarter aussitôt comme non pertinent. « Tandis que Hestia est la fille aînée de Cronos et de Rhéa, Cendrillon dans toutes les versions connues est toujours la sœur la plus jeune et d'autre part Hestia ne connaît pas de période de ténèbres ni d'humiliation » (Saintyves, 1923 127). En fait, Cendrillon n'est pas toujours la plus jeune des sœurs ; quelques versions disent même qu'elle est l'aînée, la plupart ne se prononcent pas sur ce point. On sait que l'interprétation ritualiste de Saintyves voyait dans Cendrillon le commentaire d'anciennes liturgies populaires destinées à faciliter la marche des saisons et le renouveau.

permanence tout en demeurant étrangère, par son statut virginal, à l'aspect de mobilité (Vernant, 1965 132).

La figure de Cendrillon, littéralement attachée au foyer paternel puisqu'elle est couverte de ses cendres, exprime, de façon à la fois métaphorique et métonymique, la contradiction qui est celle des filles nubiles dans la maison de leur père, maison qu'elles devront quitter « pour s'accomplir en femmes », comme le dit J.-P. Vernant. Dans la Grèce ancienne, la contradiction s'exprime et se résout au niveau religieux avec la figure d'Hestia dont la signification est inséparable de celle d'Hermès. Dans la société traditionnelle européenne, cette contradiction, cette difficulté du destin féminin se raconte sans se dire grâce au récit de Cendrillon. Derrière l'image traditionnelle de l'héroïne salie pas les cendres – « Toujours gratter les cendres ! Toujours rester dans le coin du feu ! » (Delarue, Tenèze, 1977 : version 13) –, on peut en distinguer une autre, moins ostensible, mais bien présente dans les versions : celle d'une Cendrillon incapable de bouger, fixée à ce foyer, dépourvue de mobilité. Sans doute, comme on le voit dans de nombreuses versions, la marâtre lui interdit de sortir pour aller, comme ses sœurs, à la messe ou au bal. Mais parfois l'interdiction ne lui est pas formulée : c'est elle-même qui s'y refuse.

Ainsi, dans la version des Pyrénées recueillie par Maugard (Delarue, Tenèze, 1977 : version 29) :

> La marâtre n'était pas méchante à l'endroit de l'aînée, mais l'enfant devenue jeune fille fuyait les fêtes et les sorties. Cantonnée au coin de l'âtre, près de ses chères cendres, elle préparait les repas. Aussi l'appelait-on « Pitcendrou » et, en mauvaise part, « Pitcendras Lharassas », c'est-à-dire « Petit Cendrier, Souillon du foyer ».

Dans la première version citée qui provient du Poitou (Delarue, Tenèze, 1977 : version 13), il est dit :

> Quand les deux aînées allaient se promener, elles demandaient à la Cendrouse « Allons, Cendrouse, tu en veux pas venir avec nous autres te promener ? » – « Ah non ! Je ne veux pas y aller de fait » – « Ah, Cendrouse ! Tu ne seras jamais qu'une Cendrouse, va ! »

Il y a aussi les nombreuses versions, plus nombreuses sans doute, où Cendrillon doit rester à la maison et à la cuisine sur l'ordre de sa marâtre. Dans une version de la Charente (Massignon, 1983 : 262), la « tante » (marâtre) lui dit : « Tu ne bougeras plus de la maison ». On citera encore La Cendrillonne, version recueillie dans la population francophone du Missouri (Carrière, 1937 : 142-144) :

> Les deux filles, pis la belle-mère i'maltraitaient Cendrillonne ; i'yi faisaient faire tout l'ouvrage, i'yi donnaient pas d'linge pour aller neune part. Alle avait pas d'souyers, elle était tout l'temps nu-pieds. Ça s'fait que Cendrillonne a pouvait pas aller neune part.

L'immobilisation de l'héroïne est ici exprimée par l'absence de l'objet qui sera le moyen de sa reconnaissance et de son élection : les souliers. Cette variante du motif montre une intelligence profonde du conte. Dans cette version, le lien avec les cendres n'en est pas complètement abandonné pour autant. En premier lieu, le nom de l'héroïne en témoigne, de même que l'endroit où elle se tient lorsque le prince vient faire essayer la pantoufle (ici de « cristal, de vitre ») : « Ia vu Cendrillonne dans l'coin d'la ch'minée ». On voit ainsi s'établir une relation entre les deux motifs qui « signent » le récit de Cendrillon, le lien avec les cendres d'une part, la pantoufle perdue d'autre part, motifs qui sont traités indépendamment l'un de l'autre dans le déroulement narratif, alors qu'ils sont en corrélation sous le rapport immobilité / mobilité.

Dans la version de Charente, un motif inventé par la conteuse (ou par ses transmetteurs) témoigne encore différemment de l'existence de cette problématique. La punition de la marâtre et de sa fille (unique ici) est d'être « changées en pierres, une de chaque côté de l'escalier de la maison » (Massignon, 1983 : 263). Elles auront à souffrir – mais pour l'éternité – de l'immobilisation qu'elles avaient infligée à Cendroulié. Inutile de dire que la localisation de ces pierres n'est pas indifférente : devant la maison, de chaque côté de l'escalier qui, sans doute, y donne accès.

Nous faisons donc l'hypothèse que l'une des significations de l'héroïne dans ses rapports avec les cendres du foyer – en particulier dans sa posture et sa dénomination – est de la qualifier comme fille attachée, immobilisée au foyer de son père, posant ainsi le problème de la destinée des femmes qui passent nécessairement de la maison paternelle à celle de l'époux. L'acte essentiel du mariage romain était la *traductio*, c'est-à-dire le fait de mener l'épouse de la maison de son père à celle de son mari. Cette phase du mariage était aussi fortement marquée dans les rituels populaires des sociétés traditionnelles européennes (Belmont, 1978). La figure de Cendrillon fait entendre l'aporie, la contradiction, où se trouvent les filles à qui l'on interdit de quitter la maison et qui doivent le faire pour ne pas finir comme Hestia, en d'autres termes pour ne pas finir « vieilles filles ». Le récit raconte comment sortir de cette aporie : grâce à l'Aide surnaturelle, l'héroïne quitte la maison à trois reprises pour apparaître tellement autre qu'elle n'est pas reconnue par sa marâtre ni par ses sœurs. Elle ne se fera connaître de celles-ci qu'au moment où le prince l'identifiera comme la femme qu'il désire épouser. La transition qui doit se faire de l'état de fille à celui d'épouse ou future épouse est l'objet de la narration.

Lorsqu'on passe à *Peau d'Âne*, sous-type d'un même conte type par rapport à *Cendrillon*, un certain nombre de motifs subissent des inversions ou des retournements. En premier lieu, l'héroïne est d'emblée décrite comme extrêmement belle, alors que la beauté de Cendrillon est moins attestée. Si on la dit parfois plus belle que ses sœurs ou demi-sœurs, elle est toujours tellement sale qu'elle suscite plus l'horreur que l'admiration. Comme fera horreur Peau d'Âne cachée ensuite sous son déguisement animal. Cendrillon n'est pas, sauf peut-être celle de Perrault, impliquée dans un jeu entre apparence et réalité. Max Lüthi note cet élément en le plaçant à un niveau superficiel de la narration :

> [...] la chose insignifiante devient glorieuse ; l'enfant sale est seulement déguisée ; les vêtements d'or et d'argent révèlent finalement la vraie nature de la jeune fille (Lüthi, 1976 . 61).

Alors que Peau d'Âne est en effet tout entière dans ce jeu, Cendrillon se trouve, pour sa part, dans un processus de métamorphose profonde – d'initiation –, qui lui permettra d' « advenir » et non pas seulement d'apparaître aux yeux des autres telle qu'elle a toujours été[2].

La deuxième inversion concerne la figure du père, très peu présent dans Cendrillon où l'affrontement se fait avec la marâtre et les filles de celle-ci. Le père est présent presque uniquement par le truchement de la métaphore du foyer (paternel). Dans *Peau d'Âne*, sa présence est pour le moins notable puisqu'il veut – on le sait – épouser sa propre fille. La Cendrillon immobilisée au foyer paternel peut suggérer – sans rien en dire – le désir œdipien que la fille porte au père. Dans *Peau d'Âne*, au contraire, le désir contre-œdipien du père s'exprime sans la moindre équivoque, si bien que l'héroïne sera contrainte à fuir définitivement sa demeure, choisissant d'entrée de jeu la mobilité.

La troisième inversion concerne la personne de la mère tutélaire bien que morte dans Cendrillon, alors que dans Peau d'Âne elle tente, sur son lit de mort, d'immobiliser définitivement sa fille au foyer du père en assignant à celui-ci une seconde épouse aussi belle qu'elle-même, donc en substituant à elle-même sa propre fille qui ne serait qu'un reflet, une réduplication. Ce faisant, elle enferme Peau d'Âne dans la clôture de l'inceste, alors que la mère de Cendrillon procure à celle-ci, directement ou par personne ou animal interposé,

---

[2] Il faut relire à cet égard le chapitre que Y Verdier consacre à la couturière dans son livre *Façons de dire, façons de faire* (Verdier, 1979). C'est l'itinéraire même de Cendrillon qui est décrit sous celui de la jeune fille. On envoyait les filles entre sept et quatorze ans garder les vaches, de Pâques à la Toussaint, en leur donnant toujours un ouvrage de couture ou de tricot à faire. La garde des animaux étant une tâche absorbante, elles ne pouvaient guère consacrer de temps à la couture (*cf.* la grande quantité de laine ou de lin que l'héroïne doit filer dans la forme AB de *Cendrillon*). À quatorze ans, elles passaient l'hiver chez la couturière qui les initiait à la « vie de jeune fille », aux étoffes, aux parures. Cet apprentissage se faisait souvent grâce à la tante marraine qui jouait alors un rôle tutélaire et, *last but not least*, c'est à peu près à cet âge qu'on achetait aux filles leur première paire de chaussures (pour la Première Communion), alors que, jusque là, elles n'avaient porté que des sabots. On trouve même dans une version guadeloupéenne la tâche, imposée par la marâtre, de trier un paquet d'aiguilles et d'épingles mélangées (Schont, 1935 : 55-58).

les parures qui lui permettront de séduire le prince et de sortir de la contradiction des filles. Même si la narration de Peau d'Âne conserve un personnage maternel tutélaire – la marraine, une vieille femme rencontrée par hasard ou encore un animal –, elle lui enlève une partie de ses fonctions. C'est en effet le père, leurré, qui fournit les robes merveilleuses avec lesquelles Peau d'Âne séduira son futur époux.

En termes de mouvement, de mobilité, Peau d'Âne est d'abord projetée brutalement vers son père, puis s'enfuit définitivement de chez lui. Cendrillon reste dans la maison paternelle, mais effectue des va-et-vient et se livre à un jeu d'apparitions et de disparitions qui a pour fonction d'élaborer son identité de fille à marier et de future épouse. En remontant dans les formes antérieures établies par A. B. Rooth, on s'aperçoit que dans la forme A (T 511) l'héroïne ne quitte pas, sinon la maison, du moins l'enclos familial : elle fait paître les animaux, vaches ou moutons. C'est le prince qui, passant près du jardin, a envie des fruits merveilleux de l'arbre poussé sur les restes de l'animal tutélaire, et qui épouse celle qui est seule capable de lui en cueillir (Djeribi, 1989). Dans les formes AB et B, l'héroïne est fixée à la maison paternelle, mais obtient le moyen d'en sortir sans être reconnue, à trois reprises. Dans B1, elle quitte délibérément la maison de son père. Ces variantes montrent différents moyens qui s'offrent aux filles à marier pour sortir de la contradiction inhérente à leur condition et les difficultés qui en découlent. Si elles demeurent « cantonnées » au foyer paternel, elles resteront vieilles filles. Si elles le quittent, elles risquent de devenir des *traviata*, des dévoyées. Cendrillon choisit une solution de compromis, Peau d'Âne brave le danger.

On a dit que Peau d'Âne était pour Rooth la dernière étape des transformations de la forme A de sa typologie du cycle de Cendrillon. Avant elle A. H. Krappe (Krappe, 1930 : 17) voyait dans *Peau d'Âne* un reflet de la mentalité du Moyen Age, préoccupé par le problème des degrés prohibés du mariage, se livrant à des extrapolations sur ce thème. Il est en effet certain que le motif initial du désir incestueux du père pour sa fille n'est pas un motif qui appartient à la tradition orale, qui ne dit pas ce genre de choses dans ces termes, de manière aussi explicite. Il est possible qu'une rédaction littéraire, en rapport avec les versions écrites de *La Fille aux mains coupées*, ait interféré avec Cendrillon, en obligeant à des remaniements narratifs, telles les inversions que l'on a repérées, pour maintenir ou rétablir la logique interne du récit. Mais que cette innovation soit en effet d'origine littéraire ou qu'elle soit d'origine populaire, il est certain qu'elle fut heureuse. Et cependant il semble qu'elle marque la phase ultime des transformations possibles du récit avant qu'il ne perde sa nature de conte merveilleux. En effet, l'introduction du motif du désir incestueux du père bouleverse la narration qui doit, on l'a vu, être réaménagée. Une partie de ces transformations rend le récit plus superficiel, plus intelligible à l'écoute immédiate. Par exemple, l'auditeur ne reste pas dans l'indécision en ce qui concerne la beauté de l'héroïne. Elle a pris en effet la place de sa mère de ce point de vue. Cette beauté, dangereuse puisqu'elle a suscité le désir incestueux de son père, devra être cachée sous le déguisement animal, sous la saleté, sous les tâches avilissantes. Le jeu des apparitions et disparitions de Peau d'Âne est « cousu de fil blanc » : celle-ci donne même au prince des indications sur son identité (« je suis du pays des Brides », après qu'il lui a donné un coup de bride lorsqu'elle prépare son cheval sous son apparence de servante). Le prince ne comprend pas, mais l'auditeur saisit immédiatement.

D'autre part, Peau d'Âne se conduit plutôt comme une héroïne de roman, consciente des enjeux de son destin, puisqu'elle prend la décision de quitter la maison ou le château de son père. En revanche, Cendrillon, apparemment plus passive, semble laisser s'élaborer les ressources nécessaires pour résoudre les difficultés sinon le malheur, dans lesquels elle se trouve. Les héros de contes paraissent souvent peu actifs, bien que la réussite finale soit indubitablement la leur. Ils reçoivent aide et assistance de personnages ou d'animaux surnaturels. On peut comprendre cette passivité comme la représentation figurative du travail de l'inconscient.

En fait, c'est le motif du désir incestueux du père qui creuse l'écart entre les formes narratives de *Cendrillon* et de *Peau d'Âne* : il ne s'agit plus ici de mythe, mais de phantasme. La première inversion concerne l'organisation du récit qui débute par l'expression d'un phantasme de désir et non par un motif narratif relevant du mythe, ou du mythique, derrière lequel peut s'exprimer un phantasme, mais en termes cryptés.

La manière dont le récit organise la figure de Cendrillon et met en œuvre les motifs qui la concernent dans ses rapports avec les cendres, relève du langage du conte, c'est-à-dire des moyens narratifs utilisés pour véhiculer un sens latent. Mais le conte utilise également les procédés du symbole. Dans celui qui nous occupe, il est nécessaire de s'interroger sur le symbolisme des cendres par rapport au contexte narratif.

Le fait que les cendres évoquent la mort et le deuil constitue sans doute le premier référent qu'elles appellent. Max Lüthi le note :

> La couleur de cendre, la saleté et la poussière qui s'attachent à la jeune fille, ne sont pas simplement les signes de sa vie de fille de cuisine ; elles sont, comme le suggèrent de nombreux traits qu'on peut trouver dans les contes merveilleux et dans les mythes de tous les temps, signes de la relation qu'elle a avec un monde autre, un monde surnaturel. Cendrillon est étroitement liée au royaume des morts, et elle en porte la marque (Lüthi, 1976 . 61).

Pour Freud, Cendrillon, comme Cordelia, est celle des trois sœurs qui se fait indistincte, peu apparente. Cordelia est muette, elle aime et se tait. Cendrillon se cache pour qu'on ne puisse pas la trouver.

> Or, le mutisme en rêve est une représentation usuelle de la mort [...] De même [...], le fait d'être caché ou d'être introuvable est un symbole de la mort qu'on ne saurait méconnaître (le prince, dans Cendrillon, ne peut par trois fois la découvrir) (Freud, 1913 : 93).

Si la troisième sœur est une morte, ou la Mort elle-même, on peut dès lors reconnaître dans ces trois soeurs les figures mythiques des Nornes scandinaves, des Parques romaines et des Moires grecques. Mais il y a une contradiction, poursuit Freud, entre cette interprétation et la façon dont nous est présentée cette troisième sœur, puisque c'est la plus belle, la meilleure, la plus fidèle. Les œuvres de fiction opèrent un double renversement :

> On choisit là où, en réalité, on obéit à la contrainte et celle qu'on choisit ce n'est plus la terrible, mais la plus belle et la plus désirable (Freud, 1913 : 100).

Sans doute, dans l'exemple du conte, les altérations et distorsions subies par le « mythe antique » sont considérables. Il garde cependant « quelques traits qui touchent à l'inquiétante étrangeté », comme le fait que l'héroïne est souillée de cendres, qu'elle se cache inexplicablement dans l'âtre et qu'elle apparaisse et disparaisse à trois reprises. La figure de Cendrillon est devenue tellement familière qu'elle n'éveille sans doute plus de sentiment conscient d'inquiétante étrangeté. Elle a cependant conservé une puissance mythique qui s'exerce à notre insu. Sous les traits de l'héroïne qui suscite successivement la pitié et l'admiration, on sentirait encore la figure de celle que Freud appelle la « destructrice ».

Les cendres sont un reste paradoxal de quelque chose qui a complètement disparu, qui a été consumé. Appliquée à Cendrillon, cette proposition ferait d'elle le reste visible de sa mère disparue et d'autant plus disparue que le père s'étant remarié l'a remplacée auprès de lui. Le remariage du père n'a pas pour seul fonction de donner à l'héroïne une marâtre qui la maltraitera. Il tend aussi à effacer la mère de Cendrillon et Cendrillon elle-même, devenue résidu méprisable, mais obstiné dans son existence. Dans *Peau d'Âne*, en revanche, tout se passe comme si la mère de l'héroïne cherchait à échapper à ce destin d'oubli, en tentant de faire glisser à la place qu'elle ne peut plus occuper un substitut d'elle-même qui l'égale en beauté, en la personne de sa propre fille.

L'itinéraire initiatique de Cendrillon la conduit à incarner symboliquement les différentes figures des trois sœurs mythiques, ou bien à se confronter aux « trois inévitables relations de l'homme à la femme [...] : la génératrice, la compagne et la destructrice » (Freud, 1913 : 103). Celle qui l'a mise au monde a disparu, et elle a été remplacée par une femme qui la contraint à mener une vie obscure, diminuée et avilie : les cendres représentent le reste matériel de ce qui a été consumé, en d'autres termes la mort dans la vie. Mais les cendres de sa mère lui procureront directement (Angelopoulou, 1989), ou de façon indirecte, grâce à la marraine, mère de substitut, à l'animal ou à l'arbre médiateurs entre ce monde et l'au-delà (Djeribi, 1989), les parures qui lui permettront d'approcher le prince qui fera d'elle sa compagne. Le conte joue, on le voit, de ces trois fonctions féminines en les répartissant sur les personnages de Cendrillon, de sa mère, de sa marâtre et de ses sœurs ou demi-sœurs. À cet égard, les dernières ont à remplir également une autre fonction, à savoir de montrer a contrario que le parcours initiatique ne peut éviter de passer par la mort.

Cendrillon serait-elle soumise à une cuisson symbolique comme l'étaient les filles pubères de certaines populations non européennes ?

> On fait « cuire » des individus intensément engagés dans un processus physiologique : nouveau-né, accouchée, fille pubère. La conjonction d'un membre du groupe social avec la nature doit être médiatisée par l'intervention du feu de cuisine, à qui revient normalement la charge de médiatiser la conjonction du produit cru et du consommateur humain, et donc par l'opération duquel un être naturel est, tout à la fois, *cru* et *socialisé* (Lévi-Strauss, 1964 : 342).

Dans cette hypothèse, Cendrillon serait en train de subir un processus de socialisation, destiné à la transformer de fille nubile selon la nature en fille bonne à marier, puis en épouse et en mère. Il n'est pas indifférent à notre propos que, dans ce dernier chapitre de *Le Cru et le cuit* intitulé précisément « Noces », C. Lévi-Strauss évoque les coutumes européennes qui sanctionnaient les filles attardées dans le célibat au moment du mariage d'une sœur cadette. Cendrillon est-elle l'aînée célibataire que B. Bricout nous dévoile de manière persuasive (Bricout, 1988) ? Il n'est peut-être pas nécessaire de la considérer exactement comme telle. Si elle est décrite en effet avec des traits qui rappellent les rituels infligés à l'aînée non mariée, c'est que la narration utilise ce langage pour faire entendre sa situation de fille confinée au foyer de son père. Elle apparaît certes comme une fille « peu présentable », voire malpropre, incapable de séduire un quelconque époux, inapte même à une « rencontre », mais cette apparence renvoie, une fois encore, à son père. Celui-ci est, dans les termes de C. Lévi-Strauss, du côté du corrompu en raison de son remariage. Il serait séduisant de voir en Cendrillon une figure congrue au feu de cuisine, médiatrice entre « monde pourri » et « monde brûlé » (Lévi-Strauss, 1964 : 299-300).

Mais, d'une part, s'il est possible et utile d'identifier ces catégories, il est difficile de les organiser en système par rapport à notre conte. La raison en tient sans doute au fait que l'on est en présence d'une culture « où l'emprise de la pensée magique tend à s'affaiblir » et qu'il s'agit en outre non pas de rituels, c'est-à-dire d'un « para-langage », mais de narration, c'est-à-dire d'un « méta-langage » (Lévi-Strauss, 1964 : 343). D'autre part – et la difficulté est peut-être plus grande –, les versions de *Cendrillon* ne parlent jamais de feu, bien que l'héroïne soit décrite maintes fois assise et même couchée dans l'âtre. B. Bricout (1988 : 180-181) remarque très justement « l'image stéréotypée de

Cendrillon marmiton », alors qu'il est rarement question pour l'héroïne de devoir faire la cuisine. Elle n'est pas congrue au feu de cuisine ; elle est du côté du feu éteint dans l'âtre, du côté des cendres, faut-il le répéter. La majorité des versions n'évoque pas le feu brûlant.

> Quant à la fille du mari sa tante l'appelait la *cendroulié* parce qu'elle était toujours dans les cendres du foyer (Massignon, 1983 : 261).

Ou encore :

> Sa place au foyer était sur la cendre (*sa plaço âou courné èro su las brasos*) , c'est pourquoi on l'appelait *Marie Brasoc*, saleté, en se moquant d'elle (Delarue, Tenèze, 1977 version 26).

En revanche, quelques versions de *Peau d'Âne* décrivent l'héroïne, déguisée en gardeuse de dindons ou en fille de cuisine, admise avec réticence le soir près du feu. Et pour mieux faire croire à sa saleté pourtant apparente, elle jette du sel dans le feu, affectant d'y lancer ses propres poux.

Il n'est certainement pas utile d'accumuler plus d'exemples pour pouvoir affirmer que Cendrillon est en rapport, non avec le feu de l'âtre ou le feu de cuisine, mais avec le feu éteint et son résidu les cendres. Elle se trouve manifestement du côté du *brûlé*. Comme si la preuve n'était pas suffisante, une version corse, *Genderella*, où le nom seul de l'héroïne atteste son lien avec les cendres et non sa posture familière, raconte :

> Le fils du roi [...] voulait épouser Genderella. Mais la belle-mère ne voulait pas ! Elle voulait qu'il épouse Piccigotta (sa propre fille). Alors, la nuit, elle alluma le feu pour chauffer le four, et mettre Genderella dedans (Massignon, 984 . 30).

Mais l'héroïne, prévenue par sa marraine-fée, change de place dans le lit avec sa sœur, qui est saisie et jetée dans le four par sa propre mère, en dépit de ses protestations. Et le récit conclut : « *Piccigotta furnellada* – Piccigotta est enfournée – *Genderella maritada* – Genderella est mariée ». La conteuse, qui n'a pas trouvé utile de préciser l'attitude familière de l'héroïne dans les cendres, en marque très clairement la signification lors du dénouement : la marâtre veut faire brûler Cendrillon dans le four mais y jette sa propre fille « qui est morte ».

Les Evangiles des Quenouilles, ce recueil de prétendus propos de vieilles femmes échangés lors des veillées, évoquent la sanction encourue par les filles qui restent près des cendres :

> Péronne l'Enfumée *(sic)* dist [...] que celui qui regarde sa femme couvrir le feu devant lui sans soy lever, sachiez que cette nuit il ne cessera de ronfler et de dormir. Et si c'est une fille à marier, elle ne sera de l'année mariée (*Evangiles des Quenouilles*, 1855 . 42).

Le texte est clair : il faut se lever lorsqu'on couvre le feu (de cendres), sous peine d'éteindre en soi toute ardeur amoureuse[3]. Le mari n'aura pas de rapports sexuels avec son épouse, car la nuit durant il dormira et ronflera, indice d'un sommeil profond. La fille à marier ne se mariera pas. Cendrillon est une fille qui, ne quittant pas l'âtre, est couverte de cendres : elle est un feu éteint, ou peut-être un feu couvant sous la cendre. Le symbolisme sexuel du feu ne fait pas de doute (Freud, 1932 ; Bachelard, 1949). Il faut rappeler à ce propos les sobriquets donnés à l'héroïne dans certaines versions provenant des Balkans. Mais déjà Perrault la nomme, par la bouche de la sœur aînée, Cucendron (voir les versions inédites recueillies par Ch. Joisten, 1989).

On connaît l'exercices brillantissime de M. Serres sur ce thème (Serres, 1968 : 214-218), où le latin lui sert de « révélateur », en partant de Cucendron comme « clé de l'anamorphose ». Il retrouve sous les termes latins désignant les lieux où se tient Cendrillon, sous les tâches qu'elle accomplit dans la maison, sous les matériaux de sa métamorphose opérée par sa marraine, la syllabe *cu* de Cucendron : *cucuma*, la vaisselle ; *cubiculum*, la chambre ; *focus*, le foyer ; *cucurbita*, la citrouille ; *cucumi*, le carrosse ; etc. Il conclut :

> Cendrillon, c'est un mot, un immense jeu sur un mot. Les objets s'y groupent avec une cohérence quasi mathématique, forment un réseau où circule un son unitaire. La variation française est, à son tour, une variation modulant sur un thème, à condition de voir qu'elle est un thème[4] (Serres, 1968 · 218).

La thèse est convaincante, mais ne s'applique qu'au texte de Perrault. M. Soriano nous a dévoilé un Charles Perrault, non seulement excellent latiniste, ce qu'étaient tous les lettrés de son temps, mais aussi amateur – partageant ce goût avec son frère Claude – « de plaisanteries délibérément grasses et de scatologie débridée » lorsqu'ils composent leur *Enéide burlesque* (Soriano, 1968 : 248). Quand Charles Perrault, beaucoup plus tard, s'approche des contes, il introduit dans ses transcriptions libres une distance faite d'ironie gentille et condescendante, qui n'exclut pas, si l'on suit M. Serres, un cryptage parodique.

---

[3] On trouvera dans Van Gennep tout un code en rapport avec le feu de l'âtre, destiné à signifier que les parents acceptaient ou refusaient à un garçon le droit de faire la cour à leur fille. « Eteindre les tisons, les couvrir de cendres, refus ou, en général, prière de quitter la maison » (Van Gennep, 1943 . 272-273).

[4] Pour A. B. Rooth (1951 110-114), le sobriquet faisant référence à la place de l'héroïne dans les cendres est contemporain de la plus ancienne tradition de la forme B, puisqu'il est répandu dans toute l'Europe. Il n'aurait pas été pertinent dans la forme A où l'héroïne est envoyée au dehors pour faire paître les vaches ou les moutons. La forme française du sobriquet, Cendrillon, appartient, toujours selon Rooth, « à la classe des noms artificiellement fabriqués et répandus à partir de voies littéraires dans un public très large ».

Mais dans les versions de tradition orale, ce n'est pas le cul de Cendrillon qui est en cause, c'est son sexe[5].

Dans les deux belles versions recueillies et étudiées par M. Xanthakou, l'héroïne est désignée dès le début de la narration par le nom *Stakhtobouta*, « que les informateurs décomposent, à la lettre en « Cendre-cuisse » – Cendrillon – « celle-qui-a-les-cuisses-salies-de-cendres » (Xanthakou, 1988 : 15). Nous devons à l'obligeance d'A. Angelopoulou un certain nombre de ces désignations de Cendrillon provenant du corpus des contes grecs (parfois publiés, parfois inédits).

Athopouta   « fille, putain, vagin, sexe des cendres »

Athopoutaki

Stahtopouta

Stahtopouttitsa   « petite pute des cendres »

Stahtokilou   « ventre des cendres »

Achylopoutoura   « vagin des cendres, sexe cendreux »

Auxquels on peut ajouter :

Stahtofourni   « four des cendres »

Ahtocato   « chat des cendres »

qui rappelle la *Gatta cenerentola* de Basile. On retrouve cette « chatte des cendres » non seulement en Italie dans les versions de tradition orale, mais aussi au Portugal, au Brésil, en Dalmatie.

A. B. Rooth connaît les désignations *Staktopoutta* et *Achylopout-toura*, où *pouttos*, *poutti* désigne les « *pudenda muliebris* » (Rooth, 1951 : 110-114). Elle pense que de ces deux termes grecs sont issues un grand nombre de désignations de l'héroïne, dont l'extension en Europe est considérable : allemand, *Aschenputtel*, scandinave *Askepot*, écossais *Ashpit*, irlandais *Aschiepelt*, etc. « C'est seulement en grec que le terme semble avoir un sens, mais dans les autres langues il serait des adaptations populaires d'un mot étranger à un mot commun ». Il faut cependant remarquer que les Grimm prennent la peine d'indiquer que le mot *Aschenputtel*, qui désigne en allemand une fille de cuisine sale et méprisée, voulait dire autrefois le « chaudron qui

---

[5] Le vocabulaire cru n'est pas étranger aux récits de tradition orale. On peut citer l'exemple, isolé certes dans le corpus français, du sobriquet de la fille de la marâtre dans une version de la Charente déjà citée pour son intérêt : « [...] et puis, la fille de la *tante*, tout le monde l'appelait *Couilles de bouc* tant elle était vilaine » (Massignon, 1983 261).

restait toujours dans l'âtre ». Citons, encore en allemand *Aschenbrödel*, « marmite à bouillir ». Le sens immédiat de sexe féminin n'est en effet pas ou plus présent ; il s'y trouve cependant métaphoriquement :

> Les coffrets sont des femmes, des symboles de l'essentiel chez la femme, donc de la femme elle-même comme il en est en général des boîtes, cassettes, corbeilles, etc. (Freud, 1913 : 89).

Ajoutons des marmites, chaudrons, pots, termes qui renvoient en outre aux tâches féminines. Une autre métaphore aisément déchiffrable est celle qui désigne la jeune fille par le terme de « chatte » (*gatta cenerentola, athocato*).

Cendrillon serait donc une fille dont le sexe est sali de cendres. Que veut dire le conte lorsqu'il élabore cette figuration, directement grâce au sobriquet de l'héroïne, ou en la suggérant par la description de sa posture familière dans l'âtre ? Pour répondre à cette question, il faut revenir à *Peau d'Âne* qui constitue pour nous l'image « anamorphosée » de *Cendrillon*.

L'épisode qui correspond au motif narratif de l'héroïne dans les cendres est celui où la mère assigne à son mari leur propre fille comme l'épouse qui doit lui succéder. Elle ne le fait pas directement – on le sait. Elle se contente d'exiger que cette seconde épouse soit aussi belle qu'elle-même, qu'elle puisse mettre ses robes ou sa bague, etc. Dans *Cendrillon* et dans *Peau d'Âne*, la mort concerne la mère, mort qui a déjà eu lieu dans un cas, qui est en train de s'accomplir dans l'autre. Si l'on retourne ces termes – *Cendrillon* et *Peau d'Âne*, étant impliqués dans ce type de transformations, on l'a vu –, on peut avancer que Peau d'Âne est identifié à sa propre mère par celle-ci comme épouse potentielle du père, alors que Cendrillon s'identifie à sa mère déjà morte, puisqu'elle reste attachée au foyer de son père et que son sexe est souillé de cendres. La mort de sa mère lui permettrait en effet d'occuper sa place auprès de son père, mais cette identification vise une morte[6]. Le sexe qui la désigne comme fille à marier doit être « cendreux » : les cendres évoquant à la fois le deuil et l'ardeur étouffée. L'image familière obsédante de l'héroïne dans « ses chères cendres » est le noyau narratif d'où part et où revient tout le récit. Dans cette hypothèse, le personnage de la marâtre est à considérer comme la figure maléfique et persécutrice de la deuxième épouse du père, que Cendrillon aimerait être, figure réunissant le désir et les représailles qu'entraînerait la réalisation de ce désir. Il faut remarquer à ce propos que la traduction habituelle de la marâtre dans les contes comme mère malveillante demande à être, dans chaque cas, vérifiée, approfondie et affinée par rapport au contexte narratif.

---

[6] Marie Bonaparte rapporte que son analyse lui a permis de découvrir sa propre identification à sa mère morte, par le biais d'une hallucination où elle voyait un grand oiseau, peut-être une cigogne, irisé de mille couleurs (Bonaparte, 1952 88-111).

En conclusion, il nous faut revenir sur la façon dont on a utilisé le récit de *Peau d'Âne*, pour éclairer celui de *Cendrillon*. Si le lien entre les deux récits est un fait d'évidence, A. B. Rooth a montré de façon convaincante que *Peau d'Âne* découle de *Cendrillon*. Nous avons tenté d'établir pour notre part comment se fait l'évolution de l'un à l'autre : par inversions et retournements. La notion de retournement est à l'œuvre lorsqu'on voit le motif du lien étroit que Cendrillon maintient avec le foyer (paternel) se transformer en motif du désir qu'a le père d'épouser sa fille. L'évolution de ce motif essentiel laisse penser que le récit de *Peau d'Âne* constitue la dernière forme populaire dans le long destin du conte retracé par A. B. Rooth. L'expression en est trop directe, trop manifeste, trop immédiate, alors qu'il faut décrypter la figure de l'héroïne dans les cendres. On est devant l'expression d'un phantasme, a-t-on dit, et non plus en présence du langage du conte qui, lui, est de nature mythique. C'est dire que le retournement qui s'opère lorsqu'on passe de *Cendrillon* à *Peau d'Âne*, et particulièrement concernant ce motif, est un retournement du mythe au phantasme (Valabrega, 1967). Ce retournement oblige à des réaménagements narratifs, sans que *Peau d'Âne* perde cependant son caractère de conte : mais c'en est la dernière forme possible.

C'est qu'en effet, comme le dit C. Lévi-Strauss,

> Les contes sont construits sur des oppositions plus faibles que celles qu'on trouve dans les mythes non pas cosmologiques, métaphysiques ou naturelles, comme ces derniers, mais plus fréquemment locales, sociales, ou morales (Lévi-Strauss, 1973 · 154).

Dans notre analyse, nous avons pu montrer que la figure quasiment mythique de Cendrillon représentait la contradiction des filles à marier au foyer de leur père et qu'on pouvait à ce titre la rapprocher de la divinité grecque Hestia. Mais Cendrillon dans ses cendres est aussi une fille en deuil qui s'identifie à sa mère et donc à cet égard qui désirerait épouser son père. Dans le récit, sont donc présents, mais latents, une dimension sociale et une dimension psychique individuelle. Les contes merveilleux oscillent constamment entre mythe et phantasme : leur destin est celui même de *Cendrillon*.

Bibliographie

Angelopoulou, Anne
1989 « Fuseau des cendres », *Cahiers de littérature orale*, n° 25 : 71-95.
Bachelard, Gaston
1949 *La Psychanalyse du feu*. Paris : Gallimard.
Belmont, Nicole
1978 « La fonction symbolique du cortège dans les rituels populaires du mariage », Anales E.S.C., 3, mai-juin : 650-655.
Bonaparte, Marie
1952 *Psychanalyse et anthropologie*. Paris : PUF.
Bricout, Bernadette
1988 « L'Eau et les cendres. Les avatars de Cendrillon », in *Le Conte. Tradition orale et identité culturelle*, Lyon, Association Rhône-Alpes Contes, Agence régionale d'ethnologie : 179-208.
Carrière, Joseph-Médard
1937 *Tales from the French Folk-Lore of Missouri*. Chicago : North-Western University.
Delarue, Paul & Tenèze, Marie-Louise
1977 *Le Conte populaire français, t. II*. Paris : Maisonneuve et Larose.
Djeribi, Muriel
1989 « De la nourriture aux parures », *Cahiers de littérature orale*, n° 25 : 55-69.
Les Evangiles des Quenouilles
1855 Paris : P. Jannet (Bibliothèque elzévirienne).
Freud, Sigmund
1913 « Sur la prise de possession du feu », trad. française in *Résultats, idées, problèmes II*, Paris, PUF, 1985.
Joisten, Alice
1989 « Trois versions haut-alpines de *Cendrillon, Culcendron* recueillies en 1952 par Charles Joisten », *Cahiers de littérature orale*, n° 25 : 211-212.
Krappe, Alexander Haggerty
1930 *The Science of Folk-Lore*. London [Methuen, 1962].
Lévi-Strauss, Claude
1964 *Le Cru et le cuit*. Paris : Plon.
1973 « La Structure et la forme, réflexions sur un ouvrage de Vladimir Propp », *Anthropologie structurale 2*, Paris, Plon : 139-173.
Lüthi, Max
1976 *Once Upon a Time On the Nature of Fairy Tales*. Bloomington : Indiana University Press.

Massignon, Geneviève
1983   *De Bouche à oreilles. Le conte populaire français.* Paris : Berger-Levrault (Territoires).
1984   *Contes corses.* Paris : Picard (1ère éd. Aix-en-Provence, 1963).
Rooth, Anns Birgitta
1951   *The Cinderella Cycle.* Lund : Gleerup.
Saintyves, Pierre
1923   *Les Contes de Perrault et les récits parallèles.* Paris : Nourry.
Serres, Michel
1968   *Hermès I. La Communication.* Paris : Editions de Minuit.
Soriano, Marc
1968   *Les Contes de Perrault. Culture savante et traditions populaires.* Paris : Gallimard.
Valabrega, J.-P.
1967   « Le Problème anthropologique du phantasme », *in Le Désir et la perversion.* Pars, Editions du Seuil : 163-206.
Van Gennep, Arnold
1943   *Manuel de folklore français contemporain*, Paris, Picard, t.1.
Vernant, Jean-Pierre
1965   « Hestia-Hermès. Sur l'expression de l'espace et du mouvement chez les Grecs », Mythe et pensée chez les grecs 1, Paris : Maspero.
Xnathakou, Margarita
1988   Cendrillon et les sœurs cannibales, Paris : EHESS (Cahiers de l'Homme, 28).

Chapitre 18

De « Joli z-oiseau » en loup-garou.
Métamorphoses animales dans les contes

> Lorsque Gregor Samsa s'éveilla un matin au sortir de rêves agités, il se retrouva dans son lit changé en un énorme cancrelat.
>
> Franz Kafka, *La Métamorphose*

La transformation en animal constitue l'un des motifs les plus fréquents du merveilleux narratif – mythes et contes –, qu'il s'agisse de passages de l'humanité vers l'animalité ou de l'inverse[1]. Contrairement au terrifiant récit de Kafka, qui est, lui aussi, une « affaire de famille », l'issue en est finalement heureuse. On comprend que le passage par la forme animale, aussi violent qu'il soit parfois, fait partie intégrante du mouvement initiatique, se constituant en métaphore idéale de la mutation nécessaire au seuil de l'âge adulte.

Dans un certain nombre de contes, le héros ou l'héroïne se présente sous forme animale, soit d'origine, et le récit relate alors comment il (elle) acquiert une forme humaine, soit par métamorphose, et le récit rapporte les raisons de celle-ci et du retour à l'humanité. Ces figures animales ne sont pas susceptibles d'une interprétation globale, sinon dans les termes extrêmement généraux du passage initiatique. Chaque conte-type, en effet, recouvre un double espace, narratif par une face, sémantique par l'autre, déployant les données d'une

---

[1] Cet article est une version modifiée de « L'animalità nella fiaba. Metamorfosi degli animali nella fabia », *La ricerca folklorica,* 48, ottobre 2003, 77-88, « Retoriche dell'animalità », sous la direction de Sergio Dalla Bernardina, que je remercie.

configuration particulière, souvent proche les unes par rapport aux autres mais jamais identique. Ainsi deux récits, où nous trouvons également le motif de la métamorphose animale, voisins par leur numéro – le T 450, Petit frère, petite sœur et le T 451 La petite fille à la recherche de ses frères –, et par leur problématique, c'est-à-dire l'établissement de la bonne distance entre frère et sœur, se donnent cependant une situation d'origine différente, grâce, en particulier, à une composition autre de la fratrie : un seul frère et une sœur unique, des frères nombreux et une sœur unique. De ces écarts narratifs, même faibles, résultent des champs sémantiques différents. Il est donc indispensable que, dans un premier stade au moins, l'analyse soit faite à l'intérieur du contexte narratif du conte.

Extraits de la multitude des occurrences, trois exemples, trois contes-types, montreront la polyvalence sémantique de la métamorphose animale. Le premier révèle, à l'analyse, un usage positif de celle-ci. Précédée d'un acte de dévoration, elle concerne l'acquisition par le garçon de son identité sexuée (T720, Ma mère m'a tué, mon père m'a mangé). Le second voit dans la métamorphose animale une sorte de stade de marge, de mise à l'écart de l'humanité subie par des garçons dont la sœur doit élaborer la juste distance à établir entre eux au moment de l'adolescence, en d'autres termes liquider les liens incestueux (T 451, La petite fille qui cherche ses frères). Le troisième exemple met en scène l'animalité dans le mariage, thème qui concerne tout un cycle de contes où l'un des époux a forme animale et doit attendre son retour à l'humanité. On analysera le plus fréquent de ces récits, où c'est l'époux qui a forme animale (T 425, « La recherche de l'époux disparu »).

Le garçon oiseau

Du premier récit, on donnera un résumé de la version communiquée à Victor Smith par Nannette Lévesque en 1874 (Tenèze et Delarue, 2000 : 112-117)[2].

> Un homme et une femme ont un fils et une fille, mais la mère n'aime pas le garçon. Un jour, elle le tue avec une hache, le coupe en morceaux et le fait cuire dans la marmite, réservant les « petits morceaux » (doigts, orteils, langue et yeux) pour faire une sauce. Elle appelle sa fille afin qu'elle porte ce repas une fois cuit au père qui travaille aux champs. En route celle-ci rencontre une « belle dame » toute blanche qui lui recommande de recueillir les os rejetés par son père et de les lui apporter. Elle en fait un « joli z-oiseau ». Celui-ci chante son histoire « Tur lu lu tou / Ma mère m'a tué / Mon père m'a mangé / Ma sœur m'a ramassé ». Avec ce chant qui plaît beaucoup, il obtient du cordonnier une paire de souliers, du chapelier un chapeau et du meunier une meule de moulin. Il donne les souliers à sa

---

[2] Pour une analyse plus complète, voir Belmont, 1993 161-174.

sœur, le chapeau à son père et laisse tomber sur sa mère la meule « qui la mit en poussière ». Au même instant il se change en « joli garçon ».

Les versions de ce conte sont stables, donnant les mêmes rôles aux protagonistes : mère (souvent marâtre), meurtrière et cuisinière, père cannibale à son insu, sœur médiatrice et auxiliaire de la métamorphose. C'est en effet celle-ci qui rassemble les restes infrangibles de son frère, permettant sa résurrection sous une forme animale spécifique, un oiseau. Auparavant la chair et les os ont été soigneusement dissociés selon un double processus : la cuisson d'abord qui amorce leur séparation, puis l'ingestion par le père qui rejette la partie non comestible. Les os, réunis « en vrac » par la sœur, seront miraculeusement agencés en figure animale par le pouvoir d'un être surnaturel[3]. Les ossements sont universellement considérés comme le support de l'élément indestructible des êtres[4]. Et le châtiment de la mauvaise mère – trait narratif également stable – est d'être écrasée sous une meule de moulin, ses os broyés pour une mort sans résurrection possible.

Il ne fait aucun doute que l'oiseau est bien le garçon métamorphosé. Il chante pour raconter son histoire et affirmer son identité en disant « je ». Curieusement les auditeurs de sa chanson ne semblent pas en comprendre le sens et la lui font répéter, y compris les membres de sa famille : « Je ne sais ce qui se passe sous l'aubépin », dit le père en arrivant, « j'y ai entendu un chant que je ne comprends pas »[5]. Mais on trouve que l'oiseau chante bien et on désire l'entendre de nouveau.

La stabilité du motif de la métamorphose en oiseau – rarement identifié, même si dans la version de Nannette Lévesque il est parfois nommé « le roussigno » – signale son importance. On connaît le symbolisme phallique de l'oiseau, métaphore du sexe masculin, qui donne leur sens aux nombreuses pratiques étudiées par Daniel Fabre, concernant les relations des jeunes garçons avec les oiseaux. Entre huit et douze ans, dans la société traditionnelle, les garçons dénichent les oiseaux, tentent d'élever les oisillons et de leur apprendre à siffler, voire parler.

Même si elle est très étirée dans le temps, cette formation de la virilité prend une tonalité initiatique. Par elle les garçons se séparent, accomplissent des gestes

---

[3] Le végétal joue également un rôle dans la métamorphose, puisque les os doivent souvent être déposés au pied d'une aubépine (versions du centre de la France) ou d'un arbre (version de langue d'oc). Ce symbolisme végétal est fortement souligné dans la version des Grimm, qui avait été réécrite par le peintre Philip Runge, *Le Génévrier*.
[4] Dans la Bible la plus terrible malédiction de Dieu contre le peuple idolâtre évoque l'exhumation des ossements afin qu'ils pourrissent, comme la chair qui se décompose (Jérémie VII, 1-2).
[5] Collecte Millien-Delarue, version D.

difficiles, voire dangereux, qui donnent accès à une connaissance, qui signifient un nouveau statut. Mais la dimension probatoire de ce rapport aux oiseaux est encore renforcée par sa situation paradoxale : il est, d'une part, obligé et nécessaire – on n'est pas un vrai garçon ans cela – et en même temps contrôlé, limité ou frappé d'interdit de la part des adultes (Fabre, 1986 17).

Dans le conte, la métamorphose de l'enfant est bien également un passage initiatique, pris dans un scénario beaucoup plus complexe impliquant les membres de sa famille qui contribuent tous à l'acquisition de son identité masculine. La mère, après avoir accompli un geste de séparation[6], fait subir à l'enfant une nouvelle gestation, d'ordre culinaire, ouvrant à la distinction chair/os. Cette distinction revêt beaucoup d'importance dans un grand nombre de populations asiatiques. « Depuis le Tibet et l'Assam jusqu'à la Sibérie, en passant par la Chine tout entière, nous avons rencontré comme le leitmotiv de la théorie indigène, la croyance que les os viennent du côté du père, et la chair du côté de la mère » (Lévi-Strauss, 1967 : 454)[7]. Bien que cette croyance n'existe pas en Europe de manière explicite, elle peut apparaître comme un élément symbolique latent, crypté dans le conte. La séparation de la chair, appartenant au pôle féminin, absorbée par le père et promise à la putréfaction, et des os, relevant du côté masculin, conservés et rituellement traités, permet de faire sortir l'enfant de l'univers maternel féminin.

Cette incorporation par le père, véritable « passage matériel » au sens de Van Gennep, aboutit à une introjection de l'identité masculine, relayée en outre par la métamorphose en oiseau. Le rôle médiateur de la sœur qui apporte le sinistre repas au père, rassemble les os, les remet à la personne ou au lieu qui permettra sa résurrection, n'est pas seulement celui d'un *go-between*. Elle ne ressuscite pas son frère, mais réunit soigneusement les os éparpillés par le père, auxquels seront données forme et vie. Ici encore la stabilité du personnage, sœur unique, laisse penser qu'elle remplit une fonction importante, même si elle n'est pas très spectaculaire, fonction de catalyse, en quelque sorte. C'est qu'en effet l'identité sexuée ne peut se définir que par rapport à l'altérité de l'autre sexe (Valabrega, 1995).

Frères et sœur

Autre exemple de métamorphose animale où sont impliquées les relations frère/sœur, « La petite fille qui cherche ses frères » met en scène un nombre

---

[6] Dans la majorité des versions, elle tue l'enfant en rabattant sur sa tête le couvercle d'un coffre, de la huche ou du pétrin, et non comme ici avec une hache.
[7] Pour un exemple analysé dans toute sa complexité chez les Santal de l'Inde, voir Carrin-Bouez, 1986, ch. III.

important de garçons et leur sœur unique et dernière née[8]. Le récit connaît deux réalisations réparties à travers l'Europe[9], présentant une organisation un peu différente des motifs.

Un couple a de nombreux fils (trois, six, neuf, douze), mais aucune fille. Lorsque la mère est de nouveau enceinte, les membres de la famille réagissent étrangement. Ou bien le père, comme dans l'une des versions des Grimm – « Les douze frères » – déclare qu'il fera périr ses fils pour faire bénéficier la fille de tout l'héritage royal. Ou bien la mère assure qu'elle abandonnerait ses fils pour avoir une fille au teint blanc et aux joues rouges (versions scandinaves). Parfois le père (ou la mère) maudit ses fils qui sont dès ce moment métamorphosés en oiseaux. Dans les versions occidentales, ce sont les garçons qui n'acceptent pas d'avoir une sœur et jurent de quitter la maison à sa naissance. Des variantes adoucies racontent qu'ils en sont heureux, mais une personne mal intentionnée inverse les objets destinés à avertir du sexe de l'enfant (quenouille ou balai pour une fille, fléau ou fusil pour un garçon). Que ce soit à cause de l'animosité paternelle (maternelle), ou à cause de cette sorte d'incompatibilité entre eux et une sœur, ils quittent tous ensemble la maison et s'installent loin au fond d'une forêt. La petite fille grandit et apprend par les remarques de tiers qu'elle a des frères. Elle décide de partir à leur recherche en dépit de son âge. Après un long chemin, elle parvient à leur maison, se fait reconnaître et s'installe, assurant les tâches ménagères, tandis que les garçons s'adonnent totalement à leurs activités masculines. À cette étape, la cohabitation des frères et de la sœur leur permet de faire l'apprentissage de leurs caractères respectifs de genre, c'est-à-dire des rôles sociaux de chaque sexe.

La métamorphose animale des garçons se produit quelque temps après, provoquée par la sœur qui transgresse un interdit[10]. Très régulièrement dans les versions françaises elle laisse éteindre le feu malgré les recommandations de ses frères[11] et se trouve obligée d'en demander chez le plus proche voisin, personnage maléfique, sorte d'ogre. Lequel se fait payer en lui suçant tous les jours le petit doigt. Elle s'affaiblit dangereusement, avoue sa faute aux garçons, qui décapitent le monstre. Ce sont les restes de celui-ci (peignes fabriqués avec ses os, légumes ou fleurs poussés sur sa tombe) qui seront les vecteurs de la métamorphose animale. À cette étape du récit, les deux branches européennes

---

[8] La composition des fratries n'est évidemment jamais dénuée de signification dans les contes, d'autant qu'elle est le plus souvent stable à travers les versions, constituant une donnée fondamentale de chaque conte-type.

[9] Le partage se fait entre une aire scandinave et germanique et une aire occidentale.

[10] Lorsqu'ils ne l'ont pas été auparavant par la malédiction paternelle ou maternelle.

[11] Il s'agit du feu de cuisine, ce qui indique qu'elle ne maîtrise pas totalement les tâches féminines. Quelques rares versions françaises vont dans le même sens, mais en parlant du feu mal contrôlé de la lessive, qui bout et l'éteint.

du conte-type se séparent. Dans l'Europe germanique et scandinave, la sœur, devenue jeune fille, accepte de délivrer ses frères en se soumettant à une longue et difficile besogne, qui est de fabriquer autant de chemises qu'elle a de frères, avec des matériaux sauvages (orties, duvet, plantes épineuses), sans jamais prononcer aucune parole. Les frères ont été métamorphosés en oiseaux (corbeaux, choucas, cygnes), qui, de par leur nature, se disjoignent de leur sœur. Dans les versions occidentales, ils deviennent des animaux domestiques, moutons ou bœufs, gardés affectueusement par elle, devenue « grande et bien jolie ». Dans les deux cas, un prince la rencontre, tombe amoureux d'elle et l'épouse. Ou bien elle continuera sa tâche, observant un mutisme qui la fait accuser à tort, mais le moment où elle doit être mise à mort coïncidera avec l'achèvement des chemises[12]. Ou bien elle sera victime d'une rivale, qui prend sa place auprès du prince et prononcera la mort des frères-animaux. La vérité sera révélée grâce au comportement étrange, quasi humain, de ceux-ci.

Les moments intenses du récit se placent à des endroits différents dans les deux groupes. D'un côté, le mutisme consenti par la jeune fille et la tâche textile qu'elle accomplit pour ses frères ; de l'autre, la confrontation violente entre elle et l'ogre vampirique, puis entre celui-ci et les frères qui le décapitent. Si le conte-type dans l'ensemble de ses versions s'attache à la transformation des rapports entre frères et sœur, au moment d'aborder le stade matrimonial et de passer des liens consanguins aux liens d'alliance, en d'autres termes à la liquidation des phantasmes incestueux, l'imagerie narrative différente induit un infléchissement du sens que l'on peut donner à la métamorphose animale des garçons.

L'image de l'ogre vampirique suggère l'idée d'inceste. Dans ces rencontres quotidiennes avec l'ogre, le sang de la jeune fille ne coule pas à la manière du flux menstruel, qui indiquerait sa nubilité, il s'écoule de façon invisible, absorbé directement par le personnage maléfique. L'union incestueuse est celle où le sang menstruel des femmes circule en circuit fermé, au lieu d'être alloué à des étrangers, leurs époux (Belmont, 1999 : 102-117).

En revanche, la fabrication des chemises destinées à réhumaniser les frères-oiseaux semblerait d'interprétation facile, puisque, à l'aide de matériaux d'origine sauvage, elle confectionne un vêtement – ce dont les animaux n'ont pas besoin –, si cette tâche ne s'accompagnait pas d'un impératif de mutisme total. Par là elle subit une mort symbolique : « Le mutisme en rêve est une représentation usuelle de la mort. » (Freud, 1952 : 93). Alors que ses frères exclus de l'humanité en subissent une autre modalité. Mais il ne faudrait pas

---

[12] A l'exception, parfois, de la deuxième manche de la dernière chemise, si bien que le plus jeune frère conserve une aile à la place du bras, vestige d'animalité dans l'humanité retrouvée.

grand' chose pour qu'elle-même bascule aussi dans l'animalité. En témoigne une version non publiée par les Grimm, où la jeune fille est installée par ses frères-oiseaux dans un arbre creux afin qu'elle ne soit pas tentée de parler en accomplissant sa tâche textile. Dépistée par les chiens de chasse du prince, elle apparaît aux yeux des valets à la fois comme végétale et animale. Couverte de la mousse qui a poussé sur elle, elle ressemble presque à l'arbre, mais on finit par distinguer « un animal à forme humaine » – *ein Tier von menschlicher Gestalt* (Bolte und Polivka, 1913, I : 428-429).

Le silence de la jeune fille est comparable à celui de la mystérieuse déesse latine Angerona dont Georges Dumézil donne la clé grâce à des rapprochements avec des textes védiques (1956 : 44-70). Représentée la bouche voilée et célébrée au solstice d'hiver, elle est comme la représentation d'une concentration de pensée. « Au solstice d'hiver, c'est bien par la puissante opération du silence que la déesse des jours trop étroits réussissait pour la première fois à élargir le temps sans cesse diminué du soleil. Ce silence n'est pas de discrétion, mais la condition extérieure d'une intense activité mentale » (Dumézil, 1956 : 64). Tout entière à sa tâche de réhumanisation de ses frères, la jeune fille s'interdit de communiquer avec son époux et l'entourage de celui-ci.

Ce récit, à travers ses diverses réalisations, raconte les épreuves de conjonction et de disjonction entre frères et sœur, la disjonction la plus radicale étant celle de la métamorphose animale. Les versions françaises mettent souvent l'accent sur l'impossibilité où sont les frères à coexister avec une sœur :

> Il y avait une fois une femme ayant sept enfants, sept garçons, et voici qu'elle se trouva encore enceinte. Surprise et dépit pour les garçons. – Qu'allons-nous faire, se disent-ils entre eux, s'il nous arrive une sœur ? – Non, pas de sœur !
>
> (collecte Millien-Delarue, version A)
>
> Une femme avait sept enfants, sept garçons. Encore enceinte. Ses garçons disent si c'est une fille, nous te laisserons.
>
> (*Idem*, version B)

Les garçons quittent la maison paternelle. À cette disjonction précoce succède la volonté farouche de la petite fille de retrouver ses frères, bien que personne ne sache où ils sont partis et que les parents fassent silence sur leur existence. Après les retrouvailles heureuses, une existence apaisée dure un certain temps, au point que certaines versions s'arrêtent là (versions courtes, mais en un sens non écourtées). Dans une version canadienne un peu « psychologisée » par le conteur, les frères se sont éloignés sur l'ordre des parents, car « ils sont toujours après elle ». Lorsqu'elle les retrouve, elle leur déclare explicitement : « Puisqu'on n'est pas capable d'arriver à vivre à la maison paternelle, on va vivre ensemble. Je vais rester ici avec vous autres. Je vais avoir soin de la maison, puis vous allez travailler » (Lemieux, 1986, vol.

24 : 96). La cohabitation apparemment idyllique n'est cependant pas viable puisque les garçons sont métamorphosés en cerfs-volants le jour où elle leur passe un peigne dans les cheveux. La métamorphose animale est une disjonction radicale puisqu'elle utilise la barrière des espèces, et d'autant plus marquée quand il s'agit d'animaux sauvages qui s'enfuient dans la forêt. La métamorphose en animaux domestiques, que l'on trouve habituellement dans les versions françaises, témoigne d'une atténuation de l'éloignement nécessaire entre les membres de la fratrie.

Cette nouvelle disjonction, radicale celle-ci, est amenée par le fait que la petite fille est devenue, ce faisant, une jeune fille. L'indice de sa nubilité est à la fois récurrent et discret. Ou bien l'on passe de l'appellation de « petite fille » à celle de « jeune fille » (dans les versions allemandes la *Mädchen* devient *Jungfrau*). Ou bien il est dit, comme en passant mais à ce moment précis de la narration, qu'elle est devenue « grande et bien jolie », bonne à marier en quelque sorte, laissant émerger le phantasme de l'inceste fraternel[13]. L'éloignement des frères et sœur est radical, mais c'est ensuite à elle de « tisser » lentement et péniblement les nouveaux liens à instaurer entre eux, la « bonne distance » à instituer, qui permettra à la jeune femme d'établir des relations de communication avec son époux et de ne plus être considérée comme dévoratrice de ses enfants (génération à rebours, indice d'un désordre incestueux), et autorisera les frères à réintégrer l'humanité[14]. La métamorphose animale remplit ici une double fonction. Elle signifie l'éloignement nécessaire des garçons au moment où leur sœur devient « grande et bien jolie », la distance qui doit désormais s'établir entre eux, et elle est aussi une représentation de la monstruosité du phantasme d'inceste.

Le trait récurrent et discret qui signale le passage de la « petite fille » à l'état de « jeune fille » trouve peut-être son équivalent du côté des frères dans un motif plus erratique, mais intrigant, celui du peigne. Certaines versions rattachent directement le fait de peigner les cheveux des frères à leur

---

[13] En Grèce archaïque, « le passage de la laideur à la beauté métaphorise le passage de l'enfance à l'état de femme nubile, le passage d'un état de neutralité sexuelle à celui de l'existence comme objet du désir des hommes » (Calame, 1977 : 343). Remarquons également que, dans le récit de Kafka, après la mort du cancrelat écrasé par sa sœur, les parents remarquent que « celle-ci s'était beaucoup épanouie ces derniers temps et qu'elle était devenue une belle fille plantureuse. [...] Ils se prirent tous deux à penser qu'il serait bientôt temps de lui trouver un brave homme comme mari ». Le récit littéraire utilise les mêmes motifs en inversant leur agencement.

[14] Il faudrait analyser les rapprochements frappants entre les versions occiden-tales (à monstre vampirique décapité par les frères) et les mythes étudiés par C. Lévi-Strauss dans *La Voie des masques*, où il signale les épisodes où « la jeune fille reçoit de ses frères la tête coupée d'un monstre pour fêter sa nubilité » « Ce don a pour effet d'éloigner les germains l'un de l'autre » (1979 222).

métamorphose animale. Dans cette même version canadienne, c'est à une vieille colporteuse que la sœur achète un peigne à l'intention de ses frères, qui approuvent cette acquisition :

> Tu as bien fait ! Parce qu'il y a ben longtemps qu'on s'est pas peigné ! [...] Le plus vieux dit – [...] ma petite sœur, tu vas me peigner, moi ! C'est moi qu'est le plus vieux, tu vas me peigner le premier Ça fait qu'il s'assoit sur une chaise devant la porte [...] Le premier coup de peigne qu'elle lui a donné dans la tête, il est parti en cerf-volant, dans les airs, comme on dirait quasiment comme un oiseau! Il est parti !
>
> (Lemieux, 1986 : 98)

Solidaires, les autres frères demandent à être peignés et sont également métamorphosés en cerfs-volants. Dans une version de Marie-Galante (Antilles), une femme donne à la petite fille des allumettes pour rallumer son feu et un cadeau pour ses frères : des peignes blancs marqués au nom de chacun.

> Le grand frère dit : – Dimanche, ce sera pour nous coiffer comme il faut pour aller à la messe. [...] Quand arriva dimanche, ils prirent un bain, et commencèrent à se peigner. Ils n'eurent pas plutôt donné trois coups de peignes dans leurs cheveux qu'ils furent transformés en béliers.
>
> (Rutil, 1981)

Dans une version danoise, c'est un objet en or qui appartient à l'être maléfique (un troll) et que la petite fille ne doit pas ramasser. Ayant transgressé l'interdit, il faut, de toute nécessité, qu'elle coiffe tour à tour ses frères qui se changent en cerfs et s'enfuient au galop dans la forêt (Kristensen, 2000 : 328). Le motif combine alors deux fonctions. Mais parfois il est comme flottant ou inabouti. Le récit nomme le peigne sans en connaître l'usage narratif, ou en lui en attribuant un autre[15].

Le passage du peigne dans la chevelure des frères désigne sans doute aussi leur accession à la séduction. Ils quittent la sauvagerie qu'indique une « chevelure en broussaille »[16] et à laquelle appartiennent encore les jeunes garçons dénicheurs d'oiseaux, pour entrer dans la période de recherche d'une partenaire : laquelle ne peut être leur sœur, dont le geste, si cette hypothèse est exacte, est déplacé, inconvenant. Le peigne est également un instrument médiateur, culturel donc, neutralisant le contact direct avec le corps (Lévi-Strauss, 1967 : 420-421).

---

[15] Ainsi dans une version de P Sébillot, le peigne appartient à la petite fille, mais il est volé par une pie qu'elle poursuit et qui l'amène jusque chez ses frères.

[16] « Une chevelure que nous appelons "en broussaille" a toujours offert l'image d'une nature sauvage et rebelle, telle que l'évoquent les mythes avant la création de l'homme et de la naissance de la société » (Lévi-Strauss, 1989 : 180).

La séparation radicale que constitue la métamorphose animale des frères permettra à leur sœur d'élaborer les nouveaux liens grâce à son travail textile et grâce à son mariage qui permet de créer des liens d'alliance, dans lesquels elle-même d'abord, mais aussi ses frères seront engagés. Ainsi cette version bretonne où les frères retrouvent la forme humaine au moment où le « mouton aîné » tient l'enfant de sa sœur, son neveu, sur les fonts baptismaux (Tenèze, 1984). Aux relations consanguines, dangereuses entre frères et sœur lorsqu'ils atteignent l'âge matrimonial, ont succédé des liens où l'alliance contractée par celle-ci permet d'établir la bonne distance entre eux : ni la trop grande proximité d'une cohabitation loin des parents et dans la solitude de la forêt, ni l'écart démesuré induit par l'animalité. Les liens consanguins sont alors médiatisés par les liens d'alliance dans lesquels les protagonistes sont désormais impliqués.

L'époux animal

C'est tout un cycle de contes qui considère le thème de l'animalité dans le mariage, soit du côté de l'époux soit du côté de la femme. Le premier cas concerne le conte-type 425 (« La quête de l'époux disparu »), dont on connaît un grand nombre de versions européennes, réparties en plusieurs sous-types (où l'époux n'est pas toujours animal)[17]. Les épouses animales, moins nombreuses, se retrouvent dans les contes-types 400 et 401 (« La quête de l'épouse disparue » et « La princesse libérée après trois nuits d'épreuves »). Ces récits, que l'animal soit homme ou femme, suivent le même schéma narratif qui s'articule autour des éléments suivants : un conjoint animal (pour des raisons diverses qui ne sont pas toujours dites), la transgression d'un interdit par le conjoint humain, la longue quête et reconquête de l'époux ou de l'épouse. On n'envisagera, ici, que l'époux animal. Voici le résumé d'une version recueillie dans le Bourbonnais (Duchon, 1945 : 109-119), intitulée « Le chien blanc ».

> Une châtelaine enceinte aime à caresser un beau chien blanc. Elle accouche d'un chien blanc[18]. Les parents le font emmener au fond d'une forêt où il est élevé par une servante. « A sept ans il cessa d'aboyer et il parla. » A vingt ans il veut épouser la fille du roi. Le père effrayé va trouver le roi, qui donne son accord sous

---

[17] La rédaction la plus ancienne du conte se trouve dans *L'Ane d'or* d'Apulée (2e siècle de notre ère) : c'est « Amour et Psyché ». La forme la plus connue est celle qui fut rédigée par Mme Leprince de Beaumont, s'inspirant de Mme de Villeneuve (1740 et 1757), « La Belle et la Bête ». Elle simplifie la narration. J.O. Swahn a proposé une classification des nombreux sous-types du récit (1955). Voir également la belle « anthologie des fiancés animaux » éditée par Fabienne Raphoz (2003).

[18] L'enfant-animal naît plus souvent d'un vœu inconsidéré d'un couple stérile « Je désire un enfant, fût-il un animal. ».

conditions : faire construire une grande route, bâtir un château aussi beau que le sien, planter un jardin magnifique, le peupler d'oiseaux chanteurs. Le Chien blanc réussit ces tâches. Le roi est obligé de céder après avoir cependant tenté de le tuer. La nuit de noces, le chien se transforme en homme aux yeux de la princesse, mais lui interdit de le dire. Sa mère la poursuit de ses questions et elle finit par révéler que son mari devient humain la nuit. Cette indiscrétion a pour conséquence la disparition de l'époux qui, avant de partir, donne à la princesse le moyen de le retrouver : marcher jusqu'à user des souliers de fer. Elle demande sa route successivement aux quatre Vents qui lui donnent chacun une robe merveilleuse. Elle arrive dans un château où l'on prépare des noces, celles de son époux avec une autre femme. Elle achète à celle-ci quatre nuits à passer avec son mari en échange de ses robes. Durant les trois premières, il dort, car on lui a donné un somnifère, un valet le prévient que la dindonnière raconte de curieuses histoires. Il ne s'endort pas et la reconnaît. Les noces deviennent les réjouissances de leurs retrouvailles.

Lorsque l'amorce du récit ignore cette naissance monstrueuse, elle met en scène le père de deux manières différentes. Ou bien – et on retrouve « la Belle et la Bête » –, le père partant en voyage demande à ses trois filles ce qu'elles désirent, la plus jeune n'ayant qu'une demande apparemment modeste, une fleur, une rose[19]. Au retour, alors qu'il a oublié la demande de sa cadette, il aperçoit un splendide jardin. Il y cueille une fleur, est interpellé brutalement par un animal qui exige la fille en retour : « Il faut pour en avoir me promettre celle qui en veut. ». Celle-ci s'exécute pour sauver la vie de son père. Dans le second sous-type, elle agit de même parce que la père parti travailler dans ses champs a dérangé un animal qui lui fait la même demande en le menaçant.

L'animal se présente sous de nombreuses espèces : chiens, serpents, crapauds, cochons, loups, lézards, corbeaux, etc. Parfois il est simplement « la Bête », « la Bête poilue ». Si l'on tente d'appliquer à l'époux-animal la même signification qu'à la métamorphose des frères du conte précédent, on y verra, dans un contexte narratif différent, la même exigence d'éloignement symbolique, mais ici dans un dessein autre : celui de s'assurer que l'époux – ou l'épouse dans les contes qui inversent ces données – est suffisamment distant pour écarter tout risque d'union incestueuse. Des rédactions anglaises et irlandaises du récit peuvent en apporter la preuve. « Les trois filles du roi O'Hara » raconte comment les trois sœurs, tour à tour, expriment le désir d'un mari : le plus bel homme au monde pour l'aînée, le deuxième plus bel homme pour la seconde, et le plus beau chien blanc pour la plus jeune (Curtin, 1968 : 50-63). Leurs vœux se réalisent, mais les époux des aînées deviennent la nuit

---

[19] Cette demande anodine, alors que ses sœurs demandent de coûteuses parures, ne l'est sans doute pas tant que cela, alors qu'elle veut signifier la modestie de la jeune fille. Si l'on inverse la proposition, « demander une fleur » devient « prendre une fleur », où se lit le phantasme incestueux.

d'affreux phoques, tandis que celui de la plus jeune lui pose la question de savoir si elle le désire chien le jour et bel homme la nuit, ou l'inverse. Elle choisit bel homme la nuit[20]. Elle a fait le bon choix en souhaitant un époux le plus distant qu'on puisse imaginer, en deçà de l'humanité pour mieux dire qu'il est suffisamment loin de tout risque endogamique ou incestueux. Les versions françaises expriment sans doute la même idée, mais au prix d'une distorsion rationalisante : la jeune fille n'énonce pas spontanément ce désir, elle est contrainte de consentir à ce mariage pour sauver son père[21]. Le récit irlandais joue subtilement sur la polyvalence sémantique de la forme animale. Pour finir, en effet, les sœurs aînées se retrouvent au lit avec des animaux. L'aspect animal est utilisé ici pour exprimer la monstruosité des rapports incestueux, qu'on a déjà notée comme un sens possible de la métamorphose des frères. Dans ce dernier cas, le double sens n'est pas contradictoire : d'une part les frères sont éloignés de leur sœur parce que tous ont atteint le stade matrimonial, d'autre part la figure animale est aussi la représentation de l'inceste. En revanche la figure animale de l'époux est positive ou négative sous le rapport de l'alternance jour/nuit, introduisant une notion temporelle de durée. Si la nubilité de la petite fille devenue jeune fille est dite comme un instant ponctuel, préparé cependant par les événements antérieurs, le temps supposé dans la quête de l'époux concerne la durée. En témoigne clairement une version de la collecte nivernaise d'A. Millien, intitulée « Le chien barré »[22].

> Un homme travaille aux champs. Arrive un chien qui réclame l'une de ses trois filles en mariage sous peine de mort. Les deux aînées refusent, la plus jeune accepte pour sauver son père. Le chien l'emmène, ils passent par une prairie pleine de chevaux. – A qui ces chevaux ? demande la jeune fille. – A toi, la belle. – Hé mon chien, pas tant de bonheur m'arrivera. – Si, la fille. Même chose dans une prairie où paissent des bœufs, une troisième où il y a des moutons. Ils arrivent à un château accessible par une petite planche. Le chien lui explique qu'il n'y peut entrer qu'à la nuit tombée et qu'il se transforme alors en homme il est prince de nuit et chien de jour. La jeune fille est rassurée. Une vieille vient la voir à qui elle explique la situation. La vieille l'amène dans une chambre où se trouve une table avec un tiroir et l'invite à tirer le tiroir une fois que son époux arrivera au soleil couché : il restera alors prince. « Mais elle, curieuse, impatiente, tire le tiroir avant

---

[20] Cette question est souvent posée par l'époux-animal et la jeune fille y apporte la même réponse.
[21] La présence du père dans ce sous-type B est quasi générale. La forme irlandaise prend soin de notifier l'absence de celui-ci, mais sa présence symbolique (métonymique), puisque les sœurs revêtent chacune à leur tour son « manteau de ténèbres » lorsqu'elles se souhaitent tour à tour un époux.
[22] Au cours du récit, on apprendra qu'il est barré de rouge, de noir et de blanc, les trois couleurs du désir. Mais la rayure, la barre, est la marque de la marginalisation et de la bâtardise (Pastoureau, 1991).

qu'il soit rentré. Il s'y trouve un gros serpent, le tiroir tombe, d'émotion (*sic*), sur le serpent et le tue. » Le prince ne vient pas et la vieille explique à la jeune femme qu'il a disparu à cause de son indiscrétion et qu'elle doit entreprendre sa recherche (Ms Millien-Delarue, version R).

L'impatience de l'épouse introduit une perturbation dans le déroulement du temps nécessaire au passage matrimonial. Dans de nombreuses versions, l'époux lui révèle qu'il ne restait plus qu'un petit laps de temps avant de retrouver complètement son apparence humaine et que la transgression de l'interdit le contraint à établir entre eux une distance considérable, reportant à une lointaine échéance leurs éventuelles retrouvailles. En guise de punition, la jeune femme devra subir l'écoulement d'un temps très long, représenté par la grande distance qu'elle doit parcourir, elle-même mesurée en termes d'usure des chaussures de fer. En révélant que son époux quitte sa peau animale la nuit ou en la laissant brûler – ce sont les interdits les plus fréquents –, la jeune femme tente d'abolir la nécessaire transition entre son époux et elle, et entre son époux et les deux parentés, consanguine et d'alliance. Elle ne respecte pas cette distance alternée : la sanction est l'instauration d'une distance maximale, qu'elle devra lentement et péniblement réduire. Cette distance est spatiale, mais également « morale » en quelque sorte : à l'origine l'époux ne doit pas être reconnu pour ce qu'il est en réalité, un homme; à l'épilogue la jeune femme doit se faire reconnaître pour ce qu'elle est, sa véritable épouse.

L'interdit le plus fréquent est de ne pas révéler l'apparence humaine nocturne du mari-animal[23]. La jeune femme commettra cette indiscrétion parce qu'elle est l'objet de demandes insistantes de ses sœurs venues la voir et jalouses des richesses qu'elle possède, ou de la mère de son époux, intriguée de ce qu'elle ne semble pas souffrir des nuits passées avec un animal. La prohibition concerne également la peau animale, qui ne doit être ni brûlée, ni mouillée. Dans les versions à rédaction « la Belle et la Bête » (sous-type 425 C), l'interdit concerne la durée des visites de la jeune femme dans sa famille, suggérant l'idée d'un attachement bien dosé entre consanguinité et alliance. Autre modalité concernant l'écoulement du temps, présente dans une version canadienne : l'époux est un lièvre dont les trois cent soixante-six peaux devaient être revêtues par lui jour après jour, et non brûlées d'un coup (Barbeau, 1917 : 42-46).

Cette insistance sur l'écoulement mesuré du temps concerne non seulement l'époux, mais aussi l'épouse, ou plus précisément les deux engagés dans le processus matrimonial. Claude Lévi-Strauss montre admirablement à travers la mythologie amérindienne que la femme est un être « périodique » et qu'à ce

---

[23] Dans la version d'Amour et Psyché qui se trouve dans *L'Ane d'or* d'Apulée, l'interdit – que l'on retrouve dans des versions de tradition orale – est de ne pas le regarder la nuit, au seul moment où il lui rend visite.

titre elle a besoin d'être éduquée, pour échapper à une double menace, qui pèse aussi sur l'univers tout entier : absence de périodicité ou périodicité trop rapide.

> [...] soit que leur rythme périodique se ralentisse et immobilise le cours des choses; soit qu'il s'accélère et précipite le monde dans le chaos. Car l'esprit peut aussi facilement imaginer que les femmes cessent d'enfanter et d'avoir leurs règles, ou qu'elles saignent sans arrêt et accouchent à tout bout de champ. Mais, dans l'une et l'autre hypothèse, les astres qui régissent l'alternance des jours et des saisons ne pourraient plus remplir leur office. Tenus éloignés du ciel par la recherche devenue impossible d'une épouse parfaite, leur quête ne se terminerait jamais (1968 . 421).

Quelques versions du conte disent que l'épouse est enceinte lorsqu'elle transgresse l'interdit et que son époux la quitte. Dans un récit de la collecte Millien-Delarue, l'époux serpent dont on a brûlé la peau, lui déclare : « Ma femme, tu es enceinte, mais tu ne pourras accoucher que lorsque tu m'auras retrouvé. Les neuf mois se passent, mais la princesse n'est pas délivrée. » Elle se met donc en route et, après un long et pénible voyage, retrouve son époux. « La jeune femme va alors passer la nuit avec son mari. Et ils se sont levés trois, car elle a pu enfin mettre son enfant au monde. » On ne peut mieux illustrer le caractère périodique des femmes et les malheurs – individuels dans les contes et non cosmiques comme dans les mythes – qu'entraîne le non respect de l'écoulement normal du temps. Récit d'initiation féminine, le conte, comme certains mythes étudiés par C. Lévi-Strauss, nous apprend que « l'éducation des filles s'obtient essentiellement par l'intériorisation psychique et biologique de la périodicité » (1968 : 420).

Une transformation littéraire de l'époux-animal : le Bisclavret

Le lai de Marie de France intitulé *Le Bisclavret* (2001 : 51-57) est un récit symétrique et inverse du conte-type 425. Il raconte l'histoire d'un homme et d'une femme, mariés ensemble et heureux de l'être. Si ce n'est l'inquiétude de l'épouse au sujet des absences de son mari qui part trois jours par semaine sans qu'elle sache où il va. Elle l'interroge; il refuse d'abord de lui répondre, elle insiste, si bien qu'il lui révèle son secret. Il devient loup-garou[24] et erre dans la forêt, vivant de rapine et de proies. L'épouse veut savoir comment : il avoue que c'est en se dépouillant de ses vêtements qu'il cache dans une pierre creuse près d'une chapelle. Prise d'effroi, elle se souvient d'un chevalier qui l'aimait, le fait venir, lui raconte l'histoire. Ils prennent les vêtements du Bisclavret désormais condamné à le demeurer. Elle épouse cet homme. Le roi chassant

---

[24] Le terme de « bisclavret » est clair pour Françoise Morvan, en dépit des nombreuses gloses sur ce nom. *Bis* serait une transcription fautive de *bleiz*, le loup, et *clavret* une approximation pour *garwaf*, garou. Le bisclavret est un loup-garou, ce qu'indique explicitement Marie dans son prologue.

dans cette forêt, débusque le loup-garou qui, au lieu de fuir, vient implorer le roi qui l'épargne et l'emmène avec lui. Il vit au palais comme un animal domestique d'une grande douceur. Mais il attaque un jour le chevalier, puis sa femme, à qui il arrache le nez. Elle avoue tout, le roi fait rendre ses habits au loup-garou qui redevient homme. Le couple exilé a une descendance marquée par le fait que les femmes sont « dénezées ».

Ce récit, qui parle aussi d'un mariage épineux, présente un certain nombre de symétries et d'inversions par rapport à la Quête de l'époux disparu. On a en effet, d'une part une jeune fille qui doit épouser un animal, lequel se révèle également humain, et de l'autre, une femme qui a épousé un humain qui se révèle également animal. La double identité de l'époux est soumise dans les deux cas à une alternance temporelle : jour/nuit ou trois jours par semaine.

La jeune femme dans le conte commet une indiscrétion en révélant l'apparence humaine de son époux, et, dans *le Bisclavret*, en l'obligeant à dévoiler sa métamorphose animale. Le moyen de lui nuire est dans certaines versions du conte d'abîmer ou de brûler sa peau animale, dans le lai, de faire disparaître ses vêtements humains. L'époux est alors obligé, sous son apparence humaine retrouvée définitivement, de partir très loin, alors que la disjonction se situe, de l'autre côté, entre humanité et animalité. Dans le conte, l'épouse cherche à réduire cette disjonction, alors que la femme du Bisclavret tente de la rendre définitive, en contractant un autre mariage (comme s'apprête à le faire l'époux-animal lorsque sa femme le rejoint enfin). Mais le comportement quasi humain de l'animal permettra sa réintégration dans le monde des hommes, d'abord comme une bête domestique, ensuite sous sa forme humaine recouvrée. Et c'est son épouse qui subira une disjonction totale, exilée sans retour et marquée dans sa descendance féminine[25].

Cette confrontation rapide entre un conte de transmission orale et une œuvre littéraire montre que le premier est normatif, témoignant que le mariage se doit d'être exogamique et que la femme doit apprendre le bon usage de la périodicité, alors que le second envisage les conséquences éventuellement désastreuses d'une entière soumission aux règles sociales, celles de l'exogamie. Elle pose la question d'une exogamie excessive entraînant le risque d'une union animale. L'œuvre littéraire évoque l'inquiétude suscitée par la nécessité de se marier en dehors de la consanguinité, courant alors le danger d'épouser un conjoint trop lointain, étranger au point de franchir les limites de l'humanité.

---

[25] Dans un travail antérieur, on ajoutait à ces données un autre lai médiéval, celui de *Melion*, chevalier intransigeant quant à son éventuelle épouse, qui ne devra n'avoir jamais été aimée ni même admirée par d'autres hommes. Il se refuse donc à épouser une femme qui aurait été dans une position symboliquement maternelle, puisque la mère a été aimée par le père. Autre forme donc de rigorisme sur l'évitement de l'inceste et l'exigence d'exogamie (Belmont, 1987).

Cette excursion hors de la littérature traditionnelle[26] met en évidence les caractères propres de celle-ci, et ses transformations possibles. Le récit de transmission orale est plus riche, ne serait-ce que par la diversité qu'apportent les nombreuses versions, qui, toutes, sont des variations autour d'un certain nombre de « pensées » (dans le même sens qu'emploie Freud pour les « pensées » du rêve). Fondamentalement le récit s'organise autour de deux idées primordiales qui concernent l'union matrimoniale : d'une part la figure animale, de l'autre l'interdit. L'animalité de l'époux[27] est une figuration des pulsions, singulièrement de la pulsion sexuelle. À propos du symbolisme dans le rêve, Freud mentionne les animaux :

> Les bêtes sauvages symbolisent ordinairement les pulsions passionnelles du rêveur ou pulsions d'autres personnes que le rêveur craint; et, avec un léger déplacement, ces personnes mêmes. [...] On pourrait dire que les animaux sauvages servent à représenter la libido redoutée par le moi, combattue par le refoulement (1967 : 351).

Anna Angelopoulos, dans une étude où elle confronte la version littéraire d'Apulée à la tradition orale du conte, particulièrement les récits grecs étonnamment riches, parle du « caractère insaisissable, pulsionnel du héros », dont les formes multiples renvoient à une force psychique, « figuration immuable du désir de vie » (2001 : 160-161). Elle met en évidence la pertinence du choix d'Apulée qui donne le rôle de l'époux à Eros.

Jean-Paul Valabrega parle de bestiaire analytique – à commencer par les exemples princeps de l'Homme aux rats et de l'Homme aux loups – et de bestiaire mythique, puisque mythes et contes sont peuplés d'animaux. C'est qu'en effet, dit-il, « l'animal est un représentant symbolique tout trouvé, qualifié, irremplaçable, des pulsions et instances issues de l'inconscient, telles d'une tanière » (1992 : 361).

La représentation des pulsions comme figure animale ne prend tout son sens que combinée avec le motif de l'interdit, donnant alors au récit sa figure propre, sa spécificité sémantique. Sous des formes imagées diverses, il énonce, en tant qu'interdit, le principe qui est au fondement du mariage, la prohibition de l'inceste. Avec d'infinies variations propres aux très nombreuses versions de ce conte, le récit réaffirme avec force les deux composantes antagonistes et complémentaires de l'union matrimoniale : la pulsion sexuelle indispensable à la reproduction de l'espèce d'une part, l'interdit primordial de l'inceste qui fonde la société, d'autre part.

---

[26] Bien que Marie de France puise ses matériaux, on l'a souvent dit, dans l'oralité de son temps.

[27] Ou de l'épouse dans les formes inversées.

Bibliographie

Angelopoulos, Anna
2001 « Le conte d'Eros et Psyché dans la littérature orale », *Topique*, 75 : 155-169 (« Psychanalyse et anthropologie »).
Barbeau, Marius
1917 « Contes populaires canadiens », *Journal of American Folklore*, XXX : 1-160.
Belmont, Nicole
1987 « L'époux-animal dans le conte-type 425 et dans le lai du *Bisclavret* de Marie de France », *Littérature orale traditionnelle populaire*, Actes du colloque Paris 20-22 novembre 1986, Paris, Fondation Gulbenkian, Centre culturel portugais : 363-369.
1993 « Conte et enfance. À propos du conte *Ma mère m'a tué, mon père m'a mangé* (T 720) », *Cahiers de littérature orale*, 33 : 75-98.
1999 *Poétique du conte. Essai sur le conte de tradition* orale. Paris : Gallimard.
Bolte, Johannes et Polivka, Georg
1913-32 *Anmerkungen zu des Kinder- und Hausmärchen der Brüder Grimm*. Stuttgart : Dieterich'sche Vertagsbüchhandlung Th. Welter
Calame, Claude
1977 *Les Chœurs de jeunes filles en Grèce archaïque*, I. Roma : Edizione dell'atenen e bizarri.
Carrin-Bouez, Marine
1986 *La Fleur et l'os. Symbolisme et rituel chez les Santal*. Paris : Ed. de l'EHESS (Cahiers de l'Homme, XXVI).
Curtin, Jeremiah
1968 *Myths and Folk-Lore of Ireland* 1890. Detroit : Singing Tree Press.
Duchon, P.
1945 *Contes populaires du Bourbonnais*. Moulins.
Dumézil, Georges
1956 *Déesses latines et mythes védiques*, Bruxelles, Latomus.
Fabre, Daniel
1986 « La voie des oiseaux. Sur quelques récits d'apprentissage », *L'Homme*, 99 : 7-40.
Freud, Sigmund
1952 Le thème des trois coffrets [1913], *Essais de psychanalyse appliquée*, Paris, Gallimard (Les Essais, LXI).
1967 *L'interprétation des rêves* [1900]. Paris : PUF.
1981 Le Moi et le Ça [1923], *Essais de psychanalyse*. Paris : Payot.

Kristensen, E. T.
1999 *La Cendrouse et autres contes du Jutland*. Paris : José Corti, traduits et édités par Jean Renaud (Coll. Merveilleux, 9)
Lemieux, G.
1986 *Les Vieux m'ont conté*. Montréal : Ed. Bellarmin ; Paris : Maisonneuve et Larose, vol. 24.
Lévi-Strauss, Claude
1967 *Les Structures élémentaires de la parenté*. Paris, La Haye : Mouton
1968 *L'Origine des manières de table*. Paris : Plon.
1979 *La Voie des masques, édition revue, corrigée et rallongée de trois excursions*. Paris : Plon.
1983 « Mythe et oubli », *Le Regard éloigné*, Paris, Plon : 253-261.
1989 *Des Symboles et leurs doubles*. Paris : Plon.
Marie de France
2001 *Le Lai du rossignol et autres lais courtois*, nouvelle traduction et présentation de Françoise Morvan. Paris : Librio.
Pastoureau, Michel
1991 *L'Etoffe du diable. Une histoire des rayures et des tissus rayés*. Paris : Seuil.
Raphoz, Fabienne
2003 *Des Belles et des Bêtes. Anthologie de fiancés animaux*. Paris : José Corti.
Rutil, A.
1981 *Contes marie-galantais de Guadeloupe*. Ed. caribéennes.
Swahn, Jan-Ojvind
1955 *The Tale of Cupid and Psyche*. Lund.
Tenèze, Marie-Louise
1984 « La Famille dans les contes populaires : la relation du (des) frère (s) et de la sœur », *Dialogue*, 84 : 124-138.
Tenèze, Marie-Louise et Delarue, Georges (éds)
2000 *Nannette Lévesque, conteuse et chanteuse du pays des sources de la Loire*. Paris : Gallimard (Le Langage des contes).
Valabrega, Jean-Paul
1992 *Phantasme, mythe, corps et sens*. Paris : Payot, nelle. éd.
1995 « Identité, identification, Moi-idéal, Idéal du moi. Les quatre fonctions *Id* », *Topique*, 56 : 5-35.

Chapitre 19

La Fille aux trois galants.
Nouvelle littéraire et composition en miroir

Les contes-nouvelles[1] ont parfois leur réplique dans la littérature écrite, particulièrement celle des conteurs du XIVe au XVIe siècle, offrant alors la possibilité de comparer deux façons de traiter la même intrigue. C'est le cas de « La fille dédaigneuse et ses trois galants au cimetière » (T 940), dont on connaît vingt-quatre versions françaises de tradition orale (Delarue et Tenèze, 2000 : 167-170) et qu'on retrouve largement en Europe. Le récit littéraire le plus ancien se trouve chez Boccace (*Décaméron*, 9, 1). Loin de pouvoir être considéré comme « original », c'est, paradoxalement, celui qui s'éloigne le plus de la forme commune. La ligne de partage entre versions littéraires et versions de tradition orale passe essentiellement par la composition du récit : les premières ne présentent qu'un seul mouvement, les secondes en possèdent deux. Par « mouvement », nous entendons la définition de Vladimir Propp, pour qui la succession, toujours identique, des fonctions est nécessairement renouvelée, au moins une fois, dans la narration (Propp, 1970). La notion est reprise par Marie-Louise Tenèze qui lui donne une place essentielle dans l'organisation narrative des contes (2004). Le mouvement se déploie entre deux fonctions : malfaisance ou manque / élimination de la malfaisance ou du manque. « [Il] apparaît de ce fait comme un récit orienté entre un point de départ et un point d'arrivée généralement investis de façon opposée, le pôle positif étant le second » (2004 : 9).

---

[1] N° 850 à 999 de la classification Aarne et Thompson.

Les versions de transmission orale comportent deux mouvements. Mais le héros qui conduit l'action change lorsque l'on passe de l'un à l'autre : la jeune fille pour le premier, les trois garçons pour le second. Et s'inverse symétriquement le rôle de victime : les garçons en premier, la jeune fille ensuite. Voici le résumé d'une version de l'Agenais.

« Il y avait une fois une fille qui avait trois galants et qui se moquait de tous les trois. » Chacun, à son tour, vient la trouver pour lui déclarer son amour. Leur demandant une preuve de la sincérité de leur sentiment, elle met en œuvre, à leur insu, une machination. Elle leur demande d'aller le soir à l'église, le premier s'installant dans la « caisse des morts », recouvert d'un drap noir, le second, habillé de blanc, traînant la caisse jusqu'à l'aube, le troisième, vêtu en curé, prêchant toute la nuit. Ils le font, réciproquement terrorisés. À l'aube, le « campanier » vient sonner l'Angelus. Ils enlèvent leur déguisement, se reconnaissent et jurent de se venger.

Un soir que la jeune fille est chez elle avec ses parents, au coin du feu, on frappe à la porte. C'est saint Pierre le porte-clefs, qui se dit envoyé de Dieu et demande qu'on l'accueille « Et saint Pierre entra, un grand diable raide et droit, avec une grande barbe blanche qui lui descendait jusqu'à la ceinture ». Il mange, il boit, puis s'installe près du feu. « Le père, la mère et la fille étaient muets comme des souches », jusqu'à ce qu'une voix se fasse entendre du haut de la cheminée « Pierre ? » C'est le Seigneur notre Dieu, qui intime l'ordre à saint Pierre de coucher cette nuit avec la jeune fille pour engendrer un grand pape. Tout le monde reste ébahi, jusqu'à ce que la mère laisse éclater sa joie. « Contente et fière d'avoir été choisie par Dieu pour faire un pape, la fille alla se coucher avec saint Pierre. Saint Pierre ne disait rien, mais avec quelle ardeur il forgeait le grand pape ! »A minuit il cède le déguisement et la place au second galant, qui, à trois heures, fait de même avec le troisième. Et à l'aube, celui-ci s'enfuit doucement. La fille trouve la grande barbe blanche de saint Pierre suspendue au loquet de la porte.

(Perbosc, 1984 76-81)

Les deux mouvements sont nettement marqués. Le premier raconte la façon cruelle dont une jeune fille se joue de ses prétendants qu'elle juge importuns, bien que, le plus souvent, ils la courtisent « pour le bon motif ». Le second relate la manière, également mais différemment cruelle, dont ils se vengent d'elle, lui imposant, à son insu, les relations sexuelles dont elle ne voulait pas, même dans le mariage. Les protagonistes sont les mêmes dans les deux séquences, mais la maîtrise de l'action s'inverse : fille active/garçons passifs, puis garçons actifs/fille passive.

Les versions littéraires ne connaissent donc que la première séquence. Le récit qu'en donne Nicolas de Troyes dans *Le grand Parangon des nouvelles*

nouvelles (1536), sans doute le plus complet, semble assez proche de l'oralité[2]. Et cependant...

> Une jeune fille du Poitou, « sage et honnête et de bonnes mœurs », orpheline de père et récemment de mère, est courtisée par trois galants, à l'insu de chacun, qui lui promettent « chiens et oiseaux ». Mais ils ne l'aimaient pas de façon loyale, « assavoir par le lien de mariage ». Elle décide de les mettre à l'épreuve, en leur demandant, chacun à son tour, d'aller la nuit au cimetière sur la tombe de sa mère, l'un habillé d'une chemise et d'un drap blanc, comme un « esprit ou quelqu'un que l'on voulut enterrer », le second en soldat bien armé, le troisième en habit de diable. Elle justifie cette demande auprès de chacun d'eux, en affirmant qu'elle est tourmentée la nuit par l'esprit de sa mère, morte récemment : elle sera débarrassée de son fantôme si quelqu'un passe une demi-nuit sur sa fosse. Elle promet à chacun de l'accueillir le plus aimablement du monde le lendemain matin. Le vendredi soir, ils se rendent au cimetière à une heure d'intervalle, ainsi qu'elle l'a spécifié[3]. Ils s'épouvantent réciproquement et finissent par s'enfuir. Le lendemain, la jeune fille demande à chacun d'eux pourquoi il n'est pas venu la retrouver. Ils avouent, l'un après l'autre, qu'ils ne seraient jamais restés, même pour dix mille écus, jusqu'à minuit, n'ayant eu de leur vie si belle peur. « Si vous y voulés faire veiller, allez en chercher d'autres que moi, et adieu ! [...] Et par ainsi tous trois demeurèrent frustrés de leurs amours par l'habileté de la jeune fille. »

Le récit, non seulement s'arrête là, mais il est moralisé et rationalisé. La sage jeune fille veut écarter trois prétendants dont les intentions ne sont pas honnêtes. Elle monte un stratagème, prétendant être tourmentée par l'esprit de sa mère. La raison invoquée est parfaitement valable, dans la mesure où cette mère encore vivante s'opposerait à des amours illicites. Il s'agit donc d'apaiser son fantôme en veillant sur sa tombe jusqu'à minuit, puis de venir cueillir la récompense en la personne de la jeune fille. Mais la peur et l'effroi sont les plus forts : les prétendants s'enfuient avant que sonne minuit. Sachant qu'ils n'ont pas rempli le contrat, ils ne se présentent pas à la maison de la fille qui en est définitivement débarrassée, grâce à son « habileté ».

K. Kasprzyk donne la liste des occurrences du récit dans la littérature écrite, qui comprennent, entre autres, Boccace pour la plus ancienne (env. 1350), Hans Sachs (1546 et 1560), Jean Pauli (1522), des rédactions en anglais et en italien. Elle cite un certain nombre de versions populaires européennes, dont huit françaises. J. Pauli, dans le *Schimpf und Ernst*, prend pour héroïne une jeune femme qui, ayant été dédaignée par des jeunes gens lorsqu'elle était fille

---

[2] Il s'agit de la deuxième nouvelle du recueil. Elle est intitulée « D'une fille qui fist aller trois compaignons coucher en ung cymetiere qui tous trois furent amoulreux d'elle et y furent veiller l'un en abit de mort, l'autre de gendarme et l'autre en abit de diable ». Sur Nicolas de Troyes, voir l'ouvrage essentiel de Krystyna Kasprzyk (1963), ainsi que son édition critique d'un choix de nouvelles (1970).
[3] Serait-ce une évocation de la nuit de sabbat ?

pauvre, est courtisée par eux, devenue veuve et riche. Son voisin étant mort, elle les expédie au cimetière, vêtus l'un en mort, l'autre en ange, le troisième en diable. « Le "mort" croit que c'est son âme qui est l'enjeu de la lutte et trouve plus prudent de se sauver » (Kasprzyk, 1963 : 33)[4]. Quant à la version de Boccace, la plus ancienne connue, elle s'éloigne largement des autres. Les amoureux ne sont plus que deux à soupirer auprès d'une jeune veuve qui craint pour sa réputation. Elle invente la nécessité de déplacer le corps d'un homme venant de mourir – homme disgracieux autant de corps que d'esprit. À l'insu l'un de l'autre, le premier galant doit prendre la place du mort dans le tombeau, le second l'emporter chez elle. La récompense sera l'amour de la dame. Les deux hommes s'interrogent chacun de son côté sur les risques qu'ils courent, comme celui de tomber sur la maréchaussée. Ce qui se produit en effet : le porteur laisse choir brutalement le « cadavre », lequel s'enfuit à toutes jambes. Le lendemain, chacun avise la dame qu'il n'a pas réussi, mais sollicite cependant ses faveurs. Elle les repousse sèchement. K. Kasprzyk remarque avec raison que « Boccace s'éloigne sciemment de la tradition […] Son scepticisme habituel lui fait supprimer l'atmosphère surnaturelle qui semble être un trait inhérent au thème » (1963 : 34).

Cette « atmosphère surnaturelle » est présente dans les contes de tradition orale, bien que dissimulée sous la facétie, voire la bouffonnerie, traitée différemment d'un mouvement à l'autre. Au départ de ces récits, une jeune fille refuse de se marier à aucun de ses prétendants. « Elle se moquait d'eux » selon la version de Perbosc ; « elle ne les aimait pas, pas mieux les uns que les autres » (Pineau, 1891) ; « Une fille avait trois galants qu'elle n'aimait pas. La tourmentaient » (Ms Millien, version A) ; « C'était une fois une fille qui avait trois amoureux. Elle n'en voulait point ni des uns ni des autres » (Ms Millien, version E). Aurions-nous affaire à ces jeunes filles, nombreuses dans les contes-nouvelles, qui, rebelles au mariage, imposent des tâches impossibles à leurs prétendants, espérant leur échapper ? Ces princesses qui ne veulent pas rire[5] (T 571), qui savent résoudre les énigmes proposées par les garçons et auxquels elles font couper la tête s'ils échouent (T851), qui tiennent des propos sans réponse possible (T 853), qui refusent dédaigneusement une union honorable[6] (T 900). Comparables aux filles difficiles des contes africains (Görög et Seydou, 2001) qui, pour leur part, désirent un époux lointain, si lointain qu'il

---

[4] Une version populaire alsacienne procède manifestement du récit de J. Pauli, dans la mesure où elle ne possède que la première séquence et que l'un des galants doit se travestir en ange, avec tunique blanche, perruque blonde, ailes en papier doré. Ce motif a laissé très peu de traces dans la tradition (Groshens, Denis et Lucius, 1979 : 136-139).
[5] Le rire féminin signale la disponibilité à l'égard des rapports sexuels ; il dévoile l'ouverture ludique du corps. Ne dit-on pas encore de nos jours que la meilleure façon de séduire les femmes est de les faire rire ?
[6] « Je n'en voudrais même pas pour décrotter mes souliers ».

appartient à d'autres mondes, elles tentent d'échapper au destin féminin, souvent aidées par leur propre père, complice de leur refus.

Dans une belle version recueillie par Geneviève Massignon en Bretagne, la jeune fille ne veut pas ouvrir la porte aux trois « gars » qui la fréquentent et se présentent successivement un samedi soir. Elle prétend que son père est mort et qu'elle l'a fait porter à l'église, dont il est sacristain, tellement elle a peur de lui, trépassé (Massignon, 1981 : 38-42). Et elle les envoie veiller à ce qu'il ne revienne pas, en disant au premier de prendre l'habit du sacristain, au second de prier auprès du corps et au troisième de revêtir une peau de taureau dont le tête est encore pourvue de ses cornes. Le rôle du mort est tenue par son père couché sur le catafalque, sans bouger. Les trois jeunes gens « se sont battus l'un contre l'autre, sans s'être reconnus. Et c'était trois camarades ! ». Le lendemain, ils s'interrogent sur les traces de coups qu'ils portent tous trois, et découvrent alors la vérité. Ils se vengent de la même manière, l'un d'eux se présentant chez le sacristain sous un habit de capucin, qui reçoit du haut de la cheminée un panier de nourriture, puis l'ordre de passer la nuit avec Marie pour engendrer un petit Pape. « Le petit Pape a grandi, mais la fille a été prise ! ».

Voici donc un père complice du désir de sa fille d'éloigner ses amoureux, jusqu'à accepter de prendre la place du mort. Les récits littéraires, quant à eux, mettent en scène des femmes « libres », jeune fille orpheline ou veuve, soucieuses de ne pas ternir leur réputation, puisqu'aucun homme ne veille sur elles, ni père ni mari. La société exige d'autant plus leur bonne conduite . il leur faut donc écarter des amoureux trop insistants, de peur de laisser croire qu'elles les accueillent avec plaisir. Le refus du mariage par les jeunes filles des récits populaires concerne un niveau plus profond du fonctionnement à la fois social et psychique. Ces filles qui refusent de se marier risquent d'interrompre la succession des générations, puisqu'elles ne mettront pas au monde des enfants légitimes.

Françoise Héritier parle d'une représentation de « malveillance naturelle de la féminité à l'égard de la transmission de la vie » dans certains schémas collectifs, que le mari aurait à surmonter (Héritier, 1996 : 119). On le voit, dans ce conte et dans tout le cycle des héroïnes rebelles au mariage, les hommes doivent assujettir cette mauvaise volonté féminine, par la force, par la ruse, ou grâce à l'aide d'un personnage surnaturel[7]. Là où, dans les récits littéraires, nous trouvons un souci de bienséance féminine, dans ceux de transmission orale

---

[7] C'est le cas dans les contes merveilleux. Ainsi du jeune héros parti pour faire rire la princesse, qui répond poliment à une vieille ou partage son repas avec elle. En récompense elle lui donne un objet ou un animal magique « qui colle tout », grâce auquel il constitue une longue chaîne de personnes attachées les unes aux autres. À ce spectacle, la princesse éclate de rire (T 571, « Tous collés ensemble »).

s'affirme la nécessité d'assurer, coûte que coûte, les relations sexuelles entre hommes et femmes, pour que les générations se succèdent les unes aux autres.

« Allez au diable »

Le stratagème imaginée par la jeune fille pour se débarrasser de ses amoureux importuns est étrange, puisqu'en termes clairs, il s'agit de les envoyer à la mort, métaphoriquement et métonymiquement : au cimetière, ou à l'église, pour mimer une veillée funèbre. K. Kasprzyk pense que le cimetière constitue le « lieu primitif de la rencontre », l'église n'étant qu'une « modification secondaire », et la croix une modification occasionnelle[8]. Un certain nombre de versions françaises introduisent une justification donnée par la jeune fille à ses prétendants :

> Une fois, il y avait une fille, qu'avait trois galants, et elle ne les aimait pas, pas mieux les uns que les autres. Voilà, un jour, qu'elle va se confesser. En s'en retournant, dans son chemin, elle trouve un de ses galants. Aussitôt qu'elle le vit, elle commence à faire sa désolée, à se désoler, à se désoler, bien chagrine !
>
> – Eh ! qu'as-tu donc, ma bonne amie ? Qu'as-tu donc à être si chagrine ? Qui que t'as vu, donc ?
>
> – Ah ! ce qu'i ai ? I m'ennuie ben ! I viens de me confesser. Le prêtre m'a donné une punition à faire, ah ! qu'elle m'ennuie ! qu'elle m'ennuie ! Ah ! si vous pouviez la faire dans ma place ?
>
> – Oh ! oui ! Je t'assure, s'i peux la faire, qu'i l ferai ! Qui qu'y a à faire donc ?
>
> – I m'a dit, pour pénitence, de prendre une basse[9], ce soir, et puis d'aller me cacher dessous dans le cimetière, toute la nuit.
>
> (Pineau, 1891 247-248)

Le second doit casser des noix sur la « basse », et le troisième se mettre aux jambes une paire d'enferges[10] pour faire le tour du cimetière à grand bruit. Le motif de la prétendue pénitence donnée à confesse et accomplie par les amoureux se retrouve dans presque la moitié des versions françaises. Elle permet de donner une justification à la demande autrement insolite de la jeune fille. Sinon à l'entendre comme mise à l'épreuve de bravoure, ce que dit explicitement un récit du Nivernais (Ms Millien, version D) :

---

[8] Quelques versions françaises utilisent la croix comme lieu d'expédition : croix du cimetière ou croix de carrefour, ainsi les versions Millien-Delarue A et E, et mention de la croix dans B et G.
[9] Cuve, cuveau.
[10] Enferges, entraves, chaînes, qu'on met aux jambes de certains animaux aux champs (note de L. Pineau).

Un vieux marguillier avait une fille si belle que tous les garçons des environs venaient lui faire la cour. Trois, entre autres, vinrent la demander en mariage le même soir. Le premier en entrant dit : – Bonsoir, je voudrais savoir un oui ou un non. La fille lui répondit : – Mon ami, je vous prendrais bien, mais il nous faut ici un homme hardi et qui ne soit point peureux du tout. Le jeune homme répondit qu'il se trouvait capable d'aller partout et de faire tout ce que l'on voudrait. Elle lui dit . – Il faut que vous alliez à l'église jusqu'à minuit, enveloppé d'un drap et couché entre quatre cierges allumés. Le jeune homme partit immédiatement.

Au second, elle demande de passer la nuit au chevet du prétendu mort, et au troisième de se munir d'une grosse chaîne et de faire le plus de bruit possible dans l'église. Le vacarme fait peur aux deux premiers, qui sortent de l'église : ils se reconnaissent tous trois, décident de se venger « et prirent un complot à ce sujet ».

La bravoure exigée par la jeune fille n'est pas la simple vaillance masculine. Elle concerne un domaine précis, celui du surnaturel. Fille de marguillier (de sacristain dans la version Massignon), elle vise l'affrontement avec les forces de l'au-delà présentes la nuit dans l'église ou le cimetière, particulièrement lorsqu'un mort s'y trouve attendant le service religieux et l'ensevelissement. Nombre de versions – autant populaires que littéraires – répartissent avec soin le travestissement et la tâche assignés à chacun des garçons. Le premier fait le mort : en chemise et enveloppé d'un drap comme un « esprit » ou quelqu'un qui va être enterré (Nicolas de Troyes), habillé d'un drap blanc, allongé au milieu de quatre cierges, dans la « caisse de mort », recouvert du drap noir, dans la bière au milieu de l'église, dans un linceul, etc. Le second représente les forces bénéfiques, veillant, priant, ange dans la version inspiré du récit de J. Pauli ; le troisième, les forces du mal : à cet égard la description de Nicolas de Troyes est paradigmatique :

> [...] accoutré d'une tête de diable merveilleuse et épouvantable, et tout le demeurant de l'habit était de même. Et jetait feu et flamme par la bouche et par les naseaux, et avait une chaîne de fer autour de lui, dont il faisait grand bruit, et n'y avait jointe dessus son corps que en cheminant ou ployant bras ou jambes il ne rendit feu et flamme, tant était subtilement habillé. Et à bref parler, il était horrible et épouvantable, car il n'avait pas plaint l'argent à ce faire ainsi accoutré pour coucher avec la belle fille.

(Kasprzyk, 1970 38-39)

K. Kasprzyk remarque que le déguisement du troisième galant reproduit fidèlement le costume du diable des mystères. Les descriptions des versions populaires sont plus simples. Il s'agit le plus souvent de se munir d'accessoires destinés à faire beaucoup de bruit : chaînes, « enferges », clochette. Ou bien de faire du tapage en traînant le cercueil tout autour de l'église. Un travestissement particulier se retrouve dans quatre versions françaises : il s'agit de s'affubler d'une peau de taureau ou de vache, encore munie de ses cornes, accoutrement figurant le personnage diabolique.

Jean-Claude Schmitt a mis au jour les liens entre les masques, le diable et les morts (2001 : 211-237), reproduisant des manuscrits où l'on voit des personnages avec des masques d'animaux munis de leurs cornes, comme le *Roman de Fauvel* qui raconte et représente un charivari. Le charivari a bien sa place ici, puisque le garçon qui endosse la figure diabolique doit impérativement manifester sa nature démoniaque en faisant un bruit affreux, souvent métallique, un bruit à proprement parler *infernal*.

> La vérité est que ces masques ne « représentent » pas les morts qui reviennent, ni même peut-être les démons auxquels certains d'entre eux étaient plus ou moins identifiés, mais plutôt le fait qu'ils reviennent ou, mieux encore, la nécessité pour le travesti de jouer ce retour.
>
> (*Idem* 235)

Notre récit, sous ses formes écrites et orales, utilise doublement ce travestissement, ou ce leurre : déguisement diabolique et mise en scène du passage de la vie à la mort. Récits littéraires et récits populaires s'accordent sur ce point, même si les seconds ne sont pas toujours totalement cohérents. Il s'agit d'une mise en scène où un mort est l'enjeu de deux forces inverses, celle du bien, celle du mal, pour juger de son sort dans l'au-delà.

Ressentir la peur un enjeu ?

Les contes-nouvelles qui sont définis comme des histoires de destins sans intervention du surnaturel – contrairement aux contes merveilleux – envisagent cependant dans cet exemple un affrontement avec l'au-delà. On pense à « Jean sans peur » (T 326) qui ne craint rien ni personne et ne veut se marier tant qu'il n'aura pas eu peur. La première épreuve qu'il subit a été manigancée par le curé. Celui-ci le fait venir la nuit dans l'église après avoir posté des hommes ou des mannequins déguisés en fantômes ou en morts. Non seulement le héros n'est pas effrayé par cette rencontre avec l'au-delà, mais il blesse ou tue les personnes chargées de lui faire peur. Dans un fragment recueilli par A. Millien dans le Nivernais, c'est le curé lui-même qui fait le mort, couché dans un cercueil au milieu de l'église. Le sacristain demande à Jean sans peur de le veiller durant la nuit. « Le curé se remuant de temps en temps, Jean lui dit : – Quand on est mort, on ne bouge pas. Et comme l'autre continue, il l'assomme à demi d'un coup de ringard[11]. » Dans une version du même conte-type recueillie dans la Somme, c'est le frère qui se déguise en revêtant la peau de la vache qui vient d'être abattue et se poste dans un prunier. Il est tué par le héros, qui part

---

[11] Sorte de tisonnier

en emportant la peau : elle lui servira ensuite à effrayer des voleurs qui le prennent pour le diable (Carnoy, 1879 : 238).

Toutes ces mises en scène et ces accessoires sont destinés à évoquer l'au-delà, à commencer par le mort lui-même qu'il faut veiller durant la nuit dans l'église. Jean sans peur ne craint pas les apparitions de l'autre monde[12], mais il sait que, tant qu'il n'aura pas ressenti la peur, il ne pourra se marier. C'est la princesse qui le fera frissonner en fabriquant une tourte dans laquelle elle a enfermé des oiseaux vivants qui s'échappent en lui frôlant le visage. Dans le conte-nouvelle, la jeune fille qui envoie successivement ses trois prétendants affronter la mort et l'au-delà les met-elle à l'épreuve suivant la même logique ? Dans cette hypothèse, ils auraient réussi l'épreuve – éprouver la peur –, et cependant la jeune fille les récuse. La faute de la jeune fille serait d'avoir changé en quelque sorte les règles du jeu, à moins que le passage du conte merveilleux au conte-nouvelle, ou à la nouvelle littéraire, perturbe les règles ou même les retourne.

Le schéma latent du conte merveilleux – mise à l'épreuve, épreuve réussie, mariage – achoppe, la jeune fille se dérobe, elle devra donc subir, à son tour, une fausse initiation. L'envoi venu du Ciel, le panier dans la cheminée, se constitue en métaphore de son engrossement par une trinité loin d'être sainte. Le conte merveilleux subit la perturbation de la bouffonnerie, tout en maintenant les termes du parcours initiatique.

Retour et inversion

Dans le premier mouvement, la jeune fille a fait croire aux garçons que, pour accéder à la sexualité, il fallait passer par l'expérience de l'au-delà. Elle a monté une sorte de représentation théâtrale, où chacun sait pour sa part qu'il joue dans une fiction, mais ignore que les autres sont dans le même cas. Chacun tombe dans l'épouvante, car il croit à la réalité de ces figures d'outre-tombe. C'est l'Autre qui l'épouvante, alors qu'il sait que lui-même joue un rôle. Dans le second mouvement, construit symétriquement, les garçons font croire que l'envoyé de l'au-delà, le saint – qui est en communication directe avec Dieu – autorise les rapports sexuels, qui sont alors, non seulement licites, mais quasiment obligés, puisqu'il s'agit de procréer un futur pape. La vengeance des garçons est absolument congrue à la méchante plaisanterie de la jeune fille.

---

[12] Dans l'aventure suivante, il affronte, dans un château hanté, des créatures diaboliques qui tombent de la cheminée membre par membre

Premier mouvement	*Deuxième mouvement*
Pour **éviter** des rapports sexuels	Pour **imposer** des rapports sexuels
La jeune fille **envoie** les prétendants	Les prétendants **vont trouver** la jeune fille
Vers l'au-delà terrifiant de la **mort**	Comme s'ils venaient de **l'au-delà sacré**

Si donc cette seconde partie qu'on ne trouve que dans les versions de tradition orale est bien l'œuvre de celle-ci, inventant une continuation au récit littéraire jugé trop anecdotique et dépourvu de portée « initiatique », on voit alors que cette construction n'est nullement arbitraire, elle ne se fait pas au hasard, mais elle obéit à des contraintes structurelles fondées sur la symétrie et l'inversion. Structure qui n'est pas seulement formelle, puisqu'elle fait apparaître des propriétés de genre (ou de sexe) :

La jeune fille fuit les rapports sexuels, trouve importune l'insistance des prétendants, même quand ils demandent à l'épouser (où l'on a vu le motif de la fille « difficile » réticente par rapport au mariage).

Alors que les garçons recherchent les rapports sexuels, éventuel-lement sous la forme du mariage quand ils demandent sa main.

Elle se referme sur elle-même et les envoie loin, très loin, même si c'est au cimetière ou à l'église du village, puisqu'il s'agit d'une rencontre avec l'au-delà.

Symétriquement et inversement, les garçons reviennent vers elle, dans un mouvement qui va de l'au-delà à la maison où la fille est enclose, dans son milieu familial.

Le mouvement qui est imposé par la jeune fille aux garçons est centrifuge, loin d'elle, vers la mort et l'au-delà, donc vers la stérilité, tandis que le mouvement en retour des garçons vers elle est fertile, procréateur, donneur de vie, avec ces rapports sexuels dont elle ne voulait pas, mais qu'elle accepte pour un motif encore meilleur que le mariage.

La tradition orale a besoin de ces deux volets, la tradition littéraire peut se contenter du premier. On ne décidera pas, on ne fera pas même d'hypothèse pour déterminer si le texte littéraire déjà présent[13] a inspiré la créativité populaire pour compléter ce qui lui paraissait insuffisant, ou si la création littéraire a emprunté son seul premier mouvement au conte populaire, ignorant

---

[13] Pour K. Kasprzyk, il est certain que le récit né en Occident chrétien vers la fin du moyen âge ne comportait que la première partie, que Nicolas de Troyes « le connaît sous une forme qui ne s'éloigne pas sensiblement de sa forme originale » et que sa réalisation est parmi les meilleures du thème (1963 : 39).

le second, non pour des raisons de pruderie puisque cette littérature n'est pas particulièrement pudibonde, mais pour des raisons structurelles. K. Kasprzyk pense pour sa part qu'il s'agit d'un « autre thème greffé sur celui des "Trois galants" ». Elle en dénonce la maladresse et l'invraisemblance psychologique, notamment dans la conduite des parents.

> Et cette addition change totalement le ton et la signification du récit · à la place d'une femme vertueuse qui défend son honneur apparaît une jeune fille hautaine et fière, qui est justement punie. Nous voilà en présence de deux réalisations nettement opposées d'un même thème, et qu'on pourrait appeler de plein droit féminine et masculine. Le cas [...] est bien intéressant pour la psychologie du conte populaire. Ce sont certainement des conteurs qui, soucieux de conserver intact l'honneur des jeunes gens dupés par une femme, ont complètement détourné le dessein et le caractère du conte. Au point de vue artistique et psychologique les résultats ne sont pas des plus heureux . la plupart des versions françaises sont illogiques et mal composées.
>
> (Kasprzyk, 1963 38-39)

L'argument tombe de lui-même puisque coexistaient conteurs et conteuses, chacun pouvant alors y trouver matière à satisfaction, et que, d'autre part, les modifications introduites au fil des transmissions n'entraient dans la tradition du récit qu'à la condition d'être organiquement cohérentes, et non induites par des sentiments individuels.

Du conte à la nouvelle

Les théoriciens de la littérature ont beaucoup de mal à proposer une définition formelle de la nouvelle, mis à part son caractère évident de brièveté, puisqu'elle ne raconte qu'un seul événement. V. Chklovski va un peu plus loin en remarquant que, « pour faire d'un objet un fait artistique, il faut l'extraire de la série des faits de la vie. Et pour cela, il faut avant tout "faire bouger l'objet" [...] Il faut extraire l'objet de son enveloppe d'associations habituelles » (Chklovski, 1965 : 184).

Si l'on comprend bien, il s'agit de découper une portion de vie et, grâce à ce découpage, de hisser celle-ci au rang d'événement singulier et captivant[14]. Avant cette aventure, la jeune fille du Poitou vivait « sans histoire » le cours de sa vie, après, elle le reprend de la même manière. Ce qu'il peut y avoir de frustrant dans cette brièveté a souvent été compensé par le cumul de ce genre de contes rassemblés grâce à une narration de même type qui leur sert de cadre.

---

[14] Ce qu'il appelait ailleurs *ostranienie*, terme que Carlo Ginzburg reprend littéralement (en français « estrangement ») (Ginzburg, 2001 15). Merci à J. M. Privat pour cette référence.

C'est le procédé qui a permis le passage à l'écrit d'un grand nombre de récits issus de la transmission orale, depuis le *Pañcatantra* jusqu'au *Conte des contes* de Basile, en passant par les *Mille et une Nuits* et le *Décaméron*. Pour V. Chkloski, « il importe de noter que ces procédés sont purement livresques, la longueur du texte ne permet pas à la tradition orale de lier les parties à l'aide de moyens semblables. Le lien entre les parties est si formel que seul un lecteur peut le percevoir. La création dite populaire, c'est-à-dire anonyme, privée de conscience personnelle, n'a pu connaître qu'un type élémentaire de liaison (*idem* : 190).

On le pressent, le conte-nouvelle ne rapporte pas un événement vécu par un individu, découpé et promu au rang d'objet littéraire. Il s'agit d'un récit de destin, bien que, comme dans la nouvelle littéraire, une petite portion seulement nous en est révélée. Malgré eux les galants font l'expérience de l'au-delà, malgré elle la fille difficile est contrainte à assumer sa destinée de femme qui comporte relations sexuelles et procréation. Chacun a été l'artisan de l'initiation de l'autre[1], mais, au fur et à mesure que le récit se constitue, il semble se tourner lui-même en dérision. Parodie de conte merveilleux, il en a la structure puisqu'il comporte bien les deux mouvements, qui inversent les fonctions d'activité et de passivité. En dépit de la bouffonnerie, le parcours obligé des jeunes filles et des jeunes gens pour accéder au mariage est figuré et mis en scène : passage de la frontière entre notre monde et l'au-delà, apprentissage de la peur, domestication de la féminité. Chaque sexe a dupé l'autre, et, en même temps, lui a fait parcourir le chemin obligé pour devenir homme et femme, membres de la société.

Bibliographie

Carnoy, Henri
1879 « Contes, petites légendes... recueillis à Warlot-Bayon (Somme) ou à Mailly», *Romania*, 8e année : 222-263.
Chklovski, V.
1965 « La construction de la nouvelle et du roman », in *Théorie de la littérature. Textes des formalistes russes*, Paris, Ed. du Seuil : 170-196.

---

[1] C'est pour cette raison qu'on ne fera pas ici une lecture féministe du récit, en dépit de la violence faite à la jeune fille, indûment consentante aux relations sexuelles, qu'on pourrait considérer comme un avatar fictionnel de la pratique contemporaine abjecte de la « tournante ».

Delarue, Paul et Tenèze, Marie-Louise
2000 *Le Conte populaire français. Contes-nouvelles* (avec la collaboration de Josiane Bru). Paris : Editions du CTHS.
2001 *Le Conte populaire français*. Paris : Maisonneuve et Larose, 4 tomes en 1 vol.
Ginzburg, Carlo
2001 *A distance. Neuf essais sur le point de vue en histoire*. Paris, Gallimard « Bibliothèque des histoires ».
Görög-Karady, Veronika et Seydou, Christiane (ed.)
2001 *La Fille difficile. Un conte-type africain*. Paris : CNRS Ed.
Héritier, Françoise
1996 *Masculin / Féminin. La pensée de la différence*. Paris : Odile Jacob.
Groshens, Marie-Claude, Denis, Marie-Noële, Lucius, Henriette
1979 *Récits et contes populaires d'Alsace, 1*. Paris : Gallimard.
Kasprzyk, Krystyna
1963 *Nicolas de Troyes et le genre narratif en France au XVIe siècle*. Paris : Klincksieck.
1970 *Le grand Parangon des nouvelles nouvelles (choix)*, édition critique. Paris : Librairie Marcel Didier.
Massignon, Geneviève
1981 *Récits et contes populaires de Bretagne, 2*. Paris : Gallimard.
Perbosc, Antonin
1984 *Contes licencieux de l'Aquitaine. Contribution au folklore érotique*, édition et préface de Josiane Bru. Carcassonne : Editions du GARAE.
Pineau, Léon
1891 *Les Contes populaires du Poitou*. Paris : Ernest Leroux (rééd., s.d., Poitiers, Le Bouquiniste).
Propp, Vladimir
1970 *Morphologie du conte*. Paris : Le Seuil (Poétique/Seuil).
Schmitt, Jean-Claude
2001 *Le corps, les rites, les rêves, le temps. Essais d'anthropologie médiévale*. Paris : Gallimard « Bibliothèque des histoires ».
Sébillot, Paul
1894 « La fille attrapée », *Revue des traditions populaires*, IX : 344.
Tenèze, Marie-Louise
2004 *Les Contes merveilleux français. Recherche de leurs organisations narratives*. Paris : Maisonneuve et Larose.

Chapitre 20

Le Langage du basilic.
A propos du conte-nouvelle « La fille au pot de basilic »

– Allons, Maman ! *me conta una fola* ! Conte-moi une histoire !

– Je te conterai une histoire, l'histoire de Lesta qui était une petite fille d'une famille pauvre. Sa marraine l'avait prise avec elle, et la petite habitait donc chez sa marraine, dont la fenêtre était en face de celle du fils du roi. Tous les matins, la petite Lesta, qui était mignonne, allait arroser *u basirgu* (le basilic) de sa marraine. Et le fils du roi la regardait, de sa fenêtre.

C'est ainsi que commence un conte recueilli en Corse par Geneviève Massignon (1984 : 37-40), conte-nouvelle T 879, « La Fille au pot de basilic » (*The Basil maiden*). On le trouve surtout dans les pays méditerranéens[1]. D'autres plantes aromatiques se substituent parfois au basilic, dont les attestations sont cependant les plus fréquentes.

Paul Delarue en a publié une version de Sicile (recueillie à Tunis), « Teresina-Teresinella » (1955 : 67-71), qu'il a résumée lui-même dans ses commentaires au récit collecté par C. Joisten (Joisten et Joisten, 1996 : 207).

Le fils d'un roi voit une jeune fille arrosant son pot de basilic à sa fenêtre et l'interpelle : « Teresina-Teresinella, combien de feuilles a ton basilic ? – Et toi, roi

---

[1] Deux versions seulement ont été recueillies en France : celle de G. Massignon et une autre collectée par Charles Joisten en Queyras, « Belle, née au soleil », qui comporte des éléments du T 898 (1971). Dans cette version, la jeune fille qui habite chez sa grand-mère, va arroser les basilics dans le jardin. Le fils du roi l'interpelle de sa terrasse : « Mademoiselle, vous qui arrosez le *basilico calba* – Combien de feuilles il y a ? ».

couronné, combien d'étoiles dans le ciel ? » Le prince reste interloqué. Il se déguise en marchand de poisson, passe devant Teresina-Teresinella, lui cède un poisson contre un baiser, mais se sauve en emportant le poisson ; le lendemain, même dialogue que la veille, et le prince, après la question sur les étoiles, répond « Tu m'as embrassé, je t'ai embrassée, mais les poissons tu ne les as pas mangés. »Teresina-Teresinella et le prince, déguisés, se jouent des tours alternativement ; Teresina-Teresinella vend au prince une mule et une ceinture dorée, à condition qu'il embrassera trois fois le derrière de la mule, et, la condition remplie, elle se sauve avec la bête. Le prince, la nuit, s'introduit dans la chambre de Teresina-Teresinella, la pique à tout instant avec une aiguille, et elle geint, croyant que ce sont des épines. Teresina-Teresinella s'introduit dans la chambre du prince, se fait passer pour la Mort et l'épouvante... Et après chaque tour, un dialogue de plus en plus long, en formules rythmées, s'établit entre le prince et la fille au basilic. À la fin le prince épouse Teresina-Teresinella pour se venger, mais, la nuit, elle glisse une poupée de sucre et de miel à sa place dans le lit. Le prince rappelle à Teresina-Teresinella tous ses tours et chaque fois, la poupée aquiesce de la tête, tirée par une ficelle. Le prince, furieux, la transperce de son épée, puis regrette son action contre celle qu'il aimait sans se l'avouer, une goutte de miel lui venant aux lèvres, il s'écrie. « *Dolce viva ! Dolce morta* » et il va retourner contre lui son épée quand Teresina-Teresinella, cachée, se précipite à son cou... »

La version corse parle du « sang (le sucre ou la liqueur) » qui jaillit jusqu'à la bouche du prince : « *Cum' ell' era dolce, u sangue di Lesta* [2], et je l'ai tuée. » Une importante enquête menée par Maria Raciti en Sicile[3] lui permet de constater que près de la moitié des versions recueillies par elle dans la partie orientale de l'île (79 sur 160) porte le titre « La Poupée en sucre et en miel ». Les motifs d'entrée et de dénouement sont donc considérés comme assez notables pour servir d'intitulé au récit. On verra plus loin que ce sont en fait des motifs solidaires l'un de l'autre. M. Raciti a recueilli deux cents versions, qui, toutes, se terminent par l'épisode de la poupée de miel. Mais seulement cent soixante textes, dont quinze sont altérés, peuvent être classés comme relevant du T 879. Pour ce qui est du basilic arrosé chaque matin par la jeune fille, cent six versions le mentionnent ; pour dix-huit d'entre elles, c'est du persil ; du jasmin pour une seule ; et des plantes diverses pour les autres.

Cette « comptabilité » donne des indications sur la fréquence du motif du basilic, qui semble être, en effet, la plante la plus fréquente. M. Raciti indique en note que « le basilic est parmi les herbes aromatiques que l'on cultive en Sicile dans les maisons, parce que avec cette herbe on aromatise la sauce tomate très employée pour assaisonnement » (1965, note 17). Les sources de l'enquête

---

[2] « Comme il était doux le sang de Lesta. »
[3] Raciti, 1965. Il ne semble pas que les résultats complets de cette collecte aient été publiés.

furent essentiellement féminines, femmes entre soixante et quatre-vingts ans, mais aussi de plus jeunes. Une trentaine pensait que l'histoire était réellement arrivée « dans les temps passés ». La plupart d'entre elles ont manifesté du plaisir à raconter, « bien que souvent elles n'en avaient pas les aptitudes ». Elles approuvaient le comportement de l'héroïne vis-à-vis du prince.

Les mystifications auxquelles se livrent les jeunes gens vis-à-vis l'un de l'autre deviennent de plus en plus cruelles, soit que le prince se cache sous le lit de la jeune fille et la pique toute la nuit avec une épingle, soit qu'elle se déguise en la Mort pour effrayer le jeune homme :

> Je suis la Mort / Qui frappe aux portes / Qui te veux, toi ! » Le fils du roi a sursauté, et il a dit : – Prends mon père / Prends ma mère / Et laisse-moi. – Mais c'est toi que je veux ! Elle est restée là longtemps pour l'effrayer. Une fois ou deux, il lui a répondu la même chose. Quand elle a vu qu'il ne pouvait plus parler, qu'il était mort de peur, elle s'est en allée (Massignon, 1984 . 38-39).

Et, le lendemain matin, après chacune de ces plaisanteries malveillantes, leur auteur se révèle grâce aux formules rythmées qui récapitulent leur somme. Jusqu'à ce que le prince, exaspéré, décide de tuer la jeune fille le soir des noces, après l'avoir demandée en mariage. Elle invente donc de placer dans le lit nuptial une poupée à son effigie, remplie de sucre ou de miel, qui jaillit jusqu'à la bouche du prince, aussi étonné que désespéré, s'apercevant de la douceur du sang de la jeune fille. M. Raciti signale que, parfois, le prince lèche la lame de son épée dont il a transpercé, pense-t-il, la jeune fille. On retrouve ce détail dans un récit de Basile, « Liccarda-la-Sage » (III, 4), qui est, non pas une version du T 879, mais du T 883 B, « Finette, l'adroite princesse ». Ce conte relate également l'affrontement d'un prince et d'une jeune fille[4], mais celui-ci tente très directement de la séduire. Elle lui joue des tours qui le laissent meurtri physiquement ; il veut y mettre fin en l'épousant et en la tuant le soir des noces. Elle utilise la même ruse de la poupée de miel[5].

> Maintenant tu vas payer, maudite chienne, toutes les peines que tu m'as fait endurer ! [...] Sur ce il saisit un poignard, et la transperça de part en part , et non content de cela, il dit encore · « Maintenant je veux aussi sucer ton sang ! » Il sortit le poignard de la statuette pour le lécher, mais, ce faisant, il en éprouva la douceur et l'odeur musquée qui s'en exhalait. Alors il se repentit d'avoir lardé une belle enfant si miellée et si parfumée (Basile, 1995 : 251).

Le conte intitulé « Rayons de Soleil », recueilli en Algérie par Micheline Galley (1971), appartient à ce même type. L'héroïne est promise en mariage à son cousin, fils de sultan, à qui elle a joué de méchants tours pour échapper à

---

[4] Ce qui explique les passages de l'un à l'autre conte.
[5] Dans quelques versions françaises, c'est un mannequin de paille, dans lequel a été cachée une outre pleine de sang.

ses tentatives de séduction. Elle fait fabriquer une poupée à son image, dans laquelle elle place une outre de miel.

> Il transperça l'outre avec son sabre et recueillit dans ses mains le miel pour le boire :
>
> « O toi, lancinant souci,
> Et pourtant douce par le sang ! » (Galley, 1971 : 199)

M. Galley rappelle que « boire le sang de l'ennemi sur le sabre qui vient de blesser mortellement, a pour but de s'approprier les vertus de l'ennemi, et, selon Frazer, d'échapper à l'impureté provoquée par le meurtre et aux représailles qui s'ensuivent » (1971 : 203, note 15). Quelques informatrices de M. Raciti y voyaient un geste également rituel : pour devenir plus courageux, pour se consoler, pour pouvoir fuir le lieu du délit. Elle cite G. Pitrè, pour qui ce comportement permet d'échapper à la culpabilité et la vengeance (Raciti, 1965 : 396).

La recherche que j'ai menée sur ce conte-type l'incluait dans un ensemble de contes-nouvelles, traitant de la communication entre les garçons et les filles au moment du passage matrimonial : ou plus précisément des difficultés de la communication entre eux. Je m'appuyais sur l'homologie que fait Claude Lévi-Strauss entre l'échange des mots dans la conversation et, sur le plan social, l'échange des femmes dans le mariage : « à condition qu'on les pratique l'un et l'autre avec l'intention franche de communiquer ; c'est-à-dire, sans ruse ni perversité, et surtout, sans arrière-pensée » (1960 :35). Or nous observons dans certains contes-nouvelles des tentatives de distorsion de la communication entre une jeune fille (princesse) et ses prétendants ou entre un prince et celle qu'il courtise. Soit que la princesse ne veuille se marier qu'avec le garçon qui lui posera une énigme (une « devinette ») qu'elle ne saura résoudre ; mais elle est très intelligente et trouve toujours la solution (« La princesse qui ne sait pas résoudre l'énigme », T 851). Soit qu'il faille répondre par trois fois à ses propos énigmatiques (« La princesse et le rustre qui a réponse à tout », T 853). Soit que la princesse (ou le roi) exige du héros d'énormes mensonges acceptés comme des vérités (« Le héros contraint le roi (la princesse) à dire "c'est un mensonge" », T 852). Soit que la fille du paysan doive trouver une solution à des exigences apparemment inconciliables (« La fille subtile du paysan », T 875). Il y aurait bien d'autres exemples témoignant d'une grande inventivité : autant de témoignages de scénarios dont le schéma serait la « communication pervertie ».

La fille au basilic est confrontée à la nécessité de répondre à une question pour laquelle il n'y a pas de réponse : sauf par une contre-question. À la demande « combien de feuilles a ton basilic », elle réplique : « combien d'étoiles au ciel ». L'échange va en s'exaspérant, puisqu'il n'établit jamais de communication « franche », comme le dit si bien C. Lévi-Strauss. Les échanges langagiers sont « pervers », pipés dans tous ces récits par la personne qui appartient à la classe sociale la plus élevée, au détriment du partenaire d'humble origine. Lequel, cependant plus malin, va réussir à mettre fin à ce jeu qui ne pourrait se terminer qu'avec la mort : en témoigne l'intention du prince épousant la jeune fille pour la tuer le soir des noces. Mais il ne tue qu'un leurre, la poupée à l'image de l'héroïne, sorte de représentation phantasmatique.

Cette interprétation générale ne tient pas compte du motif du basilic, pourtant si insistant dans la plupart des versions. Sauf à être remplacé par un substitut lui aussi aromatique, comme le jasmin dans une version recueillie en Sicile[6], et comme dans cette belle version libanaise collectée et publiée par Praline Gay-Para, « La planteuse de cumin ».

> Il y avait une fille de paysan. Le fils du roi voulut la taquiner Tous les matins, elle se levait et plantait du cumin. Il voulait la taquiner, il lui disait « Planteuse de cumin, ton cumin est-il bon ou pas encore ? ». Elle répondait . « Il est bon et plus que bon. Que veux-tu socque dépareillée ? ». Il se sentit vexé. Qu'allait-il faire pour se venger ? (Gay-Para, 1989 · 73)

Après maintes aventures, le fils du roi décide d'épouser la fille du paysan. Elle fait faire une « statue de sucre » vêtue de la même robe de noces que la sienne. Le prince décapite l'effigie dont un morceau est projeté dans sa bouche. « Comment ? Elle a un goût sucré. Elle n'a perdu aucune goutte de sang. » La jeune fille sort de sa cachette et lui demande qui a gagné. « A ce moment le destin s'accomplit et ils vécurent dans le plaisir et la félicité et qu'il en soit de même pour les auditeurs. »

Les informateurs de P. Gay-Para considère le cumin comme un condiment employé pour faciliter la digestion. Elle-même a recueilli une autre version où le basilic remplace classiquement le cumin. Elle cite les propos d'un informateur libanais de H. Fleisch (1974 : 241-247), racontant « la manière dont les jeunes gens subtilisaient les pots de basilic des maisons des jeunes filles pour leur signaler qu'elles avaient été remarquées. L'auteur de l'ouvrage nous précise que son informateur a épousé la femme dont il avait volé le pot de basilic » (Gay-Para, 1989 : 78).

Le basilic placé sur la fenêtre signale donc qu'il y a dans la maison une jeune fille à marier. De nos jours, on recommande, par voie d'Internet, d'en mettre au même endroit, mais non aux mêmes fins :

> Le basilic ou pistou comme il est appelé dans le midi est une plante condimentaire dont on utilise les feuilles pour parfumer de nombreux plats. Les feuilles sont

---

[6] « Chaque matin elle avait l'habitude d'arroser sur le balcon son jasmin » (Gonzenbach, 1999 : 199). Ou encore la marjolaine dans un des récits publiés par Italo Calvino, dont on ne sait cependant s'il a modifié ou non le récit d'origine (Calvino, 1980 : 165-169).

prélevées fraîches au fur et à mesure des besoins. Le basilic a la réputation de tenir éloignés certains insectes comme les moustiques, *alors ne vous privez pas d'un pot en bordure de fenêtre*[7], vous disposerez ainsi d'une protection mais en plus les feuilles sont à portée de mains [www.aujardin.info/plantes/]

Certains de ses usages thérapeutiques n'ont pas varié depuis Pline l'Ancien : il a des propriétés digestives, il est bienfaisant pour l'estomac (comme le cumin, donc). De nos jours, on y voit une sorte de tranquillisant naturel, qui soigne la nervosité et l'insomnie. Mais Pline rapporte en outre que ses graines sont puissamment aphrodisiaques : on en fait manger aux ânes et aux chevaux au moment de la monte[8].

Dans l'espace méditerranéen, le basilic « est la plante des amoureux par excellence », dit M. Galley dans ses commentaires au conte « La Fille du marchand de pois chiches »[9] (1971 : 177). Le pot lui-même joue un rôle particulier, car il constitue un moyen de communication entre les amoureux comme au Liban ; à la manière d'un « entremetteur », il fait savoir à l'amoureux qu'il peut monter lorsque la jeune fille l'ôte de la fenêtre. À Malte, on voit sur la fenêtre des vieilles maisons une pierre en saillie où l'on plaçait un pot de basilic pour faire savoir qu'il y avait une fille à marier.

Ce « langage du basilic » semble bien attesté dans toute l'aire méditerranéenne. Cette fille qui arrose chaque matin son pot de basilic est une fille « bientôt à marier », en ce sens qu'elle achève son apprentissage féminin. Il est très frappant de constater qu'elle habite très souvent, non pas chez ses parents, mais chez une autre femme que sa mère, sa marraine parfois, une maîtresse qui lui apprend la couture ou tout simplement maîtresse d'école, une vieille nonne qui l'a recueillie car elle est orpheline, etc. Elle se trouve donc en train de se former à la féminité comme l'a si bien montré Yvonne Verdier : elle fait son stage chez la « couturière » (1979). Le récit raconte son itinéraire de fille bientôt prête pour le mariage, cet itinéraire va du basilic au miel.

---

[7] C'est nous qui soulignons.
[8] P. Sébillot (1906 : 449-450) rapporte une légende religieuse du Roussillon appartenant au cycle de la Fuite en Egypte. La Vierge et le Christ enfant, poursuivis par Hérode et son armée, se cachent sous des branches de sauge et de basilic, mais la menthe les dénonce « sous la gerbe ». La Vierge maudit la menthe « Tu es menthe et tu mentiras toujours , tu fleuriras, mais tu n'auras pas de graines. » Et déclare au basilic « Basilic, Dieu te sauve, tu fleuriras, et tu auras des graines ». « Depuis lors, il est la plante favorite des jeunes filles qui en accrochent un bouquet à leur corsage. »
[9] Cette version emprunte à d'autres contes-types, comme le T 875, « La Fille subtile du paysan », avant d'en arriver à l'échange des questions et contre-questions entre la jeune fille et le fils de l'émir. Après le mariage, l'héroïne utilise un autre stratagème que la poupée de sucre : elle séduit par trois fois son époux qui ne la reconnaît pas (cf. en annexe la version italienne « Rosolina »).

Le basilic se fait connaître par son odeur « verte » : acide et poivrée à la fois, propre à susciter le désir. Nous sommes dans un univers de parfum. Dans la version algérienne « La Fille du marchand de pois chiches », la jeune fille consent au mariage avec le fils de l'émir, à condition qu'il lui fasse construire un palais vis-à-vis du sien : « Or voilà qu'elle mit des pots de basilic, de jasmin d'Arabie, de jasmin jaune, des fleurs de toutes sortes. Soir après soir elle montait sur la terrasse arroser ces plantes. » (Galley, 1971 : 161). Cette description donne le sentiment d'une sorte de piège de parfums. En revanche, le miel ne sent pas ou peu ; sans odeur notable il se goûte, il se mange et même se savoure. Geneviève Calame-Griaule dit que, pour les Dogons, « il représente l'amour, le désir, le plaisir que l'on éprouve aux relations sexuelles ». De plus c'est une substance de nature féminine (1985). La poupée de miel fait connaître à l'époux la douceur de son sang, et donc le plaisir qu'aurait pu lui donner cette jeune fille qu'il croit avoir tuée. En d'autres termes le récit mène son héroïne de la séduction qui est celle du parfum de la plante, au plaisir sexuel que l'on goûte pleinement sous la forme métaphorique du miel. Cet itinéraire n'est cependant pas si délicieux, puisqu'il s'accompagne d'échanges de paroles provocatrices et de comportements agressifs de la part des deux partenaires, jusqu'à frôler la mort.

A propos du basilic, mais aussi de la rue et du cumin, P. Sébillot rapporte un rituel d'ensemencement, dont il ne donne malheureusement pas la référence :

La superstition d'après laquelle il est bon de jurer au moment où l'on confie des semences à la terre, n'est peut-être qu'une survivance des conjurations religieuses usitées autrefois, au XVIe siècle, elle s'appliquait à deux plantes L'on dit chose admirable du basilic qu'il croît plus haut et plus beau s'il est semé avec malédictions et injures ; il en est de même de la rue et du cumin (Sébillot, 1906 458).

Une même violence verbale est à l'œuvre entre les deux partenaires, à laquelle seule la jeune fille saura mettre fin, avec la poupée de sucre, son double savoureux, qui permet au prince d'anticiper sa consommation, sexuelle celle-ci.

Pour conclure, on aimerait montrer, à l'aide de versions « déviantes », combien l'équilibre narratif des récits est précaire, puisque certains infléchissent la narration et développent alors des potentialités à peine perceptibles, quasiment latentes. Il est intéressant de repérer en quel sens et vers quelles significations ils sont ainsi entraînés, ce qui peut éclairer les versions « régulières ».

Dans une version italienne recueillie par Daniela Perco dans la région de Feltre, une petite fille, Rosolina, est élevée par sa marraine car sa mère est morte. Tous les matins elle arrose les plantes du jardin en terminant par le rosier. Le prince lui demande combien son rosier a de feuilles, question à laquelle elle ne sait répondre. C'est la marraine qui lui souffle : « Combien d'étoiles au ciel ? ». Le prince, furieux, exige qu'elle lui demande pardon. « Je n'ai demandé pardon ni à mon père, ni à ma mère, à vous non plus qui êtes fils de roi je ne vous demande pas pardon ! » Il la jette dans un puits qu'il ferme. Le récit se développe ensuite suivant le scénario de « La Fille du marchand de pois chiches » (Galley, 1971) : grâce au pouvoir magique de sa marraine, la jeune fille accueille le prince dans chaque ville où il se rend. Elle est belle, elle ressemble à Rosolina, il lui fait un enfant. Au bout de trois ans, il décide de faire mourir celle qui croupit au fond du puits – croit-il. Au pied de la potence elle appelle ses trois filles et leur désigne leur père. « Et ils ont fait les noces, les grandes noces et les petites noces. »[10] (Perco, 1981 : 33-37)

Ici l'infléchissement est limité, il tient à la demande explicite du prince d'avoir à recevoir des excuses. La jeune fille doit se faire pardonner d'avoir trouvé une réponse à la question du prince (sous la forme classique d'une contre-question). Il altère la communication en tentant de réduire la jeune fille au silence et s'offusque de ce qu'elle soit capable d'établir un échange langagier. Seule la production des enfants (au double sens de fabrication et de représentation) fléchira sa colère en rétablissant l'échange matrimonial.

Une version espagnole, recueillie en 1977 à La Corogne auprès d'une femme de soixante-dix-huit ans, donne pour violente et irrémédiable la disjonction des sexes (Rey-Henningsen, 1996 : 29-34). Elle substitue au miel une substance éminemment puante, versant alors dans la scatologie[11]. Le récit commence classiquement par les questions posées successivement à trois sœurs qui arrosent un pied de basilic, par le prince déguisé en chevalier errant. Seule la plus jeune trouve la répartie de la contre-question : combien d'étoiles au ciel, combien de grains de sable dans la mer ? Les farces qu'ils s'infligent dépassent le niveau des taquineries. Le prince déguisé en colporteur séduit la jeune fille et la laisse enceinte. Elle, déguisée en docteur, le sodomise avec un navet. S'interpose un épisode des conditions impossibles du T 875, « La Fille subtile du paysan », et s'ensuit le mariage. Ce n'est pas une poupée de miel que la jeune fille laisse dans le lit à la place, mais un paquet de ses excréments, que le prince transperce violemment d'un coup de couteau et dont une partie jaillit sur son visage : « Jésus, cria-t-il, quel sang putride ! ». Et la jeune fille annonce qu'elle rentre chez sa mère. Ce retournement de l'épilogue – du parfum à la puanteur, du consommable au déchet – n'est pas remédiable, il marque la coupure apparemment définitive des sexes et des classes sociales.

---

[10] Je remercie Marie-Claire Latry et Lise Chapuis pour la traduction de ce conte, qu'on trouvera en annexe.
[11] Les contes-nouvelles sont des récits d'« entre-deux », proches à la fois du conte merveilleux en ce qu'ils racontent des destins, et des récits facétieux, car ils incluent facilement des motifs scatologiques ou grivois.

On introduira enfin dans le dossier un texte purement littéraire, dont on ne décidera pas s'il peut être considéré comme une version lointaine de « La Fille au pot de basilic », tellement les distorsions seraient alors nombreuses, mais où la plante joue un rôle muet important. Il s'agit de la nouvelle de Boccace « Le basilic salernitain » (4e journée, nouvelle V). Trois frères, riches marchands, ont une sœur nommée Isabeau, « jeune, belle et bien faite ». Celle-ci tombe amoureuse d'un garçon de boutique de figure et de caractère très agréables. Leurs amours aussi tendres que clandestines sont découvertes par les frères, qui entraînent le jeune homme dans un lieu désert, le poignardent et l'enterrent sommairement. Le jeune fille ne le voyant plus tombe dans une grande tristesse, jusqu'à ce qu'un rêve où il apparaît lui révèle le meurtre et son lieu. Elle s'y rend, déterre le cadavre non encore corrompu. Elle détache la tête qu'elle emporte dans sa demeure.

> Ne sachant comment la soustraire aux regards de ses frères, elle s'avisa de la mettre dans un de ces grands vases où l'on plante de la marjolaine ou d'autres fleurs. Elle commença par l'envelopper d'un beau mouchoir de soie, la couvrit ensuite de terre, et planta dessus un très beau basilic salernitain, dans l'intention de l'arroser jamais que d'eau de rose, ou d'eau de fleurs d'orangers, ou de ses larmes. [...] Les soins continuels qu'elle en prenait, joints à la graisse que la terre recevait de cette tête, le firent croître à vue d'œil, et le rendirent plus beau et plus odoriférant. Isabeau au contraire dépérissait tous les jours (Boccace, 1880 220).

Le retournement se fait terme à terme. Le basilic qui, arrosé tous les jours par une fille à marier, exhale le désir, se renverse en une plante qui se nourrit de la mort et entraîne le dépérissement de l'amoureuse désespérée. Elle finit par mourir et la triste histoire se répand jusqu'à ce qu'on en fasse une romance qui commence ainsi : « Quel est le mortel inhumain / Qui m'a volé sur ma fenêtre / Le basilic salernitain ? ».

Les plantes et substances odorantes évoquées – marjolaine, basilic, eau de rose, eau de fleurs d'orangers – sont détournées au service de la mort et nulle goutte de miel n'évoquera à l'amoureux le sang si doux de la femme qu'il aime. On n'attribuerait cette dérive de sens qu'à la fantaisie d'un écrivain, si celui-ci n'exploitait une idée latente du conte. Ainsi, en Roumanie, où il est classiquement la plante de la magie amoureuse, le basilic peut être également associé à la mort. On rend visite aux morts un bouquet de basilic à la main. On dit que « ça sent la mort » lorsque l'odeur de la plante devient trop forte[12]. Un récit étiologique du nord de la Moldavie semble le symétrique et l'inverse de celui de Boccace, puisqu'il raconte les amours également malheureuses d'un jeune homme et d'une toute jeune et belle fille, qui meurt prématurément. En ce temps-là il régnait une grande sécheresse et toutes les fleurs fanaient. Le jeune homme demeurait toute la journée près de la tombe de sa bien-aimée en versant

---

[12] Communication de Ioana Andreesco que je remercie.

d'abondantes larmes. À la tête de la jeune fille commença à pousser une fleur qui, arrosée de larmes, s'épanouit en développant une odeur très agréable. Et la fleur se nomma Busuoc (basilic) du nom de la jeune fille (*Enciclopedie*, 1979 : 56).

Entre le désir symbolisé par le parfum du basilic, cultivé avec soin par la jeune fille, et la jouissance du miel qu'elle donnera à consommer au prince, l'héroïne doit affronter un danger mortel. Est-ce à dire que la femme a la charge de transformer la violence des désirs affrontés en entente matrimoniale fondée non seulement sur le plaisir sexuel, mais aussi sur la valeur du sang féminin, gage d'une belle et bonne progéniture ?

Annexe

Rosolina

Il était une fois un homme et une femme, lui était tailleur, et ils avaient une petite fille. Et puis la femme est morte. Ah ! elle est restée là, cette fillette, dans les mains d'un homme, elle ne pouvait pas grandir comme il faut. C'est sa marraine qui l'a prise avec elle.

Alors tous les matins, elle envoyait cette petite fille arroser le potager, le jardin, elle arrosait partout partout, et en dernier elle arrosait un rosier. Comme il était dans le palais du roi, le fils du roi s'est mis à la fenêtre, il est tombé amoureux de cette fille ! Alors il lui a dit : « Fille d'un taillaire[13], il lui dit, puisqu'elle était fille d'un tailleur –, combien de feuilles a votre rosaire[14] ? » combien de feuilles avait son rosier. Elle n'a rien dit, elle n'a pas su comment lui répondre, elle s'est retournée, quand elle a eu fini son travail, elle est rentrée chez sa marraine.

---

[13] *Sartoraro* est une forme attestée comme archaïque et/ou régionale pour *sarto* (tailleur) [NDT].
[14] *Rosaro* pour rosier. *Sartoraro* et *rosaro* font une formule rimée [NDT].

Le matin suivant, elle retourne faire son travail. Ce fils du roi lui a répété encore les mêmes paroles. Alors cette fois-là non plus elle n'a rien dit à sa marraine.

Le troisième matin, elle y va encore. Il se met à la fenêtre : « Fille d'un taillaire – dit-il –, combien de feuilles a votre rosaire ? » Alors elle l'a dit à sa marraine ! « Et toi, lui a dit celle-ci, tu ne sais pas quoi lui répondre ? » « Eh, c'est que moi, ma marraine, je ne sais pas quoi lui dire, au fils du roi ! » Dis-lui que lui qui est fils d'un roi, combien d'étoiles au ciel il y a[15] ». Si elle devait compter les feuilles du rosier, alors lui aussi il devait être capable de dire combien d'étoiles il y avait au ciel.

Alors elle lui a dit comme ça. « Bien bien Rosolina ! – il lui dit – ça vous le paierez cher, vous verrez ! Demandez-moi pardon,[16] vous verrez, je ne vous ferai aucun tort ! » « Je n'ai demandé pardon ni à mon père ni à ma mère, à vous non plus qui êtes fils de roi je ne vous demande pas pardon ! »

Le matin suivant elle revient arroser son potager, oui, et lui il ne lui a plus rien dit, non, parce qu'elle l'avait bien eu ! Au bout du quatrième ou du cinquième matin, elle y revient. « Alors Rosolina, vous êtes repentie ? » « Ah, non, non, dit-elle, ça ne risque pas, non ! » « Vous le paierez cher, oui, vous le paierez cher, ça ».

Alors, le soir, elle a demandé à la mère du fils du roi, à la reine, si elle la laissait aller pour qu'elle lui fasse prendre peur, au fils du roi. Alors... non ! c'est lui, je veux dire... je me suis trompé, lui. Mais alors sa marraine l'a avertie, elle, sa filleule ! Elle a averti cette fille que le fils du roi allait venir à la nuit. Oui, il y est allé, il lui a tiré le bord du drap ici et là, comme ça, mais elle n'a pas pris peur parce qu'elle savait qui c'était.

Le matin suivant, elle revient faire son travail. « Rosolina » – il dit –, alors tu as eu peur cette nuit ? » « Mais pas du tout, je n'ai pas eu peur du tout, moi, non ! » « Ben ! demandez-moi pardon, je vous l'accorde tout de suite ! » « Non, non !, dit-elle, quand je vous dis non, je n'ai qu'une parole ! »

Alors elle demande à la mère du roi d'y aller à son tour, pour qu'il ait peur lui aussi. Elle lui a dit oui, mais la mère du roi, de ce garçon, quoi, elle lui a pas dit que... cette Rosolina allait lui faire peur, elle n'a pas averti son fils, quoi. La nuit elle y est allée, elle s'est mis un manteau noir, et puis une petite bougie sur chaque épaule, et elle a commencé à tirer les draps.

Il a eu une trouille, mais alors une de ces trouilles, il disait : « Prends mon père, prends ma mère, prends la cassette, mais laisse-moi je suis un beau garçon à marier ! Prends mon père, prends ma mère, prends la cassette, mais laisse-moi

---

[15] De la même façon, il y a un effet d'assonance entre *re* (le roi) et *c'è* (il y a) [NDT].
[16] Le mot *compatimento* est plus proche de compassion [NDT].

je suis un beau garçon à marier ! » Alors quand elle a vu qu'il avait bien peur, elle s'en est retournée chez elle, et bonne nuit !

Le matin d'après, elle va encore faire son travail au jardin. Lui il se montre à la fenêtre, tout pâle, tout blanc, mort de peur, mais alors vraiment ! Alors elle lui a dit : « Alors, vous avez eu peur cette nuit ? » « C'était vous, Rosolina ? » « Eh oui, c'est moi, je vous ai rendu ce que vous m'aviez fait ».

Alors ils ont un peu réfléchi, elle ne voulait pas lui faire ses excuses. « Bon, alors, je ferai une tour, un puits, et je vous mettrai dedans » ; « Mais oui, c'est ça, faites ce que vous voulez ! » Il a fait faire un puits, il l'a jetée dedans, et puis il a fermé en haut, il a fermé avec ses clefs. Personne ne pouvait la sortir de là jusqu'à ce qu'il revienne.

Mais pendant ce temps, sa marraine qui était à moitié sorcière lui a fait faire une galerie. « Moi, dit-il, je m'en vais à Mantuarola ! » « Mais oui, allez où vous voulez ! » Quand il a été parti, elle, elle était déjà à la gare, à la fenêtre d'une auberge. « Mais bon sang, quelle belle fille ! On dirait vraiment Rosolinaa, que j'ai enfermée dans un puits ! Mais ça ne se peut pas, ça ne se peut pas ! ».

Il a demandé aux patrons de l'hôtel qu'ils le laissent aller faire l'amour. Pendant qu'il était là, ça a duré un an, il a eu un enfant, une fille. « Maintenant, qu'il dit, je m'en vais de la maison voir la Rosolina, pas ma Rosolina ! je m'en vais voir la Rosolina. Mais elle sera bien morte, depuis un an qu'elle est là en bas, dans le noir ! Et pour manger je ne sais pas si elle vivait d'air ou qui sait de quoi ! »

Il arrive à la maison, mais elle, elle était arrivée avant lui, parce qu'il lui avait dit qu'il allait chez lui. Il enlève le couvercle du puits, il lui a dit : « Rosolina ! » « Oh, oh », qu'elle dit, tout doucement. « Vous êtes encore vivante ? » « Eh, juste un petit moment encore ! » « Bon, alors demandez-moi pardon et je vous fais tirer de là tout de suite, tout de suite », qu'il dit. « Non et non ! moi je ne demande pardon à personne ! » « Bon alors moi, qu'il dit, je vais... (où c'est que j'ai dit ? à Mantaruola ?) à Spagnarola, je m'en vais en Espagne ! » « Allez où vous voulez ! »

Le voilà parti. Et elle, elle était là-bas avant lui. Même chose. Quand il est descendu à la gare, il y avait une belle auberge, il y en a plein partout. « Mais bon sang ! – qu'il dit – on dirait vraiment la Rosolina ! » Alors, quand il a été là, il a demandé encore une fois s'ils le laissaient monter pour faire l'amour, et ils lui ont dit oui. Il a été là toute une année, lui ! Et pendant cette année, elle a eu une autre fille, elle.

« Maintenant – qu'il dit –, je m'en vais à la maison voir la Rosolina, maintenant, en deux ans, c'est sûr qu'elle est morte, elle est morte en deux ans ! » Il arrive chez lui, il tire le couvercle du puits, il appelle : « Rosolinaa ! » Elle ne répond pas. « Eh ! elle est morte ! Rosolinaa ! » « Ooh », alors il a compris qu'elle lui répondait. « Vous êtes encore vivante ? » « Eh, encore un petit moment, mais il ne me reste plus beaucoup de temps à vivre, eh ! » « Demandez-moi pardon, alors je vous fais remonter tout de suite ! » « Non et non, elle dit, moi, quand j'ai dit non, c'est non ! » « Eh bien moi, je m'en vais à Romagnola ! », qu'il dit. « Eh bien, allez où vous voulez ! »

Et le voilà parti. Elle, elle était déjà à la fenêtre d'un hôtel près de la gare. « Mais bon sang, qu'il dit, ça fait trois ans que je vais et viens, et il y en a toujours une plus belle que les autres ! » Là aussi, il demande d'aller faire l'amour. Oui, il y est allé encore une fois, faire l'amour et pendant l'année qu'il est resté là, il a eu une autre petite fille, lui ! Trois filles !

« Bon, ça va ! Maintenant, j'en ai assez ! qu'il dit. Maintenant, c'est bon, je rentre à la maison et, morte ou vive, je la fais tirer du puits. Alors il a enlevé le couvercle du puits, et il lui a dit, il l'a appelée : « Rosolinaa ! » Rien. « Rosolinaa ! » Rien. « Eh, elle est morte, c'est sûr, mais attends que j'essaie encore une fois ; Rosolinaa ! » « Ohhh ! » « Vous êtes encore vivante ? » « Eh oui, encore un tout petit peu, elle dit. « Faites-moi... demandez-moi pardon ! et alors je vous ferai tirer du puis tout de suite tout de suite ! » « Non et non », elle dit. « Eh bien, puisque c'est ça, je vais vous faire tirer du puits, et je vais faire une potence sur la place pour vous faire pendre ! » « Faites ce que vous voulez, faites ce que vous voulez, moi je suis prête à attendre ce que le destin m'a réservé ! »

Il l'a fait tirer du puits... elle était belle ! Alors on a fait une potence sur la place, pour tous ceux qui voulaient aller voir pendre cette fille. Alors il lui a dit : « Demandez-moi pardon avant qu'on vous mette la corde au cou ! » « Bon, qu'elle a fait tout le monde peut dire une chose, je peux dire une chose moi aussi ? » « Oui » « Spagnarola, Mantuaruola et Romagnola, elle a dit, venez sécher les larmes de votre maman avant qu'elle meure ! »

Comme ça, il a su que c'étaient ses trois filles. Il l'a fait enlever de la potence, et il l'a épousée ! Et ils ont fait les noces, les grandes noces et les petites noces, et moi je suis allée là sur le pas de la porte, ils m'ont jeté un os dans le dos, le voilà encore qui bouge. Et voilà, c'est tout !

(Perco, 1981 : 36-37)

Traduit par Marie-Claire Latry et Lise Chapuis

Bibliographie

Basile, Giambattista
1995 *Le Conte des contes* (1634-1636), trad. frse de F. Decroisette. Strasbourg : Circé.
Boccace
1880 *Contes de Boccace*, traduits par A. Sabatier de Castres, nouvelle édition. Paris : Garnier frères.
Calame-Griaule, Geneviève
1985 « Le Miel des relations humaines », *Cahiers de littérature orale*, n° 18, « Substances symboliques » : 65-85.
Calvino, Italo
1980 *Contes populaires italiens*. Paris : Denoël.
Delarue, Paul
1955 *Incarnat, noir et or*. Paris : Les Quatre Jeudis.
Enciclopediesca de etnobotanica românea
1979 Bucuresti, Valer Bupura Editura sçtiinticasi enciclopedica.
Fleisch, Hermann
1974 *Etudes d'arabe dialectal*. Beyrouth.
Galley, Micheline
1971 *Badr az-zîn et six contes algériens*. Paris : Armand Colin (Classiques africains).
Gay-Para, Praline
1989 *La Planteuse de cumin. Contes du Liban*. Paris : l'Harmattan
Gonzenbach, Laura
1999 *Fiabe siciliane* (1870). Rome : Donzelli editore.
Joisten, Charles
1971 *Contes populaires du Dauphiné*. Grenoble : Publications du Musée dauphinois, 2 vols.
Joisten, Charles et Joisten, Alice
1996 *Contes populaires du Dauphiné, III*. Grenoble : Ed. Musée dauphinois.
Lévi-Strauss, Claude
1960 *Leçon inaugurale faite le 5 janvier 1960*. Paris : Collège de France, chaire d'anthropologie sociale.
Massignon, Geneviève
1984 *Contes corses*. Paris : Picard (1ère éd. 1963)
Meraklis, Michael
s.d. Basilikummädchen, *Enzyklopädie des Märchens*, Band 1, Lief. 5, col. 1308-1311.
Perco, Daniela
1981 *Favole del Feltrino*, Belluno, Nuovi Sentieri.

Raciti, Maria
1965 « La Diffusion en Sicile du conte qui a pour titre "Le vase de basilic" ou bien "La poupée en sucre et en miel", *International Congress for folk-narrative research in Athens*. Athènes : ed. G.A. Megas.

Rey-Heeningsen, Marisa
1996 *The Tales of the ploughwoman. Appendix to FFC 254*, Helsinki, Academia scientiarum fennica (FFC 259).

Sébillot, Paul
1906 *Le Folklore de France, t. III, La faune et la flore*. Paris : Guilmoto.

Verdier, Yvonne
1979 *Façons de dire, façons de faire*. Paris : Gallimard.

Chapitre 21

Vertu de discrétion et aveu de la faute.
A propos de la christianisation du conte type 710

La christianisation qui affecte certains contes merveilleux ou certaines versions de ceux-ci concerne souvent le personnage du donateur ou celui de l'auxiliaire magique, sans troubler en général profondément la logique du récit. Le conte intitulé *L'Enfant de Marie,* qu'on se propose d'étudier, conserve en effet le même déroulement narratif lorsqu'il est christianisé, mais se trouve alors perturbé, voire subverti quant à son sens latent. La christianisation décompose en effet le mythe sous-jacent au conte merveilleux, en substituant en particulier des modalités psychologiques ou morales aux catégories mythiques.

A propos de ce conte qui porte le n° 710 dans la classification internationale, Stith Thompson laisse poindre un peu d'agacement. Après avoir souligné les fréquentes contaminations avec d'autres récits, et notamment *La Fille aux mains coupées* (T 706), il ajoute : « L'incertitude où nous sommes de savoir si on a affaire à une légende pieuse de la Vierge Marie ou à l'histoire d'une méchante sorcière, a introduit beaucoup d'inconséquences dans la tradition » (Thompson, 1977 : 123). Par l'étude de ces deux groupes de versions, nous tenterons de sortir de cette cruelle incertitude.

En France, ce conte est mal représenté, mais il a connu une meilleure fortune au Canada francophone. Nancy Schmitz, chercheur à l'Université Laval, Québec, lui a consacré une belle étude où sont incluses, outre ces récits canadiens, des versions irlandaises (Schmitz, 1972). Celles-ci ont sans doute influencé ceux-là dans la mesure où une religion commune favorisait les contacts entre populations· d'origine française et d'origine irlandaise.

On ne trouve que trois versions dans le corpus français : l'une christianisée, les deux autres littéraires et moralisées[1]. La première provient de Lorraine ; proche de celle des frères Grimm, elle est cependant moins riche que la leur.

On résumera de préférence cette dernière, intitulée *Das Marienkind*, *l'Enfant de Marie*, qui est le titre conservé dans la typologie internationale.

Un pauvre bûcheron vit avec sa femme et leur petite fille de trois ans à la lisière d'une forêt. Il est tellement misérable qu'il peut à peine nourrir l'enfant. Un matin une belle dame lui apparaît . elle est la Vierge Marie et propose d'emmener la petite fille au ciel. Le père la lui donne. L'enfant mange les mets les plus délicieux, est vêtue d'or et joue avec les anges. Elle a quatorze ans lorsque la Vierge lui annonce que, partant pour un long voyage, elle lui confie les clés des treize portes du royaume des cieux. Elle peut en ouvrir douze, mais la treizième est interdite. La jeune fille visite jour après jour les douze chambres et y découvre successivement les douze apôtres, dont la vue la remplit de joie. Elle a ensuite une grande envie de pénétrer dans la treizième chambre. Elle finit par succomber à la curiosité la Trinité y trône dans le feu et la lumière. Restée sur le seuil, elle avance cependant un doigt qui devient doré de façon indélébile. La Vierge Marie une fois revenue interroge la jeune fille qui nie avoir ouvert la treizième porte en dépit de la marque qu'elle a au doigt. La Vierge la chasse du royaume des Cieux.

La fillette se réveille au plus profond d'une forêt, au milieu de buissons épineux ; de surcroît, elle est devenue muette. Elle vit là plusieurs années en s'abritant dans un arbre creux jusqu'au moment où un jeune roi, égaré à la chasse, la trouve, l'emmène dans son château, s'éprend d'elle et l'épouse. Un an après elle accouche d'un garçon; dans la nuit la Vierge Marie lui apparaît, lui demande d'avouer qu'elle a ouvert la porte interdite et lui promet de lui rendre alors la parole. Elle refuse d'avouer et la Vierge s'en va en emportant son enfant. Le bruit court que la reine est une ogresse sans qu'elle puisse se disculper puisqu'elle est muette. Son époux qui l'aime beaucoup ne veut rien en croire. Deux fois encore la même scène se renouvellera . à la naissance d'un autre garçon, puis d'une fille. Trois fois elle répète à la Vierge Marie : « Non je n'ai pas ouvert la porte interdite ! » Le roi ne peut plus la défendre; elle comparaît devant un tribunal qui la condamne au bûcher. Lorsque les flammes commencent à l'atteindre, le remords l'envahit et elle désire avouer. Aussitôt elle retrouve l'usage de la parole et s'écrie « Oui, Marie, je l'ai fait ! » La pluie se met à tomber, éteint le bûcher; la Vierge Marie apparaît avec les trois enfants qu'elle lui remet en disant · « A qui avoue et regrette son péché, il lui est pardonné » (*KHM*, n° 3).

Avant de passer aux versions non christianisées, on remarquera la punition, apparemment paradoxale, destinée à quelqu'un qui ne veut pas avouer et qui consiste à lui enlever l'usage de la parole. Disons provisoirement qu'un des plus

---

[1] P. Delarue & M.-L. Tenèze, *Le Conte populaire français*, Paris, Maisonneuve & Larose, 1977, II : 662-665.

sûrs moyens de ne pas avouer quelque chose, c'est de ne rien dire du tout. Un autre moyen étant de l'oublier.

Les versions canadiennes sont au nombre de seize, dont deux seulement sont christianisées. Ce petit nombre de versions christianisées s'expliquerait, dit N. Schmitz, par la répugnance des conteurs à placer la Vierge Marie dans une fonction punitive. Dans une de ces versions la Vierge ne révèle son identité qu'au dernier épisode. Le spectacle qui est vu par la jeune fille est dans les deux cas comparable : « le bon Dieu en vie » et « le bon Dieu et le saint sacrement ».

Les versions non christianisées sont beaucoup plus riches et variées. Voici celle collectée et résumée par G. Massignon en 1961 au Nouveau-Brunswick (Schmitz, *op. cit.* : 120) :

La Chatte grise

Une petite fille, devenue orpheline, est élevée par sa marraine qui est une fée. Quand la fillette a eu douze ans, sa marraine lui dit un jour « Je sors. Toutes les chambres, tu peux les voir, sauf celle-là ». La petite a fini par y entrer, elle y voit une multitude de gros chats, au milieu d'eux, une grosse chatte grise la regarde, prête à sauter dessus pour la dévorer. La marraine interroge ensuite la petite, qui ne veut pas avouer qu'elle a ouvert la porte de la chambre. Elle la menace ; en vain. À la fin, la marraine jette la fillette, devenue muette, les mains coupées, dans une touffe d'épines. Un prince qui chassait la recueille et s'en éprend. Malgré sa mère, il l'épouse ; elle a un petit garçon. Sa marraine arrive, lui rend la parole et veut la faire avouer ; nouveau refus, alors, la marraine la laisse muette et la barbouille de sang pour faire croire qu'elle a mangé son enfant. La marraine s'en va, emportant l'enfant. Un an après, un deuxième bébé naît, la marraine revient, lui apporte le premier enfant, lui rend la parole et veut la faire avouer ; nouveau refus. La fée barbouille encore de sang la mère et part avec les deux enfants. Un an après, un troisième bébé naît. La marraine survient encore ; nouveau refus d'avouer, la marraine emporte les trois enfants et barbouille de sang leur mère. Cette fois, la reine mère dit au prince qu'il faut punir sa femme d'avoir mangé ses trois enfants, et la coucher dans un passage où chaque passant devra lui donner un coup de pied. Au bout de deux semaines de ce supplice, la marraine arrive et rend la parole à sa filleule, elle lui amène ses trois enfants, mais la filleule refuse encore d'avouer Cette fois-là, sa marraine lui dit « Je vois que tu es bien discrète, tu ne parleras jamais, La chatte grise que tu avais vue au fond de la chambre défendue, c'était moi ».

Et la marraine lui a rendu ses mains, la parole, et ses trois enfants. Le prince passe dans le passage, et sa femme alors lui parle et lui présente ses trois enfants.

Il est clair que le refus d'avouer n'est plus un manquement à la morale, c'est une louable manifestation de la vertu de discrétion. La narration apparaît en même temps d'autant plus mystérieuse que les premières versions semblaient limpides quant à leur leçon : récits concernant l'éducation des filles, tant pour leur apprendre la discrétion que pour leur faire savoir que tout faute peut être pardonnée à condition d'être avouée. Après avoir étudié les versions non christianisées, on verra que cette leçon un peu courte n'est pas nécessairement la seule et qu'il ne faut peut-être pas considérer les deux types de versions dans un rapport diachronique : d'un « paganisme » symboliquement riche à un christianisme réducteur. D'autant plus que rien n'indique l'antériorité des versions non christianisées. Toutes les versions canadiennes et irlandaises ont été collectées au XXe· siècle. Le recueil des frères Grimm constitue un des témoignages littéraires les plus anciens de ce conte-type : ils choisissent une version christianisée pour le recueil proprement dit, mais signalent dans le volume III des *KHM* une version non christianisée, provenant de la Hesse. Il semble bien que les deux types coexistaient dans la tradition populaire, en même temps que coexistait la valorisation de deux comportements apparemment contraires : savoir se taire et devoir parler.

Il n'en reste pas moins que les versions non christianisées sont beaucoup plus riches narrativement, bien que les deux types se déroulent selon le même schéma. Si l'épisode introductif présente des différences, il fait toujours comprendre qu'une hypothèque pèse sur cette fille, souvent depuis sa naissance ou même parfois avant. Elle est la dernière née d'une famille très nombreuse : vingt-troisième (version Québec, 12) ou dix-huitième enfant (version Québec, 10) ou fille venant au monde après la naissance de neuf garçons (version Irlande, 19). Dans les contes, le problème qui se pose aux parents d'une famille si nombreuse, c'est de trouver parrain et marraine pour le dernier-né, car ils ont épuisé toute la parenté et tout le voisinage pour les enfants précédents. Le père rencontre une femme inconnue à laquelle il demande d'être marraine ou qui se propose d'elle-même. Mais elle revendique un droit sur la petite fille, qu'elle viendra chercher plus tard : lorsqu'elle aura un an ou sept, ou seize, ou vingt et un ans. Dans d'autres versions cette petite fille naît à un couple longtemps stérile en dépit de son ardent désir d'avoir un enfant (Québec, 9). Elle vient au monde parce que le père a fait le vœu de prendre pour parrain ou marraine (selon le sexe de l'enfant) la première personne qu'il rencontrerait en chemin (version Québec, 11) ; ou bien c'est une femme qui se présente devant le couple stérile et leur accorde d'avoir un enfant à condition qu'elle en soit la marraine (version Québec, 7 ; Irlande, 20), et elle revendique également un droit de propriété sur l'enfant.

Dans la plupart des versions, la naissance de la petite fille est marquée soit par un excès, soit par un défaut de progéniture chez les parents. Dans les deux cas l'enfant leur est retirée : une femme se substitue à eux, la marraine, qui assurera dès lors la fonction éducative des parents. Ceux-ci disparaissent du récit. Ils réapparaîtront à l'extrême fin dans de rares versions. Une version de langue française recueillie dans le Maine aux États-Unis (version 3) ajoute à cette situation un détail original : les parents désirent reprendre leur fille confiée à la marraine. Celle-ci, qui est fée, réussit à leur faire abandonner ce projet, en les faisant rêver qu'ils n'ont jamais eu d'enfant. Dans une autre version, provenant de la Jamaïque (version 5), nous sommes dès le début au cœur de la tragédie. La mère de substitution se procure des nouveau-nés en les volant à leurs parents au lieu d'établir un lien de parenté spirituelle : et elle les vole pour les manger. Mais cette petite fille est si jolie qu'elle n'a pas le cœur de la dévorer; elle l'élève, lui donne son propre nom (Nancy Fairy), tandis que la petite l'appelle « grand-mère » – autre relation maternelle déplacée.

Du point de vue narratif, la transgression de l'interdit se présente de la même manière dans les versions christianisées ou non : elle est inéluctable. Ce qui change, c'est la nature du spectacle qui s'offre à la jeune fille. Le caractère transgressif, évident lorsqu'elle contemple la Trinité ou le « Bon Dieu en vie » dans la chambre interdite, l'est moins dans les autres versions. Elle y voit parfois sa marraine elle-même, dans le sang jusqu'aux genoux en train de se battre avec des serpents (version Québec, 4), dans une flamme (version Ontario, 6), reflétée dans un miroir et auprès d'un bel homme (version Québec, 11), en train de manger un enfant (Jamaïque, 15), de faire sa magie (Haïti, 14 ; Irlande, 20 et 31), de jouer aux cartes avec son mari (Irlande, 19 et 21), de danser avec le diable (Irlande, 29), de tourner comme un moulin à vent (Irlande, 28). D'autres spectacles, étranges ou effrayants, ne mettent apparemment pas en scène la marraine : quatre jeunes filles vêtues de noir en train de lire (version Grimm de la Hesse), une vieille au milieu d'une grosse flamme (Québec, 5), un serpent tellement gros qu'il remplit la chambre (Québec, 7), une fenêtre par laquelle la jeune fille voit des pommiers en fleurs mais qui, ouverte, laisse le passage à des serpents dont elle a du mal à se débarrasser (Québec, 10), un gros crapaud qui lui saute au visage (Québec, 9), un grand pot plein de sang en train de bouillir sans être sur le feu (Jamaïque, 16), des têtes de cadavres (Irlande, 21), une jeune femme pendue par les talons et dont le sang s'égoutte dans un récipient (Irlande, 27), de l'or, de l'argent et des cadavres (Irlande, 26), une chambre où la jeune fille ne voit rien mais où elle sent un odeur de fumée (Québec, 12).

On remarquera la variété de ces scènes, frappantes si l'on compare ce récit avec le conte de *Barbe-Bleue*, où l'on trouve également une chambre interdite. La vision y est la même dans toutes les versions : vision sanglante des précédentes épouses égorgées, pendues à un croc et dont le sang dégoutte à terre ou dans un récipient. La narration de *l'Enfant de Marie* permet en revanche une certaine latitude dans la mise en scène de la chambre interdite et engage en même temps l'auditeur à y glisser des significations diverses, alors que *Barbe-Bleue* impose un sens unique. La porte ouverte par l'héroïne l'est aussi pour l'auditeur. Le récit insiste alors sans doute plus sur l'enchaînement narratif de l'interdit, sa transgression et la demande d'aveu de la transgression. Notons qu'il existe à ce propos une différence entre le corpus canadien et le corpus irlandais. Dans le premier la marraine exige que l'héroïne avoue être entrée dans la chambre, bien qu'elle sache qu'elle y est entrée et que sa filleule sache qu'elle le sait. Dans les versions irlandaises en revanche, la demande porte presque uniquement sur ce qui a été vu dans la chambre, d'abord de façon insidieuse : « As-tu vu quelque chose d'extraordinaire aujourd'hui ? », puis avec une violence croissante. La transgression n'est plus tant d'avoir pénétré dans un lieu interdit que d'avoir vu quelque chose qu'il ne fallait pas voir. Une de ces versions irlandaises est bien explicite à cet égard, puisque la marraine offre à la jeune fille trois livres, dont les titres sont respectivement : « Ne vois pas ce que tu verras » ; « N'entends pas ce que tu entendras ; « Dis seulement ce que tu souhaites dire ». La présence des livres indique sans doute que la problématique en jeu est de nature éducative. Dans d'autres versions, la marraine désire et exige que la petite fille reçoive une bonne instruction et qu'elle soit élevée comme une princesse.

Princesse, elle le deviendra puisque, abandonnée par sa marraine qui, dans de nombreuses versions, lui ôte l'usage de la parole pour la punir de son obstination à ne pas avouer[2], elle sera découverte au plus profond de la forêt par un fils de roi égaré à la chasse : ému par tant de détresse et tant de beauté il en tombe amoureux et l'épouse, en dépit des réticences de ses parents (« On ne sait pas d'où ça vient »). Le mariage n'est donc pas interdit à la jeune fille. En revanche elle ne pourra accéder totalement à la maternité, puisque sa marraine interviendra après la naissance de chacun de ses enfants pour exiger de nouveau l'aveu. Elle s'obstine à nier, la marraine enlève l'enfant et monte une mise en scène sanglante pour faire croire que la jeune femme a dévoré celui-ci. L'époux qui l'aime beaucoup patiente jusqu'au troisième enfant, mais doit ensuite, sous la pression de son entourage, la livrer à la justice. Elle est condamnée à mort et c'est au moment où elle est sur le bûcher que sa marraine apparaît, accompagnée des enfants, dévoile la vérité et félicite la jeune femme de sa fermeté, de sa constance et, plus encore, de sa loyauté. Dans un certain nombre de versions la marraine explique elle-même qu'elle a été délivrée d'un mauvais sort, grâce à l'obstination de la jeune femme : « Vous êtes la meilleure fille qu'une mère ait jamais élevée. J'étais ensorcelée et ne pouvais être délivrée tant qu'un enfant ou une femme n'aurait souffert la mort pour moi. Vous avez accepté votre sort et vous étiez prête à mourir pour moi », déclare très explicitement la marraine dans une version irlandaise (version 20).

La première lecture qu'on peut faire de ce conte dont la narration s'organise en fonction du refus d'avouer de l'héroïne, en appelle à l'éducation

---

[2] Dans la version résumée par les Grimm dans le volume III des KHM, la marraine demande à la jeune fille : « Je dois t'abandonner et te dépouiller. Que préfères-tu perdre ? » Elle répond : « La parole », s'assurant de cette manière, et avec la complicité de la marraine, l'impossibilité de l'aveu.

au sens le plus large du terme, l'initiation pour mieux dire, assumée par une mère de substitution, ou plus exactement par une mère que la narration substitue à la mère biologique pour dire clairement qu'elle doit remplir la seconde fonction maternelle : non pas seulement mettre au monde, mais nourrir, élever, éduquer, donner les soins sur les plans physique, moral et intellectuel. On ne peut que songer à un autre récit d'initiation où garder le silence joue un rôle aussi considérable : l'héroïne du conte, comme Perceval, garde le silence après avoir vu une scène au moins aussi étrange que le service du Graal. Mais alors que Perceval aurait dû poser la question – à laquelle il existait une réponse toute prête – pour délivrer le roi pêcheur et son royaume, la jeune fille ne doit pas donner de réponse à une question posée instamment, là aussi pour délivrer un parent adoptif (dans certaines versions également le royaume de celui-ci). Pour C. Lévi-Strauss, les mythes percevaliens et les mythes œdipiens s'opposent sur le plan de la communication qui, dans les seconds, est trop efficace (l'énigme résolue) puis abusive (l'inceste) et qui, dans les premiers, est interrompue (question non posée), entraînant la stérilité (chasteté et infécondité de la terre)[3].

Dans notre conte, la communication est effectivement refusée (refus de répondre à la question posée) ou pour mieux dire suspendue pendant un temps d'élaboration. Le comportement de l'héroïne est un comportement de dénégation. Selon Freud, « un contenu de représentation ou d'idée refoulé peut devenir conscient à la condition qu'on puisse le nier. La négation est une manière de connaître le refoulé; elle est en fait déjà une levée du refoulement, sans être encore une acceptation du refoulé » (Freud, 1985). Ce qui est refoulé peut devenir conscient et avoir une existence intellectuelle, alors que subsiste la censure affective, s'exprimant par la négation. *L'Enfant de Marie* organise une mise en scène narrative de ce mécanisme : l'héroïne prend connaissance de représentations jusque-là refoulées et inconscientes; le récit propose des images pour « représenter » ces représentations, dont la lecture offre une certaine latitude. La plus immédiate serait une lecture en termes de scène primitive, évidente lorsqu'il est dit que l'héroïne voit sa marraine dans un miroir avec un « bel homme » à côté d'elle, ou jouant aux cartes avec son mari, ou dansant avec le diable. D'une manière générale, il s'agit d'activités réservées à la mère qui en exclut sa fille par l'interdit. Ces représentations ne sont plus inconscientes puisque celle-ci en a eu la vision en ouvrant la porte de la chambre, mais elles subissent encore une répression affective : ces choses-là ne devraient pas exister. L'héroïne répond donc à sa mère : « Non, je ne les ai pas vues », tout en sachant fort bien – d'un savoir intellectuel – qu'elle les a vues. En dépit de la dénégation, dit Freud dans le même article, « la pensée se libère

---

[3] C. Lévi-Strauss, Leçon inaugurale, Paris, Collège de France, Chaire d'Anthropologie sociale : 1960 ; et *idem*, « De Chrétien de Troyes à Richard Wagner », in *Le Regard éloigné*, Paris, Plon, 1983 . 301-324.

des limitations du refoulement et s'enrichit de contenus indispensables à son activité ». En effet la jeune fille, abandonnée dramatiquement par sa mère, pourra cependant se marier de façon heureuse. Mais elle ne pourra accéder à la seconde fonction maternelle, celle qui a été assumée auprès d'elle par sa marraine. Elle mettra des enfants au monde, comme elle-même a été mise au monde par sa mère biologique, mais elle ne pourra pas les nourrir, les élever, les éduquer.

La narration poursuit en effet la mise en scène de la dénégation. Ce n'est pas par hasard que la marraine apparaît pour exiger de nouveau l'aveu au moment où l'héroïne vient de donner le jour à un enfant. Cet épisode est sans doute le plus tragique de tout le récit. Les conteurs ne s'y trompaient pas, insistant sur le face à face de la mère et de la fille, au moment même où celle-ci connaît une maternité que n'a jamais connue sa marraine, dans un dialogue parfois noté par le collecteur :

Julie, tu y as été dans la chambre quand je t'ai défendu d'y aller, tu y as été dans la septième chambre ?

— Non, j'ai pas été marraine.

— Moi je te dis que tu y as été.

— Je vous dis que j'ai pas êté !

Tu es une petite menteuse, une astineuse, je t'enlève la parole, tu vas rester muette, puis je t'enlève ton enfant, puis je vais toute t'abîmer de sang, ils vont croire que tu as mangé ton enfant, le prince va se détacher de toi, tu vois ce que c'est quand on est têtu ! (version Québec, 11).

La mise en scène sanglante préparée par la marraine pour laisser croire que la jeune femme a dévoré le nouveau-né est un épisode récurrent dans presque toutes les versions. Certaines d'entre elles y ont attaché une telle importance qu'elles l'ont retenu dans le titre du conte : *La mangeuse d'enfants* (Ontario, 4 ; Québec, 10), *La p'tite Mange-Enfants* (Québec, 9), *La Princesse ensanglantée* (Ontario, 4). En outre certaines versions disent que la marraine tue ou dévore effectivement les enfants les uns après les autres. Elle ne les amènera pas moins, non seulement sains et saufs, mais beaux et grands, lorsqu'elle se présente pour sauver la princesse du bûcher. Ce procédé de « faire-croire » joue au premier ou au second degré selon que seuls sont dupes les autres protagonistes du récit ou que l'auditeur doit l'être également. Quoi qu'il en soit, il s'agit avec cette dévoration du nouveau-né d'une affabulation, d'une mise en narration du phantasme de maternité inversée. Il vaut la peine à ce propos de revenir à cet article de Freud sur lequel on s'est déjà appuyé. Opposant, dans sa conclusion, l'affirmation et la négation, il voit dans la première un substitut de l'union, relevant de l'Éros, et dans la seconde un dérivé de l'expulsion, relevant de l'instinct de destruction. Le refus d'avouer, la négation de ce qui est cependant apparu à la conscience, bloque la succession des générations : les enfants sont pris par la mère de la mère dans un mouvement régressif et cannibalique.

La conclusion du récit est heureuse à plusieurs titres : l'héroïne est félicitée de sa discrétion et du courage qu'elle a montré en ne parlant pas en dépit des épreuves subies; ses enfants lui sont restitués; son mari lui rend justice. Ils vivront désormais dans la plus grande félicité. Faut-il voir dans cette fin heureuse l'application d'une loi du conte merveilleux ? C'est sans doute vrai, mais également un peu court. La négation, réitérée dans les refus d'avouer successifs séparés par de longs intervalles de temps, a permis l'élaboration du refoulé, apparu à la conscience au moment de la transgression de l'interdit, mais impossible alors à admettre. Cette période d'élaboration se termine par l'épreuve ultime de l'angoisse de mort sur le bûcher, acmé et résolution tout à la fois. En outre, dans un certain nombre de versions, le silence obstiné de l'héroïne permet la délivrance de la marraine sur qui pesait un sort funeste. Il est difficile de décider de la nature et de la valeur exactes de ce motif, qui n'est pas présent dans toutes les versions. Il pourrait constituer un infléchissement narratif adopté par la tradition et imposant un sens particulier aux versions qui l'utilisent. Ou bien ce sens pourrait être le sens fondamental, mais plus archaïque du conte : l'archaïsme n'étant pas seulement d'ordre historique mais aussi et surtout d'ordre psychique. Il faut remarquer que les versions irlandaises ont en général mieux conservé cet épisode que les versions canadiennes : argument en faveur de la seconde hypothèse, dans la mesure où l'Irlande constitue un bastion de la tradition narrative.

On tentera d'élucider le sens de cet ultime épisode, qu'on le considère comme fondamental ou infléchi. Il faut remonter jusqu'à l'interdit, formulé de telle sorte par la marraine qu'il ne peut qu'être transgressé, au moment où son absence et la remise de toutes les clés donnent à la jeune fille l'occasion, quasiment inéluctable, de le faire. Elle découvre donc le secret de sa marraine, secret d'ailleurs incompréhensible pour elle : vision étrange ou effrayante dont elle n'a pas la clé, bien qu'elle ait entre les mains celle de la chambre interdite. C'est donc un pur secret qu'elle prend dès lors à sa charge par son refus d'avouer, puis par son mutisme, volontaire ou imposé par la marraine. Elle en devient le dépositaire incompréhensif, mais peut-être d'autant plus sûr, puisque son refus d'avouer, à travers les années d'épreuves, aura finalement délivré la marraine du destin funeste qui pesait sur elle. Un tel mécanisme apparaît parfois dans les histoires de vies mises au jour par la cure psychanalytique. Comme dans le conte, le secret se transmet au fil des générations, dépouillé finalement de sens : il est pur secret.

Tant que, par son refus d'avouer, l'héroïne se fait dépositaire du secret de la marraine, elle ne peut accéder à une maternité totale. Le secret bloque la succession des générations. La fille doit rester telle sans pouvoir accéder au statut de mère : les enfants qu'elle mettra au monde appartiennent à sa mère qui vient les lui enlever après chaque naissance.

Cette problématique de la transmission de génération en génération apparaît sous une forme un peu différente dans une version canadienne qui semble isolée et due à l'initiative du conteur. Elle concerne le père de l'héroïne : avec son épouse il se désole de n'avoir pas d'enfants. Il promet, au cas où il aurait un fils ou une fille, de prendre pour parrain ou marraine le premier homme ou la première femme qu'il rencontrerait : en l'occurrence une fée lorsque naît une petite fille. Elle accepte d'être sa marraine et se contente de l'inviter quelques jours lorsqu'elle a sept ans, puis quatorze, puis vingt et un ans. Bien que l'interdit soit formulé dès la première visite, il ne sera transgressé qu'à la troisième. À l'épilogue du récit, qui se développe de la même manière que les autres versions, la fée expliquera que la jeune fille était prisonnière de la promesse de son père. C'est elle qui a payé en quelque sorte la dette contractée par son père désireux d'avoir un enfant.

Il nous faut maintenant revenir aux versions christianisées dont la leçon toute différente – on l'a dit – semble presque indigente, comme est appauvrie la narration entière. Il est évident que l'interprétation que nous avons proposée des versions non christianisées n'est ici pas pertinente. Mais, d'autre part, une signification en termes d'aveu nécessaire – « À qui avoue et regrette son péché, il lui est pardonné » – semble courte par rapport à la mise en œuvre de la narration. La substitution de la Vierge Marie à une marraine fée ou sorcière permet de dériver sur un personnage surnaturel tutélaire et moins persécuteur les difficiles relations entre mère et fille, tandis que le fait de pouvoir parler libère l'héroïne de l'hypothèque qui pesait sur elle et lui permet, comme dans les autres versions, d'accéder aux pleines satisfactions du mariage et de la maternité. La pauvreté narrative de ces versions pourrait enfin s'expliquer par le fait qu'une telle leçon ne renvoie plus, comme les versions non christianisées, au corpus entier de la littérature orale mais au contexte chrétien. Le conte ne ferait alors qu'emprunter une forme narrative traditionnelle pour évoquer une tout autre problématique.

Les versions christianisées démantèlent l'enjeu profond du conte, qui concerne le moment où la jeune fille va accéder au statut d'épouse et de mère. Quelque chose se joue alors entre sa mère et elle : elle accède à un savoir sur sa mère – qui le sait – mais qui doit s'assurer avec insistance que ce savoir restera non dit, jusqu'à ce qu'elle-même, la mère, l'avoue explicitement ou implicitement. Auparavant, la maternité est interdite à la jeune femme. Il s'agit donc – semble-t-il – d'un savoir qui concerne la transmission de mère à fille de la possibilité de la maternité. Les versions christianisées désamorcent cette situation de double contrainte. La doctrine et la morale chrétiennes font irruption dans le récit comme des éléments hétérogènes, extériorisent le conflit en ce sens que la morale chrétienne fournit une solution toute prête et nie en même temps ses dimensions mythique et inconsciente, ne permettant pas à l'auditoire d'en assimiler la leçon profonde.

C'est tout particulièrement l'institution de la confession qui introduirait implicitement la perturbation dans le récit traditionnel. La confession dénoue en effet la double contrainte (*double bind*) qui pèse sur l'héroïne, à savoir la nécessité simultanée d'avouer et de ne pas avouer, de parler et de se taire, de dire qu'elle a vu et ce qu'elle a vu, et d'en garder le secret. La confession se présente de telle sorte qu'elle contraint le pêcheur à avouer et le prêtre à se taire. La double contrainte repose sur deux personnes différentes et non plus sur une seule. La morale des versions christianisées, que nous qualifiions d'un peu courte, s'enrichit alors sensiblement et permet de comprendre pourquoi ces versions se sont maintenues parallèlement aux autres, sans devenir pour autant une « légende pieuse » comme le dit S. Thompson.

Bibliographie

Delarue, Paul et Tenèze, Marie-Louise
1977 *Le Conte populaire français*. Paris : Maisonneuve & Larose.
Freud, Sigmund
1985 « La Négation », *Résultats, Idées, Problèmes, II*, Paris : PUF.
Grimm, Jakob et Wilhelm
1980 *Kinder- und Hausmärchen* [*KHM*]. Stuttgart : P. Reclam, 3 vol.
Lévi-Strauss, Claude
1960 *Leçon inaugurale*. Paris, Collège de France, Chaire d'Anthropologie sociale, 1960 : 32-35.
1983 « De Chrétien de Troyes à Richard Wagner », in *Le Regard éloigné*, Paris, Plon : 301-324.
Schmitz, Nancy
1972 *La Mensongère*. Québec : Presses de l'Université Laval.
Thompson, S.
1977 *The Folktale*. Berkeley, Los Angeles, London : University of California Press.

CHAPITRE 22

L'Epoux-animal dans le conte-type 425
et dans le lai du Bisclavret de Marie de France

Si les spécialistes de la littérature du Moyen Age ont souvent puisé dans le folklore des éléments susceptibles d'éclairer les lais de Marie de France, il est plus rare que des spécialistes des contes populaires utilisent cette œuvre littéraire ancienne dans la mise en œuvre de leurs interprétations. C'est une telle aventure que j'aimerais tenter. Il s'agira de confronter le conte-type 425 – tel qu'il apparaît dans le corpus français, c'est-à-dire essentiellement en tant que sous-type B le mieux représenté (Delarue, Tenèze, 1977, T. II) – avec le lai du *Bisclavret* de Marie de France. On prendra en compte principalement la figure de l'époux-animal et la situation matrimoniale particulière – c'est le moins qu'on puisse dire – que crée un tel conjoint.

Dans la majorité des versions françaises du 425 B, le premier épisode du récit met face à face le père de l'héroïne et l'animal désireux de se marier. Le plus souvent, on nous raconte que le père – paysan pauvre – travaille seul dans son champ ou dans sa vigne et qu'un animal lui apparaît, réclame une de ses filles en mariage (le père en a trois en général) en le menaçant de mort si elle ne consent pas à cette union monstrueuse. La plus jeune se dévoue pour sauver la vie de son père. Parmi ces versions, il en existe quelques-unes dont l'introduction serait du type *La Belle et la Bête,* mais sans que le reste du conte soit à classer dans le sous-type 425 C (Swahn, 1955). C'est-à-dire qu'un homme, sur le point de partir en voyage, d'aller à la ville ou à la foire, demande à chacune de ses trois filles ce qu'elles désirent comme cadeau. Les deux aînées lui demandent des parures, robes ou bijoux; la dernière n'a pas de désir à exprimer, sinon, lorsque son père la presse de le faire, le désir d'une simple rose. Le père ne se souvient de sa demande que sur le chemin du retour : il aperçoit des fleurs superbes dans le jardin d'un château qui semble désert. Il en cueille une, mais l'animal apparaît alors pour exiger une de ses filles en mariage en échange de cette rose. Dans une des versions du corpus du Nivernais de Millien-Delarue, l'animal dit cette phrase au père : « Il faut pour en avoir me promettre celle qui en veut ».

Il existe un autre type d'introduction représenté par le quart des versions françaises environ, où l'on explique l'apparence animale de l'époux. Dans dix versions – dont trois sont bretonnes et quatre sous influence italienne (Corse et Dauphiné) – il s'agit du désir imprudemment exprimé par un couple sans enfant. On raconte par exemple qu'un roi et une reine sont mariés depuis quatre ans, mais n'ont toujours pas d'enfant. Le Roi se promène un jour, bien chagriné, rencontre un « monsieur » qui se révèle être le diable et lui exprime son désir d'avoir un garçon « même avec une tête de cochon ». Le diable est trop heureux de le prendre au mot (Joisten, 1971).

Enfin quatre versions racontent que l'animal ne l'est pas de naissance. C'est une fée qui l'a métamorphosé ainsi, parfois parce qu'il a refusé de se marier avec elle. Il gardera cette forme jusqu'à ce qu'il puisse épouser une jeune fille. Cette explication intervient parfois a posteriori dans les versions du premier groupe.

En ce qui concerne l'apparence animale de l'époux, il faut dire qu'elle est diverse. C'est un loup dans un certain nombre de versions (un « loup-lévrier » dans une belle version bretonne), un chien parfois aussi ; mais on trouve un assez grand nombre d'animaux divers (crapaud, lézard, serpent, cheval). L'animal n'est parfois pas spécifié : c'est la Bête tout simplement. On sait également que dans les croyances populaires ou les légendes concernant les métamorphoses animales, on ne trouve pas seulement le loup. Ce bestiaire populaire comprend des cochons et des truies, des chats, des lièvres, des chevaux, etc. Mais les caractères fascinants et terribles du loup ont cristallisé un type particulier à l'intérieur de ces croyances et de ces récits légendaires.

Dans tous les cas, c'est avec violence que l'animal exige une épouse, soit auprès de ses parents, soit auprès d'un père de filles à marier. Cette union, apparemment monstrueuse, présente cependant des charmes pour la jeune fille. Son mari possède un superbe château, où elle dispose de beaux vêtements et de bijoux. Mieux encore lui-même se révèle comme humain et fort séduisant qui plus est, dès le soir des noces en se dépouillant de sa peau animale comme d'un vêtement. Il la revêt de nouveau chaque matin. Dans la plupart des versions le mari assortit sa métamorphose d'un interdit : la jeune femme ne doit faire connaître à quiconque cette double apparence et – ou bien – devra veiller à ce que la peau animale ne soit pas abîmée, qu'on ne la brûle pas, qu'on n'y verse pas d'eau. Mais elle révèlera le secret à ses sœurs jalouses ou à sa belle-mère, crûment étonnée qu'on puisse passer la nuit avec un animal (parfois même en être enceinte). L'interdit ayant été transgressé, le mari, alors définitivement humain, doit partir au plus vite et au plus loin. Son épouse le rejoindra au prix d'un long et pénible voyage, réussira difficilement à se faire reconnaître de lui, au moment où il va épouser une autre femme. Leur union sera désormais heureuse.

Il est manifeste que la situation initiale du lai de Marie de France, le *Bisclavret,* se présente comme symétrique et inverse de la situation initiale du T 425 B. Marie de France nous raconte en effet l'histoire d'un homme et d'une femme, mariés ensemble et qui s'aiment. L'épouse s'inquiète cependant des absences de son mari qui part trois jours par semaine sans qu'on sache où il va. Elle l'interroge ; il refuse d'abord de répondre, elle insiste, revient à la charge, si bien qu'il lui révèle une partie de son secret. Il devient loup-garou et erre dans la forêt. L'épouse veut ensuite savoir comment : il avoue que c'est en se défaisant de ses vêtements qu'il cache dans une pierre creuse près d'une chapelle. Elle se souvient alors d'un chevalier qui l'aimait, le fait venir, lui raconte l'histoire. Ils enlèvent les vêtements du Bisclavret condamné à le demeurer. Elle épouse cet homme. Le roi chassant un jour dans la forêt débusque le loup-garou, qui, au lieu de fuir, vient implorer le roi qui l'épargne. Il vit au palais comme un animal domestique. Il attaque un jour le chevalier, puis sa femme qui avoue et lui rend ses vêtements.

La *Recherche de l'époux disparu* et le lai du *Bisclavret* sont en ce qui concerne la première partie du récit, dans une relation de symétrie et d'inversion.

1. On a en effet d'une part une jeune fille qui doit épouser un animal, lequel se révèle également humain (425 B), d'autre part une jeune femme qui a épousé un homme qui se révèle également animal *(Bisclavret).* La double apparence de l'époux est soumise dans les deux cas à une alternance temporelle : jour/nuit dans le 425, trois jours par semaine dans le *Bisclavret.*

2. La jeune femme commet une indiscrétion en révélant à ses sœurs ou à sa belle-mère l'apparence humaine de son époux (425), tandis que dans le *Bisclavret* la jeune femme commet une indiscrétion redoublée : d'abord en obligeant son mari à lui révéler sa double nature, ensuite en le répétant à un autre homme. C'est ici que se place l'un des infléchissements littéraires donnés par Marie de France à un récit puisé en partie dans des sources populaires. Dans le *Bisclavret,* l'indiscrétion a une fonction psychologique, qui permet de commencer à découvrir la nature foncièrement mauvaise de l'épouse : insistant pour connaître les secrets de son mari, elle en profitera pour le condamner définitivement à la vie sauvage et pour épouser un autre homme. Dans le conte l'indiscrétion fonctionne plutôt comme une catégorie mythique, comme le dit

Claude Lévi-Strauss. Elle est appelée narrativement par l'interdit formulé auparavant. Il est possible que, à l'indiscrétion de l'épouse – l'indiscrétion étant, selon Lévi-Strauss, un excès de communication avec autrui, réponde, à la fin du récit, l'oubli – le mari a oublié son épouse ou ne la reconnaît pas –, l'oubli étant alors un défaut de communication avec soi-même (Lévi-Strauss, 1983 : 253-261). Même si quelques versions psychologisent un peu le comportement de l'épouse en parlant par exemple de « trahison », l'indiscrétion est dans le conte beaucoup plus un motif narratif qu'une attitude psychologique. L'héroïne du conte est en quelque sorte « agie » dans et par la narration (elle supporte par exemple la responsabilité de la mauvaise action de ses sœurs), l'épouse du Bisclavret agit pour son propre compte et de sang-froid.

3. Le moyen de nuire au mari est dans le conte d'abîmer ou de détruire son vêtement animal, dans le lai de faire disparaître ses vêtements humains.

Il faudrait étudier ce motif plus minutieusement en différenciant peut-être et en mettant à part, les cas où, comme dans certaines croyances de loup-garou, il s'agit de *versipellis,* c'est-à-dire d'un humain dont la peau est intérieurement celle d'un animal. Dans nos deux récits, l'apparence respectivement humaine et animale dépend du vêtement mis ou enlevé : mais, d'une part c'est une peau animale, un plumage parfois; de l'autre ce sont des vêtements humains. Le lai spécifie alors l'état, ou l'étape intermédiaire de la métamorphose : à savoir la nudité, ligne de partage entre l'humanité et l'animalité, état de marge qui autorise le basculement soit dans le sauvage, soit dans la société. Notons ici pour mémoire, et sans oser nous prononcer, l'étymologie du nom de *Bisclavret* proposée par Joseph Loth : *bisc lavret,* « le court culotté », correspondant au hessois et westphalien *bozen-wolf,* « le loup à la culotte » (Loth, 1927 : 300-307).

4. L'époux est alors obligé, sous sa forme humaine, de partir très loin (dans le conte); dans le *Bisclavret,* il est obligé de rester sous sa forme animale et de se disjoindre complètement, sinon définitivement, de la société des hommes.

5. L'épouse cherchera à réparer cette disjonction alors que la femme du Bisclavret cherchera à ce que cette disjonction soit définitive (en contractant un autre mariage, comme s'apprête à le faire l'époux-animal, à la fin du 425). Mais le comportement humain de l'animal permettra sa réintégration dans le monde des hommes, d'abord comme un animal domestique, puis sous sa forme humaine recouvrée. C'est son épouse qui sera exilée sans espoir de retour.

Il nous faut maintenant nous interroger sur le sens général du conte et le sens des inversions que lui fait subir le lai de Marie de France. Je pense qu'on peut interpréter le mariage avec un animal, dans les mythes et les contes merveilleux, comme un mariage qui recherche une exogamie maximum, jusqu'à franchir les limites de l'humanité. Un tel mariage peut se transformer, après avoir satisfait à un certain nombre d'interdits et après avoir laissé s'écouler un temps nécessaire – sans tenter de le raccourcir comme fait l'héroïne du 425 – en une union totalement satisfaisante et accomplie.

J'aimerais introduire ici rapidement une très belle version irlandaise du 425 B, publiée par Curtin en 1890, *Les Trois filles du roi O'Hara* (Curtin, 1968 [1890]). Cette version débute par le désir clairement exprimé par la plus jeune des filles d'épouser un animal, en l'occurrence un « beau chien blanc », qui se présente en effet et l'emmène. Alors que ses sœurs ont auparavant exprimé le souhait d'épouser les deux plus beaux hommes du monde. Elles ont fait en réalité le mauvais choix : ces hommes séduisants le jour se révèlent la nuit être d'affreux phoques, tandis que la plus jeune se retrouve la nuit avec l'homme le plus beau qu'on puisse imaginer. Tout bien réfléchi, c'est elle qui s'est conduite de la manière la plus raisonnable, en désirant pour époux un être que le conte décrit comme étant en deçà de l'humanité pour mieux dire qu'il est suffisamment loin de tout risque endogamique ou incestueux. Les versions françaises du 425 B disent au fond la même chose, mais au prix d'une petite distorsion rationalisante · la jeune fille ne souhaite pas épouser un animal, elle est contrainte de le faire pour sauver la vie de son père.

Il existe un autre lai breton qui parle également de mariage avec un homme qui se révèle ensuite loup-garou. Il s'agit du lai de Melion, inspiré sans aucun doute de Marie de France, mais dont la composition présente quelques incohérences et dont la qualité littéraire est moindre (Tobin, 1976 : 289-318). Un point retiendra notre attention : le mariage de Melion lui-même, le futur loup-garou. Alors que le lai de Marie de France présente le couple déjà constitué, ce lai breton anonyme nous dit quelles sont les exigences de Melion en ce qui concerne son futur mariage : il ne veut aimer ni épouser une jeune fille qui aurait été aimée ou même admirée par d'autres hommes. On peut considérer cette exigence comme un raffinement de l'amour courtois; on peut y voir également le refus d'aimer et d'épouser une femme qui serait dans une position symboliquement maternelle, puisqu'en effet, la mère a été aimée auparavant par le père. Il s'agit donc d'une autre forme d'intransigeance sur l'évitement de l'inceste et une position extrémiste sur l'exogamie, même si elle ne se traduit pas, comme dans le conte qui peut se le permettre, par un mariage avec un animal. A cet égard donc le lai de Melion serait plus proche du conte en ce qui concerne le sens, alors qu'il est narrativement apparenté au récit de Marie de France. Si le travail de comparaison se doit de prendre en compte les motifs narratifs et leurs déplacements, il doit également le faire au niveau du sens. On reconstitue en effet un puzzle non seulement en cherchant les morceaux dont les découpes s'ajustent, mais aussi en s'aidant de l'image, de la représentation qui apparaît peu à peu.

Avant de terminer, je voudrais évoquer un passage des *Evangiles des Quenouilles,* ces prétendues relations des veillées d'une académie de vieilles femmes (qui date de 1475 – Bruges). Dans la 4e Sérée (Appendice B) elles évoquent tour à tour les craintes qu'elles ont éprouvées, pensant que leur mari était un loup-garou – parlant aussi des moyens de s'en assurer. Nouvelle occurrence donc, non narrative celle-ci, où un même contexte associe mariage et loup-garou.

La leçon générale qu'on peut tirer de ce travail de comparaison entre un conte de tradition orale et un récit littéraire, leçon dont il faudrait examiner l'extension possible, c'est que l'œuvre populaire, de tradition orale, est normative – elle montre et démontre implicitement que le mariage se doit d'être exogamique –, alors que l'œuvre littéraire envisage les conséquences éventuellement désastreuses d'une soumission aux règles sociales, celles du mariage exogamique en l'occurrence. Elle pose la question de savoir si l'exogamie n'est pas toujours excessive et si elle n'entraîne pas le risque de basculer dans une union symboliquement animale. Et cette œuvre littéraire, sans donner de règles de conduite à suivre, fait passer un message qu'on pourrait traduire de cette manière : « On ne sait jamais qui on épouse vraiment ! ».

Bibliographie

Curtin, James
1968 *Myths and Folklore of Ireland*. Detroit, Mich. : Singing Tree Press [1890].
Delarue, Paul et Tenèze, Marie-Louise
1977 *Le Conte populaire français*. Paris : Maisonneuve et Larose, t. II
Les Evangiles des quenouilles. Ed. critique... par M. Jeay. Paris, Librairie philosophique Vrin ; Montréal, Les Presses de l'Université de Montréal, 1968 [1475].
Joisten, Charles
1971 *Contes populaires du Dauphiné*. Grenoble : Publications du Musée Dauphinois.
Lévi-Strauss, Claude
1983 « Mythe et oubli », in *Le Regard éloigné*. Paris, Plon : 253-261.
Loth, Joseph
1927 « Le lai du Bisclavret, le sens de ce nom et son importance », *Revue celtique*, 44.
Swahn, Jan- Öjvind
1955 *The Tale of Cupid and Psyche (Aarne-Thompson 425 & 428)*. Lund : CWK Gleerup.
Tobin, P. M.
1976 *Les Lais anonymes des XIIe et XIIIe siècles. Edition critique de quelques lais bretons*. Genève, Librairie Droz.

IV

Coda

CODA

Lacunes, altérations, lapsus dans le récit oral

> La psychanalyse et l'anthropologie ont certainement un point important de convergence c'est la matière phantasmo-mythique, qui leur est fondamentalement commune.
>
> J.P. Valabrega[1]

La transmission orale, seul mode de diffusion des contes dans la société traditionnelle, ne pouvait que générer des modifications du récit en raison de la fragilité de la mémoire humaine. Les contes merveilleux, que certains bons conteurs pouvaient dérouler pendant une heure et plus, n'étaient pas – ne pouvaient pas être – mémorisés mot à mot. Il est difficile de connaître la manière dont les narrateurs faisaient l'apprentissage des récits, ne serait-ce qu'en raison du peu d'intérêt que les premiers collecteurs portaient à ce problème, eux qui auraient eu la possibilité de s'en enquérir dans une situation où le contage était encore vivace. Il semble cependant que la mémoire du récit se construisait grâce à un double processus cognitif : la caractérisation du parcours du héros ou de l'héroïne et le repérage d'images et de mises en scène frappantes ponctuant ce parcours et donnant au conte sa couleur propre[2]. Un conteur exercé, c'est-à-dire ayant intériorisé ce mécanisme, devenait capable de se souvenir d'un récit dès la première audition.

---

[1] « Compléments métapsychologiques · l'épistémologie et l'anthropologie en psychanalyse », *Topique*, 1981, n° 28.
[2] Voir les remarquables travaux de Vivian Labrie, en particulier . *La tradition du conte populaire au Canada français circonstances de la circulation et fonctionnement de la mémorisation*, Paris, Université Paris V-René Descartes, 1978 (thèse dactylographiée).

De ces contraintes particulières, que ne connaissent pas les œuvres écrites, découlent deux particularités. Le conte mémorisé n'a qu'une réalité virtuelle, pour exister il doit être raconté, c'est-à-dire mis en mots, verbalisé, déroulé par et dans la parole du conteur. Cette parole est diverse parce que propre à chaque conteur et propre à l'instant du contage pour un même conteur. En outre, puisque la mémoire est faillible, le conteur encourait toujours le risque d'oublier un détail, un motif, voire un épisode. Ces deux propriétés de la transmission orale ont pour conséquence la multiplicité des *versions* (s'opposant ici encore à l'unicité des textes écrits).

Les premiers collecteurs ont souvent stigmatisé chez les conteurs deux défauts qui semblent découler de ces caractères propres du conte oral : d'abord une trop grande prolixité, un excès de verbalisation en quelque sorte, ensuite, et paradoxalement, un défaut de mémoire déterminant des *lacunes*. Victor Smith, qui se livre à des collectes dans le Forez durant le dernier tiers du XIXe siècle, déclare à Eugène Muller, conservateur de la Bibliothèque de l'Arsenal :

> Nos contes sont, pris isolément, pleins de lacunes — ils sont en même temps pleins d'alliages. Il faut à la fois, par la connaissance des variantes, combler les vides que chaque leçon séparée présente et, par la comparaison et l'étude, désagréger chaque conte des éléments hétérogènes qui s'y sont mal à propos introduits — il faut, en un mot, rendre aux contes leur suite et leur unité[3]

Ce jugement sévère à l'encontre des conteurs est porté par V Smith s'adressant à un interlocuteur qui partage sa culture, et ses préjugés, de lettré, et cependant il s'emploiera à recueillir *toute* la mémoire narrative d'une conteuse et chanteuse totalement analphabète quant à elle[4]. Les critères de jugement d'une œuvre littéraire écrite ne peuvent s'appliquer aux productions de l'oralité. C'est qu'en effet la parole est toujours lacunaire, elle est également toujours pleine d'*alliages*, débordante et foisonnante. D'où la notion de version, applicable certes aux œuvres orales, mais aussi à tout ce qui peut prendre une forme narrative, aussi minimale soit-elle.

On se souvient que Freud a dévoilé l'un de ses « trucs » techniques de l'interprétation des rêves :

> Quand j'analyse les rêves de mes malades, je fais une expérience qui réussit toujours. Le récit d'un rêve me paraît-il difficile à comprendre, je demande qu'on le recommence. Il est rare que le malade emploie les mêmes mots. Or je sais que

---

[3] Lettre du 10 octobre 1881, citée dans . *Nannette Lévesque, conteuse et chanteuse du Pays des sources de la Loire*. Ed. par M.L. Tenèze et G. Delarue, Paris, Gallimard, 2000 : 488 (*Le Langage des contes*).
[4] Dont les « contes – dit-il de Nannette – présentent encore de bien grandes lacunes. On y pêchera ce qu'on pourra » (*Idem* . 488).

les passages autrement exprimés sont les points faibles qui pourraient trahir le rêve [...] L'interprétation peut partir de là[5].

C'est une autre version que Freud obtient alors : la « mise en mots » différente entrouvre la « porte du rêve ».

L'interprétation des contes, partant de versions nombreuses, se livre pour sa part à une double tâche. Il s'agit en premier lieu de repérer les traits constants, présents dans la majorité des récits. Ce sont les motifs, images et mises en scène propres à tel conte-type, comme la figure de Cendrillon dans l'âtre du foyer, ou la chambre interdite et sanglante dans Barbe Bleue. Le travail insistant de la figuration contribue alors à donner au récit sa physionomie propre.

En outre l'examen minutieux des variantes peut faire apparaître des récurrences de traits apparemment peu signifiants, ou dont l'utilité ne semblerait à première vue que narrative. Leur persévérance à reparaître est un indice de leur poids de sens.

Un conte-type qui porte le n° 451 dans la classification internationale Aarne-Thompson, « La Petite fille qui cherche ses frères », parle des aventures d'une fratrie composée d'un grand nombre de garçons – trois au minimum, six, sept, ou même douze –, qui s'augmente d'une fille dernière-née. A sa naissance les garçons quittent la maison, soit qu'ils aient été maudits par leur père ou mère et métamorphosés en oiseaux, soit qu'ils désiraient une sœur et aient été trompés par un signe malencontreusement ou malignement substitué, soit qu'ils ne désirent pas avoir de sœur. La petite fille apprenant plus tard qu'elle a des frères exilés à cause d'elle décide de les retrouver, s'installe avec eux. Mais, dans le cas où ils ne sont pas encore transformés en animaux, un malentendu provoqué par la sœur entraîne leur métamorphose. A ce moment de la narration, on nous dit que la petite fille « est devenue grande et bien jolie ». Ou bien, appelée jusque là la « petite fille » ou la « fillette », le narrateur en parle comme de la « jeune fille ». La notation récurrente sous des expressions diverses pourrait passer inaperçue, elle est toujours discrète en dépit du fait qu'elle indique l'accès de l'héroïne à l'âge nubile. En Grèce archaïque, remarque Claude Calame, à propos d'Hélène, l'acquisition de la beauté est le signe de l'accession à la puberté et à la nubilité[6]. « Dans le système d'éducation traditionnel des jeunes Athéniennes tel que le décrit Aristophane, la beauté apparaissait comme la qualité par excellence caractérisant la jeune fille achevée [...] le passage de la laideur à la beauté métaphorise le passage de l'enfance à l'état de femme nubile, le passage d'un état de neutralité sexuelle à celui de l'existence comme objet du désir des hommes ». C'est cette étape que le conte

---

[5] S. Freud, *L'interprétation des rêves* [1900], Paris, PUF, 1967 438.
[6] C. Calame, *Les chœurs de jeunes filles en Grèce archaïque, I*, Roma, Edizione dell'ateneo e bizarri, 1977 : 342-343.

désigne, ouvrant alors une crise dans les rapports entre les frères métamorphosés en animaux et la sœur devenue désirable. L'écart se creuse entre eux écartés de l'humanité et elle devenue « bonne à marier » et d'ailleurs bientôt épousée par un prince. Mais ce mariage ne sera pas accompli tant qu'elle n'aura pas éloigné d'eux la tentation incestueuse en élaborant les liens sociaux et autorisés entre frères et sœurs.

Une seconde tâche attend l'analyste de contes : le repérage, non plus des traits stables, mais des *écarts*, des traits rares, des motifs épars et singuliers, même peu utiles apparemment au cours narratif. Peut-être faudrait-il classer parmi les écarts ces lacunes du récit, écarts négatifs, oublis qui ne peuvent être que significatifs. Sous forme de variantes ou d'ajouts, ils témoignent sans doute de l'imagination personnelle du conteur, expressions de ses désirs et de ses phantasmes, infléchissant parfois la signification du récit. Plus mystérieux, on trouve aussi des éléments latents du conte, absents d'ordinaire de la tradition locale, présents ou non ailleurs, auxquels le conteur permet d'advenir. Chaque conte aurait en lui des potentialités, dont certaines, selon les lieux et les cultures, trouvent à s'exprimer ou non.

Certaines versions de *Cendrillon* provenant de la Grèce débutent par un épisode troublant, qui raconte comment trois sœurs et leur mère en train de filer font le pari de tuer et manger celle dont le fil cassera. C'est la mère, devenue plus maladroite avec l'âge, qui casse son fil et les deux aînées décident de la tuer, de la cuisiner et de la manger. La plus jeune, Cendrillon, ayant refusé de participer au repas cannibale, ramasse les os de sa mère, les met dans une jarre et accomplit le rituel de deuil durant quarante jours. Elle y trouve les robes et les parures qui lui permettent de séduire le prince[7]. La mort de la mère, indispensable au conte de *Cendrillon*, est ici le fait des sœurs aînées qui, en outre, en font leur repas. Que peut-on penser de cette sorte d'excroissance écotypique monstrueuse, limitée donc à la zone balkanique de l'Europe ? Apparemment limitée, puisqu'en effet il existe une version provenant de la basse Bretagne, recueillie par G. Massignon en 1954, où le récit commence bien par le même meurtre et la même scène de cannibalisme perpétrés par les sœurs aînées de l'héroïne[8].

> Elles ont tué leur mère, l'ont mise à bouillir dans le pot au feu ; on a fait la soupe avec, et on l'a mangée ; elle n'était pas si dure que ça, bien qu'elle fut vieille. Enfin ç'a fait le repas [...] Quant à leur petite sœur, Adèle, elle a ramassé tous les os de sa mère, les a enterrés à côté de la porte, et il a poussé dessus une belle fleur. On

---

[7] Sur ces versions, voir l'étude de Margarita Xanthakou, *Cendrillon et les sœurs cannibales*, Paris, Ed. de l'EHESS, 1988 (Cahiers de l'Homme) et l'article d'Anna Angelopoulou, « Fuseau des cendres », *Cahiers de littérature orale*, 1989, n° 25 71-95.
[8] G. Massignon, *Contes traditionnels des teilleurs de lin du Trégor*, Paris, Picard, 1981

n'en avait jamais vu de pareille. La vieille restait là, toujours en fleur, l'été, l'hiver, tout le temps.

Grâce à la beauté de cette fleur, Adèle se marie, mais elle subira encore les persécutions de ses sœurs avant que tout rentre dans l'ordre.

Etrange surgeon d'un motif qui n'existe dans aucune autre version française de *Cendrillon*, il n'est certainement pas dû à une diffusion des versions grecques jusqu'à ce conteur trégorrois. Il reste à l'imaginer comme un élément latent du conte, qui s'est actualisé culturellement dans les Balkans et individuellement chez le conteur breton et qui, ailleurs, a subi une censure sévère. Censure qui ne vise peut-être pas tant la monstruosité des actes de meurtre et de cannibalisme entre filles et mère, que l'explicitation trop directe de la narration. Les sœurs aînées empruntent une voie régressive alors qu'elles veulent accéder à la féminité[9]. Elles restent au stade oral en s'incorporant celle qui leur a donné naissance, alors que la plus jeune obtient le pouvoir de séduction des jeunes filles, accédant au stade phallique après un travail de deuil. Le conteur a retrouvé une expression narrative pour un motif latent, inexprimé, sans doute inexprimable dans la culture orale de son pays.

Il s'ensuit que le travail de l'interprétation doit s'infléchir en fonction de l'élaboration subie par les diverses versions. Curieusement on trouve des récits où l'interprétation, ou tout au moins un axe d'interprétation, est fournie par le conteur lui-même. C'est le cas d'une version d'un conte intitulé « l'Epouse substituée » (T 403B), qui a été écrite par la conteuse elle-même pour un collecteur en haute Bretagne, entre 1881 et 1885[10]. La version s'appelle « Le conte de l'oie sur l'étang ». Elle commence ainsi :

> N'y avait une fois un gars qu'allait voir une fille. Mais il allait voir cette fille-là malgré sa mère, parce que sa mère aurait voulu se marier avec lui. Et ça ne se pouvait pas qu'une femme se mariât avec son gars. Il prit cette fille-là quand même, malgré sa mère.

Le désir incestueux de la mère est énoncé d'emblée, et la suite de la narration racontera sa réalisation, à l'insu – bizarrement – du fils, nouvel Œdipe quasiment aveuglé qui ne s'aperçoit pas que sa mère a pris la place de son épouse dans le lit conjugal[11]. La version ne se trompe pas sur la leçon du conte-type, qui parle, mais à mots couverts, de la tentation incestueuse entre frère et

---

[9] Significativement, ce repas est préparé pour deux galants qu'elles ont invités, dans l'espoir de se marier avec eux . « [...] malgré cela, les deux gars ne sont pas revenus voir les filles ».
[10] Jean-Louis Le Craver, *Contes populaires de Pleine-Fougères (Ille-et-Vilaine), répertoire Virginie Desgranges, période 1881-1885*, Mémoire de l'EHESS, 1999.
[11] Les valets lui disent que ce n'est pas sa femme qui est avec lui : « C'est pas ma femme ? je crois pas mal bien que c'est elle ! et je l'aime bien. Aussi, dame! vous n'êtes pas encore dans le cas de me faire la haïr »

sœur ou entre mère et fils. Or l'efficacité des récits tient en grande partie à leur cryptage. La signification livrée d'entrée de jeu interdira ou tout au moins inhibera son élaboration inconsciente chez l'auditeur[12]. Le récit doit pouvoir fournir à celui-ci une marge suffisante d'indécidable et d'inexplicite, qui lui donnera l'espace psychique nécessaire à son élaboration personnelle, à son propre travail d'interprétation inconsciente. Et pourtant, cette version où le désir incestueux de la mère est énoncé clairement garde, semble-t-il, son efficacité narrative. Il se peut que ses auditeurs ou ses lecteurs réagissent comme les enfants à qui on donne trop tôt des explications sur la sexualité et qui s'y opposent par un simple déni.

On rencontre également des versions véritablement lacunaires et pauvres, où la narration est mal maîtrisée par le conteur et que l'on peut reconnaître par le schéma narratif, aussi défectueux soit-il, et grâce à quelques motifs caractéristiques encore présents. Au point que le récit serait parfois incompréhensible sans référence à d'autres versions. La raison de ces versions lacunaires tient à un défaut de verbalisation, à une amplification insuffisante du schéma narratif mémorisé. En général le collecteur s'est adressé, sans le savoir, à des conteurs inexpérimentés, à ce qu'on a appelé des conteurs *passifs*, hommes ou femmes ayant entendu suffisamment de récits pour en avoir mémorisé un certain nombre, mais que les circonstances n'ont pas amenés à se mettre à raconter. Une mémorisation insuffisante faute d'occasions de remémoration et une verbalisation difficile les portent à donner au collecteur des versions troublées par des oublis et par la substitution éventuelle d'éléments narratifs puisés ailleurs ou inventés par eux[13], des versions qui reflètent l'état de ce qui est entreposé dans la mémoire et qui, on l'a dit, ne peut être le mot à mot du récit.

Non seulement donc leur mémorisation est imparfaite, car ils n'ont pas exercé leur mémoire à repérer le schéma narratif, grâce au véritable apprentissage auquel se livraient les conteurs reconnus, mais ils n'ont pas acquis l'art de « mettre en mots », de verbaliser le récit qui reste squelettique, présenté dans un style quasiment télégraphique. Les collecteurs pouvaient arriver à des résultats comparables en demandant à leurs « informateurs » d'écrire eux-mêmes les contes qu'ils pouvaient connaître. Dans ce cas également la verbalisation ne pouvait se faire librement puisque le récit n'était pas oralisé. Il faut remarquer que ces versions ne sont pas des *résumés*, un conteur traditionnel ne peut résumer les contes qu'il connaît, il les recrée avec plus ou moins d'embellissements, mais redonne tout ce qu'il en a mémorisé.

Un jour, il y avait une femme qui pétrissait. Les poules lui mangeaient toute la pâte. Cette femme alla demander à Notre Seigneur de lui donner un fils beau

---

[12] La situation pourrait se comparer à celle qui est générée, dans une cure analytique, par une interprétation donnée trop tôt, inefficace car impossible à élaborer par le patient.
[13] Les « lacunes » et les « alliages » stigmatisés par Victor Smith.

comme un grain de maïs. Le lendemain il lui donna donc un fils. — Dis, homme, comment l'appellerons-nous ? – Eh ! comme tu voudras. – Si tu veux, nous l'appellerons Millassou. – Eh bien, oui. – Millassou. – Plaît-il ? – Viens me garder les poules. Millassou y alla et, en gardant les poules, une poule blanche le mangea. Sa mère l'appela, personne ne répondit. – Homme, je ne trouve pas Millassou ! Cette poule passa par un pré, un rat fit « cuic », mon conte est fini » (Ms Perbosc-Cézerac, n° 58)

L'étrangeté de ce récit, connu par des versions beaucoup plus longues et plus explicites (T 700, *Pouçot*), tient à sa brièveté et à ses images vigoureuses affectivement parlant : l'enfant-grain de maïs désiré par une femme à des fins utiles – chasser les poules qui tentent de manger la pâte qu'elle pétrit : dans d'autres versions l'enfant sera procréé selon la théorie hippocratique de la pâte animée par un souffle –, l'indifférence du père, la reconnaissance accordée par la mère lorsqu'elle lui donne un nom, la mort prématurée, et en quelque sorte programmée par l'ambivalence maternelle, du héros à la courte carrière. Sans parler de l'intrusion de la poule dévoreuse de Millassou dans la formule de fin de conte, qui permet de faire correspondre et entrelacer mort du héros et achèvement du récit. Si le transmetteur de cette version manquait d'expérience en tant que conteur, il avait assimilé la leçon profonde de ce récit d'oralité, de procréation et de mort.

Si certaines images du récit sont conservées, les plus frappantes, la mise en mots est ici à peine ébauchée. On trouve en revanche des versions dont la verbalisation suffisante et correcte, voire heureuse, n'est cependant pas celle d'un conteur expérimenté. Elle appartient manifestement en propre au narrateur, qui livre une mémorisation dans son expression personnelle. Ainsi d'une version de Cendrillon recueillie par Charles Joisten dans le Queyras.

C'étaient un monsieur et une dame qu'ils avaient trois filles. Les premières étaient toujours au bal; c'étaient des belles demoiselles qui savaient se présenter. La plus jeune on l'appelait Cul Cendron parce qu'elle se traînait toujours dans la saleté. Un beau jour, elle dit à sa marraine qui était fée : –Oh ! marraine, je voudrais bien aller au bal, mais je suis tant mal habillée que je n'ose me présenter. – Oh ! c'est bien facile, ma petite fille, je m'en vais te préparer, si tu me promets une chose · de rentrer, avant que le dernier coup de minuit sonne, à la maison. La marraine lui donne une baguette. Quand elle voulait les chevaux elle tapait deux ou trois coups, de suite elle était servie et montait en voiture et vas-y ! Arrivée au bal elle fait sa rentrée, mais nul ne pouvait contenir son émotion tellement elle était belle. Le premier coup de minuit sonnant elle disparaissait, prenait la fuite et rentrait chez elle. La deuxième fois qu'elle a été au bal, ça a été la même chose. Pour la troisième fois, en montant dans la voiture, elle a perdu un de ses souliers en cristal. Le fils du roi l'ayant ramassé, fit porter à la connaissance du peuple que *le pied qui chausserait ce soulier, il la ferait son épouse*[14]. Les employés du roi ont fait le

---

[14] C'est nous qui soulignons.

tour du pays pour le faire essayer à toutes les demoiselles, mais nulle ne chaussait ce soulier. Et Cul Cendron dit au jeune homme : – Oh ! monsieur, donnez-moi ce soulier que je l'essaie moi aussi. Ses sœurs dédaigneuses et fières se moquaient d'elle : – Oh ! toi Cul Cendron, Cul Cendron, vouloir chausser ce soulier! Et, ma foi, il lui allait très bien, et sa marraine, la joie au cœur, lui fit faire le mariage avec le fils du roi. Après, une fois mariée, elle prit ses deux sœurs comme bonnes[15].

Cette version, somme toute assez proche de celle de Perrault pour ce qui est du déroulement narratif, ainsi que de la conservation du premier surnom qu'il donne à l'héroïne, est formulée de manière aussi différente que possible. On n'y trouve pas de descriptions, ni de motivations psychologiques, ni de grandes manœuvres féeriques. Cul Cendron ne sait pas « se présenter ». Figure d'adolescente encore incapable de séduction, elle obtient l'aide d'une mère bienveillante qui accepte de la « préparer ». Ces mots simples sont plus frappants et plus émouvants qu'une rédaction littéraire.

Dans ces versions « ratées », il faut mettre à part celles dont la verbalisation n'est pas défectueuse (contrairement à *Millassou*), mais qui, cependant, pour des raisons difficiles à comprendre, « dérapent » vers une issue malheureuse. Ces versions contredisent l'une des lois du genre, à savoir l'obligation d'amener le héros ou l'héroïne jusqu'au bonheur symbolisé par un mariage socialement reconnu et conquis grâce à un parcours initiatique couronné de succès en dépit des obstacles nombreux[16]. Dans ces versions-« lapsus », l'issue malheureuse interrompt la narration qui ne peut se poursuivre, faute, en général, de héros ou d'héroïne dont le conteur amène la mort.

Un homme et une femme avaient deux filles, l'une laide, l'autre jolie, « si jolie que tout le monde se détournait à la regarder ». Préférant la laide, ils envoient la jolie garder les moutons en ne lui donnant que du pain moisi. Une « dame » lui donne une baguette dont elle doit frapper son agneau, qui lui procure du pain beurré. Elle embellit encore et ses parents intrigués envoient la laide pour l'épier. Les parents font tuer l'Agneau Martin. La « dame » dit à la jeune fille de demander la peau de l'agneau et de se procurer la nourriture en la frappant de sa baguette. Les parents vendent la peau. La « dame » indique le même procédé, mais avec les cornes de l'agneau. « Mais on découvrit encore son secret, on cacha les cornes, et la petite Fanchon, n'ayant plus rien à manger, mourut »[17]

---

[15] Alice Joisten, « Trois versions haut-alpines de *Cendrillon*, *Cul Cendron* recueillies en 1952 par Charles Joisten », *Cahiers de littérature orale*, 1989, 25 211-212.

[16] Comme le remarquait une conteuse canadienne, le conte raconte, non pas le bonheur du héros, mais sa « misère » et ses « traverses » (V Labrie, « L'histoire n'est pas sans faim, euh ! fin. Note sur la conclusion des contes », *Rencontre annuelle de l'ACEF*, 1989 : 7). Le narrateur abandonne son personnage principal au seuil de la félicité

[17] P. Sébillot, « Contes et légendes de la Haute-Bretagne », *Revue des traditions populaires*, 1909, t. XXIV 143-145.

Cette version d'un conte qui fait également partie du cycle de Cendrillon-Peau d'Ane (T 510-511), ne souffre pas d'un défaut de verbalisation puisqu'elle n'est ni lacunaire ni elliptique. Mais elle tourne court, comme si les persécutions successives dont est accablée la pauvre héroïne, détestée et affamée par ses propres parents, n'étaient finalement pas surmontables. La figure de la mère bienveillante – la dame à la baguette – n'est pas « suffisamment bonne » pour faire échec à la malveillance du couple des parents. Le phantasme de la conteuse affleure, amenant la rupture narrative que constitue la mort programmée de l'héroïne. Cette vision tragique n'est évidemment pas celle de la majorité des versions de ce conte. Dans celles-ci la jeune fille sort de la pulsion orale en enterrant les viscères de l'animal nourricier. Un arbre fruitier pousse, portant des fruits merveilleux qu'elle seule peut cueillir. Elle le fait pour un prince qui s'éblouit de sa beauté et l'épouse[18].

D'autres de ces versions-lapsus, glissant vers des issues tragiques, réussissent à aller jusqu'au bout de la narration. Mais, par le jeu d'un retournement inattendu, elles dénaturent complètement cette loi du conte merveilleux qui impose l'accès au bonheur du héros ou de l'héroïne. C'est le cas d'une version recueillie par Henri Pourrat dans le Livradois, appartenant au conte-type 310, *Persinette*, dont l'héroïne est enfermée par sa mère adoptive dans une tour sans porte[19], munie seulement d'une fenêtre haute, à laquelle grimpe la mère accrochée à la longue chevelure de sa fille.

Une fée a volé l'enfant toute petite. Dans cette tour « comme on n'allumait pas le feu, elle mangeait de la viande crue [...] la fée en avait bien soin tout de même ». A dix-huit ans elle était devenue très belle. Un chasseur l'aperçut à la fenêtre et prévint la mère de la jeune fille. Il réussit difficilement à persuader celle-ci de quitter la tour. En route ses longs cheveux s'accrochaient aux buissons. La fée, ayant constaté la fuite de sa fille, poussait des cris affreux et vint mourir à la porte de la maison où celle-ci demeurait. « Quant à la jeune fille, elle ne voulait pas rester chez ce monsieur. D'ailleurs, elle ne pouvait pas s'habituer au manger qu'on lui donnait. Et quelque temps après elle mourut »[20].

Ce résumé ne donne pas une idée exacte de la version, qui émane d'une très bonne conteuse, maîtrisant admirablement bien la conduite du récit ainsi que sa « mise en mots », insérant au bon moment les passages rythmés comme des formulettes : « Pirelette, Pirelette / Jette-moi tes cheveux / Si tu veux que je monte »; ou, lorsque le chasseur a réussi à s'introduire dans la tour, « Chair fraîche, vous mangerai-je ? / Chair fraîche, vous chercherai-je ? »

---

[18] Voir l'article de Muriel Djeribi, « De la nourriture aux parures », *Cahiers de littérature orale*, 1989, 25 . 55-69.
[19] Déni, disions-nous, de la « porte d'en bas » des filles.
[20] *Contes du Livradois*. Textes recueillis par Henri Pourrat, édition établie par Bernadette Bricout, Paris, Maisonneuve et Larose, 1989 : 72-76.

En dépit de son art, la conteuse laisse déraper le récit dont le terme est alors tragique : la mère adoptive, ne supportant pas d'avoir perdu sa fille, meurt ainsi que celle-ci, incapable de manger une nourriture cuite. Il nous a semblé que cette chair crue dont la mère nourrit sa fille était l'image de la trop grande *crudité* des liens entre mère et fille, liens de chair et de sang, crudité qui amène à la régression animale et à la mort[21]. Seule la distance, l'écart salutaire représenté par la fuite de l'héroïne avec son amoureux ouvrira un destin normal à la jeune fille[22].

Il ne faut donc pas attribuer le lapsus de cette version à l'inexpérience de la conteuse. Ici encore on pourrait y supposer l'influence de ses phantasmes personnels. Mais cette hypothèse ne permettrait pas d'aller plus loin que de postuler des rapports difficiles avec sa propre mère. C'est une hypothèse beaucoup plus générale, de nature collective puisque les contes, comme les mythes, sont des objets collectifs, qu'on aimerait proposer.

On l'a dit, une des lois du conte merveilleux exige qu'il se termine bien. Après avoir traversé de nombreuses épreuves, le héros ou l'héroïne parvient au bonheur représenté par un mariage hypergamique qui lui permet d'accéder à un niveau social et à une fortune beaucoup plus élevés qu'à l'origine.

> Alors ç'a été la fin des malheurs de Plume d'or. La reine d'Angleterre a été enfin débarrassée du roi qu'elle avait toujours repoussé, et comme Plume d'or était devenu l'homme le plus beau qui soit, c'est lui qui a épousé la reine[23].

Inversement et de manière complémentaire, les persécuteurs responsables des misères subies par le héros ou l'héroïne sont lourdement punis. Le bonheur ne serait pas complet si les méchants n'étaient pas impitoyablement châtiés par une mort affreuse. Il faut cependant remarquer que le mariage intervient parfois au cours du récit, que ce soit pour un héros ou une héroïne, mais c'est alors une union précaire, pleine de difficultés, assortie d'interdits, de transgressions et de malentendus. Après d'autres épreuves encore qui sont souvent figurées par de longs parcours où l'espace et le temps se confondent, ce mariage deviendra définitif, socialement reconnu et comble de félicité[24]. Il représente, entre autres, l'accès permis à la sexualité, assorti de l'élimination des personnes qui l'interdisaient, ainsi que le passage à une condition plus noble et plus fortunée que celle de la naissance obscure. Sous ce rapport, le conte merveilleux est comme une version collective du roman familial.

---

[21] N. Belmont, *Poétique du conte. Essai sur le conte de tradition orale*, Paris, Gallimard, 1999, p. 165-170.

[22] Non sans mal, si l'on en croit les versions « régulières » du conte, puisqu'elle doit passer parfois par une forme animale.

[23] G. Massignon, *De bouche à oreilles. Le conte populaire français*, Paris, Berger-Levrault, 1983 : 111.

[24] Voir Josiane Bru, « Contes doubles et double mariage ou Penser/classer la littérature orale », *Fabula*, 1997, vol. 38, 3/4 : 210-223.

Quelques conteurs perturbent cependant cette règle fondamentale que l'on serait tentée de qualifier d'hypomaniaque, en la retournant vers le tragique. Les situations difficiles où se trouvent héros ou héroïne deviennent apparemment inextricables, il ne se présente plus de solution possible permettant de surmonter l'épreuve, l'aide surnaturel n'a plus de pouvoir comme dans l'Agneau Martin, ou bien l'hypothèque pesant sur l'héroïne ne peut être levée, comme pour Pirelette, liée à sa mère adoptive par des liens de chair crue.

Ces dérapages éventuels étaient le fait de certains conteurs ou conteuses – ou de ceux dont ils avaient appris le récit – en tant qu'individus et renvoient donc à leur phantasmatique, inconnaissable, on l'a dit. Mais ils étaient possibles, en dépit de la loi du genre, parce que ces récits ont une teneur mythique, même si, en tant que genre narratif, ils ne sont pas des mythes. La « loi de retournement » énoncée par Jean-Paul Valabrega, « formule toujours étrange et pourtant toujours familière »[25] régit les transformations mythiques ainsi que les passages réciproques entre mythe et phantasme[26]. Le « lapsus narratif » retourne tout à coup le sens du récit.

Fondamentalement les contes sont des formations réactionnelles collectives destinées à lutter contre la conception tragique de l'individu humain, promis inéluctablement à la mort qu'ils dénient, en racontant, par exemple, que ses héros peuvent revenir de l'autre monde, passer et repasser la frontière entre notre monde et l'au-delà. Mais, comme dans les manifestations pathologiques individuelles, il arrive que la motion refoulée fasse irruption en retournant le sens de la narration. Les récits porteurs des pulsions de vie deviennent porteurs des pulsions de mort. La défense a échoué, l'édifice apparemment si solide et si bien protégé s'écroule par le simple jeu d'une inversion. La mort est bien le destin des humains : c'est ce que nous disent ces versions-lapsus.

Elles nous disent aussi qu'il n'y a pas, contrairement à la littérature écrite, d'œuvre ratée dans la tradition orale, sauf au moment où celle-ci est en train de disparaître. Les lapsus, les dérapages, les lacunes, les alliages sont porteurs de sens, permettant d'instruire les « belles » versions, les versions réussies qui cachent mieux leur jeu. Mais notre esthétique du conte n'est pas celle des conteurs et de leurs auditoires traditionnels, qui privilégiaient les longs récits obtenus au besoin par le jeu des contaminations et des alliages. Notre jugement infléchi par la culture écrite dont nous sommes imprégnés et par la pulsion épistémique qui nous anime, ne nous permet plus d'apprécier ces œuvres dans leur fonction première.

---

[25] *Phantasme, mythe, corps et sens*, Paris, Payot, 1992 : 363.
[26] J.P. Valabrega, « Le problème anthropologique du phantasme », *Le désir et la perversion*, Paris, Seuil 161-206.

Textes composant ce recueil

INTRODUCTION

La Recherche du sens en ethnologie de l'Europe et en folklore, *BCILL*, 44 : 283-287.

I

LES CONTES DEMENAGENT : DE L'ORAL A L'ECRIT, ET RETOUR

Chapitre 1, La Tradition orale du conte, la transcription et les contes littéraires, *Cahiers de littérature orale*, 2002, 52 : 133-144.

Chapitre 2, Du Catalogue à l'« histoire cachée ». A propos de la typologie Aarne-Thompson, *Cahiers de littérature orale*, 2001, 50 : 75-94.

Chapitre 3, L'Ecriture des contes, in N. Belmont et J.-F. Gossiaux, *De la Voix au texte. L'ethnologie contemporaine entre l'oral et l'écrit*, Paris, Editions du CTHS, 1997 · 209-220.

Chapitre 4, *Lo Cunto de li cunti* et la tradition orale du conte, in Michelangelo Picone e Alfred Messeli, *Giovan Battista Basile e l'invenzione della fiaba*, Ravenna, Angelo Longo Editore, 2004 : 213-222.

Chapitre 5, Le Conte : espace onirique, espace sémantique, *Le Journal des anthropologues*, 1996, 64-65 : 115-126.

Chapitre 6, « Légende populaire et fioritures savantes ». Les archives de Robert Hertz sur saint Besse, *Le Monde alpin et rhodanien, Fondateurs et acteurs de l'ethnographie des Alpes*, 2003 : 77-90.

II

DES CONTES POUR DES ENFANTS ?

Chapitre 7, Désirs d'enfants, destins d'enfants, in *L'Autre parole, revue de réflexion et de débats sur la littérature orale et les cultures populaires*, 2004, 17 : 14-20.

Chapitre 8, Pouçot : conception orale, naissance anale. Une lecture psychanalytique du conte type 700, in *Estudos de Literatura Oral*, 1995, 1 : 45-57.

Chapitre 9, Conte et enfance. A propos du conte Ma mère m'a tué, mon père m'a mangé (T 720), *Cahiers de littérature orale*, 1993, 33 : 75-97.

Chapitre 10, Les Sources d'enfance du conte. De l'oral à l'écrit, *Topique*, n° 59, 1996 : 49-61.

Chapitre 11, « Moitié d'homme » dans les contes de tradition orale. Lieux, usages et signification d'un motif singulier, *L'Homme*, 2005, 174 : 11-22.

Chapitre 12, Les Croquemitaines, une mythologie de l'enfance ?, *Le Monde alpin et rhodanien*, 1998, 2-4, Les Croquemitaines. Faire peur et éduquer : 7-19.

III
CONTES MERVEILLEUX

Chapitre 13, Orphée dans le miroir du conte merveilleux, *L'Homme*, 1985, 93 : 59-82.

Chapitre 14, Conte merveilleux et mythe latent, *Ethnologie française*, 1993, 1 : 74-81.

Chapitre 15, Transmission et évolution du conte merveilleux. A propos de Cendrillon et de Peau d'Âne », in *Tradition et histoire dans la culture populaire*, Documents d'Ethnologie Régionale, Grenoble, CARE, 1990, 11 : 205-217.

Chapitre 16, La Tâche de Psyché, *Ethnologie française*, 1991, 4 : 386-391.

Chapitre 17, De Hestia à Peau d'Âne : le destin de Cendrillon », in *Cahiers de littérature orale*, 1989, 25 : 11-31.

Chapitre 18, De « Joli Z-oiseau » en loup-garou. Métamorphoses animales dans les contes, *Cahiers de littérature orale*, 2004, 55 : 31-51.

Chapitre 19, « La Fille aux trois galants ». Nouvelle littéraire et composition en miroir, *Cahiers de littérature orale*, 2004, 56 : 67-81.

Chapitre 20, Le Langage du basilic. A propos du conte-nouvelle « La fille au pot de basilic », *Cahiers de littérature orale*, 2003, 53-54 : 305-320.

Chapitre 21, Vertu de discrétion et aveu de la faute. A propos de la christianisation du conte type 710, *L'Homme*, 1988, 106-107 : 226-236.

Chapitre 22, L'Epoux-animal dans le conte-type 425 et dans le lai du Bisclavret de Marie de France, in *Littérature orale populaire*, Fondation Calouste Gulbenkian, Paris, 1987 : 363-369.

CODA

Lacunes, altérations, lapsus dans le récit oral, *Topique*, 2001, 75 : 171-182.

Table des matières

PRESENTATION, *Regard de l'écoute* .... p. 7

INTRODUCTION, *La Recherche du sens en ethnologie de l'Europe et en folklore* .... p. 13

I. LES CONTES DEMENAGENT : DE L'ORAL A L'ECRIT, ET RETOUR

Chapitre 1, *La Tradition orale du conte, la transcription et les contes littéraires* .... p. 21

Chapitre 2, *Du Catalogue à l'« histoire cachée ». A propos de la typologie Aarne-Thompson* .... p. 31

Chapitre 3, *L'Ecriture des contes* .... p. 49

Chapitre 4, Lo Cunto de li cunti *et la tradition orale du conte* ... p. 61

Chapitre 5, *Le Conte espace onirique, espace sémantique* ...... p. 71

Chapitre 6, *« Légende populaire et fioritures savantes ». Les archives de Robert Hertz sur saint Besse* .... p. 80

II. DES CONTES POUR DES ENFANTS ?

Chapitre 7, *Désirs d'enfants, destins d'enfants* .... p. 99

Chapitre 8, *Pouçot conception orale, naissance anale. Une lecture psychanalytique du conte type 700* .... p. 111

Chapitre 9, *Conte et enfance. A propos du conte Ma mère m'a tué, mon père m'a mangé (T 720)* .... p. 125

Chapitre 10, *Les Sources d'enfance du conte. De l'oral à l'écrit* .. p. 143

Chapitre 11, *« Moitié d'homme » dans les contes de tradition orale. Lieux, usages et signification d'un motif singulier* ... p. 157

Chapitre 12, *Les Croquemitaines, une mythologie de l'enfance ?* p. 168

III. CONTES MERVEILLEUX

Chapitre 13, *Orphée dans le miroir du conte merveilleux* .... p. 183

Chapitre 14, *Conte merveilleux et mythe latent* .... p. 206

Chapitre 15, Transmission et évolution du conte merveilleux. A propos de Cendrillon et de Peau d'Âne .... p. 219

Chapitre 16, *La Tâche de Psyché* .... p. 234

Chapitre 17, *De Hestia à Peau d'Âne le destin de Cendrillon* ... p. 244

Chapitre 18, *De « Joli Z-oiseau » en loup-garou. Métamorphoses animales dans les contes* .... p. 260

Chapitre 19, *La Fille aux trois galants. Nouvelle littéraire et composition en miroir* .... p. 278

Chapitre 20, *Le Langage du basilic. A propos du conte-nouvelle « La fille au pot de basilic »* .... p. 291

Chapitre 21, *Vertu de discrétion et aveu de la faute. A propos de la christianisation du conte type 710* .... p. 306

Chapitre 22, *L'Epoux-animal dans le conte-type 425 et dans le lai du Bisclavret de Marie de France* .... p. 317

CODA *Lacunes, altérations, lapsus dans le récit oral* .... p. 327

Textes composant ce recueil .... p. 339

Table des matières .... p. 343

Anthropologie du Monde Occidental
Collection dirigée par Denis Laborde

Déjà parus

Thomas PIERRE, *Controverses institutionnelles en Pays Basque de France*, 2010

Denis LABORDE (dir.), *Désirs d'histoire. Politique, mémoire, identité*, 2009.

H. E. BÖDEKER, P. FRIEDEMANN, *Gabriel Bonnot de Mably, textes politiques 1751-1783*, 2007.

Anthony PECQUEUX, *Voix du rap. Essai de sociologie de l'action musicale*, 2007.

Jean-Louis FABIANI, *Beautés du Sud*, 2005.

Serge MARTIN, *Langage et relation*, 2005.

Benoît CARTERON (sous la dir.), *L'engouement associatif pour l'histoire locale. Le cas du Maine-et-Loire*, 2005.

Denis LABORDE (éd.), *Six études sur la société basque*, 2004.

Eguzki URTEAGA, *Les journalistes locaux, fragilisation d'une profession*, 2004.

Jacques CHEYRONNAUD, *Musique, politique, religion. De quelques menus objets de culture*, 2002.

Marie-Claire LATRY, *Le fil du rêve : des couturières entre les vivants et les morts*, 2002.

Fotini TSIBIRIDOU, *Les Pomack dans la Thrace grecque. Discours ethnique et pratiques socioculturelles*, 2000.

Alf LÜDTKE, *Des ouvriers au quotidien dans l'Allemagne du XXème siècle, le quotidien des dictatures*, 2000.

Louis QUERE, *La sociologie à l'épreuve de l'herméneutique. Essai d'épistémologie des sciences sociales*, 1999.

Jean-Michel LARRASQUET, *L'Entreprise à l'épreuve du complexe*, 1999.

Jean-Michel LARRASQUET, *Le Management à l'épreuve du complexe*, 1999.

Denis LABORDE, *De Jean-Sébastien Bach à Glenn Gould. Magie des sons et spectacle de la passion*, 1997.

Hubert JAPPELLE, *les Enjeux de l'interprétation théâtrale*, 1997.

Denis LABORDE (éd.), *Tout un monde de musiques*, 1996.

Annie GOFFRE (éd.), *Polyphonies corses. L'orgue et la voix*, 1996.

L'HARMATTAN, ITALIA
Via Degli Artisti 15 , 10124 Torino

L'HARMATTAN HONGRIE
Könyvesbolt , Kossuth L. u. 14-16
1053 Budapest

L'HARMATTAN BURKINA FASO
Rue 15.167 Route du Pô Patte d'oie
12 BP 226
Ouagadougou 12
(00226) 76 59 79 86

ESPACE L'HARMATTAN KINSHASA
Faculté des Sciences Sociales,
Politiques et Administratives
BP243, KIN XI , Université de Kinshasa

L'HARMATTAN GUINÉE
Almamya Rue KA 028
En face du restaurant le cèdre
OKB agency BP 3470 Conakry
(00224) 60 20 85 08
harmattanguinee@yahoo.fr

L'HARMATTAN CÔTE D'IVOIRE
M. Etien N'dah Ahmon
Résidence Karl / cité des arts
Abidjan-Cocody 03 BP 1588 Abidjan 03
(00225) 05 77 87 31

L'HARMATTAN MAURITANIE
Espace El Kettab du livre francophone
N° 472 avenue Palais des Congrès
BP 316 Nouakchott
(00222) 63 25 980

L'HARMATTAN CAMEROUN
BP 11486
Yaoundé
(00237) 458 67 00
(00237) 976 61 66
harmattancam@yahoo.fr

650514 - Avril 2016
Achevé d'imprimer par